播音与主持艺术专业核心教材

普通高等教育"十四五"规划教材

当代电视播音主持教程 /第三版/

罗莉 ◎ 著

DANGDAI DIANSHI
BOYIN ZHUCHI
JIAOCHENG DI-SAN BAN

中国传媒大学出版社
·北京

目录

CONTENTS

1　第三版修订说明
1　前　言
1　绪　论

上编　新闻篇

11　**第一章　电视新闻出镜播音**
11　　第一节　电视新闻出镜播音概说
16　　第二节　电视新闻出镜播音创作
26　　第三节　电视新闻出镜播音要求
34　　第四节　电视新闻出镜播音体态语
36　　第五节　电视新闻出镜播音实例分析

43　**第二章　电视新闻片配音**
43　　第一节　电视新闻片配音概说
45　　第二节　电视新闻片配音表达与要求
47　　第三节　电视新闻片配音实例分析

50　**第三章　电视新闻演播室主持**
50　　第一节　电视新闻演播室主持概说
53　　第二节　电视新闻消息主持
58　　第三节　电视新闻演播室连线主持
68　　第四节　电视新闻演播室对话
70　　第五节　电视新闻演播室主持实例分析

81	第四章	电视新闻现场报道
81	第一节	电视新闻现场报道概说
85	第二节	电视新闻现场报道方式与种类
88	第三节	电视新闻现场报道把握
90	第四节	电视新闻现场报道要求
98	第五节	电视新闻现场报道实例分析
115	第五章	电视新闻主持人言论
115	第一节	电视新闻主持人言论概说
118	第二节	电视新闻主持人的"简短点评"
119	第三节	电视新闻主持人的"相对完整议论"
126	第四节	电视新闻脱口秀
133	第五节	电视新闻主持人言论实例分析

下编 综合篇

143	第六章	电视纪录片解说
143	第一节	电视纪录片概说
146	第二节	电视纪录片解说创作
160	第三节	电视纪录片解说的表达特征
166	第四节	电视纪录片解说实例分析
179	第五节	电视纪录片解说训练材料

183	**第七章**	**电视访谈主持**
183	第一节	电视访谈概说
192	第二节	电视访谈主持创作
204	第三节	电视访谈主持要求
212	第四节	电视访谈主持实例分析
233	**第八章**	**电视社会生活类节目主持**
233	第一节	电视社会生活类节目概说
237	第二节	电视社会生活类节目主持创作
245	第三节	电视社会生活类节目主持要求
248	第四节	电视社会生活类节目的策划与创新
254	第五节	电视社会生活类节目主持实例分析
270	**第九章**	**电视综艺娱乐类节目主持**
270	第一节	电视综艺娱乐类节目概说
273	第二节	电视综艺娱乐类节目创作
288	第三节	电视综艺娱乐类节目主持要求
295	第四节	电视综艺娱乐类节目主持实例分析
310	**参考书目**	
311	**后　记**	

数字资源目录

电视新闻出镜播音训练材料 ／42
电视新闻片配音训练材料 ／49
电视新闻消息主持训练材料 ／80
电视新闻主持人言论训练材料 ／139

扫码获取
本书数字资源

第三版修订说明

《当代电视播音主持教程》出版后,得到播音与主持艺术专业师生的关注与肯定,被一些高校选为教材。这次修订,是为了在理论与实践方面紧跟专业发展步伐。

任何一个专业要想研究得深与透,必须经过实践的检验及学者的思考与争鸣,尤其是播音主持这种实践性很强的专业。目前,全国设有播音与主持艺术专业的院校有几百所,虽然在教学上各有千秋,但在专业理论研究及教学理念上仍存在不小差异。

业内人士可以有不同的认识与思考,但对本专业理论的潜心研究、对专业理念的建立,应当引起广泛关注,以免走弯路,影响事业发展。

根据电视传播和播音主持创作的发展变化,本次修订如下:

一是,特别充实了《电视纪录片解说》一章的内容,对其理论和实践都进行了较为详尽的讲解。之前受本书字数所限,笔者没能将研究、实践最有心得的部分内容充分阐释,略有遗憾。而今,一线工作及播音与主持艺术专业学生就业,都需要加强解说方面的专业能力,所以,这次对其幅度较大的补充丰富是极为必要的。

二是,特别将原《电视娱乐类节目主持》改为《电视综艺娱乐类节目主持》,虽然二者在本书的理论阐释、内容讲解中基本无区别,但为避免对"娱乐"概念的广狭义之分认识有别及对娱乐、综艺、综艺娱乐节目的称谓与内涵认识的误区,影响学习与运用,因此,这一修改也是必要的。

三是,本次修订,将全书各章节中诸多内容进行了适当删减及适度补充,使之在专业理论及实践应用方面更加完善。此外,还增加了一些范例和训练稿件。

四是,本次修改特将新闻篇的各章训练材料放在"二维码"中,供大家选择使用。另外,新闻的时效性强,二维码中的训练材料可适时调换。

总之,作者以认真负责的态度、与时俱进的时代精神,将近几年来的专业思考、一线实践、教学训练的所思所想都倾注在这本书的修订之中。望业内同行提出宝贵意见,共同探讨,把我们的事业继续推向前进。

作者

2021 年 8 月 15 日

前　言

《当代电视播音主持教程》旨在探讨发展中的电视播音主持理论、实践与教学。如今，电视媒体工作者专业理念更加先进，创作眼界更加开阔，因此电视节目不断推陈出新，电视播音主持实践发生很多变化，出现一些新的专业理念，需要我们去梳理、思考与探索。我们有必要审视本学科的专业理论，使之紧跟时代步伐。

本书立足于对发展中的电视播音主持工作进行新的探索，将教程涉及的全部内容分为"新闻篇"与"综合篇"，以下的分类则以节目类型与形态相结合。"新闻篇"分为五章：电视新闻出镜播音、电视新闻片配音、电视新闻演播室主持（新闻消息主持、电话连线、视频连线、与专家对话）、电视新闻现场报道、电视新闻主持人言论；"综合篇"分为四章：电视纪录片解说、电视访谈主持、电视社会生活类节目主持、电视综艺娱乐类节目主持。

以上每章都有基本理论的讲解，具体范例的分析，还配有相应的训练材料。本书汲取当前电视媒体的新实践、新理念，集专业理论、专业实践、专业教学于一体，立足专业基础，涉及专业前沿，讲解通俗易懂，具有较强的实用性与可操作性。

本教程力求做到：

一是，理论与实践相结合。本书立足于探究当前电视节目播音主持现状，对一线的电视节目发展变化予以归纳总结，以期梳理出最新的电视播音主持理论。同时，选用电视传媒一线相当数量的各种实例，结合专业理论进行较为细致的分析、讲解。本书既不同于单纯的专业理论著作，也不同于以训练为主的实用教材，是一本既有最新专业理论知识又有相应实践操作指导的专业教程。

二是，前沿与基础相结合。本书既反映电视播音主持专业前沿的发展变化，也遵循专业创作基础，保留专业训练精华。本书具有创新性与经典性，对于电视播音主持课程的教学与学习具有较强指导性。

三是，稳定与更新相结合。本书内容与结构既有稳定性，也有适度更新。结构方面基本按照电视节目的属性、内容等划分章节，并根据当前电视节目的发展变化，作了相应调整。如将"电视新闻播音主持"细分为几章进行细致讲解。

总之，本书的特点是专业理念较新，专业视野较宽，内容深入浅出，讲解细致生动。

本书力求做到：让学生看得懂，学得会，记得住，用得上。

绪　论

近年来,随着时代变迁、传媒理念进步,电视传媒发展很快,出现了许多新变化,一线实践者在原有基础之上,创作出不少内容健康、题材新颖、形态丰富、元素融合、精致好看的节目。与此同时,也出现了不少令人疑惑的问题:电视访谈是一类节目还是一种创作方式？现在怎么有的电视新闻评论节目与电视新闻专题节目难以区分？电视社教节目(电视社会生活节目)怎么与电视综艺娱乐节目更像了？电视节目主持人以人物面目出现,这是表演还是主持……这些现象对电视播音主持理论与实际操作提出了新的课题,我们有必要对此进行全面、认真的思考,明确专业概念,紧跟时代步伐,做好我们的电视播音主持工作。

一

主持人节目是电视播音主持研究的主要对象。主持人节目的特征、主持人的形象功能、主持的职责与功能、主持的位置及把握等,当是我们首先应明了的。

(一) 主持人节目的特征

主持人节目的特征是:主持人在栏目中相对固定;节目有固定播出时间;主持人在节目中大都直接面对观众并以第一人称、个体面貌出现,且掌控节目的进程;主持人的语言主要是"谈话体";主持人是节目的主创者之一,起主导(或隐性主导)作用,依节目需要可呈现鲜明或一定的个性,主持人节目具有个性化、人格化,但不是"个人化"。

(二) 主持人形象的功能

主持人是公众人物,在大众传播中具有较强的"公信力"与"亲和力",因而,主持人应由"自然人"变为"职业角色",按照职业要求进行相应的"社会角色"调试与把握。主持人形象具有较高的"社会效益"与"经济效益"功能。

(三) 主持人的职责与功能

主持人要想对节目进行整体把握,必须深度参与到创作的全过程。

主持人的具体职责有：节目策划（寻找素材、确定选题、挑选嘉宾、建构框架、设定流程、准备资料、选择表现方式与手段），节目主持（实施策划、掌控现场），节目编辑（后期制作）等。

节目主持人的功能有：串联衔接、叙事讲解、播报评议、互动沟通、控场组织等。

(四)主持人的位置与把握

主持人的位置：中介位置，有主导（或隐性主导）的作用，要有服务意识。

主持人的把握：对节目深度参与，进行整体把握；尊重受众，服务受众，了解嘉宾（包括"嘉宾主持"），与嘉宾合作，进行控场把握。

根据节目内容、类型等不同，主持人的介入程度也有所不同。

二

当前，对播音主持工作的研究，存在不同角度、不同侧重，各有千秋，极大丰富和提高了专业研究水平。然而，对采编能力、文化知识强调的同时，不应忽视对播音主持本体创作规律的研究。因为每一个工种都有其自身特点，若只强调某一方面，也就没有区分工种和挑选专门人才的必要了。强调这点，有助于提高对播音主持本体的认识。

电视媒体与其他传统媒体相比，具有视听双渠道传输、信息丰富的优势与特性，在与网络等新媒体的博弈中，它也在不断进取，丰富自身。好的电视节目创作，十分重视立意、理念、电视化手段、有声语言的作用，力求实现传播效果及视听多元素的价值。电视既是娱乐工具，也是宣传工具，党和政府及媒体的许多政策指导、社会教育、大众服务等有价值的信息都要通过电视语言来传递，电视语言分为视觉语言和听觉语言，其中，有声语言是听觉语言里重要的传播手段，有时甚至超出画面语言的作用。因而，有声语言承载着媒体达于受众的许多重要信息。由此可见，电视播音主持中语言传播（含非语言）是其重要属性。

我们是否可以得出这样的定义：电视播音主持，指电视节目主持人（主播）依节目或栏目需要，不同程度地参与节目策划、采编等工作，利用电视手段，按照节目预设，以有声语言及非语言进行创作。它具有拟态（虚拟语境）与实境（互动、真实语境）两种交流方式、多种节目形态，以有声语言及非语言创作为标志，是采编播复合能力参与的电视传播创作活动。

电视播音主持概念要义：电视手段是其特点，节目预设是其要件，拟态与互动是其交流方式，有声语言（及非语言）表达是其标志，采编播能力是其基础。

三

"播音主持"是一个"集合概念",因为当前一线实践中二者已是密不可分的一个整体,存在一定交叉与侧重。电视播音主持有不同节目、不同形态、不同任务的侧重,相对而言,称谓也有所不同,就我国目前情况,大致可分为电视新闻主播、电视新闻主持人、电视节目主持人等。

电视新闻主播:以电视新闻消息主持播报为主。工作侧重于有稿播音(这与国外将"总主持人"称为"主播"的概念不同)。

电视新闻主持人:以电视新闻专题型、杂志型、调查型、评论型节目的创作为主(包括电视新闻连线、电视新闻对话等新闻节目主持)。电视新闻主播、电视新闻主持人工作性质相同,具体工作各有侧重。

特约新闻评论员及嘉宾主持:非主持人及电视媒体工作者,是各领域的专家。

本台观察员:介乎主持人与评论员之间。

电视节目主持人:是电视新闻类节目、电视社会生活类节目(原电视社教节目)、电视综艺娱乐类节目及各种电视访谈节目的主持人的统称。

以上虽然称谓有所不同,但工作性质相同,都是电视播音主持工作,有的电视新闻节目中,主播、主持人的角色会有交叉(以上区分,仅为参考)。

四

当前,电视传媒创作活跃,节目形态新颖多样。电视节目分类,可有不同内容、不同功能、不同形态的划分。明确节目分类,有助于我们做好电视播音主持工作。电视播音主持分类首先要明确:节目类型与节目形态概念不同。

(一) 节目类型(种类)

"类型是具有共同特征的事物所形成的种类。"[①]

一些欧美国家将电视节目分为两大类:新闻类、娱乐类(或"非新闻类",包括综艺娱乐、科学知识、文化教育、社会服务等内容)。

目前在我国,电视节目可分为三大类型:电视新闻类、电视社会生活类(原电视社教类)、

---

① 中国社会科学院语言研究所词典编辑室.现代汉语词典:第7版[M].北京:商务印书馆,2016:791.

电视综艺娱乐类(早期划分的"电视访谈类节目"已经剥离出去,变为节目创作的方式,因为现在每种类型的节目都有长短不一、内容和形式不同的访谈,难以分清到底是哪类节目。但仍可称"电视访谈节目",却不能加上"类",一字之差,概念不同)。

此外,每一大类型节目,又可以分为下位类型与更细化类型。如新闻类型,下位可以分为:

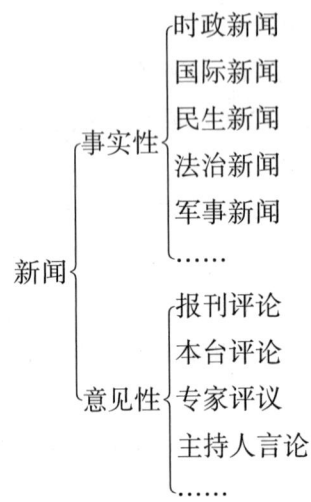

(二) 节目形态(样式)

形态,一般指节目的外部特征:形式、状态。从电视播音主持的工作状态、表达样态与交流方式看,目前,电视节目播音主持的基本形态大致可分为以下几种:电视演播室播报型、电视演播室串联型、电视演播室讲解型、电视演播室连线采访对话型、电视新闻现场报道型、电视主持人评论型、电视片解说型、电视访谈型、电视晚会主持型、电视竞技互动型。这每一种"型"可用于不同类的电视节目中。

五

当前,电视传播从"传本位"变为"受本位",这是时代的变化,传播理念的进步!表现在电视节目创作中,以往单纯"内容为王"的创作理念受到了挑战,出现了"元素为王"的创新理念,试图表明:元素有融合再生的作用,形式有独立作用,甚至"反作用"。原因是:在政体稳定的状态下,媒体传播的内容不可能发生大的变化,而节目形态的可变性却较大,节目的各种表现元素经过融合、改造,可构成新的节目形态,它会给人以新鲜、变化的感觉,能够引起受众的兴趣,获得较好的传播效果。因而,播音主持节目创作,不能只关注节目内容与立意,也要关注节目形式与创新。

六

心理、思维、个性化、电视化、娱乐元素等,是当代电视传播和播音主持的重要元素。它们可以增强传播的科学性、知识性、娱乐性和大众化,赢得受众的喜爱。结合当前电视受众的接受心理及制作高水平电视节目的需要,电视媒体人应当关注以下几点:

其一,关注"心理"作用。社会在发展,受众需求在提高,电视节目的创作过程:选题、策划、主持、制作,结合节目类型、目的、任务,可适当运用心理学。有了心理学的参与,可最大限度地增强节目的科学性,给予受众高水平启示与引导,增强节目的内涵、理性与深度。同时也应当看到,当前提供心理服务的电视节目可分为两大类:专门的心理节目(如《心理访谈》)及有心理学元素参与的(情感类、科学类、法治类、教育类等)各种电视节目。因此,其作用、处理也不尽相同。

其二,关注"思维"作用。电视节目创作过程中,思维的功能不可忽视。对思维的关注,可以提升节目的科学性、严谨性。幽默思维、多向思维的作用更加突出,可满足受众追求新、奇、特的观看心理,使节目创作思维更加丰富,呈现不同面貌。

其三,关注主持"个性化"。当前的电视播音主持实践表明,在各类电视节目中,主持人没有个性和幽默感常常难以获得受众的认可(当然,不同节目程度有别)。原因不言而喻,电视节目中的主持人是以个体面貌出现的。人是有思想、有情感、有灵魂、有特点的个体,不具备个性特点和幽默素质的主持人,也很难得到受众的喜爱并体现节目的特点。

其四,关注"电视化"及"娱乐元素"的运用。当前,有识之士提出:做精致的节目、做好看的节目,做受众"易懂乐受"的节目。为此就要注意"电视化"手段和"娱乐元素"的运用。当前"新媒体"崛起,"全媒体"变为现实,"视觉化"传播引起广泛好感。如果看不到这点,媒体便会失去不少受众。

其五,关注背景信息的提供。实践表明,随着社会发展,当前的受众不太喜欢"被教育",而是喜欢从媒体得到更多的背景信息,从而丰富自己,做出自己的选择与判断,得到尊重与服务。因而,电视传播就应发挥自身作用,将各类节目受众所需的各种背景提供给他们并有机合理地呈现在节目里,成为节目的一部分。例如,新闻消息、单一事件,往往与其发生的背景紧密相连。如在报道消息的同时,将与其相关的背景一并给出,会起到更好的传播效果。

七

在播音主持专业领域,广播播音主持与电视播音主持不应混为一谈,因为它们有着各自的创作特性及操作规律。对于有些人(包括业内人士)提出的电视播音与广播播音的区别只是人出图像表达而已的观点(言外之意是表达文本、表达规律相同),笔者不能苟同。在此,特别提出广播播音主持与电视播音主持创作不同的观点。我们可先从稿件形式来看。

当前,电视播音主持的表达依据即稿件形式可分为三种,其中有交叉:一是,稿件全部由他人撰写;二是,主持人根据参考资料自己撰写稿件;三是,主持人本体的现场即兴之作(腹稿、随口而出)。在电视播音主持时,这三种稿件形式往往表现为三种工作状态:

第一种是"复现式"表达。即在镜头前将别人撰写的稿件换化为自己写的一样,表达流畅、自然、"有稿似无稿",如新闻播报、知识讲解或服务介绍等。

第二种是"本体复现"表达。即面对镜头根据自己之前撰写的稿件脱稿而出。如新闻类、生活服务类、综艺娱乐类等各种内容与形态的节目介绍与议论。

第三种是"即兴式"表达。即在现场,面对镜头,即兴生成语言编码,表达得完整、自如、有条理,"无稿似有稿"。

如果是广播播音主持,无论是"复现式"还是"本体复现",都可以看稿播出。而在电视播音主持时(除新闻消息播报、电视片解说),绝大多数都要面对镜头脱稿播出,即便是出自本体之手的稿件,也要脱稿而出,还要兼顾体态语等多方面创作元素,有较强的电视播音主持本体创作特点。如细致分析,表现方式的多样性、创作手段的丰富性、语言表达的分寸感等,体现在心理、生理、物理方面更有诸多不同。例如,根据节目形态、任务、对象、场地、镜头,主持人注意力多重分配、语言表达的多种调适等。广播播音主持、电视播音主持在工作方式、素能运用方面确有不少差异,而这些差异,就能形成表达外化的不同。

我们可再从语言表达特点来看。以新闻播音为例,通常电视新闻播音要比广播新闻播音的语言更生活,更自然,更快一些,用声较低、不强,因其大多与画面相伴与互补,它所表达的内容只是电视语言的一半或多半,是电视新闻节目的重要元素,但不是唯一元素,因其表达有伴随性特点。而广播新闻播音却不同,它是节目的唯一要素,又只有听觉一个途径,所以表达需要更醒耳、鲜明一些,语速不宜快,使听者接受更容易,传播更有效(这已得到实践检验)。

目前,广播与电视从行政方面合为一体,但其专业属性不能混为一谈。相比之下,除去稿件的写法、播出不同外,电视新闻播音员主持人在镜头前或话筒前的心理与注意力分配与广播播音员主持人也不相同。这要从科学性与专业特点两方面来看。广播与电视新闻播音在业内人士看来是有差别的。从生理、心理角度看,受者接收信息的途径,视觉占83.5%、听觉占12%,其他各种感官感觉只占很少部分(各种说法,稍有不同)。所以,有画面内容的电视新闻播音,语言就可以稍快、更自然、更流畅。从专业实践方面来看,二者也有区别。因此,每一位广播电视播音主持从业者,都应认清这一点,掌握两套表达方法,在学习、工作中适度把握,才能取得较好的工作成效。

总体而言,电视播音主持要比广播播音主持更加复杂,素质要求更加全面。从播音主持训练体系来看,广播播音主持应当是电视播音主持的基础,主要指从业素质、专业基本功及专业要求等。对于这些,播音主持专业的教育者和广播电视一线的从业人员都应了解,不应将广播播音主持与电视播音主持从训练到创作混为一谈,甚至合二为一,这是对专业理论和实践的模糊认识。任何专业的高层次研究，都必须在理论与实践相结合的基础之上进一步细化、深化，否则，只能停留在浅层次，摸不到专业的真谛。

八

当前，电视"真人秀"与"脱口秀"兴起，得到不少受众的喜爱，这体现了时代特点。当今的电视受众多喜欢看到自身所属的社会群体的生存状态、内心世界及才艺表演，他们还希望让枯燥的知识内容及信息传递融入娱乐色彩，使其简单、有趣、可视性强，这也增强媒体的传播效果。因此，我们对"真人秀""脱口秀"的概念与内涵要进一步认识清晰、准确，才能合理运用。

真人秀，是普通民众到电视媒体展示自己各方面才艺的电视节目。真人秀不只电视综艺娱乐类节目中有，电视新闻类、电视社会生活类节目中也有。真人秀不只是艺术表演秀，还有知识、技巧、脑力等多种"秀"。

脱口秀，不同于相声、主持，也不是耍贫嘴，它具有思想观点、思维内涵及娱乐特点，是言者本体思想、思维、文化、语言等知识能力的产物，具有诙谐幽默的特征。

总之，无论是"真人秀"还是"脱口秀"，主持人都要具备"真"与"秀"的能力并有一定的思想、思维、文化、语言、道德修养。不能信口开河、戏耍争宠。如果只想取悦于人，那就失去了这两种"秀"的真正意义。

九

认清"播音主持"与"口语传播"的关系，坚持本专业的创作特性。

"口语传播"与"播音主持"概念不同。广义上讲，"口语传播"概念最大，"播音主持"是在口语传播范畴之内，但口语传播是分层级的，因而，口语传播与播音主持二者在概念、层级、作用上不尽相同。一般应用性的社会、生活方面的语言交流与高起点的播音主持是有很大区别的。那种未经训练的一般性口语交流可以看作是"口语传播"中的"塔基"，通常表现为：语音不够规范，声音气息较随意，语言缺乏明晰性、精炼性、表现力与感染力。而"播音主持"可以看作是"口语传播"里的"塔尖"，表现为：表达条件较好、语音规范、气息和声音的运用都经过训练、具有较高的表达技能、有清晰的语体意识、思维能力和语言运用较好，表达、交流是有意识的外化、体现，具有较强的语言表现力和感染力。

既然"播音主持"是"口语传播"中的"塔尖"，就不应当与"塔基"混为一谈，更应强调其专业属性及高品质传播特性，与"口语传播"中的"塔基"有所区别，不能降低播音主持的语言水准,应使其始终保持应有的高品质与传播力。那种没有经过严格的语言表达训练、不谙语言表达规律的跳字蹦字、语调习惯性下滑(哭腔)、断句不准、重音模糊、语气平、摆句子、无语言逻辑和情感态度的"声音"还是少出现在广播电视传媒中为好,以免误导世人、降低传播水平(有些媒体人播自己写的稿件也是如此,只是在念,似乎所说内容出自他人之手,这就是不懂表达规律所致)。我们需要的是:有思想、有品德、有内涵、有文化、专业强、够条件的人占领我们的广播电视传播阵地。因为"播音主持"的社会重任,需要"口语传播"中的"塔尖"来担当,需要负责任的制约制度来把关。我们相信,所有懂得这个道理的媒体人都会自觉把关、从我做起。

十

当今的媒体人应当懂得:"表演"与"表演元素"不同。

媒体人应当懂得"表演"与"表演元素"的概念、关系及其理论,并会合理使用。当前,全国有几百所设有播音与主持艺术专业的院校,其中还有不少院校同时设有播音主持与表演专业,二者的训练课程有交叉,这是可取的。原因如下:

一是,播音主持艺术与表演艺术同属艺术语言表达范畴,二者有不同属性,但也有诸多联系。

二是,播音与主持艺术专业中的表达技巧有不少就换化于表演技巧,如"情景再现"与"内心视象"、"内(潜)在语"与"潜台词"等,两个专业有一些本专业的概念、特点与解读,稍有区别,但其基础作用相同或相近。

三是,从理论角度讲,"播音主持"不是"表演"的一个分支。"表演"与"表演元素"也不同,播音主持中所使用的"故事化""情节化""人物化"等方式及手段也不是完全意义上的"表演",而是在运用"某些表演元素"来完成本职工作。具体讲,"表演"的本质属性是艺术范畴的、是全方位地创造"第二自我",而播音主持却是"本我性""真实性"的。由于"表演元素"是"表演"技能的分解性元素(如规定情境、假定性等),每一种元素都有其独立作用,可以被借用、融合、组合成为播音主持的表现手段与方式,使播音主持的创作手段更丰富、表现更生动,从而增强传播的有效性。因此,播音主持所借用的是"表演元素"而非"表演"本身。

当前,传统媒体和新媒体融合,这是与时俱进的新理念和新发展。如新闻脱口秀、娱乐元素渗透于电视节目制作与传播。主流媒体主动调整、完善自身,以便更加具有时代感,更加接地气,更好地为广大受众服务。各种节目的选题也依不同栏目的定位更加务实,表现角度更加多元化,表达方式更加生动,表现手段更加丰富,借用"表演元素"的演绎手段便是一条很好的途径。因此,当今的电视节目主持人不懂得表演元素、演绎手段,不具备一定的表演能力,很难胜任各种节目内容、形态的播音主持工作。

上编 新闻篇

电视新闻播音主持，即电视新闻主播（主持人）以其新闻素质、思维能力、有声语言和体态语，面对镜头、话筒播报、采访、评述新闻内容的创作活动。它具有几种形态：电视新闻出镜播音、电视新闻片配音、电视新闻演播室主持（消息主持、连线采访、与专家对话）、电视新闻现场报道、电视新闻主持人言论。

为了便于讲清理论问题与实际操作，我们将电视新闻播音主持的几种样态分开来讲，以便讲解细致，让读者容易理解，便于读者操作。

第一章
电视新闻出镜播音

内容提要：本章探讨的是电视新闻演播室出镜播报。当前电视新闻类节目播音主持呈现多样化，但传统的电视新闻播报形式依然存在，并占有一定位置。它的特点是新闻稿件由记者、编辑采编，各级领导严格审查，电视新闻主播不能修改稿件，只可做少量语言润色，体现出有稿播音复现性语言传播特征。

本章探讨的主要内容是：电视新闻主播出镜播音需要具有哪些专业素能？电视新闻出镜播音的创作规律是什么？创作要素、创作要求有哪些？表达特点有哪些？具体操作有哪些要点？

第一节　电视新闻出镜播音概说

电视新闻出镜播音，即电视新闻主播在电视屏幕上出图像播报新闻稿件、传达新闻信息的创作活动。它具有可视性，以有声语言作为传达新闻信息的主要手段，同时，辅以体态语等参与创作。

电视新闻出镜播音是电视新闻播音主持的重要形式，要求主播有较高的政策水平，较强的语言表达功力，大气端庄的形象，较好的心理素质，积极从容的播出状态，并有新稿快播的适应力和即兴应对意外的能力。

一、电视新闻出镜播音表达特点

（1）电视新闻出镜播音的用声，一般稍高于电视新闻片配音，低于广播新闻播音。
（2）电视新闻出镜播音的用声力度，通常稍强于电视新闻片配音，弱于广播新闻播音。
（3）电视新闻出镜播音的咬字力度，一般稍强于电视新闻片配音，弱于广播新闻播音
（4）电视新闻出镜播音的语速，通常稍慢于电视新闻片配音，快于广播新闻播音。

图1-1 中央电视台《新闻联播》主播李梓萌、刚强

(5)电视新闻出镜播音的语流幅度(曲线),一般大于电视新闻片配音,小于广播新闻播音。

(6)电视新闻出镜播音的语言停断,通常多于电视新闻片配音,少于广播新闻播音。

(7)电视新闻出镜播音的语言重音,一般多于电视新闻片配音,少于广播新闻播音。

从电视一线具体实践中,我们看到电视新闻出镜播音不同于广播新闻播音,也不同于电视新闻片配音,有其自身特性,它们既有共性,也有个性,诸多特点都见之于细微之处。把握住这些特点,有利于做好电视新闻出镜播音工作。

电视新闻出镜播音是由导播、录音、录像、灯光、造型等多工种合作的结果(有的提字器需要其他工种协助主播输入字幕)。所以主播在演播室进行新闻出镜播音,经常会遇到各种各样的问题及意外,好多问题不是出在播音环节,但需要新闻主播顾全大局,及时弥补,否则就会造成播出事故。新闻主播如果没有良好的新闻素养及足够的工作经验,很难做到遇事不慌,合理处置。对此,我们将一线经常出现的问题小结如下,希望初学者提前认知。

首先,新闻主播出镜播音,必须带文字稿件进入演播室,包括已提前录过的稿件。即使是无纸化办公,也要打印出文字稿件。文字稿件能保证出镜播音的播出安全。因不带文字稿件险些造成播出事故的例子不在少数。

例一,某电视台规定比较长的重要稿件要提前录像。某当班女主播没将已录过的文字稿件带进演播室。当她走进演播室时,接到了一份新的文字稿件,她没来得及看。当新闻开始曲响起时,耳机中导播告诉她,因设备出问题,录好的重要新闻放不出来,需将刚录过的稿件再播一次。女主播两次告诉对方自己没带稿件,而得到的却是沉默。最后女主播只得播了刚拿到手的那份新稿。幸亏此稿长度与刚才录的稿件相当,否则后果不堪设想。事后,女主播因不带此稿件进演播室受到严肃批评。

例二,某电视台新闻节目开始播出,提字器漆黑一片,设备出了问题。刚工作的女主播吓坏了,不知该说什么。旁边的男主播听到耳机中导播的示意后,用自己手中的稿件替女主播开口播出,避免了播出事故。

例三,某电视台的新闻节目正在进行,串联单清楚地标明下面一条导语应是男主播播送,但画面切出了女主播。按规定,超出2秒不播出就算事故。为了顾全大局,女主播只得拿过男主播的稿件进行播送。过后值机者还辩称:我看你坐得挺直,以为该你了就切你的画面了。

例四,某电视台的午间新闻主播,在播音时发现文字稿件上的墨迹较浅,推上提字器就更看不清字了,加之所播内容很多都是考古等平时少见的内容及术语,她立刻决定不看提字器,直接看文字稿件,使这次节目安全播出。

电视新闻主播在演播室出镜播音时,还会遇到各种各样的意外。

例一,某电视台新闻主播正在播新闻,忽然头顶上的一个灯泡灭了,但他没有受到影响,继续从容播音。

例二，某电视台新闻主播正在播新闻，忽然发现正在播的这条新闻没有结尾，于是他凭借自己的新闻素养，加上了这条新闻的结尾。事后，这名主播到编辑那里查看稿件，与自己加上的结尾基本一致。

例三，某电视台新闻主播正在播音，忽然鼠标失灵，不动了。于是她向导播方向喊道："鼠标坏了！""鼠标坏了！"这一幕成为第二天全城街头巷尾议论的话题，人们吐槽这名女主播，说她没有专业素养。

无独有偶，前不久某城市电视台的一名新闻主播也遇到相似情况，鼠标坏了，无法操作了。据说他当时以为新闻是延时播出，脸上露出了着急无奈的表情，成为受众吐槽的中心，结果很快他被停播了。

以上种种，都是一线的真实事例，这些事例提醒我们：

一是，电视新闻主播必须有高度的责任心，每次出镜播音，必须将文字稿件带进演播室。

二是，电视新闻主播平时要多留心同行处置意外的实例，积累处置经验，以便心中有底，遇事不慌。

三是，电视新闻主播在自己不出问题的情况下，还要为其他工种出现的问题补漏。

二、电视新闻出镜播音意识

电视新闻出镜播音是在镜头前进行的新闻宣传、大众传播工作，不是在屏幕前表演新闻播音。正确的播出意识应是认真传达新闻信息、热情服务电视观众，表现出质朴、大气的新闻工作者气质。

电视播音主持工作中，语言表达分为几种情况：第一种是"有稿播音"，完全播别人写好的稿件；第二种是"半稿播音"，依据稿件、材料，自己修改、加工而成；第三种是"即兴表达"，没有稿件，只依据思路、意图或腹稿来进行播音主持创作活动。在电视新闻播音主持中，三种方式都有所涉及，"有稿播音"是电视新闻出镜播音工作的主要传达方式。

应当看到，不是播别人写的稿件就一定比说自己的话简单容易，对于那些不懂得语言表达规律、不思进取的人来说，或许是这样。然而对于一个有新闻素质、懂得语言表达规律、有内涵的人来说，对稿件信息的解码、再编码、再发码的能力必须强于一般人。实践证明，思想政策水平较高的传播主体能更准确地理解、感受稿件内容，正确判断并破译稿件"一度创作"的全部信息，在文化知识丰富、专业技能过硬的基础上，能对语言表达、信息传播进行快速、准确的"二度创作"再编码，甚至运用有声语言和非语言表现手段使原有信息增值，从而更有效地换化"一度创作"的信息，便于受众的接收与接受。

通俗些讲，播别人写好的稿件似自己写的那么熟悉、有深度，使人听之既清楚、畅达，又舒服、有内涵，这之中有多种创作元素与生理、心理机能在发挥着作用。例如，对稿件内容的认知与体悟，语言的内编码与外化；思维感受方面的感性、理性、情感、逻辑；生理方面的咬字、发声肌肉群的运动与记忆；语言表达方面的定向性、主次性、自如性等。这一系列的"语言再创造"能力，不经过一定时间的严格训练是根本不会自然掌握的。"即兴语言表达"的编码与发码符合人的自然生理机制"一体化""自动化"的关系，而播别人的稿件，往往要打破主体自身想与说的生理、心理常态，去适应他人的思维及语言表达方式，还要表现为自然常态。因此，可以说，"有稿播音"与"无稿表达"不应作为衡量创作主体创作水平高低的标准，只是创作方式各有侧重而已。

另外，电视新闻出镜播音经常要与不期而遇的意外相伴，因而，电视新闻主播除了具备娴熟的专业技能和认真负责的工作态度外，还应在平时多积累应付意外的经验，以保证播出的顺利进行。

在电视屏幕上，我们经常看到状态不佳的电视新闻出镜播音，这里具体介绍一下，以便我们在工作中杜绝与克服。

一是，严肃端架，客观淡化。在一线实践中，我们看到有的新闻主播在出镜播音时，总是一脸严肃，端着架子，压着嗓子，不论播什么内容都是这样，呈现为"严肃端架式"。这种情况，一般男播较多。这种播音，会与受众产生很大的心理距离。

出现这种情况的原因主要有两个：一是工作认识片面，以为自己是党和政府的喉舌，当然要一脸严肃，具有力度，表现沉稳，才能不辱使命；二是用这种方法可给人庄重、成熟的感觉，以掩饰本人的年龄，增加自己的分量。要知道播音主持只追求外在形式是片面的，宣传党的方针政策不能高高在上或冷冰冰地拿腔作科，这是观众所不愿、也不能接受的。

电视新闻主播不仅是党和政府的宣传喉舌与工具，也是人民群众的朋友和服务者，应当满腔热情地为其服务，反映他们的心声，传递他们所需的各种信息，这样，才会受到观众的认可和喜爱。

在一线实践中，我们还看到有的新闻主播在出镜播音时，无论播什么内容或情感的稿件，都采取中性态度，淡化处理，呈现为"客观淡化式"。这种播音也是不可取的。这不是在体现新闻的客观性，而是对新闻播音认识不当的表现。虽然新闻播报不像文艺播音那样需要浓烈的情感投入，但也不能没有态度与情感。毋庸置疑，新闻是客观的，但作为新闻事实的讲述者，面对各种触动人心的新闻事实，难道就没有自己的判断与态度吗？你的判断和态度都会在你的语言中有所流露。除非你对播的内容不上心、没感受。当然情感的表现需要有一定分寸。若想掩饰这种情感态度，以显示客观公正，既没必要，也不可能。如汶川大地震中，我们的新闻主播面对一个个逝去的生命，不止一人流下了带有浓浓亲情的泪水，我们对他们充满了敬意与理解，这样的新闻主播才是与时代共进、与人民同心的媒体人。

二是，自我表现，取悦于人。这种情况主要表现在女播身上，这是另一种不正确的出镜播音认识，表现为把自己当作了电视明星，认为每一次出镜播音都是在展现自己的形象魅力，似在表演新闻播音，"自我表现"，令人生厌。

有的新闻主播尤其是刚参加工作的年轻主播，非常想给受众留下好的印象，因此，十分注重自己的出镜形象。每天上班时，大部分时间都用在收拾自己的形象上了，备稿匆匆带过，不去深究；播出时，注意力多半仍在自己的形象上，导致在播音过程中还总想着自己的头发是否乱了、项链是否歪了、眼影是否花了等,就连一条导语播完后放新闻片时,也赶紧拿出小镜子再照照自己的妆,抹点口红,理理头发帘等,而不是去想想下一条消息的基调是什么,内在语、重音该怎样处理,如何与下面的片子承送这些专业问题。这一心理往往导致新闻主播对所播内容的关注度不够,这从播者的有声语言和体态语便可得知。这种只重外表、忽略内涵、表现自我、主次颠倒的播音意识必然影响到播出质量。

还有的新闻主播在播出时,总是笑眯眯的,给人轻飘飘的感觉,有种"取悦于人"之感,这种情况在女播中也较为多见。殊不知,有修养、有内涵的观众是很看不惯甚至讨厌这种播音形象的。因为他们需要的是你带给他们的新闻信息,而不是专门来看你美丽的笑容的,对于他们而言你仅是新闻信息与他们之间的媒介而已。因此,有这种心理的新闻主播应当调整心态,将自己的注意力投入到所播内容中去,只有准确、真诚地将新闻信息传达给观众,他们才会真正喜欢你、认可你。

当然,电视新闻播音不是不能笑,而是应当依据节目内容、信息色彩而适当流露,不能不顾新闻内容和信息性质而脸上始终挂着笑。要知道吸引受众的耳朵与心灵比吸引其眼睛更重要,专注传达新闻信息的状态才是最美的。

三是,表面有神,缺乏内涵。有些新闻主播出镜播音表面看起来很积极、很有神,实际却是在"拔新鲜感",即声音较高、较强,语速较快,表情单一。究其原因,他们以为这样就有新鲜感和表达力度,这也是新闻出镜播音认识上的偏差,一些初学者尤其容易出现这样的问题。

"新鲜感"不仅仅表现在声音高、强、快的物理属性上,它应是物理性、心理性、生理性相结合的产物。新闻主播具备较高的思想政策水平和扎实的语言基本功,就能够看出每条新闻发布的目的、意义,辨析出是时间新、事实新、政策新还是角度新,在这一基础上,生成个体的认知,才能表达出有内涵的准确的"新鲜感"。

播音的"新鲜感"表现为语言表达积极、明快、不塌、不拖,表情有神气,随所播内容而变,内心有支撑。那种空、白、拔、快的播音表达,不是有"新鲜感"的表现。因此,电视新闻主播应当加强自身新闻素质,充实自己的内涵,方可生成真正的"新鲜感"。当然,缺乏一定的语音、用声、用气、咬字及语言表达基本功,只有正确的心理,也播不出有新鲜感、有内涵的新闻来。

四是,松塌懈怠,例行公事。在一线电视新闻播音实践中,我们还可以看到,有的新闻播音存在一种懈、塌的倾向,有种"懈怠、例行公事感",这也源于不正确的播音意识。

也许持这种播法的人认为,这样播,才能显示出自己业务的纯熟。当然,也有人觉得这些新闻天天如此,没什么新鲜的,有的甚至改一下人名、地名,内容都差不多,引不起他们的兴趣来。于是,他们就无感无味地播着,工作状态就是应付。试想"应付"的心理状态,能播出有"新鲜感"的新闻吗?

要想改变这种状态,首先要改变工作意识,增强社会责任感。其次,要在政策、背景基础之上加强备稿,找出每条新闻的新鲜处、连续性与价值点,分析、思考、对比,唤起自己内心的真情实感和工作热情,获得积极的播音心理与播出状态。

第二节 电视新闻出镜播音创作

一、电视新闻出镜播音的表达

电视新闻出镜播音,分为导语、串联语表达,完整稿件播报及电视新闻"一体播"。

(一)导语、串联语表达

电视新闻中的导语,是指一条电视新闻的开头部分;串联语,是指内容、性质相近或反差较大的电视新闻之间的串联(也叫插语)。

导语表达是电视新闻出镜播音的主要任务。导语,往往概括出一条消息的主要内容或提出一条消息的重点、新鲜点、价值点,引出下面的主体

图1-2 中央电视台《新闻联播》主播海霞

内容。导语是一条消息的脸面,它的写作多用简单句,句式多样,其写作要求大致有几个要点:概括实质、突出重点、显示特点、寻找兴趣点。

美国威尔逊大学教授特·米尔纳曾说:"导语是一种提示、摘要、高潮,一种包在小包裹里的要点或者是新闻预告的总和。"简明精练、重点突出、引发兴趣、生动活泼的导语,有利于揭示新闻实质,有助于吸引受众关注。

电视新闻导语和串联语的播音应突出说、讲、活、变。说,即语流畅达、自然、松紧自如,交流感强;讲,即耐心讲解,不板、不塌;活,即依据稿件写法和思想感情色彩,语言表达形式丰富多彩;变,即无论是思想感情色彩,还是叙述、说明、议论等不同语言样态,都依稿件写法和表达需要在新闻语体制约下相应变化,准确表达。

从电视新闻导语的不同写法与作用出发,可将其细化为以下诸种。这里所涉及的电视新闻导语,不仅就消息而言,新闻综述、新闻特写等导语也包括在内。

(1)点指式。点指式导语,通常点出整条新闻的新鲜处、价值或重点。播音时,重音的选择要准确,可用稍放慢、提起的方式来突出重音,以引起注意。

【导语】北京市以高新技术产业拉动工业增长,以观光农业、精品农业带动农业生产,今年以来经济发展保持良好势头。请看报道。

【导语】5月31号是"世界无烟日",世界卫生组织将今年"世界无烟日"的主题确定为"两性与烟草",关注针对女性的促销行为。

(2)结果式。结果式导语,一般将某一事情的结果先给出,使人一目了然,这种导语似一条简明新闻,内容相对完整。播这种导语,要播出结果意味。同时有种概括而言之感,给人"要知详情请看下面具体报道"的承送感。

【导语】一支由多国科学家组成的科考队,近日结束对南极冰架海域的考察,返回澳大利亚。科考队19号表示,他们发现了多种神秘的巨型海洋生物。

(3)悬念式。悬念式导语,往往结合新闻主题找到一个切入口,以悬念的方式提出问题,以达到平中出奇的效果,更好地引起关注。表达中,应有悬疑感,但语气不应过于夸张,否则会适得其反,削弱悬念的魅力。

【导语】很多司机都有这样的经验,如果路上车多人多,那么开车的时候就会小心翼翼,但是如果路况不错、行人稀少的话,反而容易走神松懈,这时候往往意外就发生了。有没有可能在这种危险的时候有什么方法能够帮助驾驶员踩一脚刹车呢?还真有!

(4)提问式。提问式导语,往往以提问的方式作为导语的结尾,实际上是通过这种方式引起人们的注意,强调报道内容的重要,由此引出思考的结论和意义。播这种导语,首先要有全局在胸的态度指向,其次要有深刻、准确的语气显露,应当开口就有鲜明的态度及富有导向的语气,表达要有力度,又不失分寸,增强语气的内涵。语速不宜太快,不能匆匆而过,应当播音稳实、有主次,重点落在结尾的问语上。

【导语】秋季入学,在安徽的一些大学,许多新生都被迫使用两部手机——除了开学前自己购买的那部,还有学校要求统一办理的手机及配套的号码。校方为何要统一办理手机和号码呢?

【导语】新学期开始,上海各大书店里,教学辅导类的书籍已经卖得非常好了。可与之成对比的是,科普教育类的图书却少有问津、备受冷落。到底是什么原因造成科普图书无人喝彩呢?

(5)引入式。引入式导语,往往以某一兴趣点为引入口,引发人们的好奇心,达到很好地引入下面新闻片内容及画面的目的,发挥其自然、生动地过渡的作用。播这种导语,也应顺其写法,播得生动一些,与片子内容、情绪、画面相和谐。播音时,应当积极、热情、有兴趣,不能死板,也不能态度中性。尤其注意,导语结尾不应处理成结束感,应有延伸感。

【导语】欢迎大家回到《共同关注》。最近我们在持续地关注打击手机黄毒泛滥的消息。手机上网黄色内容毒害着青少年。我们就来看一位母亲——高女士的切身遭遇。

【导语】昨天国家财政部下发的企业关于职工福利费财务管理的通知,规定将企业发给员工的房补、车补等一并纳入工资总额当中。详细的情况我们一起来了解一下。

(6)引言式。引言式导语,一般在导语的中间或结尾处引用某人的话或格言、俚语等,来凸显此条新闻的主题。播这种导语,首先应抓住引言的实质,予以凸显。其次,把握好引言的情感态度分寸,不能欠也不能过,还不能播成别的语体,要做到不欠、不陷、不错位。尤其注意不要将引言播成抒情性散文或人物语言。应遵循新闻播报叙述性语体的创作原则,用转述口吻播出,但也不能毫无感情地播出。应注意,播这种导语,语言要自然、具体、生动,情感稍浓于其他新闻导语。

【导语】"不能世世代代没完没了地收",说这话的是广东省人大常委会主任。《法制日报》报道说,广东省人大最近组织人大代表检查当地的交通情况,结果不出所料,广东的收费站已经成为当地的一大障碍了,无论是密度还是数量都很惊人,甚至一些路桥根本没有设置收费期限,这不检查还不知道他们打算永远收下去。就像欧广源说的,广东在撤销收费站上,不能做反面的排头兵。

(7)概括式。概括式导语,是将下面新闻片中的内容先做一简要介绍,使受众获得初步印象,产生全面、深入地了解新闻事实的期望。播这种导语,应加强新鲜感与意味,语言应明快,随内容松紧有变。这种导语与结果式导语极为相似,只区别于一个重在结果,一个重在概括。

【导语】德国常驻联合国代表团10号收到了一支装有白色粉末的信封,据德国常驻联合国代表团说:这些白色粉末没有造成人员受伤。此前一天,奥地利、法国和乌兹别克斯坦常驻联合国代表团驻地也分别收到了装有不明白色粉末的信封。纽约市卫生局正在对新发现的这些粉末进行分析,目前被发现的4只信封均盖有德克萨斯州达拉斯市的邮戳,其中至少有一封信提到了基地组织。

(8)背景式。背景式导语,是将新闻发生的时间、地点、环境、氛围等各种相关因素作为导语内容,便于人们更好地了解这条新闻,把握新闻的实质、意义。播这种导语,应有解释感、主次感,语言相对平和。

【导语】再来关注一下中美轮胎特保案的最新进展。从今天开始,美国开始对中国出口到美国的轿车轮胎和轻型卡车的轮胎征收35%的惩罚性关税。这比之前的只有3.4左右的低关税来说,一下子就上调了10倍多。这也再次证明了,美国受金融危机而高涨的贸易保护主义开始对中国产生实质性的影响。

(9)转折式。转折式导语,是借用转折手法,将导语分为两部分,通常,后半部才是本条新闻要说的主要问题,前半部仅为铺垫、对比。这种导语写法较活,但如不认真备稿、不仔细揣摩,见字生情,有时会本末倒置,甚至闹出笑话。播这种导语,应把握主次、重点,语气对比明显,基调准确,统一当中有变化。

【导语】红球鼻子大白脸,夸张的假发光闪闪,哪儿有小丑哪儿就有欢乐,其实小丑也有严肃事儿。19号,就有数百名小丑聚集在墨西哥的墨西哥城开起了大会。

(10)议论式。议论式导语,这种导语往往将新闻内容的意义以议论的方式写成导语,具有权威性、庄重性。播这种导语,应庄重、大气,带有议论的意味。语言饱满、坚实、有一定力度,不应播成一般性新闻导语的叙述、介绍性语言。还应注意,这是新闻中的议论,不同于真正的评论播音,二者尚有区别,应把握语体和分寸。

【导语】北京有我国最丰富的科技资源,一大批科研机构、高等院校和高科技企业,使北京紧紧把握着世界科技和经济发展的时代脉动。而在过去60年里,北京也是共和国每一次科技浪潮的发源地。从模仿追踪、重点突破到自主创新、引领未来,60年来北京完成了从中国科研中心向中国创新中心的转化。请看报道。

(11)抒描式。抒描式导语,指导语中带有抒情、描绘的语句。这种导语虽不多见,但在当前的新闻报道中的确存在。抒描式导语,往往对某一新闻场景进行描绘,就某一新闻事实抒发记者的感悟。以具体情感切入所报道的新闻,感染受众,引起共鸣。这种导语写法较活,与下面的新闻片内容有较好的呼应,给人以自然、生动、和谐之感。播这种导语,大多用声不宜过强,音色较柔,语言自如,略带抒描语气,但又要把握分寸,不失新闻语体的制约。

【导语】"悠悠君子兰,芬芳满人间",兰花自古以来就被称为"国兰""国香",就像一个民族的精神、气质和风格。"兰花如美人,不采羞自献",在新春时节,数千名兰聚集云南丽江古城,争奇斗艳,令人大饱眼福。

(12)补充式。补充式导语,为了显现新闻事实的新鲜、醒目与价值,往往在导语中加进一些与本条消息相关的补充资料,以凸显此条新闻的重要性和新意。播这种导语,要自然、有机、有主次。一般播前半部与新闻相关的补充材料时(或是一种说法,或是一个难题,或是一种现状),应播得清楚,形成铺垫;播后半部涉及此消息的内容时,应强调、醒耳。前后有机,浑然一体。

【导语】对很多病人来说,器官移植在很大程度上是他们存活的最后希望,但被移植的器官从人体当中取出之后必须在很短的时间内移入患者的体内,可以说是分秒必争。保存时间的长短对于移植手术的成功有着决定性的影响。最近有个好消息,澳大利亚的科学家研究出了一种新式的药液,可以让器官保存的时间延长一倍。

导语的写法多种多样,其作用归纳起来主要有两点:一是提示重点、概括全篇,二是引起兴趣、引入主体。电视新闻导语多样化的成因:

一是,电视新闻导语可以与下面的新闻片多方面连接:既可与下面新闻片配音的有声语言连接,也可与下面新闻片的镜头画面连接,还可以与新闻片的同期声连接。所以,电视新闻片导语的写法可以更活、更丰富多样。

二是,电视新闻导语,不仅可以是本条新闻内容之一,也可有编者对一条新闻的评价和为引起受众的兴趣与关注而加进的补充材料,手段丰富、方式多样。

如何将电视新闻导语播好呢?首先,要把握好基调、重音,将每条导语都播得清楚、准确;其次,要注重变化,播出每条导语应有的作用;最后,根据写法,播出每条导语的特点与风格:有庄重、大气的,有轻松、活泼的,有亲切、自然的,也有幽默、风趣的。电视新闻导语的播音要依据整条新闻的内容及新闻片的承接需要产生相应的表达处理,不能只限于导语自身。

如果说导语是就本条新闻而言,那么,串联语则是在两条新闻之间发挥作用,它具有承上启下的过渡、对比、转换作用。通常,上下两条消息中,有的内容性质相同或相近,有的内容性质相反,于是,编辑就会在这两者之间写出"同向"或"异向"的串联语。例如,有两条消息虽然都是报道大学教育的:一个是"改革创新、与时俱进",另一个却是"因循守旧、不思进取",它们虽表现的"内容"相同,都是大学教育,但体现的"实质"却不相同,成为"异向串联语";如果另有两条消息也都是报道大学教育的:一所大学是"改革创新、与时俱进",另一所大学是"调整专业、因人施教",这两所大学都在紧跟形势、积极进取。在这两条消息之间加的串联语,就应该是"同向串联语"。因此,播串联语,首先,要了解前后两条消息的具体内容,分析是同向的"过渡"作用,还是异向的"对比"作用,并产生自己的认识与感受。同时,要语气鲜明,分寸得当,具有上挂下连的承上启下之感,运用语气、重音等语言表达技巧将串联语的实质揭示出来。

总之,电视新闻导语和串联语是电视新闻出镜播音的重要内容,它们既可概括一条新闻的主要内容、指出要点,又可引发人们的兴趣与关注,引出新闻主体;它们不但在一组新闻片中起到区分、转换作用,更有画龙点睛和向导作用。因而,我们应当重视电视新闻导语和串联语的播音,不但要结合背景,了解整条新闻,还要分析导语本身,抓住特点,灵活处理,播好每一条导语和串联语,使其发挥应有的作用。

(二)完整稿件播音

在电视新闻出镜播音中,除导语、串联语外,还有完整稿件播报,主要内容有:快讯类、公文类、背景知识类、新闻评论类。

(1)快讯类播音。快讯类播音,指具有很强时效性和报道价值较高的消息,由于种种原因不能马上得到图像,便采用出镜快播的方式先将消息播出。这样,既可满足受众的需求,又可保证新闻的时效性。

随着电视传媒技术的发展,目前,有许多快讯是通过屏幕下方滚动着的字幕发布的。然而,无论技术手段多么先进,也不能取代快讯播音,播报快讯的能力是每一名电视新闻主播所必备的。快讯往往是拿到稿件就播出,几乎或根本就没有备稿时间。新闻主播具有较强的业务能力,才能将快讯准确无误地播出。

快讯大都是突发事件,是人们极为想知道的内容。通常播报快讯,播者要有消息的目击者、知情人之感,需状态积极,情绪饱满,语言明快,凸显新鲜感。语速不可过快,因为语速过快势必播不清,也显得慌乱,缺乏从容镇定感。根据不同内容,用声大多稍高于一般新闻播音,以凸显及时性。

(2)公文类播音。公文类播音,指各种重要的会议公报、决议、政令、中外领导人致电、外交照会、通知、新闻发布稿的播音。

播公文类稿件,应当有政府、媒体代言人的身份感,有一定高度;播音气质应当庄重、大气、沉稳;表达应具有发布和讲解相融合的双重语气,语言样式多用宣读式或宣读加播讲式。具体讲,公文类稿件的播音要随所播内容变化与微调,不可板着脸从头到尾一种语气、一种音量、一种音高。播这类稿件,应当用声稳实,不虚、不拔、不压;吐字饱满、立得住、不塌,咬字较紧;气息较强,支撑稳劲;语速相对一般电视新闻播音稍慢,用声也相对高于、强于一般电视新闻播音,以显示其重要作用;表达以庄重为主,根据所播内容有时又不失热情与亲切。不应空洞地宣读、摆句子、播气势。

(3)背景、知识类播音。背景、知识类播音,所播内容是为受众更好地理解一些新闻的内容、意义而配发的相关资料:有历史的、地理的、人物的、事件的、各种知识的背景。

播这类内容,应增强服务意识,热情、耐心地介绍;语言平和,语速相对稍慢,要有内行之感,播得清楚是第一位的。值得提及的是,在背景、知识类播音中,有时会随所播内容配发一些相关的照片、图表、画面,但这只是适应电视特性的辅助内容,还是以出镜播音为主,不是配音。

(4)新闻评论类播音。新闻评论类播音,所播内容是新闻消息后面的编后语、电视评论、报刊评论等。电视新闻评论因事而议,它的作用是以某一新闻事实、事件或政策为对象,进行有针对性的议论,表明党和国家、政府以及各种媒体的鲜明态度。播这类稿件,应带有评论的意味和语言样态,可兼有介绍和评论之感,不可拉开架子似播大评论。依据评论的不同内容和写法,有的可义正词严、揭露批判,有的可严肃分析、提出要求,有的则可饱含深情、热情赞扬,还有的可幽默犀利、灵活诱导,产生强调、引领意义。

总之,电视新闻评论播音,依内容、写法不同,播音方式、语言色彩、处理分寸也不相同。播这类内容,应有评论的心态,议论的语体,态度鲜明、情感较浓,吐字饱满,发声、气息力度较强,语言起伏度稍大于事实性新闻播音,语速不宜太快,要紧依具体内容而议,才能有的放矢。

(三)电视新闻"一体播"

这里指电视新闻出镜播音的导语、串联语与电视新闻片的配音都由新闻主播在演播室播出时一人独立完成，这也是电视新闻播音的一种形式。以往，很多电视台的电视新闻主播要么值出镜班，要么值配音班，电视新闻出镜主播不给新闻片配音，新闻片配音是由他人完成的，因此，我们看到的电视新闻是由两道工序分别完成的。现在越来越多的电视台在技术保障的前提下，为了适应新闻快捷的特点，使用了电视新闻"一体播"的方式。

电视新闻"一体播"要求新闻主播在播出时，要从出镜播音状态转到新闻片配音状态（二者表达有所不同，参看第二章电视新闻片配音），然后再转回到出镜播音，循环相接。因此，电视新闻主播必须兼顾两种播音表达要领与处理方法，否则，难以胜任此种传播方式。电视新闻"一体播"的表达要领和处理方式如下：

一是，备稿时，掌握整条新闻（导语、主体）的内容、目的、新鲜点、价值、重点、结构、层次等。

二是，播出时，要体现出两种不同形态的播音表达特点，心理和语言都要有相应变化。

三是，播音时，要结合上下内容，把握出镜播音与配音的不同表达规律及其转换、承接，在音量、音高、语速等上做细微、适体的处理。

四是，播音时，电视新闻主播的坐姿始终要保持出镜状态，因为很有可能在你还没播完配音内容时，镜头就已切回到你的出镜画面了。

二、电视新闻出镜播音的方式

电视新闻出镜播音稿件的呈现方式有提示器呈现稿件和纸质稿件。根据稿件呈现方式的不同，电视新闻出镜播音分为有提示器播音和无提示器播音。

（一）有提示器播音

有提示器播音，即电视新闻主播在出镜播音时，依据提示器上的稿件文字进行的播音。

提示器是一种可将稿件上的文字投到屏幕上的设备。提示器的使用，可让播音者在播音时面部始终对着屏幕，给人以生活当中自然对视交流之感，能够更好地实现与受众的交流，避免因低头看稿而缺乏交流感。

"提示器"不是"读字机"。而有些初学者或工作责任心不强的播音者，他们错误地认为有了提示器不用备稿也能应付工作，于是将大量播出前时间用于化妆、聊天或做别的与播出无关的事。结果播出时他们依赖提示器，将播音变成了读字，这样的播音既无语意，也无逻辑，更无感受。

如何正确认识和使用提示器呢？首先，应当明确"提示器"不是"读字机"。因此在非紧急情况下的播出前应认真备稿，在"广义备稿"的基础上认真做好"狭义备稿"，表现为：将所要播出的稿件用心看后放在一旁，能复述出内容，并能结合整条新闻找到新鲜点、重点、特点、与新闻片的承送点；对数字、术语、难读的外国人名等，在多看、强记、多上口的基础上，让稿件内容形成主体的"心理记忆"及咬字发声器官的"肌肉记忆"，二者双重编码，建立联系。这样在脑中对所播内容有记忆了，再看提示器上的文字，就不是在读字辨义，提示器就能真正起到提示内容的作用,而非读字机了。播音者在表达时也能做到心中有底、充满自信,语言形成清晰的语流曲线,呈现出连贯、有主次的语言链条,使受众听之既清楚、连贯又舒服、自然。

有提示器播音,还应注意设定适宜的字数。一般提示器上的文字最大时每行可有 7 个字,最小时每行可有十几个字。如果不是提示器离播音者的位置太远或播音者的视力不好,通常提示器上的文字每行 9 至 11 个字较合适。原因是提示器上的每行字数太少,看得单位相对小,要看好几行才是一个"意思"(句群),视觉提前量太大,不易于播音者的心理连接,也不利于表达的语气处理。任何事物只要运动就会有时间值,电视出镜播音从视觉变为心理反应,再到表达同样如此,加上电视新闻播音一般语速较快,因此,看提示器播音,目力所及单位也应大些,以使意思完整,并有相对充足的时间来处理语气、应付意外。如果提示器上的每行字字数太多,则字既小又密,看不清楚,会引起播音者内心紧张,容易出错,影响播出质量。出镜播音,提示器的每行字数设定多少,看似小事,若处理不当,也会因小失大。如台里设备统一规定字数不能按播音者个人要求改变时,那么,播音者就应全力适应。把握的原则是:眼快看、心紧跟,有表达处理的提前量准备。

使用提示器的方法:一是为符合人们的交流习惯,出镜播音中播音者的目光应集中在屏幕中部,目光从左到右幅度不大,眼神自然。二是当提示器出现问题时,可快速改用低头看稿的方式保证播音继续进行。所以,每一次播音时,播音者都应将所有播出的纸质稿件(包括已录过的)都带进演播室,以防万一。

(二)无提示器播音

无提示器播音,即电视新闻主播在出镜播音时,低头看播音台上的文字稿,需要时,抬头与观众进行交流的播音。

即使在有提示器的情况下,无提示器播音仍有存在的必要。原因一,它可以弥补提示器出现的问题,保证顺利播出。原因二,它可以训练初学者的出镜播音技能。因为有提示器播音,使得有些播音者放松备稿,播不清内容,或以看字为主,缺乏交流感,表情呆板,目光凝滞。用无提示器播音这种形式训练初学者,可检验其对所播内容的语法关系、主次重点的把握,有益于对初学者进行思维、记忆、注意力的训练。无提示器播音除去它的训练、检验意义,更主要的是一线播出实践需要这一能力的存在,它有很强的应急处理作用。

无提示器播音与有提示器播音的最大区别在于"抬头交流"。那么,为什么抬头?在什么地方抬头?抬头交流的问题及技巧有哪些?

(1)抬头交流的问题

抬头交流指新闻主播在进行无提示器播音时在镜头前抬头与观众交流的动作,也包括其所伴随的面部表情。在抬头交流中通常存在以下问题:

一是抬头的盲目性:为了抬头而抬头,不与稿件内容联系,总想亮相给观众,抬头则语断,注意力多在抬头动作本身,不知究竟为何抬头。

二是抬头的程式化:存在一种抬头的模式,无论播什么消息、什么内容都在头、尾抬一下头,或是呈现一种抬头的平均值,播几句话抬一下头,机械而单调。

三是抬头的表演化:有的抬头像是表演。他们或追求甜美亲切总笑眯眯;或追求冷峻潇洒总冷冰冰;或低头时紧张看稿,抬头时顿展笑容,以表情诠释所播内容,显得肤浅而做作。

以上诸种表现,都是没有真正领会抬头的目的与功能所致。那么,抬头究竟为什么呢?

(2)抬头交流的内涵

总体而言,抬头的目的与功能:一是与观众进行沟通交流,二是辅助有声语言表达。电视新闻主播在无提示器出镜播音时往往面对镜头低头播稿,播音者如果长时间只顾低头看稿,而不与观众进行视觉交流,对方便会觉得你心里没有他,影响观众的接受心理。所以,电视新闻主播在无提示器出镜播音时,要时时想到观众,并抬头以眼神、面部表情与观众进行交流,产生情感传递,增强传播效果。

日常生活中人与人交谈时,如果对方不看着你,你会感觉要么是他胆怯不敢看你,要么是他心高看不起你,总之,都是双方关系不平等。这时,即使对方语言中并无此意,你还是会觉得心里不舒服,这就是人际交往的规律。电视新闻出镜播音也是如此,当然,与受众进行交流不只是表现对他们的尊重,更重要的是就所传达的内容与之进行思想情感上的交流,引起共鸣。在表现是与非、肯定与否定的态度时,新闻主播也应用抬头动作和表情来表明自己的观点与态度。因此,抬头与观众进行交流,含有两重内涵:一是尊重对方,二是求得共鸣。由此可见,电视新闻出镜播音的抬头动作,既不是亮相展现播音者的容貌与表情,也不是只有抬头的形式而无具体内涵的随意动作,它有准确、具体的内涵。

(3)抬头交流的位置

①表现目的处:目的是宣传的要旨,是稿件内容的价值所在。因此,一条新闻表现目的的地方,应当抬头给予点指。

②揭示关系处:关系与逻辑紧密相连,在电视新闻中,既有一组新闻间的关系,也有一条新闻中的关系,它们的关系呈现为:区分性、呼应性、转折性等,若在这些关系处抬头,便可辅助有声语言对语法、逻辑关系的体现,便于受众更加清楚地接受信息。

区分性抬头——可以显现相同事物的不同之处。

呼应性抬头——可以显示新闻的结构所在,上下承承、首尾呼应,给人很强的整体感。

转折性抬头——可以帮助有声语言显现新闻中的转折之意,引起人们的关注。

③强化重点处:重点是体现目的的关节点,在新闻的新鲜处、重要语句、数字处抬头,可以起到强化重点的作用,也可以增强对受众的刺激度,引发其注意,加深其印象。

④启发提示处:启发提示是引导、提醒之意。在希望受众领悟、注意的地方给予点指,提醒关注,引发思考。

启发性抬头——是指在稿件的提问、设问、总括性词语处的抬头,目的是产生导向,引起思考。

提示性抬头——指在连续报道中,在新闻事件的进展情况处,利用抬头动作帮助有声语言表明新鲜点,引起回忆,关注现在。

⑤礼貌交流处:抬头动作还可在节目的礼貌用语处发挥作用,表示对观众的尊敬与重视。

通过以上诸点，我们可以看到在无提示器出镜播音中，应该抬头的"点"较多，但在具体实践中，还应当注意以下三点：

一是，抬头位置准确合理。

二是，抬头动作有机自然。

三是，抬头点的处置灵活。

具体讲，选择抬头点要准确合理，不能失当；在需要抬头的地方较多时，应在比较中加以取舍；当遇急稿或内容不熟、句子复杂的情况下，是抬头点的地方也可不抬头，以免播错，伤害语意，毕竟出镜播音是以有声语言表达为主，但也不能播音时从头到尾不抬头，可在容易播的地方适当抬头，这便是灵活掌握。

总之，抬头点的选择与处理应是合理、有机、自然、灵活相结合。

(4)抬头交流的技巧

在无提示器出镜播音中，我们经常看到有些初学者只要抬头就停止播音，待亮完相再低头接着播，给人机械、生硬之感。如果排除意识问题，很大程度上是他们尚未掌握抬头的技巧。何谓抬头技巧？主要有：记忆技巧、时间技巧、抬头技巧。

①记忆技巧。记忆技巧是指电视新闻主播在无提示器出镜播音时，利用人脑的"瞬时记忆"和"长时记忆"将稿件内容中"抬头点"后面的词语快速背下，以取得抬头的主动与基础。无提示器出镜播音的抬头交流与记忆技巧有着紧密联系，对稿件文字没有记忆就没有抬头的可能。在电视新闻出镜播音时，不能抬头就停播，很多时候是抬头还要播。这就需要主播在抬头前，迅速看清后面的内容，利用视觉的提前量记住后面的词语，再自然抬头播出。

从表面看，抬头的主动权源于视觉的提前量，即人的"瞬时记忆"，这是"一种短暂的记忆。它的特点是：每次能记住的对象的数量有限，保持时间较短，容易受干扰"①。实际上，它的深层原因却在人的"长时记忆"，表现为：对时事背景的了解、各种知识的积累、文化素养的积淀等。心理学告诉我们："记忆过程与其他心理过程紧密相连。例如，记不住事物的联系和规律，就无法进行思维。"②也可以理解为，记忆只有深入事物的内部联系与规律方可既快又准。一个人对自己所说的内容不懂或不熟悉是很难记住的，包括语法结构、词语搭配规律及各种术语、人名、地名等。因此，电视新闻无提示器出镜播音时，记忆绝不只有"瞬时记忆"，它必须以"长时记忆"的积累为基础，再与"瞬时记忆"相结合，才能构成完整意义的记忆技巧，并能较好地完成记忆任务。

②时间技巧。时间技巧是指电视新闻主播在无提示器出镜播音时，抬头交流时间的长与短的区别与结合。电视新闻出镜播音抬头交流时，根据上下文内容联系紧密与否，播音语言停顿时间的"长"与"短"不同。具体表现为：有时抬头较充分以示一个意思完了或充分展示其内在含义引起思考；有时的抬头则只将眼睛定住，又低头紧接下面的播音，以示其既有区分又联系较紧。

---

① 辞海：教育、心理分册[M].上海：上海辞书出版社，1980：112.
② 宋书文.心理学名词解释[M].兰州：甘肃人民出版社，1984：72.

③抬头技巧。抬头技巧是指电视新闻主播在无提示器出镜播音时,抬头交流的动作与播音语言同步与不同步的协调变化。具体有:同步、不同步两种情况。

"不同步",是指播音者抬头交流则播音止,它一般用于播音内容的一个意思完了或需引起人们思考之处。

"同步",是指播音者的抬头动作与有声语言同时进行,即边播边抬头,抬头还在播。它可使有声语言表达的意思不间断并有机自然。

由此可见,电视新闻无提示器出镜播音的抬头交流能较好地辅助有声语言表达,可呈现心理感觉、有声语言、抬头动作三位一体的准确、和谐的出镜播音。

以上我们着重探讨了电视新闻无提示器出镜播音抬头交流的内涵、位置与技巧。至于一条新闻到底抬头几次、抬头时间长与短、同步与不同步等都要依具体情况而定,在一定原则之上灵活把握。

最后强调一下电视新闻出镜播音容易出现的问题:(1)新闻意识不足:不了解政策与背景,找不到新闻的新鲜点、目的、针对性与重点。(2)新闻语体不对:用声虚、飘、不实,用声偏低,缺乏新鲜明快感。(3)新闻表达不当:无主旨、基调,主次不当,语言碎、语气平、摆句子,带调播音,缺乏对象感和身份感(播音主体不应是符号,而是有灵魂、有情感、有理性的个体)。(4)语言基本功不扎实:用声噎、捏、挤、压,咬字唇齿不依,口腔欠控制,气息浮,句子散,语言不规范。(5)体态语不佳:坐姿不直,缩脖、塌肩、头太低;无提示器播音时,不敢抬头交流,侧目瞟镜头,不敢深看镜头,眼睛没定住就低头,目光无神,没内涵。(6)未能发挥导语、串联语的作用:任务不清,承送不准,自成一体,语尾处理单一。在出镜播音时要注意避免出现以上问题。

第三节 电视新闻出镜播音要求

当前,一线实践中,不少主流媒体实现了"无纸化"办公,即新闻稿件从写到编再到播,都在电脑上进行。于是有些学生不重视"备稿",以为不备稿拿起来就播是有能力的表现,也是在向一线实际工作靠拢。这是一种错误或模糊的认识,没有初学阶段的认真备稿和严格训练就不可能胜任一线的工作。

电视新闻出镜播音不是为了表现主播个体,而是要传达有价值的新闻信息。因此,首先应关注所播的内容。电视新闻出镜播音的备稿与表达既有新闻播音表达的共性,也有本体个性。

一、电视新闻出镜播音备稿要求

电视新闻出镜播音的备稿有广义备稿和狭义备稿之分,其重要性不言而喻。如果说电视新闻播音的"广义备稿"检验一名新闻主播的思想水平、文化结构和知识积累,那么,"狭义备稿"更多的是在检验一名主播的专业素能与工作责任心。当前电视新闻出镜播音大多是直播,出稿时间较晚,还随时有可能加稿,主播出镜又要化妆、着装等,因而备稿时间有限,就更需主播的广义备稿发挥作用。因此,电视新闻主播平时就要更多地了解时事、政策、科技、社会生活等的动向以及目前社会中的热点、焦点问题,平时也要多看报纸、听广播、看电视、浏览网络新闻,了解瞬息万变的各种信息,为自己的工作打下良好的基础。另外,对各种知识的积累也不容忽视,如对各种专业术语、人名、地名的了解与掌握。总之,"广义备稿"丰厚,可以使"狭义备稿"又快又准。"狭义备稿"是新闻主播在每一次出镜播音前对稿件的准备,具体可以做以下工作。

(一)完整备稿,整体把握

电视新闻出镜播音既有导语、串联语,也有完整稿件的播音。完整稿件的备稿应注重其新鲜处、结构、层级、逻辑与关系。导语的备稿需要结合主体内容,做到完整备稿。所谓完整备稿,是指电视新闻出镜播音的备稿,不但要看导语,也要看新闻片的配音词和画面内容,做到从整体出发把握自身播出任务,形成准确的播出基调、播出重点以及与下面新闻片内容的承送点等。同时,遵循新闻播音创作规律,找出看似"老内容"的"新鲜处",具体分析是时间新、内容新、政策新还是角度新,真正产生对每条新闻的"新鲜感",调动自己的播出愿望,明确自己的播出任务。

电视新闻导语与新闻片内容的关系可分为"确定性"与"不确定性"两种。确定性是指一条电视新闻在导语中便已明确表现出对整条信息内容的肯定与否定态度。不确定性是指一条电视新闻在导语中没有明确表现出对整条信息内容的肯定与否定态度,需要播者自己结合新闻导语及新闻片配音稿得出。

(二)理清关系,画出连线

电视新闻出镜播音前,要在可能的情况下,将稿件内容划分出段落层次,画出句子间的"停连关系"连线,使自己一目了然:哪些句子是并列关系,哪些句子是因果关系,哪些句子是转折关系,哪些句子是递进关系,哪些句子是一个意思(句群),哪里有标点也不能停,哪里没有标点也可以停等,梳理好自己的表达语气,形成畅达的语流。

电视新闻播音的专业人士都了解"画连线"对新闻播出有多大作用。语句连线是表达的"逻辑关系图",它的存在,可以表明内容层次、语法关系等,可以避免断错句或心中无底。我国中央电视台等媒体的新闻主播们都对自己所播的新闻稿件进行停连标记、词语移动(将被上下两行拆散的一个词中的两个字,从上一行的末尾移至下一行中,使其贴紧)等,让自己所播的新闻的语法关系、主次重点、语意句群等一目了然、清楚完整。在《美国播音技艺教程》中,也提到教学生如何画出"播音连线"。这说明,在稿件上画出的"播音连线"是表达的路标,是表达成功的基础工作之一,不容忽视。

（三）熟悉内容，画抬头点

电视新闻出镜播音前，如时间允许，应尽量对稿件内容多看、多思、多上口，形成大脑与咬字肌的记忆，摆脱对提示器的过度依赖。如若对所播内容不熟悉，不但会播错内容，还会提着气，有种慌促感，难有好的播出状态。

另外，在电视新闻无提示器出镜播音前，初学者应当按照稿件的内容、目的、重点、新鲜处等，适当、合理地画出交流的"抬头点"，提示自己抬头的位置，为播出提前做好准备，避免播出时内心无底、慌乱，导致抬头位置不准、抬头时间不当、抬头动作不有机，影响播出形象与质量。

（四）全面涉及，具体落实

(1) 全面涉及。第一，抓准每条新闻的目的、针对性、新鲜处，导语不能自成一体，应参考新闻片及配音稿的内容，立足整体，以产生准确的基调、重点；如果是完整新闻稿件，要注意新闻的结构与编排处理。第二，理清稿件内容，找准同新闻片的衔接点，把握导语的任务、位置与方式，如导语结尾的播音不能同一语势、同一语气，可依据具体内容分为：上扬式、下行式、平托式，并具不同内涵。第三，无提示器出镜播音时，应根据稿件内容、目的、重点、关系等，对抬头点的位置、方式有所考虑。

(2) 具体落实。第一，先"无声备稿"，重在理解感受。了解新闻的"整体脉络"，看"连续报道"的新进展，各条新闻的"新鲜处"，看新闻的内容、生字、术语等，确定本次新闻播音的"主体基调"。第二，再出声上口练习，实现两种编码（内容序列、咬字肌记忆）。注意语速不能太快，应"感觉拖着语言走"。看清内容，"脑子过滤"后再出口，争取不出错，否则会形成心理暗示和不正确的咬字肌记忆，导致在正式播出时也会在同一地方出错。另外，对新闻内容不要念得次数太多，两遍为好，否则内容太熟，正式播出时会不走脑子。第三，对播出稿件产生具体处理方式，熟知导语下面新闻片的内容、基调、主次及承送点等。在允许的情况下，根据需要可对所播稿件稍做口语化润色，但重要稿件不能改一字。第四，快速用自己的习惯"标注稿件"，如内容重点、停连线，移动稿件中被上下两行拆开的词（如上一行末字是"中"，下一行首字是"国"时，要将其移至一行），以免播出时不易看清而出错。有了以上处理，也为急稿快播打下良好基础。

二、电视新闻出镜播音表达要求

在电视新闻出镜播音中，虽有体态语相助，但有声语言表达还是第一位的。要想播出清楚、有新鲜感、有主次感、使人听之流畅舒服的新闻来，一是要有正确的电视新闻播音意识，二是要有扎实的语言表达、用气发声基本功，三是要懂得语言表达规律。

(一)播出背景、播出目的

这是针对某些新闻播音表面化、缺乏主旨深度的问题。

在新闻播音中,不了解背景、没有目的性和针对性的播音,语言表达表现为:感受浅、语言白、内容散、无主次。好的新闻表达,张口就能让人听出内涵、分量、针对性与深度。因此,电视新闻主播首先要对党和政府的各项方针政策有所了解,关心国内外时事,掌握每条新闻的背景,这样具体播音时,才能明确每条消息的政策背景、指导意义和现实针对性是什么,从而产生准确的目的性和针对性,形成正确的表达基调、表达重点;抓准新鲜处,可使播音处理整体清晰、内涵深刻、针对性强,表现出每条新闻的意义、目的、价值所在。只有明确这些,播音主体才有可能呈现出高水平、有深度的新闻播音。

(二)播出态度、播出逻辑

这是针对某些新闻播音缺少态度、冷漠客观和表达中内容关系不清的问题。

有些初学者在播新闻时,态度客观,没有与所播内容相应的情感态度,或缺少内容、语句之间的逻辑关系,语言散,这会影响新闻传播的引导作用与准确性。新闻播音应当有主播态度情感的显露,还要体现出句子间的逻辑关系,以语气体现出来。播出态度、播出逻辑,可使新闻播音阐释清楚、引导到位。

(三)播出新鲜、播出价值

这是针对某些新闻播音缺乏新鲜感,表达不得要领、语言感觉平的问题。

通常,播音主持初学者和已在电视媒体工作多年的新闻主播,较容易出现这个问题。究其原因,一是,不知道一条新闻的新鲜之处在哪?二是,工作时间较长,已将自己的工作看成熟练工种,不愿再为此多动脑筋。两种原因或导致表达者脑子里混沌一片,感觉无支撑,语言自然就无重点,散落一片。或因为目前我国的电视新闻,尤其是时政新闻的写法比较单一,所报道的内容让表达者习以为常,引不起表达者的兴趣。

如何改变这一状况呢?首先,要牢记新闻新鲜感的内涵:时间新、事实新、政策新、角度新。拿到一条新闻后,必须在脑子里思考,看是什么新。在比较中加深认识,在表达时要给足内心关注,有效支撑语言外化。这样,所表达的内容就不会没有新鲜感及主次感了。其次,对于工作多年的新闻主播而言,除去以上提示,还应自我焕发出足够的工作热情,对得起自己的岗位,对得起电视受众。要知道,一条新闻的价值往往就在于它的新鲜之处。

(四)播出语势、播出语流

这是针对某些新闻播音语言平、句子碎、上下跳字、语流不畅的问题。

有些初学者对语言表达规律的掌握欠佳,语言表达单位小,以词句为单位,导致其语句碎、不抱团、表达平、无曲线、没有语言前推感和运动感,形不成波浪起伏向前涌动的语流,体现不出新闻播音的畅达感。

电视新闻主播有了明确的播音意识和理解感受还不够,这只是内在认识,还必须将其转化为外部音声形态,才能达于受众。这就需要主播凭借表达技巧和用气发声基本功,将其对具体新闻内容的认知、感悟与外化处理变为相应的语流形式表现出来。语流,需要长短不一、强弱不同的气息支撑、上下起伏的语势曲线、疏密不同的意思团来体现,使得新闻播音意思清楚、主次分明、语言自如、听之舒服,体现出较高水平。

(五) 播出类别、播出基调

这是针对某些新闻播音,不区分内容、种类、基调,播什么新闻都"一个劲儿"的问题。其实在一组电视新闻中既有不同内容、种类的新闻,也有不同基调的新闻,应在表达中有所区分。

(1) 时政新闻:端庄大气,播讲稳实。
(2) 社会新闻:自然清新,播说结合。
(3) 科技新闻:讲解耐心,语速稍慢。
(4) 国际新闻:基调客观,清楚为主。
(5) 文体新闻:活泼热情,轻快畅达。

新闻播音应结合具体内容,有不同基调与分寸的把握,采用不同的语言色彩与播法,同时辅以适当的体态语。

(六) 播出语体、播出主次

这是针对某些新闻(消息)播音,语体表达不准、播不出主次重点的问题。

新闻消息语体的特点是写作语言精练,播音新鲜明快。但有些初学者将新闻消息播音混同于新闻专题或新闻评论的表达;有些新闻消息播音主次模糊,内容一片。

解决这些问题,首先,应把握新闻消息语体特点及表达规律。总体而言,新闻消息播音要求新鲜明快,声音、气息下沉,句尾顿住,不拖、不飘。否则,不像新闻播音,与其他语体相混。

其次,表现新闻(消息)的主次应在播音时以较大幅度突出重点、拉开重音字的音程(或重点词语),以较快语速带过次要内容,同时注意语流顺势而上、顺势而下的自如性,这样的新闻播音才会主次分明、意思清楚、自然舒展。

(七) 播出任务,播出结构

这是针对一些播音者将电视新闻播音的导语播报、完整新闻播报或电视新闻"一体播"的处理混为一谈及没有把握不同电视新闻栏目应有的宗旨、特点的问题。

有的电视新闻播音表达不出具体任务,如播导语,容易自成一体,缺少承送感;如完整新闻的播报不能播出新闻的结构,导语、主体、背景、结尾的处理没有区分;如电视新闻"一体播"时,听不出导语与电视新闻片配音的处理变化。有的主播说,在电视新闻"一体播"时不知道导播何时切进、切出自己的出镜画面,无法掌握导语与新闻片配音的转换。其实,只要真正掌握新闻结构的处理、兼顾播出任务,表达与不同部分内容会基本贴合。为此,新闻主播要掌握好新闻结构,在表达上体现微调与变化。

(八)播准内容、读准字音

这是针对新闻播音中读错字、念错音导致概念错误的问题,这是不少初学者及一线主播出现的问题,是新闻播音的大敌。在一线工作中,我们可以看到这样的过失(表 1-1):

表 1-1　主播读错的字

错误	正确	错误	正确
法兰西德国	法西斯德国	深饿痛绝	深恶痛绝
签定委员会	鉴定委员会	中英关系	中法关系
文化事业	文化产业	百分之几	千分之几
俄罗斯总理	俄罗斯总统	分挽	分娩
委员	常委	苜宿	苜蓿

以上问题看似小事,只读错一个字或一个音,轻则让人不知所云或闹出笑话,重则会出现概念、数字、政治、政策性错误,有的还会影响到国家关系。因此,这些错误在新闻播音主持中是决不允许出现的!因为新闻大多是直播,无法挽回其影响。所以,新闻主播必须十分重视这个问题:一方面要增强自己的政治素质和责任心,平时多积累,播出前认真备稿;另一方面要经常查字典,尤其注意多音多义字的搭配使用,确保自己的读音准确。此外,新闻主播在播出时,自己的"脑子"一定要管住"嘴"。要过滤自己出口的所有语言,要让"思维"与"感觉"拖着"语言"走,绝不能倒置让"嘴"在"脑子"前工作(虽然这个过程是很快的)。

总之,电视新闻主播不能只有眼睛与嘴在快速工作,一定要让"注意力"和"脑子"成为新闻播报工作时的重要角色。以自己的整体素能把好各种关。

三、电视新闻出镜播音心理要求

主播在进行电视新闻出镜播音时,不能只专注于新闻稿件与表达本身,还要顾及很多方面:有体态语的合理运用、提示器的操作、导播的指示、急稿的应对、事故的处置等。

那么,电视新闻主播应怎样进行心理分配呢?

(一)语言表达是重点

在电视新闻出镜播音中,有声语言表达是最重要的,因为传达信息是电视新闻主播的首要任务,所以,应将大部分注意力关注于此。具体包括:对所播内容的理解及处理;与上下新闻片配音的"承"与"送";甚至考虑到本条新闻导语结尾的"请看报道"的提示语的内涵与意味,不同基调与作用应有不同的处置,不可千篇一律,否则表现不出导语与下面新闻片的"一体性"。

（二）适当关注体态语

体态语参与创作是电视出镜播音的特征之一，人的体态语虽然有下意识成分，某些有经验的电视新闻主播几乎达到半自动化程度，但它毕竟不是人生活常态的自然体现。例如，生活当中人坐在椅子上谁也不会一直腰部挺直端坐在那。因而，从心理学角度讲，电视新闻主播（尤其初学者）在出镜播音时对体态语仍要给予一定心理关注甚至对体态语有所设计。它是"有意为之"的行为。比如，有提示器出镜播音时，新闻主播一直是抬着头，面对镜头，当一连几条都是出镜播音时，为了让受众对内容有所区分，主播往往在播完一条消息后，用低头看稿再抬头的动作以示区分。这就绝不是有声语言与体态语自动化的结果，而是有所设计。这需要主播有合理的心理关注与注意力分配。

（三）兼顾急稿与意外

一线实践告诉我们，每天电视新闻播出时，主播几乎都会面临应对急稿、处置意外的情况。原因是，电视新闻传播工作综合性强，工种较多，哪一个环节出现了问题一般都会云集到最后一个环节——播出。所以，新闻主播面临的考验很多，除了应对临时加进的急稿、稿件播出顺序的调换，还要时时为其他工种的操作失误、技术故障补救。比如，提示器黑屏了、稿件顺序排错了、技术人员将画面切错了、录好的带子找不到了、稿件字迹太淡看不清等，这些经常要由主播在最短的时间内找到补救的办法。为此，电视新闻主播，尤其初学者，平时应多向有经验的主播讨教应对意外的经验及应对急稿的方法。此外，还应从细节入手，每次应将播音的全部稿件（包括已经录好的稿件）都带进演播间，以防因某种原因而重播。平时重视"广义备稿"，在播急稿时，就会心中有底。当然，这一切都离不开播出的心理关照。

电视新闻出镜播音的心理关照与注意力分配，不是一成不变的，它呈现为一种"变量状态"，即使平时播出时心理分配少的方面，在正式出镜播音时也许因为某种原因就要加大分配比例。

（四）电视新闻播音的心理基础与条件

要想做好电视新闻出镜播音工作，除了树立正确的创作理念、掌握相应的创作技能，在心理方面还必须关注以下内容。

（1）增强注意力。注意力，对于电视播音而言是非常重要的。若想在电视新闻出镜播音中不依赖提示器，就更需要增强"注意力"。"注意，是指心理活动指向和集中于一定对象……注意的生理基础是大脑皮层优势兴奋中心的形成和稳定。"[1]注意又分为"有意注意"和"无意注意"。我们的播音主持工作需要"有意注意"，它"是一种自觉的、有预定目的的、有内在需要的、需要一定意志努力的注意。引起和保持'有意注意'的主要条件有：①明确活

---

[1] 辞海：心理学分册[M].上海：上海辞书出版社，1980：111.

动目的,②有抗干扰的能力,③对活动有稳定的间接兴趣(对活动的最后结果的兴趣),④组织有关活动的能力"①。在电视新闻播音的备稿中,就需要运用"有意注意"来发挥作用。有了高度的注意,才会有较强的记忆。因此,注意力是电视新闻出镜播音的重要条件之一。

(2)强化记忆力。"记忆是指人脑对经历过的事物的反映。"②记忆与注意联系紧密,从心理学角度讲,人只有对极为关注的东西,才会留下较为深刻的印象,形成记忆。对记忆力的依赖,是电视播音主持工作的特点所在。电视新闻主播在出镜播音时大多需要对稿件内容有深刻的记忆,就连自己写的稿件,也需以脱稿形式说出,即便是在对稿件有很强的依赖的电视新闻出镜播音中,能以脱稿形式说出,才更能适应工作的需要。在这其中,记忆力成为衡量从业者能力的标准之一。

电视播音主持从业者应重视注意力,强化记忆力。平时运用注意力用心记忆新闻消息的内容,然后再复述出来,就是锻炼记忆力的一个行之有效的办法。

(3)排除紧张心理。紧张是人的一种心理现象。紧张是人在重压之下所表现出来的精神状态,适度紧张可以挖掘人的潜能,而过度紧张则会给人带来生理、心理方面的严重问题。在电视新闻出镜播音时,过度紧张会造成心跳加快,气息不畅,嗓紧声颤,肌肉僵持,思维停滞,大脑空白,结巴连篇,错误百出,对稿件内容入不了心,大脑指挥不了生理器官,陷入自我失控状态。这种状态不要说播急稿,就是准备过的稿件也播不好。对于以直播、快稿为常态的电视新闻出镜播音来讲,不克服紧张心理,就不能做好这一工作。对于初学者来说,这更是一个需要关注的大问题,否则,专业基本功再好,稿件准备得再充分,也会因播出时的过度紧张大打折扣。

那么,紧张的心理主要是什么原因造成的,如何克服呢?排除先天因素,主要原因有两点:一是,播出时有"私心杂念"。具体表现为总怕自己的播出表现不够好,影响自己的前途。这就需要正确看待名和利的问题,用科学、务实的态度制造积极有效的心理暗示,放下沉重的思想包袱,改变不必要的担忧心理,引导自己进入认真工作的境地。良好的心理素质是由无数次稳定的心理状态累积而成的。二是,播出前"准备不足"。有些新闻主播不够敬业,备稿不认真,或专业能力有限,对急稿的处理能力欠佳,担心出错而紧张。

具体可用以下几种方法缓解紧张心理:(1)心理诱导法:指运用"心理暗示"对主体心理与行为进行干预,使之产生积极的影响。(2)生理调控法:指对生理器官的有效调控,缓解主体的紧张表现,如运用"深呼吸"的方法来调节紧张状态。(3)模拟演练法:指运用"假想播出"方法,多进行急稿快播的适应性练习,消除见稿就紧张的心理。调整、克服了紧张心理,便可获得积极、自信、松弛、从容的播出状态。

---

① 心理学名词解释.兰州:甘肃人民出版社,1984:98.
② 辞海.心理学分册,上海辞书出版社,1980:111.

第四节　电视新闻出镜播音体态语

在人际交流与大众传播活动中,体态语的作用不亚于有声语言。如果说有声语言与人的意识相联系,那么,体态语则更多的是与人的潜意识相联系,它往往能下意识流露出人们内心的真情实感。因而,在电视新闻出镜播音中体态语的作用不可小视。把握好、运用好体态语也是做好电视新闻出镜播音工作的重要一环。在电视新闻出镜播音中,体态语的作用:一是传达态度与情绪,二是辅助有声语言表达,三是替代有声语言表达。

一、头部动作

电视新闻出镜播音中,头部动作分为两种:一是无提示器播音的抬头动作,二是有提示器播音的头部动作。无提示器出镜播音时,播者要由低头看稿到抬头看镜头,与受众进行交流,由此构成抬头动作。应当做到:头的动作、面部表情、心理感受融为一体,分寸得当,有机和谐。抬头的动作不宜过大或过小:动作过小,播者的头部抬起不够,会形成往上翻眼皮看镜头的情形,显得拘谨而小气;动作过大,播者的头忽起忽落,会显得没有稳定感,影响新闻播音的气质。做抬头动作时应当注意以下几点:

(1)低头看稿时,头不应过低使得头顶正对镜头。

(2)抬头看镜头时,眼睛直视镜头中部,镜头与自己的视线平行为好。

(3)看稿件文字时,尽量用目光扫看文字,控制头的动作,从左向右横向移动的幅度不要太大。

(4)头部动作幅度不要太大,以免显得浮躁,应视新闻内容、种类来把握其动作幅度。

电视新闻"有提示器"出镜播音时,播音者的眼睛可以看着镜头(提示器)播出,但也要有头部的相应动作,避免呆板僵直之感。播音者头部的动作再配合面部表情,也会辅助有声语言的表达传达出更多的信息。头部的具体动作有:纵向(上下)、横向(左右)、斜向,表现为扬头、摆头、点头等几种方式。有机合理的头部动作,可以透露出播音者自信、端庄、大方、潇洒的播音气质。应当注意:

(1)切忌头部或左、或右点动,似往一边歪脑袋,动作单一、小气。

(2)播出时,头部不要随着有声语言"打拍子"。

初学者平时应多对着镜子观察自己的播出形象,在镜子里重新认识自己,纠正自己的不良习惯,以适应出镜播音工作。

值得提及,电视新闻主播的头部动作会在无形中透出播音者的性格、气质等,在使用时无一定之规,可依照播音者对所播内容的理解、感受及播音要求而定。

二、眼睛运用

眼睛在电视新闻出镜播音中具有生理、心理的双重功用,通过眼睛可以传递出所播内容的要义与主体心态。

与受众进行交流、辅助有声语言表达是眼睛的重要功用。如播庄重的内容时目光是严肃的,播灾害性内容时目光是沉凝的,播轻松的内容时目光是活泼的,播成就性内容时目光是喜悦的等。这些目光的表现与变化,都是播音者随自己对所播内容的理解感受自动生成,绝非人为表演。

具体而言,电视新闻出镜播音时,播音者的眼神应当是集中、热情、充实的。集中,是指播出时,播音者眼中看着镜头却不把镜头当作"物",而是将镜头当作观众的眼睛,真诚与之进行目光的交流,做到眼神集中、不散不死。只有心中有人、有事,才能眼神集中。热情,是指播音者在播音时眼睛中透出热情的目光,这绝不是表层的微笑状,而是一种真诚、热情、积极的神气。它蕴涵着播音者积极向上的人生追求、认真负责的工作态度、对所播内容的热衷心理。它不是播音者本人性格特点、个人爱好的内心反映,而是播音者站在新闻工作者、党的宣传员位置上所表现出来的精神面貌。充实,是指播音者对所播内容有了充分感悟的情况下,希望与受众产生心灵上的共鸣时所表现出的坚定、自信、有内涵的眼神。这种眼神透出的是人的成熟、深刻。没有深刻的思想、广博的知识、较高的修养,难以具有充实的目光。

眼睛的运用应当注意以下几点:

(1)播出时,应控制自己,不要密集地眨眼,否则会给人内心紧张、不稳之感。

(2)"无提示器"播出时,抬头看镜头要真看,看到镜头深处,这样会形成"目中有人"的眼神,不空泛。在出镜播音时,不可假看、眼神发虚、发飘、朦胧不定;不可不敢看镜头,眼睛匆匆一瞥,马上低头;不可斜着眼睛看镜头,这些都会表现得拘谨小气。应当根据需要,该看镜头时就大胆看,表现出沉稳、大方的气质。

(3)"有提示器"播出时,眼睛不应总死死盯着屏幕上的文字,眼神要自然,不要一个字一个字地看,要一句话一句话地扫,要做到这一点,就得非常认真地备稿。否则,心里没底、怕错,只能死盯提示器上的文字,眼神难免发直、发死、不自然。

三、嘴的动作

嘴是人脸上最具动感的器官,在电视新闻出镜播音中既要有力地咬字,又要表现出优美的口形。为此,首先,咬字时应按正确的吐字发声要领做到提颧肌、挺软腭、撮嘴角、上提后牙、唇齿相依,以用上唇中间之力为主,感觉用力面积越小越好;其次,咬字时嘴的外部动作不能太大,里面却要打开,总体感觉是脸上呈现出微笑状态,但不是嘴角向两边横咧,而是颧肌向上提。除此之外,还要改变自己平时的小毛病,如说话时"舔唇""抿嘴""撇嘴"等,避免因小动作分散观众的注意力,而影响信息传播的效果。

四、身体姿态

在电视新闻出镜播音中,一般主播的身体应当挺拔,既可使发声通道畅通,也可表现出新闻主播良好的精神面貌及屏幕形象。应当注意:

(1)坐姿——身直、腰挺、肩平,下颌与腹部微收,两臂自然弯曲,小臂平放在桌面,身姿自然、挺拔。不能塌腰、缩脖、窝胸,胳臂左右外拉间距过大或随意晃动身子。

(2)站姿——身直、腿直、两腿(女)前后或(男)左右稍开,随着头与手臂的动作,可有身体的自然前倾、转体等变化。站姿不能僵直、腿不能弯曲,不能只动头不动身或身体晃动。站姿的潇洒、自如,可显示出新闻主播的职业气质。

总之,电视新闻出镜播音中,对身体动作幅度的控制,应与节目出镜方式、景别相适应。总的原则是端正、大方、自然、谐调,有美感与职业气质。

第五节 电视新闻出镜播音实例分析

一、电视新闻导语、串联语表达

电视新闻播音是播音与主持艺术专业的重要训练内容,它是在广播新闻播音训练之后进行的。这时,学生已基本了解和初步掌握了新闻的结构、语体特点及表达特征。电视新闻出镜播音时,要关注的方面较多,初学者一时难以适应,可以先用较简单的导语、串联语来训练,使学生逐步掌握良好的电视新闻出镜播音状态。

导语范例

对绝大多数魔兽游戏迷来说,游戏只是游戏。但是,玩魔兽游戏上瘾,甚至到了难以与真实世界相区分的程度,就是一种病态。\昨天,我国首部《网络成瘾诊断标准》通过专家论证,玩游戏成瘾被正式纳入精神病诊断范畴。

处理提示:播这条新闻的导语前,首先要认真备稿,了解这条新闻产生的社会背景、发布目的、主次要点、价值与新鲜之处,使认识不停留在文字表层,而是深入到内容实质。学习电视新闻播音初期,初学者的播音容易停留在文字表面,表现为:摆句子、语言平、纯客观、不走心。他们认为,播新闻只要用所谓的新闻腔调,不播错字就行,这是低水平的认识。应当将所播新闻看似自己亲自采访、动笔写出的,熟悉它的内容,了解它的意义,避免与己无关似的客观播读。

就这条消息而言,我们可以首先启用自己了解的社会现实,从"感性"出发,启动思维,进而上升为理性认识,落实在语言表达中,使内涵予以显现。

针对这条消息所涉及的"网络成瘾"问题,我们可以将内容与现实结合起来,联想到一些相关事实:"网络成瘾"的学生往往难以自拔,他们或者玩游戏上瘾无心上学;或者连续上网疲惫至死;或者为获得网资走上犯罪道路;或受到坏人的伤害失去生命;他们当中有的被父母送进"戒瘾所",却对父母充满仇恨;他们的行为往往使原本幸福的家走向痛苦的深渊,父母、家人苦不堪言;甚至有不少成年人也极度依赖网络,他们离开网络就无法正常生活……这些联想可以让我们产生十分具体、真切的感受:"网络成瘾"是当代社会的一个毒瘤,不有效治理不行!如何治理?这条新闻提供给我们一条新途径,给予我们一个新认识。当我们的感性与理性都被启动,触动了内心与思维,才会真正接近所播的新闻内容,使播音表达有主旨、有感受、真切、积极,这才是我们所需要的新闻播音。在此基础上,再将本条新闻的导语加以分析、梳理,了解其写法、任务、与下面新闻主体的承送点是什么,进行表达的设计。

具体看,这是一条"点指式"导语。点指式导语,通常要点出整条新闻的新鲜处、价值、要点,重音要准确、突出,可以运用放慢、提起的方式处理。表达时不应自成一体,应有承送下面内容之感,使导语和主体有整体感。在这条导语的处理中,应把"上瘾""精神病"等重点突出出来。结尾应有一种展开、延伸之感,语尾平托,使人听之有种期待感,希望具体了解:何为网瘾?网瘾为什么纳入"精神病"范畴?《网络成瘾诊断标准》的内容、意义是什么?治疗效果如何?这些内容在以下的新闻主体中都有针对性介绍。

以上播音主体的心理感受与细微处理,可以帮助受众体味出这一导语与新闻主体是一个整体,不是导语自成一体,与下面的主体内容无关。

值得一提,新闻播音绝不是只讲理性、逻辑,不要情感、态度,不动声色地播读,它是生理、心理、思维、逻辑、感性、理性、态度、语体、责任心、服务感、讲述感等多方面因素、多角度内容融合的产物。好的新闻播音一样也不能少。尤其要把握"说清楚"与"服务感"。

电视新闻导语播音应关注:

(1)新闻背景(了解新闻发生的社会语境与氛围)。

(2)新闻目的(找准新鲜处、价值点、针对性)。

(3)新闻基调(从整条新闻出发确立)。

(4)表达语气(每句话的内涵、态度准确)。

(5)揭示关系(体现内容的主要链条及语句关系)。

(6)承送有机(导语与新闻片配音有承送感,准确、有机,不能自成一体)。

(7)播出意味(语言表达有潜在语、有指向与意味)。

以上几点,有益于产生清楚、准确、有意味的电视新闻导语播音。

串联语范例

导　语:近日,广西利用定向爆破技术,只用了短短几秒钟的时间,就在清水河峡谷中成功地筑起了一道90米高的拦河大坝。

配　音:这座拦河大坝是建在清水河上的塘仙水利枢纽工程,坝址位于深山峡谷,工程建设者决定采用定向爆破的方法建造拦河大坝;为进行这次爆破筑坝,工程人员在坝址旁距河床400米高的半山腰上埋设了一千吨的炸药。

(指挥人员倒计时同期声)

(现场爆破同期声)

配　　音:工程人员说,与人工浇筑相比,定向爆破筑坝具有省时、省工、省钱的特点。这次爆破土石方160立方米,投资1500万元。

串联语:利用定向爆破技术来筑大坝确实不多见,\在城市建设中,人们更多的是采用定向爆破技术来拆除某个建筑物。今天早晨,上海市就采用定向爆破技术成功地拆除了两座位于市中心的高楼。

(同期声:爆破现场)

配　　音:由于对爆破的精确度有相当的把握,上海东方电视台的摄像师在很近的距离内拍下了爆破的全过程,唯一让他们事先没想到的是,由于距离爆破现场太近,结果这些摄像师都被爆破扬起的尘土弄得灰头土脸。

据介绍,上海长征医院在附近的另一幢16层高的病房大楼也将被爆破拆除,这将是国内用爆破方法拆除的最高的建筑物。

处理提示:以上是相关的两条消息,第一条报道了广西利用定向爆破技术建造了拦河大坝。第二条报道了上海市采用定向爆破技术成功地拆除了两座位于市中心的高楼。

我们看到,这两条消息都与"爆破"有关,只不过前者是利用其"筑坝",后者是利用其"拆楼"。它们之间既有同,也有异,相同的是都利用同一种技术,不同的是做不同的事,这形成一种"同向串联",起两条消息的过渡作用。

我们试想,如果这两条消息都在一次新闻节目中播出却不相连,或者虽然两条新闻的播出位置相近,却没有目的明确、承上启下的串联语,那它留给我们的印象一定没有现在这样明晰。这里,编辑运用了很好的编辑技巧,不但将这互有关联的两条新闻编辑在一起播出,而且在串联语中还说明了这两条新闻的关联与比较,使受众较容易地接受所传达的信息,这就是新闻串联语的作用。

播这两条消息间的"串联语",首先应生发出对国家建设中应用现代技术的报道热情,不应对所播内容不感兴趣,淡然处之。播好串联语的关键在于既顾上,也顾下,该过渡则过渡,该转换则转换,不但承接上面新闻的主旨、态度、情感,也要送出下面新闻应有的主旨、态度、情感,真正起到上串下联的作用。

二、电视新闻完整稿件播报

电视新闻完整稿件播报的训练,是在初步具有电视新闻出镜播音能力的基础上进行的。这类稿件大多较长、内容复杂、有不同色彩与分量,需要主播具有对播音表达及体态语的较强的把握能力。

范例一

本台消息:今天上午11点,国务院总理应大会新闻发言人的邀请,在人民大会堂三楼大厅与采访的中外记者见面并回答记者的提问。

中央电视台记者问:①刚才您说除了做公仆的权利,没有其他权利。我想这话不仅是对政府工作人员说的,更是对领导干部说的。我问的问题与此相关,也就是反腐败的话题。②最近反腐案件的查处和披露带来很大的反响,我们也听到了来自观众的声音:一方面大家觉得特别的欣慰,因为加大反腐力度一直是人们的期待;而另一方面人们很忧虑,为他们看到的腐败现象忧虑。③如何有效地遏制一些行政领域权钱交易的现象?

总理说:①应该承认,随着发展市场经济,腐败现象接连不断地发生,而且越来越严重,甚至涉及许多高级的领导人。②解决这个问题,首先还得从制度上入手。因为造成腐败的原因是多方面的,其中最为重要的一点,就是权力过于集中,而又得不到有效的制约和监督。③这就需要改革我们的制度,比如你提到的,要贯彻我们已经制定的行政许可法,减少审批事项。政府部门掌握了大量的行政资源和审批权力,容易滋生权钱交易、以权谋私、官商勾结的腐败现象。④第二,就是要推进政治体制改革,减少权力过分集中的现象,加强人民对政府的监督。今后,凡属审批事项,特别是涉及人民群众利益的,都要实行公开、公正和透明。⑤第三,要实行教育和惩治并举的方针,让每个干部和领导者懂得水能载舟,也能覆舟。对于那些贪污腐败分子,不管发生在哪个领域,涉及什么人,不管他职务多高,都要依法严肃惩处。

处理提示:这是一条重要的时政新闻,报道了记者就"反腐败"问题的提问与国务院坦率、真诚的回答,从中可以看出党和政府反腐败的坚强决心及新的政策举措。具体来看:

一是划分层次。大小层次清楚,是所有语言表达的基础。要想播得清楚,分清大小层次是关键。在新闻性稿件中,一般大层次的划分并不困难,而小层次的划分却有一定难度。小层次是内容中的一个句群、一个意思团,每个小层次的内在联系较紧密。分清了大层次,并不意味着就能播清楚内容。划分出清晰、准确的小层次,并掌握小层次之间的逻辑关系,才有利于播清内容。所以,层次划分必须以小层次为基础,并精练标出每一小层次的意思(以上新闻内容中可分为两个层次,标注的①②③④⑤即是小层次划分)。播音时,结合重音,可体现出层次间的逻辑关系。

二是理解感受。若要播出新闻的深度来,还需要将新闻内容与时事、政策、背景相结合,感性与理性相结合,播音者深受触动,才能更好地把握新闻的内涵,表现出新闻的深度。

越是看似"大""空""熟"的时政稿件,越要仔细分析,深入领会,看出其新鲜处、价值点、重要性,播得具体、有感,不能端架子,播得"意思空""句子摆""无逻辑""没变化"。

具体到这条新闻,我国领导人明确告诉我们:我国正在推进政治体制改革,这是此新闻的新鲜处与重点。经济体制改革使中国人民的生活得到极大改善,增强了国力,在世界上也有了更加重要的地位,这是有目共睹的。从疫情、自然灾害、经济危机等近年来发生的一系列重大事件中都显示出我们的综合国力。我们相信,政治体制改革将会改善我们的各项制度,进而解决国家现存的诸多问题,然而这需要一个逐步改革的过程。

因而我们播这条新闻时,应带有自己的切身体会,真诚告诉全国人民党和国家的战略部署,我们的播音表达应将清晰的大小层次、明确的主题目的、具体的基调、主次都体现出来,起到传达、告知的作用。

三是具体处理。(1)语态:此条新闻的语言样态是"播讲式",在新闻语体制约下,耐心讲解意思,充分体现内涵。不能处理成"宣读式"。(2)重音:如果没有清晰、严谨的逻辑脉络,此条新闻极易标满"重音",因为新闻内容都很重要。当明确稿件的目的、脉络,获准主要信息、新鲜处、价值点后,我们就能大胆删去一些在一个句子中看似重音而从全篇看与目的、主线逻辑不甚严密的重音,从而找准精练的重音。检测重音是否准确、精练也很简单,就是将选择的重音连起来,看是否能形成一条严密的逻辑链条,使人只看重音,便能得知主要内容。同时,在这些重音中,还可根据其重要性分出主要重音与次要重音。重音,除确定的准而精外,还要有效地显现出来。重音的表现,一般有五种方式:加强、提高、拉开、放轻、停顿。通常新闻播音中多使用前三种:加强、提高、拉开。在具体表达中,需根据内容的意思在语流中顺势而上、顺势而下,有机融于起伏向前的语流中,不生硬、不突兀且舒服、醒耳。(3)停连:播音表达的每一个小层次,无论有几个短句都要连起来形成一个"语气团",才能关系清楚、紧密。如果需要连起来的短句多、面积大,可以运用"偷气""就气"技巧续气,但不能在不该停的地方停下,给人错误的区分感。如本条新闻第二自然段中的第①小层次中,几个短句中间有两个句号,但因关系紧密,语流顺畅连接,不能停顿。而第③小层次只有一句话,为与之前的第②小层次区分,就要停、转。

值得一提,在这种报道中,屏幕上有时不是一直出新闻主播的画面,而是配上些与播音内容相应的画面、文字,然后又切回演播室主播画面,但这并不是导语与新闻片的关系,还应当看成是一条完整新闻的出镜播音,主播在播音时应把握好自身位置与播音特点。

范例二

经过约四个小时的空中、陆上和海上旅行,台湾赠送大陆的梅花鹿"繁星""点点"和长鬃山羊"喜羊羊""乐羊羊"今天下午顺利入住位于威海刘公岛国家森林公园的新家。

上午10点08分,在随行兽医的陪同下,这两对动物搭乘货运包机从桃园机场启程,于中午12点35分抵达山东威海大水泊机场。随后,这两对动物搭乘登陆艇,于下午3点多顺利入住新家刘公岛。/它们将先度过一个月的隔离检疫期,便可和观众见面。

长鬃山羊是台湾唯一的野生牛科动物,属于珍贵稀有的保育类野生动物,梅花鹿则是台湾特有亚种。/2008年11月,海协会与海基会在台北举行恢复协商后的第二次会谈,海基会宣布将向大陆同胞赠送梅花鹿和长鬃山羊。

处理提示:这是一条完整的电视新闻。播出时,往往会分成"导语"及"主体"两部分:导语需要电视新闻主播出镜播出,主体通常都是配合画面进行的不出镜新闻片配音,一般这两部分内容是由两个人分别完成的。但在电视传播技术发展的今天,为了更快地传播电视新闻消息,在技术设备许可的条件下,经常采用电视新闻出镜导语和新闻片配音"一体播"的方式播出。这就要求电视新闻主播熟练把握整条新闻的内容、结构及这两种播出形式的规律与处理方式。具体到这条消息的处理需要把握：

一是，这是"连续报道"中的一条消息。因此，播音者应当对整个事件过程非常了解，在具体报道中，给出"事件进程感"。

二是，播音者应对整条新闻结构进行分析：第一自然段是"概括式导语"；第二自然段是"新闻主体"，其中又分为两个小层次（启程到达、见面时间）；第三自然段是"背景"（介绍两种动物的背景、这个活动由来的背景），这条消息没有结尾。在具体播出时，应把握出镜播导语及不出镜播主体即"新闻片配音"的表达区别与微调，在音高、语速等方面有所区分。

三是，这条新闻的表达基调应为"喜悦地"；语言流畅但不太快；每个大小层次处有语气的转换表达，尤其导语跟主体（新闻片配音）的转换处更应让人听出不同，显出其结构感及内容的清楚与规整。

三、播好外国和少数民族人名

念好外国和少数民族人名也是衡量新闻主播能力高低的一个方面。以前，播音前辈们将国外来访代表团成员的名单或近期新闻中出现的外国人名都写在纸上或黑板上反复念，以便对其的播读熟练顺口、不出错。如果对外国人名不熟悉会出现以下问题：把握不好外国人名的语言节拍，或一字一拍，或拗口不顺；尤其当几个难念的名字在一起连续播出时，更是屡屡出错。如：诺罗敦·拉那列、中曾根康弘、克里斯托弗·哈蒂库里·穆茨万格瓦等。播外国和少数民族人名要有一定的节拍感，将一个人名的几部分以一个语气团显现出来，不可分着念，将其播得好像是几个人名，也不能一字一拍，如：梅德韦杰夫，应将其作为一个整体说出：梅德韦杰夫。如：阿不都克甫·吐木尼亚孜，少数民族人名也一样处理。为此，可以找外国人名多的稿件来训练（包括多字、难念的少数民族姓名）。

（一）外国人名练习稿件

国家领导人2月21日上午在人民大会堂会见了莫桑比克、缅甸两国离任大使和毛里求斯等15国新到任大使，并与他们进行了亲切交谈。

即将离任的两国大使分别是莫桑比克大使得莫赖斯和缅甸大使吴盛温昂。

新到任的15国大使分别是：毛里求斯大使林德超、法国大使蓝峰、卢旺达大使约瑟夫·博内萨、加纳大使阿法雷·阿皮杜·唐科、巴基斯坦大使里亚兹·穆罕默德·汗、安哥拉大使若昂·曼努埃尔·贝尔纳多、刚果民主共和国大使约翰逊·巴埃隆冈迪·瓦·比纳纳、赤道几内亚大使纳西索·恩图古·阿韦索·奥亚纳、摩尔多瓦大使维克多·鲍尔舍维奇、津巴布韦大使克里斯托弗·哈蒂库里·穆茨万格瓦、肯尼亚大使胡卡·瓦里奥、冰岛大使埃德尔·古纳松、越南大使陈文律、伊拉克大使穆瓦法克·马哈茂德·贾西姆·阿尼和科威特大使费萨尔·拉希德·盖斯。

（二）少数民族人名练习稿件

12日，新疆吐鲁番地区中级人民法院对鄯善县"6·26"暴力恐怖案件中艾合买提尼亚孜·斯迪克等4名被告人一审公开开庭审理并当庭宣判：以组织领导恐怖组织罪、故意杀人罪、放火罪数罪并罚，判处艾合买提尼亚孜·斯迪克死刑，剥夺政治权利终身；以参加恐怖组织罪、故意杀人罪、放火罪数罪并罚，判处吾拉音·艾力死刑，剥夺政治权利终身；以参加恐怖组织罪、故意杀人罪数罪并罚，判处阿不都拉·斯热甫力死刑，剥夺政治权利终身；以参加恐怖组织罪、故意杀人罪、放火罪数罪并罚，判处艾克拉木·吾斯曼有期徒刑25年，剥夺政治权利5年。

本章训练提示：电视新闻出镜播音的训练，可以先从较简单的导语、串联语开始，使学生逐步进入电视新闻出镜播音状态。在此基础上，再进行各种完整稿件的训练。重点是掌握导语、串联语的作用与表达，电视新闻出镜播音与新闻片配音的不同。

本章训练要求：导语、串联语表达训练：(1)分析稿件，了解新闻背景与目的，找出新鲜处、重点、与新闻片的承送点，不能孤立地播导语和串联语；(2)播清新闻内容，把握新闻语体、语流、语速；(3)注意体态语及有、无提示器的运用；(4)在出镜播音中，以语言表达为主，体态语为辅，做到：内心感受、有声语言、体态语"三位一体"有机结合。

完整稿件播报训练：(1)要求播清楚，把握不同类别、基调、分量的完整稿件播音；(2)播出电视新闻的结构、重点、主次；(3)找准电视新闻播音的基调、语体；(4)无提示器播音时，掌握好抬头点；(5)有急稿直播的能力。具体训练：可让学生看过一条新闻后，以自己的话复述出新闻的内容、结构、重点、关键词语等，训练学生的理解力、注意力、记忆力，使其用心备稿。

二维码中的电视新闻出镜播音训练稿供训练时选用。在教学中，教师和学生还可以从近期的国内外新闻中选取适当稿件，进行针对性训练。

思考题：

1. 电视新闻出镜播音的概念是什么？
2. 电视新闻出镜播音的表达特点有哪些？
3. 不正确的电视新闻出镜播音意识有哪些？
4. 电视新闻导语、串联语是什么？表达时如何把握？
5. 无提示器播音抬头交流的内涵是什么？位置有哪些？
6. 无提示器播音抬头交流的技巧是什么？
7. 电视新闻出镜播音备稿要求有哪些？
8. 电视新闻出镜播音表达要求有哪些？
9. 电视新闻出镜播音心理要求有哪些？
10. 如何把握电视新闻出镜播音体态语？
11. 如何把握电视新闻"一体播"？
12. 如何处理不同内容的新闻？

电视新闻出镜播音训练材料

第二章
电视新闻片配音

内容提要：电视新闻片配音,是电视新闻播音的重要组成部分。在电视新闻中,许多新闻信息都是通过新闻片传递出的,它集中体现了电视新闻的视听优势。从某种意义上讲,电视新闻片配音既不同于广播新闻播音,也不同于电视新闻出镜播音,有其自身特点。对这一工作不容忽视,它往往是电视新闻主播开始工作的第一步,也是打下电视新闻播音基础的第一步。本章主要探讨电视新闻片配音的概念、特点、方式与表达。

第一节 电视新闻片配音概说

电视新闻片配音,是指电视新闻主播凭借解说词在画面外对新闻片内容进行说明、补充或评述,用以阐释画面内容。在电视新闻片中,配音语言与画面语言同等重要,有时甚至超出画面语言。如会议画面、战争场面等,若没有配音语言相助,观众便不知这些画面中开的是什么会,是谁与谁在打仗,为什么打仗等。

电视新闻片配音与电视纪录片解说不同,它的任务简单于、少于电视纪录片解说。主要区别:一是电视新闻片配音任务比较单纯,只是对画面信息的补充、说明,不担负渲染、抒情造境等任务。二是电视新闻片配音的表达方式与电视纪录片解说有所不同,不能有艺术化处理。因电视纪录片解说既有新闻性,也有艺术性,而电视新闻片配音只是新闻性工作。即使是新闻性内容,在电视新闻片配音与电视纪录片解说中,二者处理也不尽相同。

一、电视新闻片配音方式

当前,各个电视台的电视新闻片配音方式大致有以下几种:

第一种:先配音,再剪片子。这种方式,适合于常规性消息,如会议消息等,因有声语言内容往往比画面更重要。

第二种：先剪片子，再配音。这种方式，较符合电视新闻的表现，因电视画面是第一位的，配音与之形成互补关系。

第三种：二者兼而有之。这种方式较实用，可根据电视片的内容和时间安排而定，有的可先配音，有的可后配音。

二、电视新闻片配音特点

电视新闻片配音具有承接性、非连续性、讲述感强、语速快的特点。

（一）承接性

电视新闻片大多是一条新闻的主体（也有的自成一体，是一条完整的新闻），电视新闻片配音有多重承接：一是承接出镜播音导语的内容与感觉，二是兼顾电视新闻片中的画面内容，三是承接电视新闻片中的同期声。因而，配音不能自成一体，感觉从零开始，或有"块状感"，应体现一条新闻的联系。因而，应当在备稿时就全面了解每条新闻的目的、重点、基调以及导语的具体内容与写法，结合新闻片的画面与同期声内容，寻找到衔接点与承接感。以语气、重音等表达手段加以体现。

另外，电视新闻片配音，虽然不出镜，但它也不同于广播新闻播音，它的语言始终要有画面感，才符合电视新闻片配音的创作原则，不能只顾有声语言表达规律而置画面内容于不顾，形成两张皮。

（二）非连续性

电视新闻片配音与广播新闻播音、电视新闻出镜播音的不同之处，还在于播音的非连续性。从某种角度上讲，广播新闻播音和电视新闻出镜播音都是一气呵成，而电视新闻片配音，由于要补充、说明片中的内容、画面，因而，配音时常要伴随画面内容进行，有时还要严格对位，一一对准片中人物、场面等，所以有时配音就要走走停停，不能一气呵成。配音语速也要根据具体情况，时快时慢，有时还要等画面或抢画面，以与画面契合。因而，配音具有非连续性。

（三）讲述感强

电视新闻片配音的内容往往是一条新闻的主体，是对导语的展开和对具体内容的详细介绍，因而讲述感很强，以给人清楚、流畅、亲切、自然之感。

电视新闻片配音讲述的方式也不尽相同。总体而言，配音既要有新闻的新鲜感，也要有较强的讲述感和自如性。一般社会生活类新闻的配音语速可稍快，因所播内容大多是人们所熟知的；而一些科技、卫生、考古等新闻，语速需稍慢一些，还需加强讲解感，因为这些内容是人们不常见的，许多术语是人们所陌生的，除此之外，许多新闻特写、新闻专题的配音，也需要较强的讲解感与情感态度，以更好地表现其内容与情感。

(四)语速快

电视新闻片配音的语速比广播新闻播音和电视新闻出镜播音都快。这是因为每条新闻片的时间有限,有时十几秒就是一条,此外,电视新闻片配音有画面相伴,通过画面,观众可以更直观地了解片中所报道的内容。所以需要配音快些,与画面的节奏、内容转换相适应。语速快可以满足受众在有限的时间内获得更多信息的需求。总之,语速快,是电视新闻片配音的主要特征,围绕它,又派生出其他配音要素的表达处理。

第二节　电视新闻片配音表达与要求

一、电视新闻片配音表达

(一)语速

电视新闻片配音的语速较快,语流多连少停,与画面的节奏、转换速度相适应,但语速不能超出受众的生理、心理阈限,不是越快越好,应建立在清楚之上。要做到快而清楚(指字音),快而不错(指语意),快而不乱(指逻辑),快而有变(指主次)。

(二)气息

电视新闻片配音中,要想语速快,就要有稳劲持久耐用的气息支撑和娴熟的偷气、换气、抢气、就气等技巧,做到一气多字,形成完整语意。唯有气息长,持久耐用,能一口气稳劲地说出许多字来,才能不多换气,不致语言前重后轻、声虚不实、一拱一拱地播音。

(三)用声

电视新闻片配音的用声,相对低于广播新闻播音与电视新闻出镜播音。原因在于,新闻片配音是配合画面进行的,不能只注重新闻播音特点,而忽视了电视新闻片配音的特点,从而导致声高气强,缺乏与画面的配合感。当然,也不能用声悄声虚气,以为这样就有了与画面的配合感。配音用声,应多用中低音共鸣,声音小而实。

(四)咬字

电视新闻片配音,要想语速加快,就要改变一些咬字幅度,将字头、字腹、字尾的音程按比例缩短,保证每个字不但快速而且清晰。特别注意,不要语尾拖音甩调,丧失了新闻播音语体的制约,应让语尾顿住不下滑。

(五)语流

电视新闻片配音的语流幅度相对于广播新闻播音与电视新闻出镜播音最小,呈现为小曲线(一般广播播音是大曲线,出镜播音是中曲线),但不能没有语流曲线成直线。没有语流曲线,就会语言平而没有主次变化,就播不清楚内容,这是语言表达的规律。播音的语流不但要有上下起伏感、源源不断感,还要有向前推进感,这样的表达才清楚、畅达。

(六) 停顿

电视新闻片配音由于语速快,形成停顿少的特点。一般在广播新闻中、在电视新闻出镜播音中该停的地方,在电视新闻片配音中也许就不停,因其有画面相伴,又追求一气多字、语流畅达和语意完整。虽然缺少了某些停顿,但可用语气帮助体现区分、转换之意。

(七) 重音

电视新闻片配音的重音处理,不同于广播新闻播音及电视新闻出镜播音,原因在于,电视新闻片配音语速快又有画面展示,所以某些画面上有的内容就不需要再强调了,同时要保持语流的畅达、自然也不适合强调得太多,但需要强调的地方必须大胆凸显出来,主次对比幅度要大,使人听得醒耳。

(八) 语气

电视新闻片配音由于语速较快,导致一些初学者不谙规律,一味快冲着播,语法关系、语意都受到影响。电视新闻片配音更需强调语气的作用,发挥语气揭示逻辑关系、表现情感色彩的功用。也就是说,某些重音、停顿的功用由语气帮助体现出来。可见语气在电视新闻片配音中的重要作用。

二、电视新闻片配音要求

(一) 配音要有画面感

电视新闻片配音最显著的特点是始终要有画面感相伴。这有几种情况:
(1)配音时,有相应的画面相伴(画面内容与配音内容相应);
(2)配音时,没有画面相伴(操作采取先配音、后剪片子的方法);
(3)配音时,与之相伴的画面不相应(配音内容不是画面表层影像)。
在以上各种情况下为新闻片配音时,都要始终在自己心中产生积极、可感的画面并有意与之配合。实践证明,有没有画面感,配音的感觉与表达是不相同的。有画面感的配音存在具体感、解释感、交流感,没有画面感的配音缺乏这些,在表达上往往呈现为用声高平、语言空洞、语速单一。

(二) 配音关注多项承接

电视新闻片配音不仅与新闻导语承接,与画面承接,有时还要与片中的同期声相承接,在工作中,经常是一段配音,加进一段同期声,但在配音时,却不是听完同期声后再录下面的内容,以致我们的配音要在听不到同期声的情况下一段一段分隔着录,这就需要我们在配音中,既要有画面感,又要注意承接一段段的同期声,承接其中的人物语言、特定音响。这也要求我们在配音前,尽量了解同期声中的人物语言及音响内容,以便在配音时有机承接、准确承接。具体讲,电视新闻片配音,除去兼顾画面、同期声等,还要合理有效地用声、用气、咬字,把握好语言表达,利用音高、音强、音长、音色等声音元素来表现配音的画面感与承接感。

(三)消息配音与专题配音有区别

电视新闻片配音,不只是为新闻消息配音,还要为大量的新闻特写、新闻专题等配音,它们的表达都是新闻性语体。所不同的是,为电视新闻消息配音,通常语言比较新鲜、明快,表达比较紧凑,语速偏快,情感表现不细,多以态度体现为主;而电视新闻特写、专题等配音与之有别,原因是一般新闻特写、专题等内容所表现的都是比较具体的新闻内容,写法比较细致,有时还带有一定情感,这些在语言表达上也应有所体现。

第三节 电视新闻片配音实例分析

电视新闻片配音要重点关注以下几点:(1)配音的语言表达特点。(2)配音要参看新闻导语。(3)配音要有画面感与承接感。

范例一

导语:"今日面孔",今天的第一张面孔是一位美国华侨——陈荣华。北京时间今天晚上的10点钟,也就是华盛顿时间的上午10点钟左右。一面五星红旗在美国白宫南面的草坪上冉冉升起,这个由民间组织第一次升起五星红旗的行动事先通过了美国官方的批准,而这个仪式的发起人就是陈荣华。

配音:陈荣华在华盛顿经营一家中餐外卖店,为这次升旗他努力了整整9年。2000年陈荣华迁居华盛顿后做的第一件事就是在这里组织发起升国旗仪式。他年年申请到今年为止一共申请过9次,前8次都未能成功,而今年在一百多家华人社团的共同努力下,国庆前夕升旗仪式的整体活动终于得到了美国官方的批准。

今天升旗的具体地点是在白宫围墙外的南侧草坪,也就是椭圆形广场,不是此前有些媒体误报的白宫南草坪。大约有一千多名华人华侨参与了此次升旗仪式。升旗仪式上还举行了大型文艺演出,文艺演出部分展现了今天中国人友好包容亲善的精神面貌。而升旗仪式的所有费用全部是由在美福建人承担。

陈荣华的祖籍是福州长乐,1989年他第一次来到美国时,在异国他乡的第一个除夕之夜里,陈荣华孤身一人路过纽约的联合国大厦,思乡之情奔涌而出,他在一百多根旗杆中找到了中国国旗,抱着旗杆失声痛哭。这一次经历使他许下一个诺言:无论走到哪里,都一定要把国旗在当地升起来。

20年来,陈荣华的家里一直悬挂着五星红旗,有人曾经问陈荣华:"你这么爱国,那么究竟是中国好还是美国好?"陈荣华回答说:"我在美国谋生,美国是我的老板,但中国养育了我,她永远是我的母亲。"

处理提示:这是一条激动人心的新闻:中华人民共和国国旗在美国首都华盛顿白宫所在地的草坪上升起!这在以往是难以想象的。当人们听到电视新闻导语的介绍以后,自然非常想知道这件事的具体情况及发起人的情况。于是下面的新闻片主体,向我们较为详细地介绍了这些内容。

新闻片的同期声和画面是:音乐响起,出现了福建同乡会情景——陈荣华一人手举国旗——白宫——草坪演出——纽约联合国大厦前各国国旗——结尾仍是陈荣华一人手举国旗的画面。这些图像中有静态的照片,也有动态的影像,配音与画面图像内容基本对应。

这条新闻的配音处理是:

一是有承接感。我们看到新闻主体配音的第一句话"陈荣华……"承接住了导语的感觉,对此人进行了简单介绍。从整条新闻出发,可以看到配音的第一段是"事件背景"介绍,交代了新闻的人物、事件、时间、过程、结果等信息。语言表达应有兴奋感。

二是把握语体。新闻主体的第二个自然段,介绍了今天升旗仪式的具体情况。语言表达较亲切、热情又明快。虽然讲解性较强,但要把握住新闻语体。

三是融入情感。新闻主体的第三个自然段,是对升旗发起人陈荣华其人的"人物背景"介绍。这里着重讲述了陈荣华为什么做这件事,他的人生经历与心理依据。片中的内容讲述与表达应比播"时政新闻"等情感浓一些,以更好地体现其内涵。

四是兼顾画面。本片配音具有与音画内容的对应性与段落感。

范例二

导语:最近一段时间,朝鲜的电视观众发现,电视里面出现了很多新鲜的面孔,而这些面孔对于其他国家的观众来说已经是相当熟悉了。

配音:《猫和老鼠》这部在全世界都受到孩子们喜爱的动画片现在已经出现在朝鲜的家庭中。由于众所周知的原因,美国的影视作品长期以来很难通过正式渠道进入朝鲜。而此次更名为《老鼠的魔术世界》的《猫和老鼠》大摇大摆地闯入朝鲜国内,也引来韩国、日本媒体惊讶的眼光。

来自韩国《东亚日报》的报道称,自今年的7月3号朝鲜的中央电视台首次播放了商业性的广告以来,朝鲜陆续出现了一些变化。在大同江啤酒广告后,又陆续播出了开成人参、宇宙牌发卡以及鹌鹑料理的广告。此外,朝鲜的电视台还播出了朝鲜军旅歌手穿军服唱意大利歌曲的节目,以及在德国柏林举办的第16届国际田径比赛的主要比赛场面。除此之外,俄罗斯的著名芭蕾舞剧《天鹅湖》近段时间也在朝鲜唯一的电视频道播出。而与它一起登入电视荧屏的还有诸如《动物世界》《探访海外文化》等一些与海外科学技术和文化相关的电视节目。与《猫和老鼠》一起来到朝鲜的还有一些著名的漫画和影视作品,包括马拉多纳、贝肯鲍尔等世界著名足球选手的生平传记,《灰姑娘》《匹诺曹》《罗宾汉》等世界名著。尤为值得注意的是,这些作品都是由朝鲜的国营企业负责引进和出售的。

处理提示:这是一条引人注意的消息,使我们与世界都为之一振。此条新闻给出了"悬念式导语",这"新鲜的面孔"到底是什么呢?它规定了新闻主体的解释任务。此条新闻主体有两种音画对位情况:

一是画面与配音"非一对一式"。如新闻主体开始,先是《猫和老鼠》的片段出现,然后配音进入"《猫和老鼠》这部……",画面是:《猫和老鼠》的片段——朝鲜的建筑及金日成像——《猫和老鼠》的片段,虽然配音与画面是伴随性的,不要求严格对位,但配音语言中也要能体现出相应的画面感。

二是画面与配音严格"一对一式"。如新闻主体的第二个自然段,大部分画面与配音语言相对应:如啤酒广告——人参广告——鹌鹑料理广告——德国田径比赛——芭蕾舞《天鹅湖》片段——马拉多纳——贝肯鲍尔——灰姑娘——匹诺曹——罗宾汉——朝鲜国旗。这些画面,有的只是一张照片或很短的视频,而配音与画面却一一严格对位,形成相应节奏。这之中的配音,有时要"抢"画面,有时要"等"画面,有时语速稍快,有时语速稍慢,以达到音画对位、视听统一。

本章训练提示:电视新闻片配音的训练,是在话筒前进行的,配音者通常看着屏幕画面播报,这类稿件往往是一条新闻的"主体"。第一种训练方式,可先给学生看一遍要配音的新闻画面,配音时有实际的画面内容相伴。第二种训练方式,配音时没有画面,只给学生稿件,让他们运用自己想象的画面来播出,并有画面感。

本章训练要求:(1)了解新闻片配音的语言表达特点;(2)知晓新闻片配音要参考新闻导语进行;(3)把握新闻片配音与画面图像的有机配合;(4)把握新闻片配音与同期声的配合;(5)导语和配音可以由一人播出,把握二者的区别及承接感,进行"一体播"训练。

由于当前许多电视台的新闻片配音,都是先配音、后剪片,所以,特别要注意培养学生无画面配音时,语言表达也要有画面感,不能播成广播新闻播音或电视新闻出镜播音。

选用电视新闻片配音训练材料,请扫描二维码。

电视新闻片
配音训练材料

思考题

1. 电视新闻片配音与广播新闻播音、电视新闻出镜播音有何不同?
2. 电视新闻片配音的特点有哪些?
3. 电视新闻片配音与导语是怎样的关系?如何配合?
4. 电视新闻片配音与画面、同期声是怎样的关系?如何配合?
5. 电视新闻消息配音与新闻专题配音有何不同?

第三章
电视新闻演播室主持

内容提要：电视新闻演播室主持，涉及新闻消息主持、演播室连线、与专家对话几种形式，它们也往往出现在一次电视新闻节目的主持中。

如果说电视新闻出镜播音一章探讨的是有稿播音，那么，本章则针对当前我国电视新闻播音主持"传播多样化""直播常态化""现场报道经常化"的发展现状，探讨电视新闻主持人对新闻传播的整体参与及其复合能力，重点探讨电视新闻演播室主持的理念、元素、方式与手段等。

需要提及：这里的"电视新闻消息主持"，与前面的"电视新闻出镜播音"之所以分开来讲解，是为了学习有所侧重。

第一节 电视新闻演播室主持概说

电视新闻演播室主持，指电视新闻消息主持、电视新闻演播室连线、电视新闻演播室专家对话。这三种节目形态经常相伴，虽然表现形式不尽相同，却具有相同的创作属性。

电视新闻演播室主持是一项复杂的新闻传播工作，在国内外重大新闻事件发生及国内新政策出台时，电视新闻演播室的消息播报、现场连线、专家对话等都起到至关重要的作用，可以说，在这里，新闻报道的所有手段，无论是快捷的还是深度的都用上了。

电视新闻主持人（主播）在此传播信道中，不仅是传播者，同时也是受传者。他从连线、专家、网络等处得到各种相关信息，又及时解读、判断、编码、发出信息，成为一个互动的多时空、多角度的立体信息网络中的枢纽。

一、电视新闻演播室主持特点

（一）即时勾连补空

电视新闻演播室主持似一个交通枢纽，要管理四面八方而来的信息，在一次电视新闻联合直播中，主持人要做大量的"勾连补空"工作。如按工作需要及时与一线新闻现场的报道者进行连线、与演播室专家进行相关问题的间隔性对话或播报最新获得的有关信息，主持人要对这些小环节进行有机勾连与整合。

此外，电视新闻演播室主持经常会遇到某种原因所致的信息来源不畅，所得到的报道材料极为有限，这时主持人就要动用个人积累，利用现有条件，自己编排、适当调整，进行有效主持，不致使演播室主持难以为继或说一些不适境、无信息量的空话、套话、重复的话。

因此，电视新闻演播室主持不但要播报消息、连线现场、与专家对话，还要具有编辑能力，对整个节目进行穿针引线、上下勾连、补空整合并同步操作。

（二）不依赖于稿件

电视新闻演播室主持，有的有完整的新闻稿件，如新闻消息播报，可还要做适合传达、贴近受众、适于主体表达的加工修改。有的没有完整的文字稿，如视频连线、电话连线、与专家对话等，只有编辑事先给出的提纲与对话思路，需主持人（主播）在演播室现场即兴发挥。这就要求电视新闻主持人（主播）对所谈、所播内容有一定了解与见解。尤其在与专家对话中，要具备对话资格，力求与对方形成探讨关系，代受众提问，推进节目进程。电视演播室主持，很多时候也无稿件可依赖，这就需要电视新闻主持人（主播）具有足够的各科知识、新闻背景的积累，对国内外时事、社会热点和民众心理等都有比较全面的了解。

（三）有一定处置权

电视新闻演播室主持工作中，主持人（主播）具有一定处置权。首先，电视新闻演播室主持中，虽然主持的总时间是有限制的，但每一内容、每一问题、每一时段、每一受访者（有时要与几个人连线、对话）的交流时间却要由新闻主持人（主播）按内容、主次及需要进行把控与分配，这不同于新闻出镜播音和新闻片配音中所播稿件、时间等都在编辑、导播的严格控制之下。

其次，电视新闻演播室主持工作中，主持人（主播）可以对所播消息进行修改整合，根据需要撰写消息的导语、串联语，针对内容进行及时点评。对电话、视频连线的记者及演播室专家进行个性化、针对性采访交流，把控对话走向、分配对话时间。尤其在直播中出现意外时，新闻主持人（主播）有一定处置权。目前在我国，大多新闻主持中的稿件、连线提问甚至某些"即兴"议论都是记者、编辑写好的，虽然新闻主持人（主播）也可撰写、修改稿件或提供意见，但毕竟有限。所以说，电视新闻演播室主持人（主播）只具"有限处置权"。

(四)语言多谈话体

电视新闻演播室主持,多以"说"的语态进行工作,语言样态以谈话体为主。原因之一,新闻主持人(主播)是以个性化形象出现在所主持的节目里,人际化、个性化交流必然表现出口语化、大众化面貌,"说"的语态正与之相适应;原因之二,"说"的语态可以增强互动交流的亲切感,凸显电视新闻传播的贴近性及服务功能。

(五)交流方式多样

电视新闻主持人(主播)在演播室主持中的交流不是单向、单一的,而是多向、多样的:既有与一线记者或观众的直接交流,也有与镜头前观众的想象交流,还有与演播室专家的面对面交流。电视新闻主持人(主播)演播室主持的工作方式也不是单一的,而是多样的:既有新闻播报、现场解说、现场评议,也有连线采访、网络接收,还有与专家对话等。因此,新闻主持人(主播)的语言样态也呈现丰富性:有播、讲、说、议、谈等多种样态。电视新闻主持人(主播)应具备根据电视新闻演播室主持工作的需要,及时转换心态及语态的能力。

二、电视新闻演播室主持的专业素能

电视新闻演播室主持,兼顾多方面专业内容,需要有以下专业素能:
(1)有较高的思想政策水平:掌握国家各方面的政策、法规。
(2)有敏锐的观察、判断力:具有较好的新闻意识与新闻素质。
(3)有优秀的思维能力与心理素质:能运用多种思维写作、主持,心理素质较好。
(4)有新闻采访与编辑能力:掌握采访、编辑技巧。
(5)有控场、串联节目的能力:能够驾驭现场、勾连组织节目。
(6)有较强的直播、应变能力:可以胜任零编排、零资料、零准备的控场主持。
(7)有良好的语言表达功力:能够熟练判断、运用各种语体、语态进行表达。

总之,电视新闻演播室主持是一项要求很高的播音主持工作。如央视"纪念抗日战争胜利70周年大阅兵"的电视直播中,演播室主持人康辉独自在演播室主持,展现了电视新闻演播室主持的所有工作内容:站在电视新闻演播室里,在配乐声中满含深情地介绍电视墙上一位位来京参加大阅兵的抗日老战士;声音铿锵地转述国家领导人的话语;韵味、节奏十足地朗诵屈原的《国殇》;用白话解读《国殇》的内容;态度坚毅地评

图3-1 中央电视台新闻主播康辉

议《国殇》的内涵并联系当前；面对电视墙上为国捐躯的一位位烈士深情地进行简要介绍与议论(左权将军、杨靖宇将军、张自忠将军、戴安澜将军、赵一曼、赵尚志等)；充满激情地朗诵诗人田间的诗《假使我们不去打仗》；在左权之女、戴安澜之子等各位先烈的后人读了亲人的革命誓言后，镜头回到天安门广场，康辉配合画面饱含深情地介绍和议论北京城的变迁，唤起我们的使命感；镜头回到演播室，康辉坐在主播台前，视频连线身处天安门前的现场女记者，语言短平快，十分干练；串联、连线身处军校千人大合唱团前的现场记者；在串联中，康辉引出自己身为河北人对《在太行山上》这首歌的情有独钟以及与这首歌相连的革命活动；播报十个将要接受大阅兵的英模部队名称；连线身处英模部队所在位置的记者；与特邀新闻评论员在演播室进行对话，解读这次大阅兵的目的、意义等(非连续性)；给新闻片配音，介绍国家领导人接见参加大阅兵的外宾及登上天安门等活动。

从以上演播室主持的介绍中，是否看到了电视新闻演播室主持人的工作全貌？此外，好的新闻主持人不但能熟练驾驭各种新闻形态的主持、会勾连补空，更要如康辉那样能很好地运用声音，掌握语体、语态的变化，语言表达上佳，情感色彩和分寸适当，甚至还能与现场音乐相合，不但给人带来最新信息，还能给人强烈的心灵震撼与美的享受。

第二节 电视新闻消息主持

一、电视新闻消息主持概说

电视新闻消息主持，指电视新闻主持人(主播)以个性化形象出现在镜头前，根据自己所掌握的各种新闻与背景资料，配合视频画面、图片信息等进行个性化传播。

电视新闻消息主持，利用报刊等各种媒体丰富的信息资源与电视媒体视听结合的传播优势，经电视新闻主持人(主播)"二传手"的加工整合，将具有重要新闻价值的各类信息进行整合，以个性化的语言送达观众，满足观众需要。

当前，各地的新闻节目呈现出多种内容与样态：结合现代传播技术的发展，推出有依靠"触摸屏"索引读报、评点时事的；有两人或几人交叉主持的；有主持人出镜主持，画面外却传来对信息要义点评的；有主持人用普通话主持，画面外却传来方言对话的；有主持消息播报时弹起乐器进行说唱的；有播报新闻时手舞足蹈、语言顿挫，好似说书一般的；等等。这些新闻主播有的端正、大方，有的朝气、靓丽，有的活泼、自然，也有的夸张、搞怪，甚至违反了新闻播音主持创作原则。我们欣喜地看到，电视传播技术的发展，新闻传播理念的进步，同时，我们也有必要辨析新闻主持创作原则与规律，肯定正确的新事物，审视背离新闻主持创作原则的现象，使之走上正确的创作道路。

(一) 电视新闻消息主持特点

第一，具个性化：电视新闻主持人（主播）以个性化形象出现，对新闻消息的播报处理，在语言、思维、表现方式上都带有主体的个性特征。但新闻主持人（主播）的"个性"，可以看作是党和政府的"大我"与新闻主持人（主播）个体的"小我"二者的结合体。新闻主持人（主播）可以带有某些个性特点，但绝不能有"个人化"倾向，即站在个人角度，想说什么就说什么。新闻主持人（主播）的一切言行，应当受到党和国家各项方针政策、新闻传播职能、要求以及栏目风格的制约。

第二，有处置权：电视新闻主持人（主播）对节目可以有一定的处置权，对所播内容可做二次加工：可以润色、整合新闻内容，修改、撰写新闻导语、串联语，改变新闻结构或加进必要的内容，需要时可对新闻进行及时、精练的点评。如前所述，目前主持人的处置权还比较有限。

(二) 电视新闻消息主持语态

电视新闻消息主持的语态是"播讲"与"说"相结合、以说为主的语态。为此，首先要改造通稿体的消息文稿。将文字化语言变为口语化语言，并兼顾主持人的独特视角、个体表达特点。

"说新闻"语态是电视新闻消息主持的标志语态，多用于"读报""民生新闻"等节目中。它的特点是内心有较强的交流感，语言非常口语化，带有主体个性表达特点，然而这种"说"的语态不是生活当中大自然的状态或塌软地说，它是去除赘语、模糊语，有新闻语体制约的"说"。

二、电视新闻消息主持对稿件的加工

电视新闻消息主持（包括"电视新闻读报"节目）中，主持人首先要对稿件进行修改加工，使其既符合有声语言的传播规律与需要，又能体现出主持人的个性特点及主持特色。

(一) 口语化加工

电视新闻消息主持的稿件中，经常有新华社、报刊、网络等其他媒介的信息，其语言较书面化，首先就要对其进行"口语化加工"，以适应"说新闻"的需要，并表现主持人的个性思维方式及用语习惯等。新闻主持人（主播）在对稿件进行加工之前，应当熟知相关新闻的背景资料、政策法规等，否则就不知道该用什么词汇，怎样去说，分寸如何等。具体做法是：第一，书面语变口语。将书面用语和难懂的专业术语，改换成通俗易懂、符合新闻语体特点、适宜个体语言方式的口语。第二，内容转换准确。转换后，长句变短句，复杂句变简单句，将容易产生歧义的词语换为更适宜听而辨之的词语，内容、词语意思准确，不出现分寸失当与错位。第三，加工有度。将文字用语改变为口语时，应语言精练，不增加无信息量的赘语或"啊""呢""那么"等虚词、口头语。例如：

主播：下面这件事儿呢还是炒得沸沸扬扬的一件事儿，就是关于南非运动员塞曼亚的性别问题。在这之前，南非的官方一直言之凿凿地说，在国内，在比赛之前，塞曼亚没有做过性别的测试，国际田联对她这方面的测试，是对塞曼亚大大的伤害。但是，当地时间的19号，南非田径协会的主席却站出来说：在这之前，在这个问题上，他撒谎了。

（二）结构性加工

"结构性加工"有两层含义：一是方便受众对新闻内容的理解，二是引导受众对新闻意义的理解。在电视新闻消息主持中，主持人（主播）有权将现有新闻稿件按照自己的表达思路与方便受众接受的方式，进行结构等方面的调整加工。这一加工：可体现个性色彩，可重组结构，可夹叙夹议，进行少量个性化点评，凸显引领作用与贴近性。具体做法是：第一，调整语序。可打乱原新闻的结构，将最重要、最有价值、最能吸引人的内容移至最显著的位置。第二，补充信息。可适当增加新闻消息背景、线索等补充资料，使受众更好地理解新闻内容。第三，整合内容。可结合新闻内容，用自己的思维、角度、表达思路及语言习惯重新梳理新闻内容，并体现逻辑链条、大小层次、要点、关系等。但这一切加工处置，都要在符合原稿原意的基础之上进行，不得随意更改。例如：

主播：接下来呢，我要跟您说的是一条比较蹊跷的新闻，24号也就是前天，国家发改委价格司的有关领导在接受媒体采访的时候说他要更正一个媒体的误报，那就是全国多地景区门票"十一"涨幅竟然高达70%，他说这发错了，这属于媒体的误报。那听完这番话，媒体当然很重视了，很正式地再查证了一下，不查不要紧，一查发现，就是在8月份之后，有好几个景区的确都在涨价，而且涨价的幅度很大，最高的达到140%。具体是哪几个景区呢？咱们在这里就不多说了。但是我们真的希望，有关部门能够再重新核实一下，因为再过两天就要放假了，到时候就算咱们媒体不说，游客们到了现场都喊涨价了，那就不太好了。

（三）贴近性加工

"贴近性加工"指新闻主持人（主播）为使新闻传播获得最大化效益，体现新闻传播的个性，拉近与受众的心理距离，而借用具体化、个性化的处理手段。具体做法是：第一，可将某些专业性强、难理解的内容换一种说法，让人易懂、好理解。第二，在允许和需要的情况下，可将某些新闻内容加工成具有"故事性""人物性""情节性"的内容形式。第三，可增加一些"呼应性"用语、"体验式"用语，营造一种温馨的、朋友式的传播语境。例如：

主播：刚才彬彬提到，看完试映（电影）之后观众普遍反应是沉默，我想这沉默当中蕴含着太多的情感，毕竟那段历史是如此地刻骨铭心。好，接下来说点轻松的话题。"京腔、京韵、逗京哏",北京相声大会让"五一"期间的相声迷过足瘾。众多相声名家日前就欢聚一堂,说相声的相聚那是名副其实的欢聚一堂啊。干吗呢? 开会。研究相声的包袱怎么抖。

三、电视新闻消息主持稿件加工的作用

(一) 整合内容,适应听觉

电视新闻消息的加工,首先要突出消息的意义、价值、重点,以表明导向,提倡什么,反对什么。同时,还要适应人的听觉,使之易于接受。为此,有时可打破新闻写作的结构模式,将其改为口语化的语言表达方式。例如:

主播:同样是在广东,网络发言人横空出世,解禁小排量汽车却是静悄悄。《信息时报》就说了,细心的李先生开车时就发现,内环路多个路口处悬挂了近7年之久的1000cc含以下车辆禁行的指示牌被拆了,取而代之的是一块绿色环保的牌子。有市民就问了:既然牌子拆了,是不是能理解为广州彻底解禁小排量车了呢? 小排量车是不是可以在市区里畅通无阻了呢? 尽管部分内环路路口限小排的指示牌拆了,但黄埔大道内环路路口的标志牌啊仍然存在。

陈先生又不解了,有的拆了,有的没拆,到底是解禁呢,还是仍旧限制呢? 这个限小解禁何必静悄悄呢? 有关部门对于小排量解禁的方式太不大气,悄悄地,就以为可以为小排量车上车牌,悄悄地拆除内环路上的限行标志,这些都好像是偷偷摸摸的行为。当年限制小排量车是堂而皇之,如今要解禁也应该堂而皇之向大家公布,大方一点嘛。

《南方都市报》想的是比较深的啊,最要防止的事情是什么? 由于利益团体的公关而有意不说,由此一来,公益势必成为唯一的输家,政策也就成为自身的一个反面了。其实公关信息只是多了一个小小的程序,又可避免尴尬,何乐而不为呢?

(二) 贴近受众,引起兴趣

电视新闻消息主持形式的出现,就是为了更好地贴近受众,引起受众的兴趣,以便更有效地为受众提供信息服务。例如:

主播:在今天24小时里,关心文学的人议论最多的可能就是昨天晚上诺贝尔文学奖爆出的大冷门了。德国女作家赫塔米勒,一顶诺贝尔文学奖的桂冠把她送到了咱们的视野当中。为什么这么说呢? 因为她的作品从来没有在中国内地出版过,所以这个名字在大多数人眼里还很陌生,其实不只是咱们,即使在德国的文坛上,她也称不上文坛上的核心人物,甚

至在博彩公司为这次诺贝尔文学奖开出的名单里面都没有她的名字。那么这个陌生的女人到底是谁呢？她的作品为什么会得到诺贝尔文学奖评委的青睐呢？

(三)巧妙衔接,有机转换

电视新闻消息主持是信息密集型传播,整组新闻条条相连,有时还会出现几条新闻片云集一起的局面,因此,利用导语、串联语将其巧妙衔接、有机转换,可以更好地引领受众观看新闻。例如:

主播:(画面上有人不遵守交通规则)看看这些爱跨栏的朋友们,你还真把自己当成了斑马了是不是？你有斑马这么灵敏吗？斑马再灵敏也躲不过那个特别能跑的狮口,对不对？即便是有的时候我们觉得这个斑马线也不太靠谱,即便是我们统计出来的数字说:在天堂之国当中发生过在斑马线上也出人命的事情,即便是在斑马线上出现的交通事故达到了27%,但是我们走斑马线比不走斑马线过马路带来的伤害要小得多得多。

接下来我要给大家介绍一下,看看台湾对于交通的一些具体做法,它们有什么值得我们借鉴的地方……

(四)开阔视野,补充信息

当前受众已经不满足于单纯获得信息本身,同时还希望新闻主持人(主播)能在消息播出的同时,给予一些与之相关的背景资料,以便更好地理解新闻本身,得出自己的判断。例如:

主播:据报道,从2002年起一个名叫"世贸中心医学监测与治疗项目"的机构,开始对"9·11"事件后在世贸中心区域从事救援清理工作的人员的心理和生理健康状况进行持续的检测,检测范围涵盖了27,000名工作人员和志愿者。该机构发现,由于世贸中心遗址的环境当中,存在着玻璃粉尘和石棉等有毒有害物质微粒,再加上"9·11"事件对人造成的心理创伤,这些人的口、鼻、喉呼吸系统以及胃肠消化系统,都有不同程度的病变,同时还伴有消沉和焦虑等心理症状。

世贸中心医学监测与治疗项目的杰奎琳医生说:我们目前发现这些人患有慢性疾病,他们需要接受多重治疗,他们患有创伤后应激障碍症。我们现在发现了这些疾病,我们必须继续对这些人监测,观察他们身上还会发生什么。

这家机构发表的研究报告显示:"9·11"事件发生后,在世贸中心工作的人员仍有69%患上了呼吸疾病或者是此类病情加重。今年8月的研究报告则发现这些人当中很多45岁以下的人患上了多发性骨髓瘤以及免疫系统的癌症,而这种病通常只在老年人身上发生。

（五）稍加点评，表明态度

电视新闻消息主持人（主播）为了更好地实现自身的引领作用，有时会在新闻中加进少许符合政策又导向正确的个人点评，目的是引导受众得其要领。例如：

主播：下面的这张面孔，是被网友们称为最牛的客车司机，为什么牛呢？最近有一则客运司机高速路上吃花生的帖子引起了很多网友的关注。据这位发帖的李女士说，自己10月6号周五坐上了车牌为川B23703从江油到成都的昭觉寺的长途汽车，这旅途当中她惊讶地发现客车司机每3到5分钟的时间，就会用左手到车窗台的袋里拿一颗花生，然后双手离开方向盘，把这花生皮剥开，一手放到嘴里面，一手还要把这花生壳丢到外面去。李女士说当时的车速至少是每小时100到120公里，她胆战心惊，就提醒说："还在开车呢，您别吃了吧。"可是司机并没有停止剥花生的动作，反而从头顶的反光镜里狠狠地瞪了她一眼，更可气的是，当中有一颗花生掉到地上了，司机居然用左手握着方向盘，俯下身子好好找了一下。

要说这位老兄，让我说你什么好呢？至于吗？您攥着一车人的命吃那几颗花生，花生要那么好吃，不能坐在自己家里面稳稳当当慢慢吃吗？

四、电视新闻消息主持要求

电视新闻消息主持人（主播）有对新闻信息的加工、处置权，在主持中应当关注以下几点：

(1) 电视新闻消息主持人（主播）应当掌握丰富的新闻背景资料，才能在传达新闻消息时，对其进行较好的解读与加工。

(2) 电视新闻消息主持人（主播）在对新闻消息进行加工时，应注意把握政策导向与分寸，不能任由自己想说什么就说什么，应时刻牢记自己的身份与任务。一些关于社会道德等明显的是非问题，需要时可酌情发表自己适当、独特、精练的议论，以实现导向作用，但某些自己不可能驾驭、看不清的重大政策问题，不要轻易议论。

(3) 电视新闻消息主持人（主播）在对新闻消息进行加工时，应注意语言的精练与价值，不必说的可不说，能少说的就少说，以免喧宾夺主。毕竟在新闻消息播报时，以传达信息为主要任务。

第三节　电视新闻演播室连线主持

当前，电视新闻演播室连线已经成为一种常态的新闻传播形式。它将电视新闻演播室与新闻现场连接起来,在新闻直播时,呈现出零时差新闻报道,表现为双向或多点交流互动,使受众获得多信源信息,从而使新闻传播更加及时、灵活、生动,更好地体现出新闻的纪实性与现场性。

一、电视新闻演播室连线概貌

电视新闻演播室连线通常是直播式连线。"电视新闻直播,指以现代电子技术为传播手段,以图像、声音、文字等为传播符号,将新闻演播室和(或)新闻现场承载的事实性信息、意见性信息、情感性信息即时同步传递给观众的电视新闻节目形态。"[1]

电视新闻演播室连线,指电视新闻主持人(主播)利用卫星传播技术手段,连接不同地点的新闻现场,远程采访现场记者或当事人,了解刚刚发生或正在发生的新闻事件与事态进展情况的活动。它可实现异地同步传播,具有电话连线、视频连线两种方式。有大型、中型、小型各种规模。

电视新闻演播室连线分类有:一地单向新闻连线、异地多点新闻连线;连续性新闻连线、间隔性新闻连线;直播性新闻连线、录播性新闻连线、新闻插播小型连线、大型专题报道联合直播连线等多种。

电视新闻演播室连线的作用:一是,通过连线采访,及时获得新闻现场情况;二是,替观众提出想知、未知的问题。具体有:衔接调度作用、解读补充作用、引导评点作用、交流互动作用。

电视新闻演播室连线的特点:(1)通过电话或视频进行采访,可以根据电话、视频捕捉的信息,予以追问性采访;(2)主持人与受众几乎同时获得一线信息,主持人却要快速反应,进行针对性提问;(3)以一线记者介绍为主,演播室主持人的语言少而精。

电视新闻演播室连线主持人的专项素能:(1)有设计提问并对预设性提问的分解、润色能力。(2)有快速抓取视听信息点并进行针对性追问的能力。(3)有看画面解读连线内容与评述新闻图片的能力。(4)有对新闻演播室发生意外的处置能力。

二、电话连线

电话连线,通常是为获得一个新闻事件的最新动态而采用的传播手段。它的播出形式,一般是屏幕上出现连线记者的照片或相关图片,并传来现场的真实声音,更具有真实感与现场感,受众只闻其声,不见其人。例如,2004年9月1日,在俄罗斯别斯兰地区的一所学校里,发生了武装劫持人质事件,分裂分子将一千多名师生和家长围困在学校的礼堂里当作人质。9月3日在谈判无效的情况下,俄罗斯特种部队于下午1点进行了强攻以解救人质。凤凰卫视驻俄记者卢宇光利用卫星电话冒着生命危险与新闻演播室主持人(主播)进行了震撼

---

[1] 孙宝国.中国电视节目形态研究[M].新华出版社,2007:193.

人心的电话连线:

卢宇光:(边跑边报道,紧张运动的喘息声)现在情况非常紧张,5分钟前开始,我在100米的地方,看到孩子不断往外送,我们的机器(摄像机)已经落在了战斗区,仍在工作。警方要求我们全部撤离,我们最前面10米的地方有特种部队在运动,我们已经被赶到文化宫的中心,战斗还没结束,不断有人往里面冲。现在部队行动有所缓慢,现在不知道死了多少人,现在不断射击,记者前方200米左右,有一些人冲出来,警方有不少人,装甲车在附近接近。

(声音中带出惊恐)我们看到了恐怖分子向我们冲过来,突围,打伤了很多人,我们都在跑,很多人躺在地上,死了很多人。

我现在趴在地上。天空也出现三架直升机,我周围已经有三个人被打倒了,但我们的机器还在里面架着,现在有记者负伤……

这是何等真实、及时的报道啊!我们通过电话,不仅听到了记者在危险环境中的同步实况报道,同时也听到了伴随的枪声、人们惊恐逃跑的声音,它带给受众极大的真实感与现场感,很有震撼力。

又如,2010年3月底山西王家岭煤矿出现事故时,有153名矿工被困井下。4月2日下午,在营救数天之后,井下传来敲击管道的声音证明有生命迹象存在。某电视台电视新闻演播室中,新闻主持人(主播)电话连线了现场记者,记者在连线中不仅带给受众这一激动人心的好消息,连他激动哽咽的声音也一并传出,深深地触动了受众的心。

再如,2008年泰国发生了骚乱时,当地的中国公民受到极大影响,全国人民都十分关心,党和国家及时做出决定,派出国内几大航空公司的飞机前去接回滞留在那里的同胞。在中央电视台的《晚间新闻》节目中,新闻主持人(主播)针对这一事件,与中央台驻泰国记者王玉国进行了及时有效的"电话连线":

(报告新闻)

主播:那么中国民航客机抵达泰国的情况怎么样,是否已经从泰国起飞返回了呢?具体情况我们来连线本台驻泰国记者王玉国。王玉国,你好。

记者:你好,主持人。

主播:我们想了解中国民航的五架包机是否都已经抵达泰国了,有没有返回的最新消息。

记者:我们现在得到的消息呢比刚才主持人介绍的消息还要好。今天下午,已经有4架飞机降落在曼谷以东东南方向160公里的一个军用机场。那么现在我们得到的消息是已经增加到了7架飞机,国航现在是3架,上海航空公司是2架,南航和东航各1架。现在是北京时间22点10分左右,也就是在现在我们做节目的时候,上海航空公司的一架班机将起飞,飞回上海。这个是中国这7架航班里面最早起飞的。另外在20分钟之后呢,还要有国航的一架班机起飞飞回北京。根据我们了解的情况,最迟的一班,国航的第三架航班呢,会在明天早上当地时间6点钟,北京时间7点钟从曼谷旁边的这个军用机场返回北京。一共会接回2000位左右滞留的中国乘客返回国内。中国驻泰国大使张九桓表示将协调更多的国内班机来泰国把滞留的乘客接回国内。那么争取在明天晚上之前呢能够让大批的旅行团滞留的游客返回国内。那么在以后呢,还会协调其他的方式,让以其他方式自助游的游客呢也能够有机会返回国内,主持人。

主播:嗯,东航的一架空客300客机今天中午最早飞抵泰国,是什么原因比计划返回的时间延误了呢?

记者:呃,在机场采访的时候呢,在下午的北京时间17点32分看到了东航的飞机降落的情况,确实是中国这些航空公司的飞机里面最早降落的。那么它在为乘客办理手续方面呢,它的柜台和它的那个通道呢不是很顺畅。但是我们得到的消息,现在已经基本办理完了手续,会在今天的午夜过后起飞从泰国返回国内。

主播:嗯,我们还想了解啊,目前机场的状况怎么样,会有多少同胞滞留机场,他们是否得到了良好的安置?

记者:据不完全统计呢,此次因为泰国的两个国际机场关闭,中国的滞留乘客,主要是中国大陆的乘客是在3500人以上,那么现在呢,根据这7架班机的运力呢,估计将有2000位国内的同胞在明天凌晨的时候返回国内。剩下的那些估计还有1000人到1500人左右,中国驻泰使馆包括中国民航总局正在积极协调,争取明天派来更多的飞机接回滞留的同胞。那么现在呢压力比较大的应该是广州,广州现在滞留的乘客是1100人,这次南航派来的一架飞机能够运回去370人,滞留的乘客还会比较多,所以我们都希望在广州的返回方面能够听到更多的好消息。主持人。

主播:好的,王玉国,谢谢你的报道,我们保持联系。

在这则"电话连线"中,新闻主持人(主播)向对方提出了大家非常关心的三个问题,这三个问题有层次、有联系,具体、务实。若提问太空泛、欠联系,对方既不得要领,也不好答复。电话连线中所提的问题,有时出自编辑之手,但是主持人在连线时可对其进行分解润色,使之更加合理、有机、自然,这之中也有一个随机应变的问题。也就是说,电话连线中,新闻主持人(主播)不是一个被动的传声筒,他要有一定的驾驭与应对能力。有了主持人真实、有效的采访,才能发挥"电话连线"的最大作用,更好地满足受众对最新信息的渴求。

值得关注,新闻主持人(主播)在"电话连线"时,用的是"谈话体"语言,而在后面的"消息播报"中,转换成"播讲体"表达,表现出她对"新闻语体"的选择与使用功力。

"电话连线"的采访与消息传递,与"视频连线"运用原则基本相同。所不同的是:电话连线只有听觉一个途径传递现场信息,新闻现场报道者通常更多地将现场信息转化为"视觉性""体验性"信息加以传递,便于受众的理解与感受,使之更好地接受所报道的信息。在这方面,可以向广播媒体学习,如中央广播电视总台的"中国之声"的新闻节目,他们的可取之处:一是,新闻主持人提问精准、切境、针对性强;二是,现场记者大多深谙电话连线要点,他们的报道给人清晰、精练、准确、生动、可感的印象。

如2010年5月9日早上"中国之声"节目针对我国南方几个地区连日来遇到的百年不遇的大暴雨灾害,新闻主持人精练地向连线记者提出:我们想了解当地的情况如何。当时,湖南台记者在电话连线中介绍说:我昨天做连线时站的一块大石板,事后当地人告诉我那是一座二层小楼的楼顶,雨后小楼被冲走了,只剩下这个楼顶了。随即"中国之声"的主持人似道出我们的心声说:"你介绍得挺具体啊。"这也是听众此时的心理感受。之后的电话连线中,广东台的女记者也在她的报道里给我们描述道:"7日凌晨,广州的大暴雨中雷声不断,连续的闪电从居民家的窗子看出去,天空如白天一样。雨后城里的地下车库有的成了蓄水池,很多汽车都没了顶……"记者给我们描述了现场的具体景象,也说出记者的个体感受,使我们有种身临其境之感,更能感受到灾情的严重性。

三、视频连线

视频连线,也有人称其为"视窗对接",与电话连接的不同之处在于,它可以让受众同步目睹新闻现场的情景,从屏幕中清楚地看到相关的画面,更具真实性、现场感和生动性。视频连线不但可闻其声,还可见其人、观其景,可从视听两方面,提供给受众更多的现场信息,满足受众"眼见为实"的心理。可以说,视频连线是最能体现电视媒体传播优势的报道方式。

随着传媒技术的发展,在条件允许的情况下,各电视台会越来越多地使用视频连线,让受众充分享受到新闻真实、快捷的美学品格。

例如,2010年1月14日,央视新闻频道的《新闻直播间》节目中,报道了新疆阿勒泰地区与内蒙古乌兰察布四子王旗等地经历大雪灾的情况(在这一次新闻节目中,就有几次视频连线与电话连线)。

图3-2 中央电视台《新闻直播间》主播与现场记者视频连线

配音:阿勒泰地区清河县境内沿山一带的雪崩面积大的有五处,约7.5万立方米,造成四公里乡村道路被积雪覆盖,5000人被困。雪崩发生后,当地交通部门连夜出动大型清雪机械,经过连天不间断作业,在13号凌晨打通全部受阻道路。在阿勒泰地区吉木乃县北沙窝地区平均积雪厚度1.5米,牧区内的3000马匹已经断草4天,原本打通的道路一次次被风雪掩埋,补给草料难以在短时间内抵达牧区。为此,当地决定将马匹立即转往县城和乡镇的农区,在经历四十多个小时73公里的艰难跋涉后,3000马匹于13号安全抵达县城,这些马匹在补给饲料、稍做休息后将在14日转移到各乡镇农区。

视频连线

主播：根据我们得到的最新消息，由于这几天吉木乃县"闹海风"肆虐，给马匹的转移带来了困难，目前只有2000匹马顺利地到达了县城，另外的1000匹马还没到达，而本台记者何盈正在前往马匹转移的路上，我们马上就来连线她。何盈，刚才导语里面提到了一个词叫"闹海风"啊，首先给我们解释一下什么是"闹海风"呢？

（现场画面：昏暗的雪原里，一群马费力地扑腾着前行，大雪快要没到马肚子了。一条公路上，远处有一辆拖挂车，车上插着几面红旗，上面写着"吉木乃县党员突击队"等字样；现场大风劲吹，刮起雪末；女记者何盈身着厚厚的军大衣，戴着军棉帽，手持话筒在做现场报道。她冻得说话都不利落了，不时被大风呛着，有时强大的风声几乎淹没了说话的声音）

记者：好的，主持人。如果我们用特别直观的方式告诉观众什么是"闹海风"，那么就先看看这条路——您看这个路，上面白茫茫的一层啊！这都是被风（呛风后接着报道）……这个"闹海风"吹起来的，把旁边这几天下的一米多厚的雪就这样一层层地吹……

主播：何盈，我看你穿得特别厚，而且脸也是冻得通红，说话都有一点……比较困难了吧？吉木乃今天是不是特别冷啊？

记者：（点头）是的，吉木乃呢，因为它这儿的风呢特别大，所以也会使这边显得特别特别的冷，所以我们的镜头您看到是带一些晃动的，或者呢它摇动起来并不是很顺畅，也请观众原谅，因为确实风太大了，我们的这个摄像（师）有点站不住，然后这个三脚架移动起来都非常困难……其实这些天呢我一直在牧区采访，我就觉得这个牧民们他们顽强的生存意志和在这场大灾难面前他们自救和互助的这种精神确实让我特别感动……

（采访吉木乃县托普铁列克乡乡长波拉提别克，他是第四次参加救援，他说还经历过更大的风，并介绍看不到路的时候怎么走，好多工作人员都生了冻疮）

主播：何盈，从话筒当中都能够感觉到"闹海风"的威力，的确是风非常地大，也请你和同事们一定要注意安全，有最新的情况我们再随时和你进行联系，谢谢！

另外呢，本台刚刚得到了一个最新的消息：今天凌晨3点，内蒙古乌兰察布四子王旗突降大雪，造成境内的101省道160公里处四子王旗到苏尼特右旗的路段有30多辆车被大雪围困，而早上7点20名救援人员赶到现场，之后呢也被围困了。本台记者赵旭正在赶往现场的途中，那么具体的情况我们来连线赵旭。赵旭，据你了解有多少人员被围困？目前他们的情况怎么样？

电话连线

记者：嗯，根据我们最新了解到的情况，现在被雪围困的车辆有30多辆，他们其中包括一辆大客车，还包括多辆小轿车和大货车，那么现在呢，被围困的人数应该是超过了100人。在今天凌晨3点钟的时候呢，由于这个突降大雪，

图3-3 中央电视台《新闻直播间》主播与现场记者电话连线

并且呢,在事故现场"白毛风"导致视线非常地差。根据最新掌握的情况,现场的积雪最厚的地方已经超过了一米,达到汽车车窗的这个位置,因此这个20多人的救援队伍现在也被围困,目前当地呢,正紧急调运……调集铲雪车赶赴现场,那么我们也是抓紧时间赶到现场,将第一时间把消息传递给大家。主持人。

主播: 好的,赵旭,我们也会随时关注,有什么最新的情况我们随时和你进行联系,谢谢!

从以上及当天其他新闻节目的视频连线中,我们看到了现场恶劣的天气、记者的艰辛、被困的人们、救援的队伍、变成了"雪人"的民警,还看到了被救起的已冻僵的小白骆驼——真实的现场画面,带给我们巨大的视觉冲击与无限感慨!这就是电视新闻的魅力!另外,演播室的新闻主持人(主播)通过连线画面,观察到新闻报道现场及记者的环境、状况,有针对性地引出后面的提问。

值得提及,现场记者赵旭虽然是在做电话连线,但他在有限的时间内给了我们不少具体的画面信息,可与视频媲美。如他开门见山地报告了内蒙古当地的雪已经到了车窗了,使我们像从视频连线中看到的新疆当地的雪已经没到马肚子处一样。另外,他抓住了重点及主要关注点,报道了目前正被大雪围困的人数、车辆、救援情况、他们所在的位置以及下一步的任务,让我们对他的后续报道有所期待。

在"视频连线"中,往往还会出现"多视窗"对接,报道内容则更加全面充分。

四、电视新闻演播室连线主持要求

(一)精心准备

电视新闻演播室连线主持,尤其在直播连线时,演播室主持人(主播)担负的任务较多,既要进行演播室与新闻现场的连线沟通,也要与演播室里的专家、嘉宾谈论与现场直播相关的话题,有时还要运用道具、图片等讲解相关知识,并结合事先准备的资料片介绍事件背景等。所以,在直播前,主持人要结合直播内容,备有充足的资料,才能在直播中兼顾各个环节,在连线主持时游刃有余。

我们来听听担任中华人民共和国成立60周年庆祝活动直播任务的央视新闻主持人是怎样从细节入手准备演播室直播工作的。

女主持人谈道:"……就是再准备一些很生动的、很鲜活的、很实在的东西,这样比较容易达到一种个性化的主持,能够拉近你和观众之间的距离。比如说9月30号那天晚上,我给任老师打了一个电话,因为我知道任老师的女儿也是国庆主题方阵的一个表演者。我说任老师,你那儿有没有一些很好玩的花絮啊和插曲啊可以告诉我,如果第二天节目当中我能用到的话就用上。当时任老师特别支持我们的工作,就告诉我说,通过这么长时间的训练啊、排演啊,孩子皮肤也晒黑了,腰也粗了一点了,脚也长长了,就是身心各个方面都有了很大的变化,鞋子都穿不进去了。当时我一听,就觉得这个细节实在是太好了!

第二天的直播中正好那个部分岩松说道,以前的国庆阅兵式条件没那么好,孩子们在主题方队表演的时候举的那个花儿都是假花儿,如果当天要下雨的话就特别尴尬,因为假花的颜色都掉到白衬衫上了,然后一看都五颜六色的。虽然说是很尴尬的情景,但当时人们那个喜悦的心情还是无法抵挡的。正好我就接着他这个话头说,现在时代发展了,今年我们这个国庆阅兵式条件是好了很多了,但是对参加表演的这些孩子们的身心的考验可以说是比以前更大了。我有一个老师、一个朋友,她的孩子怎么样,一二三四的就说出来了,我就觉得很自然地衔接到了这块内容。

完了之后我就在心想啊,在做任何的直播节目之前,如果有可能的话要做一个生活当中的有心人,就是尽可能地去捕捉、收集和你的节目相关的任何内容。如果第二天能够用得上的话,那么这块儿就是一个很鲜活的来自你生活当中的内容,我想这比那些干巴巴的很生硬的文字更能够感动人。"

北京电视台"纪念抗日战争胜利70周年"大阅兵的现场直播中,演播室男主持人的一段话给我们留下了极为深刻的印象。他为了做好这次转播,之前看了一本《世界简史》,书中详细介绍了第二次世界大战中欧洲战场的抵抗与功绩,但全书对中国战场只字未提。从主持人的介绍中,我们更深刻地感受到了这次大阅兵的目的与意义。

(二)捕捉发现

电视新闻演播室连线主持,不同于电视新闻现场报道,也不同于电视新闻消息主持。特点是在连线中,新闻主持人(主播)几乎与受众同时获得新闻现场的信息,但又要从画面中快速捕捉新的信息的重点、价值,梳理信息,进行针对性追问,帮助受众理解。业务素质强的优秀新闻主持人(主播)往往可以敏锐快速地抓住连线内容的重点与新鲜点,发挥自己的中介作用,及时提问。

例如,在"天津滨海新区危险品仓库大爆炸"事件的现场连线里,央视《新闻直播间》节目的当班主播从视频画面里看到了"五彩烟",就向现场记者提出了是否有毒、有没有保护措施的问题。这个问题提得好,观察捕捉到现场的重要信息。

又如中央电视台曾对"南海一号"古沉船的打捞情况做了现场直播,将演播室主持与现场报道有机穿插起来,既有各方面专家(海上打捞、水下考古)的深度讲解,也有现场多点记者的实时报道,还有演播室新闻主持人(主播)代受众向专家提出问题、与专家交流。在演播室直播过程中,主持人与在发掘现场的起吊作业平台上、塔吊上、拖船上等地的几路记者一一做了视频连线。

当主持人从视频连线的画面中看到从古沉船上探查时所发现的具有异域风情的手镯、腰带时,就向演播室中的考古专家发问:"既然古玩船上有异域风情的手镯、腰带,为什么就推断是我们国家的船呢?"专家解释:我们从《大明宫词》的摆设中看到,我们也有异域风情的东西。当沉船基本打捞上来时,主持人又结合她的观察提出了另一个问题:"我看见打捞箱中间凹了,是不是已经受损了?"专家解释是属于正常现象。

电视新闻演播室与新闻现场的大型联合直播中,演播室的新闻主持人(主播)要向新闻现场记者、当事人或演播室里的专家提出一系列问题。可以说,没有这些提问与解答,就构不成节目本身。之所以采用电视直播报道,就是为了在第一时间给受众一个真相,一种知识,一次欣赏,甚或一种思辨。而如果演播室中的新闻主持人(主播)没有一定的专业基础与认真准备,没有细致的观察与发现,那在演播室进行连线时,就提不出一个个有冲击力、有信息量、揭示本质、深入浅出、具体可感的问题来,受众也就无从得到有价值的信息与启迪,享受不到与新闻事件同步与发现的快乐。因此,可以说,在演播室连线中:观察是提问的前提,提问是调查的基础,调查又是报道的过程与核心。

(三) 把控处置

电视新闻演播室连线主持,主持人(主播)需要具备较强的编辑能力,以应付千变万化的情况。主持人(主播)要在没有新的信息时,动用自己的储备或对已有的信息的深度开掘;当一大堆信息抛给你的时候,你要梳理出重点主次,并能准确、清晰、分寸得当地报道出来;在发现原有方案有问题时,要具有变通的能力。

如一位央视新闻主持人在演播室连线主持"汶川地震全国哀悼日"时,他觉得应把悲痛中的力量报道出来。当他看到天安门广场上群众自发组织的游行,导播让他说几句话时,他觉得先前的文字稿太文学化,不够朴实,于是他变通了稿件语言,使之更加符合语境。

又如,在上海世博会期间,一位主持人在演播室与现场记者连线,请他介绍某个国家举行的活动时,对方报道的结尾显然是按照事先准备好的报道词说的:"……不知道我们的镜头能否切到键盘上来展示他手指的这种风采。他……(将与香港乐团合作演奏某古典音乐大师的全套作品)今天我们在这里是先听为快了。接下来就让我们一起静静地欣赏西门·狄里柏斯基的演奏(正好,这时钢琴家已经演奏完起身向台下观众鞠躬致礼了)。"见此,主持人马上将这有缺陷的连线报道接过来,进行了软处理(不知是否有编辑的后期处理问题):"非常感谢郑连凯在世博演出中心给我们带来的报道,也遗憾呢没有更多时间来欣赏被称为'马其顿之光'的钢琴大师的演奏,我们还是更多地了解一下'前南斯拉夫马其顿共和国'。"随即又往下进行新的新闻内容……这说明,电视新闻演播室主持人在工作时,经常要勾连补缺、机智应对。

(四) 情绪同步

电视新闻演播室连线主持中,主持人应多从受众的角度去考虑问题、提出问题、调整情绪。面对新闻现场传来的最新消息,主持人自己既是主持者,也是信息接收者,受众关心的问题,也是主持人所关心的,通常不会与情绪相左。但在特殊情况下,如对连线内容准备不足、身体不适、家中有事或摆不正自己的位置时,也会产生不当的情绪。这就需要主持人从职业精神出发来控制自己,坚持与受众的情绪同步。要考虑受众在这个时候是怎么想的?此刻他们最关心什么?最想看到什么、听到什么?主持人要从受众的角度出发去调控自己的主持情绪,使之与受众心理和现场气氛同步,这样才能与受众产生共鸣,问出受众想问的问题。这里有两方面问题应当注意:一是主持情绪与现场同步;二是提问的合理性。

例如,国庆活动直播期间,虽然已经是深夜,然而,男女主持人依然精神饱满地与现场记者连线,主持人脸上始终挂着笑容,与节日之夜的情绪十分吻合。

又如,在山西王家岭矿难营救现场的视频连线中,某电视台演播室新闻主持人,对连线记者提出:你能了解一下被救人员他们脸上的布,什么时间可以去除吗?对方回答:这个问题太专业了,待会去医院再……之后,这位主持人又将这个问题提给了在医院报道的记者,结果也是没能得到有效回答。这个问题在此时提出似乎不大适宜:第一次提出时,第一层级的任务从井下"救人"还没完成,怎么就跳到第二层级的问题了?第二次提出时,虽然此时那位记者已身在医院里,但从井下救出的矿工还没被送到医院来,现场与电视机前的受众都正在急切地等待着呢,此时提出这个问题是否太早了点吧?这位新闻主持人提问的时机与受众心理及现场情绪就不太同步。

(五)合理操作

电视新闻演播室连线中,主持人的任务是获得新闻现场的最新动态,成为连接新闻现场与受众的中介及纽带,为此,在采访中,一要避免与连线中报道者的话重合,二要注意提问的适宜性。例如,在山西王家岭矿难营救现场的视频连线中,当现场记者正在兴奋地报道着井下矿工被一个一个抬上来的消息时,演播室主持人也抢着说话,结果两人的话重叠,受众对他们所说内容无法辨别。这时,演播室主持人应当尽量将话语权交给现场的报道者,因为此时受众更想听到的是鲜活、及时的现场信息。

同在这一次连线中,演播室主持人几次要求现场记者采访在场的救援人员。对方讲不忍心采访,因为救援人员来回跑着抬出井下被困矿工实在太累了,最后他经不住演播室主持人的催问,刚采访了几句,就终止了采访,因为他看到救援人员累得正急促地喘着气。当然,对于这个问题,人们可能会有不同看法。但我们可以说:经过汶川地震洗礼的媒体人成长了,他们更加具有人文意识了。我们可能再也不会看到,刚从废墟中抬出的被救者被一片刺眼的闪光灯所包围的情景了;我们恐怕再也不会看到,为了拍摄全国哀悼日,追求画面的好看与丰满,在汶川地震灾区某电视媒体竟将救人的车辆拦下让位于他们的拍摄……这些不合理的操作往往会严重影响工作质量。

(六)掌握时间

电视新闻演播室连线主持(尤其直播中)对时间掌握的要求很高。因为这项工作是一个连接多种信息渠道的枢纽,每一方面都有严格的时间要求,一个环节出了问题,直接影响到其他环节的进行以及节目整体的完整性。有经验的电视新闻主持人无论需要增加多少时间,还是减少多少时间,都能应付自如、不留破绽。

所以,主持人在连线时,不但要时刻想着信息、编码、提问,还要有时间观念。知道在一定时间里什么问题该问,什么问题不该问,什么问题应当追问,什么问题浅尝辄止,掐准节目串联、节目段落、节目结束的时间。据说在这方面,白岩松是大家最放心的一位主持人,他能从容不迫地掌握好时间限度,并把握好语言与时间的关系,增加或删去什么内容,他都能应付自如。

在多点多人连线时,更应注意人员、时间的合理分配,可根据信息的价值有适当倾斜。

在电视新闻演播室连线中,主持人要在有限的时间内尽量多地问出新闻现场的一切新情况,如若主持人在连线中对一线报道者提问主旨不明、问不到点上或容忍对方说无价值的话,就会耗费宝贵的连线时间。如央视新闻主播在一次连线中,就果断地打断了某地方官员减少灾情汇报时间却热捧上级领导的无效谈话,表现出新闻主持人的个性和职业素养。

(七)默契合作

电视新闻演播室连线主持(尤其在直播中),时常是两位主持人搭档主持。因此,相互尊重、默契合作很重要。由于这种连线主持,往往没有完整的成稿,编辑只给出大致的任务、思路、目的的简短提示,有时甚至没有一句串联语,要连线哪里的记者、问什么、说什么,一切内容都需要主持人自己应对,这也涉及搭档之间的合作关系问题。在新闻连线与直播主持中,主持人不能总突出自己,要考虑到与搭档的配合,两位主持人配合默契,才能让节目更出彩。

如在国庆60周年的演播室直播连线主持中,男女主持人就进行了默契的合作。在前一天女主持人还担心地问男主持人明天如何主持,经验丰富的男主持人说:"没事儿,你连(线)一个,我连(线)一个,你开头我就接你的话茬,我开头你就收尾。"第二天在演播室直播连线工作中,他们就进行了这样默契的合作。他们趁播放资料片时,又抓紧时间交流下一环节各自想说的内容。在这种不断沟通的良好氛围中,他们顺利圆满地完成了这次重大的直播主持任务。

通常,大型电视新闻演播室直播报道中,往往还会请一到两位专家到演播室,主持人会请专家就连线中获得的新情况加以分析、评论,并且补充相关资料与信息。因此,也要与专家密切配合、默契合作。工作时,应当尽量把时间留给嘉宾,使他们发挥更大作用。而主持人的主要作用:一是为节目穿针引线,二是替受众追问信息。

总而言之,电视新闻演播室主持人在连线主持时应把握以下要点:

(1)连线提问抓事件核心;(2)连线提问抓现场进程;(3)连线提问抓新鲜之处;(4)连线提问抓细节特点;(5)连线提问应语言精练;(6)连线交流会把握"延时";(7)连线交流注意人员分配;(8)连线交流注意时间分配;(9)连线交流要敢于打断无效谈话;(10)连线交流要善于追问有效信息、新闻亮点。

总之,有了各方面的素养与能力,加之良好的职业道德、社会责任感以及认真细致的准备及具体操作,我们就有可能做好电视新闻演播室连线主持这一有速度、要素质、要能力的综合化的现代新闻传播工作。

第四节　电视新闻演播室对话

电视新闻演播室对话,有两种形式:一是,在新闻小板块中与某一方面的专家,就某一新闻事件、新近出台的政策、当前的社会现象等热点、难点问题所进行的谈话;二是,大型、中型专题报道联合直播中,电视新闻演播室主持人对参加现场直播的有关专家所进行的针对性、专业性较强的交流对话。

如世界上发生战事,电视台会邀请军事专家来到演播室,为大家分析战争格局、军事力量、武器特点、地形地貌等专业知识,使人们对整个战况有更清楚的了解;在抗击流行疾病的战斗中,又有不少医疗方面的专家、医学研究人员被请进演播室,为人们答疑解惑,给人们防病治病的方法和战胜疾病的信心;当各种新政策出台,又将相关领域专家请进演播室,对新政策进行分析、解读,引导受众正确理解,增强他们自觉执行的信心;在电视新闻联合直播节目里,也经常请有关专家在演播室对新闻现场传来的消息进行专业性分析、评议。毫无疑问,正是凭借各界专家的专业性和权威性开掘了新闻节目的深度,丰富了媒体服务受众的手段。

电视新闻演播室对话的要素是:(1)电视新闻演播室主持人;(2)某一方面的专家(嘉宾);(3)所谈论的话题以及讲解内容所用的道具、图表、图片、相关影视资料等。

一、电视新闻演播室对话特点

电视新闻演播室对话与新闻专访有相同之处,也有所不同,可以在与新闻专访的比较中看电视新闻演播室对话的特点。

(1)时间有限。新闻性专访往往是一个时间较长的访谈栏目;而新闻演播室对话在新闻节目中出现,只是其中的一个小板块,时间有限、内容较少。

(2)非连续性。新闻性专访是固定栏目、连续完成的,而新闻演播室对话有时是非连续性的,经常会被演播室连线等其他内容所打断,谈话是在断断续续之中进行的。

(3)配合任务。新闻性专访的目的是采访专家为主,而新闻演播室对话是为了配合所进行的新闻节目、及时解读新闻信息而进行。

二、电视新闻演播室对话要求

电视新闻演播室对话中主持人的任务是:(1)替受众提问,请专家解惑。(2)把控方向、重点,引导谈话。为此,主持人在对话之前,应当对所谈内容认真准备,做到心中有数;主持当中,应真诚交流,用心听对方所讲的内容,及时吸取相关信息,融入自己的思维当中,再结合所了解的受众心理,适当、有机地提出下一个问题;交流时,应使思维处于积极的运动状态,真听、真想、真问、真交流,必要时可适当打断对方的谈话,把控对话的重点、方向、时间,并与演播室内其他工作合理布局、有机勾连。此外,还要预备应付意外的补语、串联语等相应补救措施。对于主持人来说,是不是在对话当中对所谈论的话题都要有自己的言论,这没有一个硬性要求,但必须要有自己的认识与对话状态。

具体要求：

（1）掌控时间。电视新闻演播室对话时间一般较少或分散，因而，主持人要合理分配对话时间。

（2）提问简洁。电视新闻演播室对话中，主持人的提问适于用短平快的开门见山式，简洁、清晰、重点突出。

（3）主持少讲。电视新闻演播室对话，主要听取专家的意见，加之时间有限，因而，新闻主持人不宜多讲话，主要让位于专家。

（4）及时引导。当主持人发现对方所讲内容不集中或语速稍慢时，为了在有限的时间里获得更多有效信息，可巧妙引导，或及时打断，提出问题，或提出选项，让其选择。

主持人对时局及探讨的问题往往有自己的资料与认知，但在专家面前"不能抢戏"，而是替受众提出种种有关问题，尽量让专家去谈，只适时加进一些自己的倾向性观点，将舞台让位于专家，自己甘当"绿叶"，并且衬托好请来的这朵"红花"，因为受众更需要在有限的时间内多听听专家的意见。这就是演播室对话的作用与意义。这里也表现出主持人在这一对话中，应当发挥的作用与所处位置。

而我们有些主持人，在与专家的对话中，总想表现自我，经常抢话，试图与专家平分秋色，所说内容不是重复已知信息，就是无关紧要的内容，使受众生厌。要知道，这不是一个谈话节目，不是大家可以一起讨论的"多言堂"，这就是专项问题的对话，基本只是"一言堂"，否则，就没有请专家的必要。

第五节　电视新闻演播室主持实例分析

当前电视新闻消息主持通常具有以下特点。

（1）形式多样，深度解析：在特定新闻报道中，我们时常既看到新闻消息的导语、串联语，也看到演播室电话连线，还有所报道内容的背景资料、各方评论、字幕与电视新闻片配音。这多种新闻内容与形式使得所报道的新闻面目清晰，容易理解，让受众对这一新闻内容有更加全面、深入的了解。

（2）主播掌控，调整顺序：在某些新闻消息之后，主持人的串联语让我们得知，这次节目将原来放在后面的内容根据需要临时调到前面来，使我们看到新闻主持人在工作中有一定处置权。将关联紧密的内容放在一起，可以引起受众对同类问题的更大关注。

（3）语体把握，适态得体：新闻节目的主持语态以说为主，既有谈话体，也有播讲、配音、议论等其他语体，主持人转换自如，有机自然，转换适当，可彰显主持功力，达到更好的传播效果。

（4）个性表达，服务周到：新闻节目的主持语言，带有适度个性化，主持中既有消息播报、概念介绍，也有背景补充，还有个人议论，全方位地展现了主持人的新闻传播理念及专业素质能力。

范例一　电视新闻演播室连线主持:中央电视台《春节特别节目》

2009年初,中国人民经受了"汶川大地震",迎来了一个不平凡的春节。在这喜庆的日子里,人们不由自主地想到汶川,想到那里的一切。中央电视台的新闻编导们也想到这一点,更理解这一点,于是他们在新闻频道的节目中跟四川进行了"视频连线",给全国人民介绍最有代表性的"震后出生的熊猫宝宝"。从四川传来的画面中,我们看到了13只毛色黑白分明、体态圆滚、活泼可爱的熊猫宝宝,13位女饲养员身穿白大褂一人抱一只熊猫宝宝将它们放到室外活动场,可爱的熊猫宝宝立刻引起屏幕内外人们的极大兴趣。

与此同时,我们看到现场记者也身穿白大褂,手拿话筒向观众介绍有关情况,但没说几句,就只有画面没有声音了,屡试无果后,正在中央电视台演播室里值班的新闻主持人见此情况意识到连线出了问题,但他没有慌神,而是随着视频传来的画面,结合自己事先掌握的资料,担任起了"现场报道"的解说工作。

图 3-4　现场连线时"熊猫咬住了记者的裤腿"

你看,现场我们看到的这些震后的熊猫宝宝真的是非常地可爱。我们知道大熊猫每天要吃20公斤到30公斤的竹叶,并且它每天排泄的量也是非常大的。每天排泄的粪便也达到了10公斤到20公斤(动物资料)。现在在这个基地当中,我们看到13只熊猫宝宝也是和饲养员来做着嬉戏玩耍,都是非常地可爱(现场)。待会儿基地的工作人员也会来向现场的观众介绍大熊猫宝宝的生活习性。因为我们知道这是在地震之后,在成都新建的一个大熊猫繁育基地的三期工程。这个三期工程也是在春节期间向公众来进行展示,可以接待公众到现场来参观。跟以往的熊猫基地相比,在这新建了一个熊猫医院。新建的这个熊猫医院是一栋带有川西乡寨风格的建筑,它能够确保熊猫最基本的健康检查以及疾病的防治,并且在这个基础上还充分考虑了游客参观的需要。现在大家看到的就是成都大熊猫基地的三期工程,这个工程整个占地400多亩(设施资料)。

我们现在在画面上看到的就是地震后出生的13只大熊猫宝宝。刚刚我们通过我们驻台湾的记者,已经报道了赠台大熊猫团团圆圆的情况。(相关信息)现在大家看到的是我们的记者蒋树林,正在成都来和我们做视频的连线,来报道在震后出生的这13只大熊猫的宝宝,今天是第一次集体的亮相。你看这些熊猫宝宝都是非常地可爱,并且也是非常地淘气。刚刚有一只熊猫咬住了我们现场报道记者的牛仔裤(画面上出现了这一生动的场面)(熊猫细节)。现场的观众、游人也是非常地高兴。这也是在大年初三的时候,他们有机会来接触到第一次亮相的这13只震后出生的熊猫宝宝。你看,虽然他们不是专业的摄影师和摄像师,但是几乎每一个游人都拿出了自己的摄像机还有照相机来记录下这非常珍贵的一刻(游人细节)。因为我们的熊猫宝宝是国宝,同时它们也带给了所有的观众、所有的游客非常大的欢乐,尤其是在过年的时候。

我们接下来继续连线蒋树林,因为前一阶段,我们在和蒋树林进行连线的时候,现场的信号不是很好。蒋树林,你好,听得见我的声音吗?蒋树林,你好……(故障)由于现场通讯的问题,和蒋树林还在进一步的联络当中,我们稍后会继续来通过我们工作人员的密切配合来进一步查找技术的原因。我们希望在接下来稍后的时间里面,我们继续来和蒋树林连线……(处置)

点评:我们看到,在这一视频连线中出现了技术故障,当班主持人却有备而来,他结合自己手中的资料与提前做好的功课,配合前方传来的画面较好地完成了连线任务(虽然只有画面)。他的语言平稳中带有切境的亲切与活泼,他的讲解不仅有各种准备资料的介绍,也有现场细节的关注,还有相关信息的补充,与此同时,他还在不断地进行事故处置。总之,主持人的表现弥补了连线出现问题的遗憾。这就是新闻主持人的专业素质、能力及责任心的体现。

当前,虽然演播室直播与连线已逐渐"常态化",但是由于种种原因带来的技术故障也屡见不鲜。所以,主持人要时时做好应对"意外"的准备。

由此看到,现在的电视新闻主持人不但要会有稿播音、半稿主持、即兴述评,还要具备看图、观画面讲解与评议的能力,才能真正担负起自己的日常工作。

范例二 电视新闻演播室连线主持:《宁夏回族自治区成立 50 周年大会》

画面	语言
演播室主持人李梓萌和在现场的报道者郑丽连线。现场天空阴沉,郑丽手拿雨伞,身后是广场上的鲜花。镜头上有雨点。	**主持人**:郑丽,你好。 **记　者**:梓萌,你好。 **主持人**:(主播从连线画面中捕捉到现场信息)看你还打着伞,应该是雨还没有停,能不能再来介绍一下现在的天气情况怎么样,以及现在现场的准备情况怎么样。 **记　者**:你说的没错,现在依然打着伞,因为刚才在和这个长啸和刘羽连线的时候,天空就一直下着小雨而且气温很低,那么现在这个雨依然没有停的意思,而且气温依然很低,(透露现场现状)但是我在现场似乎已经感受不到天气的变化了,因为这个现场的气氛已经是越来越浓了。在刚才 8 点钟连线的时候,观众已经入场,早早地等候庆祝大会的开始。
镜头转向会场全景	**记　者**:(新信息)而且现在这个演员们也已经入场了,等待着庆祝大会的开始。(介绍位置)那么现在我再来介绍一下我所在的宁夏回族自治区成立 50 周年庆祝大会的会场,那就是览山景观剧场。其实就像他的名字一样,这里可以说是览山阅海,因为它背靠的是览山,而面向的是阅海湖。如果天气晴好的话,望向远方,我们还可以看到巍峨壮丽的贺兰山脉。

续表

画面	语言
镜头对准大会主席台,逐渐向后拉,然后切回郑丽。	记　者:不过非常可惜因为今天的这个天气太阴了,我们看不到贺兰山脉。(备用资料)那么这个览山景观剧场呢也是目前我们国家唯一的山水景观剧场,其实我觉得在这里举行这样一个庆祝大会也是有着一番别样的意义的。因为我们知道啊,在这个剧场不仅可以一览这里的美景,更可以一览当地的变化。(备用资料)那宁夏的银川呢一直是有着"塞上湖城"的美称,而且在近几年随着逐渐的治理,它又再现了当年七十二连湖的美景。所以说在这里举行这样的一个庆祝大会,其实呢也是在向宁夏回族自治区50周年大庆献上的一份非常特别的礼物。那么一会儿啊,来自中央代表团的成员呢就将在这里参加庆祝活动,同时呢会观看一场文艺表演。梓萌。
演播室李梓萌	主持人:(备用资料)嗯,那郑丽我们知道在接下来呢,还有一个大型的文艺表演,刚才你也介绍到了,能不能再给我们透露一下接下来的文艺表演主要会有哪些看点。
郑丽现场报道,镜头转向会场中央。	记　者:好的,(备用资料)那么这场文艺表演的主题呢是分三个部分。首先是"塞上江南","高天厚土",然后是"跨越发展"。而它的这个中心主题呢就是叫"腾飞的宁夏"。现在呢大家可以顺着我们的镜头,来看一下这个场地的中央。(现场情况)可以说在这个场地的中央,我们可以看到很多带有宁夏特色的符号,还有道具。(将演出的情况)首先看这个场地的周围,我们可以看到很多巨大的塔吊,那么这个塔吊啊,据导演跟我讲,等会儿在表演开始的时候呢,将会利用这个塔吊做一个"飞人"的表演,另外,它还有一层意义,那就是寓意着建设当中的宁夏将会更加的美丽。另外啊,在这个场地的前方,我们可以看到一个巨大的水车的形象,那么这个水车呢也是代表了咱们宁夏古老文化,而在这个水车的旁边呢是一个巨大的船型的形状,那么这个船呢其实也是预示着腾飞的宁夏即将扬帆远航。那另外呢,在今天的文艺表演当中有一个最大的看点,那就是导演跟我介绍的,今天啊将会利用这个非常多的布幅,好,那么将会利用非常多的这个布幅,来进行文艺表演。那么现在啊,我们再来看一下这个场地的中央。(活动进程)在场地的中央已经有很多人,啊,来围成了一些这个照片的图形,那现在呢,离我最近的这个照片呢,大家可以看到是当年工农红军的旗帜,那其实呢一会儿在这个表演当中啊,也会对这一段的历史进行重现。(联系、拉近)那么当时我在这个宁夏采访的时候,也是采访过这段历史,那就是当年的一二四方面军会师,然后和当地的回族群众进行这样一个巨大的联欢。那么这个表演的时候呢也会对这段历史进行再现。好,梓萌。
演播室李梓萌	主持人:(从画面信息引发提问)嗯,郑丽,刚才在这个镜头摇向全景的时候,我们看到在观礼台的正下方有一个巨大的符号标志,它是不是大会的徽标?
郑丽现场报道	记　者:梓萌,没错。他就是宁夏回族自治区成立50周年大会的徽标,啊,它的名字呢也叫"腾飞的宁夏"。(解析形象)其实梓萌你在看徽标的时候可能已经感受到了,它整体的造型是非常地飘逸,它就是一个舞动着红绸的少女的形象,然后呢幻化成了宁夏回族自治区的"宁"字。另外啊,如果我们仔细观察的话,在这个徽标当中还可以看到宁夏50周年的"50"这样一个数字。另外呢,(解析颜色)它的这个颜色也是非常有意义,那就是红黄相间。其实,一方面表现了庆祝宁夏回族自治区成立50周年大庆这样一个热烈喜庆的气氛,同时也是暗示出了宁夏这50年来所取得的辉煌成就。梓萌。
演播室李梓萌	主持人:嗯。还有,刚才郑丽你介绍了会有文艺表演,那除了文艺表演,一会儿的庆祝活动会有哪些程序?那此外今天还会不会有其他的庆祝活动呢?

画面	语言
郑丽现场报道	记　者：嗯,好的。("预知性"报道)那么在今天的活动当中呢,开始啊,中央领导将会致辞并讲话,然后会共同观看一场文艺演出,那么在今天晚上8点钟的时候呢,将会有一台庆祝宁夏回族自治区成立50周年庆祝大会的大型的文艺晚会,之后呢将会在宁夏银川的艾依河畔举行一个盛大的焰火晚会。梓萌,我这里的情况就是这样。
演播室李梓萌	好的,谢谢郑丽的介绍。
演播室李梓萌	主持人：嗯,经过50年的发展,让有西部缩影之称的宁夏现在以崭新的形象步入了人们的视野。那按照原定计划呢,庆祝大会将会在9点钟开始。(间隔连线)现在我们再次连线在前方的记者郑丽,了解一下现在的天气情况。郑丽,你好。
郑丽现场报道	记　者：梓萌,你好。
演播室李梓萌	主持人：(最值得关心的问题)我们通过镜头也看到前方一直在下雨,那么现在这个天气情况会不会影响到9点钟开始的庆祝大会的正常举行?
郑丽现场报道	记　者：啊,没错,是这样的。因为我在现场刚刚也跟你讲了,早晨8点钟和长啸和刘羽连线的时候呢天空就一直下着雨而且气温很低,那么刚刚在和你连线的时候这个雨一直没有停,而且气温也可以说越来越低了。那刚刚啊,就在和你连线当中呢,(传递新信息)我们得到了最新的消息是可能因为这个天气的原因,刚才我给你介绍的文艺表演可能会有一定的调整,具体是推迟还是什么样现在还没有得到一个具体的消息,那么在以后的连线当中我会随时告诉大家,梓萌。
演播室李梓萌	主持人：好的,谢谢郑丽! 我们也随时保持联络。
演播室李梓萌	主持人：郑丽,你好。
郑丽现场报道	记　者：(继续连线)梓萌,你好。我现在依然在这个会场当中。
演播室李梓萌	主持人：好,现在给我们介绍一下你在现场看到的情况,以及这次庆祝大会的总体情况。
郑丽现场报道	记　者：啊,梓萌,是这样的。刚刚你也看到了,在9点10分,宁夏回族自治区50周年大庆正式开始的时候,当主席宣布大会正式开始的时候,现场也是响起了一片的欢呼声,气氛也是非常地热烈。之后呢,中央领导啊致辞并讲话,那么在刚刚啊仪式结束的时候呢,全场响起了《歌唱祖国》的歌声,全场起立,高唱这首歌。那我身边的工作人员呢也是跟着高唱,气氛也是达到了高潮。尤其是在这样一个阴冷的天气,这首歌让人非常地振奋。那么应该啊在仪式之后,就像刚刚我跟你连线的时候介绍的,会有一个大型的文艺表演。(最新信息)但是非常遗憾的,这里告诉大家,这场大型的文艺表演现在因为天气的原因被取消了。那么现在啊,这天空依然是下着蒙蒙的细雨,而且这气温是越来越低了。(观察细致)那么刚刚啊,在这个仪式进行当中,有一个让我非常感动的细节,就是我现在呢在这个剧场的最上方,我应该还是可以来回走动的,但是我依然是被冻得瑟瑟发抖,包括我身边的工作人员,但是我观察到一个细节,就是在这个现场啊,观众是坐在雨中纹丝不动地聆听这个主席的讲话,所以,非常地让人感动。那另外啊,还有一点就是,我说一下咱们的这个天气,因为咱们宁夏和银川地区呢,可以说是少雨的地方,(现场议论)所以说这场小雨虽然让一场文艺演出被迫取消了,但是我想对于当地来讲也应该是一个喜雨。
演播室李梓萌	主持人：好的,谢谢郑丽在现场为我们做的介绍。

点评:这是一个直播报道中的连线主持。演播室主持人李梓萌为了配合现场节日气氛,身着红色职业装。连线的现场报道者郑丽也穿着红色上衣在镜头中出现,但她始终打着把淡绿色的伞在向我们做报道。在画面中,我们可以看到不期而遇的下雨景象与庆祝大会现场。

主持人李梓萌在视频连线中,通过视窗中的现场画面,发现信息并及时跟进提问,把演播室与新闻现场有机地连接起来,提出适时、适境的问题,传递给受众更多、更新、更为受关注的信息。比如问到天气、环境、演出、观众等动态信息。

图 3-5 演播室主持人与现场报道者

现场报道者郑丽以新闻工作者的敏感与素能在那样复杂的现场环境与变化着的活动进程中,通过自己的细致观察、亲身体验、清晰的思路全方位地给我们描述了周围环境、会场气氛、现场色彩、群众歌声等鲜活的信息。

这次现场报道遇到了意想不到的变化,因下雨取消了庆典文艺演出。而报道的结尾,郑丽从下雨的天象引发的议论,既弥补了人们的遗憾,也表现出其辩证思维的睿智,较好地完成了视频连线的现场报道任务。

在这个节目中,视频连线两头的两个媒体人给我们送上了一份既重要又有人情味的"新闻大餐",我们观看这样的节目,如临其境,获得服务,感到尊重,感受真实。虽然最后因为下雨庆祝演出没能进行,但这场雨没有浇灭受众关注的热情,而是让受众享受到新闻"真实美"的品性及当代电视新闻人传播意识的进步。

范例三 电视新闻演播室专家对话:《校长实名制推荐:是否会滋生腐败》节选

演播室嘉宾:李教授、何教授
视频连线对象:北大林副校长

李教授:……改革是不足的,我们应该使学校能够自主招生,或者联合招生,应该使学校与学生能够双向选择,而不是现在的单向选择。目前所采取的这样一个改进的小办法,只不过是给特别少的学校极少的一点自主权,给特别少的中学校长一点自主权。我们目前的改革依然是依附于旧的高考制度的,它来源于计划经济体制。

女主持:权力与体制没有必然的联系,你相不相信通过完善的制度可以防止……

何教授:我们当然说通过完善的制度可以减少腐败,但是,目前这个大的社会背景下,想通过就像"北大"一样这种公开、签名,出了问题以后不能推荐啊,这么些小把戏没用。

女主持:嗯,用小把戏来形容,校长可听着呢。

李教授：小把戏是没有用的，所以我们的教育改革需要改变现代教育，像当年80年代企业改革之初，企业是政府机关附属，教育不一样，教育是行政机关的附属物。要推进全面改革，在这样一种指导精神下来改革，我们的教育不只是考试制度，而是整个教育的改革。

女主持：刚才何兵说防止腐败的办法只是小把戏，咱们是不是听听校长是怎么说？

男主持：可以呀，可以呀。其实我觉得两位教授他们之间的观点并不是完全矛盾的。何兵教授讲的就是说采用这种"校长实名推荐制"有可能带来舞弊的行为，带来一些腐败行为。但我觉得李教授讲的也比较正确，就是说我们不能因为出现一些舞弊的行为，就影响我们高校的改革，也不矛盾。

女主持：（制止住又要发言的两位教授）现在我们来听听……

男主持：来听听林建华校长对这两位专家的观点怎么看。林校……

林校长：我想我们首先要来看看我们为什么这么做，我们现在的学生选拔制度，主要还是通过高考，我想这个制度在今后相当长的一段时间里头，高考自然是我们学生选拔里头一个主要的渠道。但是高考呢，现在也引起了很多附加的问题，就是学生应试教育，实际上像这种应试教育呢，在某种程度上，它扼杀我们学生的创造力。

女主持：（打断）校长，不好意思，因为时间关系，我要打断您啊。就是高考制度的弊端在哪里大家心里已经很清楚了，您能不能针对刚才何兵教授讲的这个即便制度设计得再紧密，也只是小把戏，来回答一下，你们设计的什么样的制度来防止出现腐败？

林校长：我觉得，首先啊，首先这个社会的确需要建立起一套诚信的制度。实际上我们在做这个制度的时候，我们从今年年初就开始讨论这个问题，学校是做了一系列的详细的制度来安排……

女主持：（打断）能不能具体讲一讲怎么来公示？什么样一个步骤开始来进行公示？

林校长：这个，这个，这个校长选拔出来，他会在这个学校里头做出公示，那么我想在这个全体的、所有的学生面前，这个校长会做这个决定时，他会，会非常、非常地慎重地做出这样的决定，以自己的声誉，并且以学校的这个声誉来做出这样的决定……

女主持：（急问）是不是校长要推荐的任何一个学生的全部资料，都要在网站上进行公开呢？

林校长：那不会的。我想这个，这个，这个学生的有些信息特别是关于个人的一些信息，我想可能、我认为可能没有必要在这个网站上公布。

女主持：（打断）那怎么起到公示、监督的这样的作用呢？

林校长：当你的名字在上头的时候，因为你这个名字是所有中学里肯定是所有的学生互相之间都非常熟悉的，所以我觉得他的成绩怎么样，他有哪些这个，这个，这个特长，这些信息随着名字实际上都公布了。

女主持：嗯，名字会公开啊，那么出现了弄虚作假的情况的话，你们会怎么处理？

林校长：我想，首先我们一旦发现以后，就中止这个，这个，这个整个的这个过程。同时，在今后的这个说"黑名单"也好，如何也好，就是说对这个学校可能要做出相应的处理……

男主持：就说，一旦学校以后发现了问题，推荐的学生不符合北大这种招收"千里马"要求的话，那这个"伯乐"很有可能进入您刚刚所说的"黑名单"的序列当中？

林校长：是的，就是说我想不是一次……

女主持：(叠入)是一次就进入"黑名单"吗？

林校长：是这样。因为这个高考，实际上是大家都非常关注的，我相信很多学生、很多家长都会瞪大眼睛盯着这些事情、整个事件、这个过程的发生。所以一旦有任何这个，这个，这个像刚才这个专家谈的这个腐败啊等等这些问题的时候，我想很快会暴露出来的。所以，我很赞成这个教育部说的这个，这个，这个一个意思，就是"阳光是最好的防腐剂"。所以，我们只要把这个所有的过程都放在阳光下……

女主持：(打断)能不能明确地告诉我们，如果有一个校长，有过一次弄虚作假，他就再也没有资格推荐学生了？

林校长：我想在，至少在校长任上，应该是这样的。

女主持：好，那么关于校长的介绍，把这个怎么样做大概说了一下，可能更细的办法，时间关系没有说得很清楚，两位(教授)听了之后，我们先听听李教授的这个感受。

李教授：我觉得，首先，我和校长看法稍有不同，就是这套办法仍然还是建立在原高考制度上的。会有很多将来大家说有疑问，说不清，这推荐就是这样。而如果我们让教育回到它的原点上，就是中小学不是为考试，大学不是为就业，真正是为了培养人，教育不是像政府所需要那样的阳光，是需要另一种阳光，就是它是一个，尤其是大学，它是一个自由化的自由空间，那真是基于人的培育和人的思索，考虑学习才进入这块领地，他本身就会排斥很多肮脏的东西。我们现在不在教育的本身上改革，只在防止腐败上改革，离教育太远了，而反腐败各个领域都需要。

男主持：那李教授您是不是已经同意了何兵教授的意见？

李教授：我一点不同意。

女主持：(抢说，杂在几人话中)那您是一种理想状态……

李教授：不是理想状态。而我们如果再不改革教育的话，我们就要错过这时机，以后就很难做了。我们现在已经相当多的学校，我说得严重一点，都已经烂掉了。

男主持：那林校他们提出的这种改革不是很好吗？

李教授：我觉得不是这样，教育需要从它的本源、需要，从教育的目标上改，从教学的课程设置上改，从教育考试来改，就是我们的考试应当把权力完全交给大学。在这种情况下，分数面前人人平等，补足两点办法：就是一个，对不是自身的条件而是由于制度不好，造成受教育不好，你看，像农村、边远地区，可以政策倾斜，给它另一个分数标准；另一个，对特殊的人，由学校完全自主……

女主持：李教授讲的是一个大范围的教改了，今天我们还得回到我们这个问题的起点上。刚才何兵听了我们校长的介绍之后，您现在的感受？

何教授：我感觉到校长太乐观，我感到这个制度很弱。比如说"阳光是最好的防腐剂"，我给你讲个例子，现在大学里面实行这个政府采购呀，公开采购，但你发现很多大学买的东西都是最贵的,东西质量都是最次的,它也是政府招标的。

李教授: (大声插入)原因就是大学是政府行政机关的附属物!……

何教授: 咱们有个基本的规则,你刚才说话我没有打断你,让我讲完啊……

(此时,几人全讲话,交织一片)

男主持: (插入)我们先请何教授讲完,然后,林校再讲。

何教授: 这个规则还得有一点啊。第二个呢,加大导师、老师、校长的权力,我跟你讲现在有,比如在博士生里面,博士生里面就有提高导师的自主权。导师的权力很重,这个意思是说:导师看一个人考得不行,但他有才啊,我就取他,是这样想的。但实际上呢,有些导师宁可不取第一名,而取第三名,找个理由就给你取上来了。

女主持: 好,关于这个问题,我觉得不是我们几句话就能辨得清楚的。我们今天要说北大这个招生制度的改革,其实我想问一个问题,它本身是一个制度的变化,其实意味着一种导向,这样的一个教师(校长)实名制的推荐的方式,能不能够起到对于素质教育这样一个导向? 也有人说可能会倒向了课业负担加重。我们先听听校长的观点。

林校长: 我想这个必须要回到为什么要做这件事情上来。所以呢,你做任何事情都是有一定成本的……当然,到什么时候我们能够全面实施,我觉得这还要等到我们这个,这个,这个国家的基础教育,还有我们这个整个高考(校)教育水平的提高,才能得到这个全面的实施。

男主持: 好,谢谢林校长。我非常理解林校长……而且我个人也是很矛盾的,但是我坚决支持"北大"做这样一件事情。实际上,林校已经介绍得非常清楚了,就是在现有的高考制度,大家都是千军万马走"独木桥"的时候,如果在这个时候,确实有一些比较优秀的特长生被高考这个"独木桥"给刷掉了,掉河里的话,那北大所采取的这种自主招生的学校校长直接推荐制,恰恰可以把这优秀的学生集中到我们的学府当中接受更好的教育,为我们国家培养栋梁之材……

何教授: 你,怎么会?

男主持: 但是,但是你听我讲,我自己也说我是很矛盾的,何教授,我也非常支持你,包括有68%网友的这份质疑,就是我们在行使的过程当中,会不会带来更大的腐败。因为我们前面有很多惨痛的例子,包括可以顶替学生把姓名、户口本改掉……

何教授: (插入)我自己跟你说吧……

女主持: (用手拍何教授的胳膊,制止)打住,打住!

何教授: 我们那年考研的时候……

女主持: 对不起,何教授,对这个问题大家都谈兴正浓,我必须要当一个恶人,我们要把这个话题打住了,时间的关系,相信这样一个话题,还有更多的思考会留给更多的人。那么,现在大家希望北大能够把这第一步走得好一点,是希望说它少走一些弯路,不要因为走了弯路,而伤害了改革本身。我们静观其变,祝北大能够做得好,做得没有什么可指摘的地方,看看是不是这样。稍后,我们来回顾这24小时的其他新闻。

(报道其他新闻)

结　尾

男主持：好了,我们抓紧时间回来,今天把"图片新闻"都取消了,让我们俩好好说两句,因为前面那个确实有点虎头蛇尾,没有来得及把更多的信息传给大家。

女主持：我刚才在报新闻的时候,脑子里有一半还在想着前面那个话题。

男主持：是,我觉得很遗憾。电视机前的观众可能也在期待着两位专家再继续交锋下去,因为大家都在关注,即便是我们都承认我们北大采取的这个教育的一个新举措是非常好的,值得推荐的,也是北大自由思想必须要去做的一件事,由它带领来做。可是对网友的质疑,我们必须得去面对,对吧,它就把很多的(选)"千里马"的这个(事)就拜托给了各地这个中学的校长了,它就认为校长一定、必须成为"伯乐",万一校长我不是"伯乐"呢?

女主持：其实我想给大家提供一些更具体的信息啊,并不是说所有的省份、城市都有这样的资格,刚才校长在之前跟我们讲了像北京、天津、重庆、黑龙江、吉林、江苏、浙江、湖南,包括这个河南、湖北、广东、陕西,还有新疆,是这样十几个省、市、自治区能够有资格选择这样的重点学校的校长来实名制推荐,它并不是一个全面的展开。所以这也带来一个公平性的问题,那没有入选的省份为什么就没有资格来推荐……

男主持：(插入)好多稍弱一点的中西部省份它就会认为为什么我们的孩子不可以接受这样的推荐制呢?但还有更多的网友质疑,就说这个怎么去保证让那个校长有这样的素质,就说他挑选出来的就是北大想要的这种"千里马",对不对,而且他还要、必须要摸着自己的良心去做出公平的事情。他有没有这样的……

女主持：刚才这位副校长是一个说话比较温和的人,我觉得他们这个制度的制定,我刚才看了一下,其实还是比较强硬的。比如说,出现了一次弄虚作假,这个学生就永远不可能再有资格了,这个学校也就会真的进入"黑名单"。刚才他讲得很软啊、给人感觉一切都有商量的一样。其实,我觉得校长这个人比较温和吧。

男主持：就说即便是以后出现一些问题,就说以后这个透明的制度还有一些制度约束,这些校长,你不可以乱来。

女主持：虽然有可能出现这样的问题,但你说这个尝试不做吗……

点评：这是一个新闻节目中的专家对话。当前的电视新闻节目加大了消息的背景、各种资料的补充及专家对话的比例,目的是对新闻事件与相关政策进行深度解析,帮助受众更好地判断、理解新闻内容与意义。这个对话就"北大"新近提出的"校长实名推荐制"这一热点问题进行了讨论。教育改革、高考招生、学生培养等问题是全社会共同关注的热点。现场专家对此谈话也异常投入,构成了热情、激烈的谈话现场,这一点我们从对话内容中已经看到。

这个对话有一个良好的初衷,希望通过"北大"领导的讲解、现场专家的看法,展现不同观点,回答网民质疑,引起受众思考。专家的观点不必多说,我们来看看两位主持人的表现。这是一档新闻节目当中的对话,现场嘉宾观点不同,角度不同,时间有限,北大领导气质文雅,语速偏慢,按部就班;而另外两位嘉宾则热情高涨,观点鲜明,很有个性。这让主持的难度加大,以致在对话中,我们看到女主持人几次打断嘉宾的谈话,急切地提出自己的问题,甚至场上几次大家同时开口,当由于时间关系不得不结束时,嘉宾的讨论仍意犹未尽。最后,不得不在整套新闻节目即将结束时,撤销原有节目内容,再由两位主持人对其做一补充、收尾。

值得肯定的是,这一对话是及时的、有新闻价值的。对话中专家传递出他们的思维角度与见解,他们的意见都不同程度地代表了一部分人的看法。在这场访谈中,主持人基本控制了难度较高的场面,完成了主持任务。关于本次访谈,还要着重提及以下几点:

(1)对话中,两位主持人对现场的把控表现为对所谈话题的背景资料、政策法规的掌握,对网络及社会上各种观点的了解,并有自己的清楚认知,这些内容是主持把控的"主心骨"与底数。

(2)当主持人发现嘉宾语速偏慢、所谈内容与节目设想有些距离时,可及时礼貌、适当地打断对方,以简洁、闭合式提问把控时间与方向,避免因谈话节奏拖、话语分配失衡而缺少一定的信息量与深度。

(3)主持人个人的议论可再少些,因时间有限,应将有限的时间更多地让位给"嘉宾",让他们多说,实际上受众更愿意听到他们的分析与观点。

当然,这次对话出现的状况与策划不足有关,无形中给主持人的主持平添不少难度。

本章训练提示:电视新闻演播室主持的训练,是电视新闻播音主持的综合性、深入性训练,主要是对学生的新闻专业素质、思维运用、编辑与即兴编码能力的训练。

本章训练要求:(1)对演播室现场主持具有串联、控场、应变、时间分配等初步能力;(2)能对电视新闻消息内容进行筛选、整合,能半脱稿播出;(3)会自己撰写、修改新闻导语、串联语,对新闻内容进行点评;(4)可用"读报形式"播报新闻,并会操作设备;(5)对演播室连线、专家对话能发现问题、有效提问;(6)能看着画面无稿即兴讲解其内容,对"新闻图片"或"新闻录像"能准确阐释与评议。

选用电视新闻消息主持训练材料,请扫描二维码。

电视新闻消息主持训练材料

思考题:
1. 何谓电视新闻演播室主持?
2. 电视新闻演播室消息主持的特点是什么?
3. 电视新闻演播室消息主持对稿件的加工有哪些方面?
4. 电视新闻演播室消息主持对稿件加工有什么意义?
5. 何谓电视新闻演播室连线主持?
6. 何谓电视新闻演播室对话主持?
7. 电视新闻演播室电话连线的特点与要求有哪些?
8. 电视新闻演播室视频连线的特点与要求有哪些?
9. 电视新闻演播室对话的特点与要求有哪些?
10. 电视新闻演播室对话与一般的电视访谈有何不同?

第四章
电视新闻现场报道

内容提要： 电视新闻现场报道是最具时效性与真实性的一种新闻报道形式，越来越受到媒体的关注与受众的喜爱。它追求在第一时间、第一地点将最新鲜、最真实的新闻信息、事件动态传达给受众，满足受众对国内外各种信息的需求，服务于人们的社会生活与日常生活。本章将探讨电视新闻现场报道的创作理念、创作要素、创作原则、创作方法、创作手段以及应当杜绝的问题。

第一节 电视新闻现场报道概说

电视新闻现场报道，指报道者（记者、主持人等）置身于新闻事件现场，面对摄像机以采访者、目击者或参与者身份出图像，以有声语言和体态语相结合，介绍、采访、议论新闻事件的一种报道形式。电视新闻现场报道（直播），具有及时、真实、生动的特性，也是最具电视新闻传播特性的一种报道形式。

一、电视新闻现场报道要素

对于什么是真正的电视新闻现场报道？它的创作要素都有哪些？电视新闻学者叶子给出了以下原则：

- 现场报道反映正在发生或发展的新闻事件（正在发生、发展）；
- 记者在新闻事件现场，进入画面做报道和采访提问（报道者在现场）；
- 记者在现场随着事件发生、进展，边观察边叙述，报道与新闻事件的发生、进展保持同步（与新闻事件保持同步）；
- 有事件现场画面和现场音响，除采访讲话的同期声，还应有现场音响声（有现场画面与同期声）。

那么，什么不是现场报道或是有缺陷的现场报道呢？我们认为：

（1）那种通篇只是解说加画面的报道，不能叫现场报道，因为它缺乏现场因素。

（2）那种只在现场开头说一段早已准备好的话，便不再出现于现场画面中进行采访、报道的，不能称为"现场报道"，只能叫"现场播报"。因为受众看不到说话者在现场与新闻事件同步进行的活动。

（3）那种只有介绍，没有采访的报道，也不能叫真正的现场报道。因为报道者虽身在现场，却没有调研，没有多角度采访，无所作为，缺少新闻现场报道要素，充其量是存在缺陷的现场报道。

（4）那种只有介绍，也有一些采访，却没有报道者个人的评议，也是存有缺陷的现场报道，因为缺少自己调研、观察的小结与引导（但这不是绝对的，因为有些问题只在现场难以看清，不适于当场评论）。

以上几点，我们是否看到，一个真正意义上的电视新闻现场报道，应当具备以下特点：

（1）报道者必须置身于新闻事件发生、发展的现场，面对摄像镜头进行报道。

（2）报道者通过观察、采访、判断，对现场与新闻事件进行即兴述评，发表个人见解。

（3）报道内容不是（不全是有资料及预词）事先预备的，而是带有报道者现场的调查与思考。

（4）现场报道不应是画面加解说的新闻片、纪录片，必须表现报道者在现场的采访交流动态过程与即兴思维表现。

电视新闻现场报道，现场是报道的核心，是报道的起点，也是受众关注的焦点。

二、电视新闻现场报道特点

与一般电视新闻传播相比，电视新闻现场报道具有以下特点：

（一）时效性更强

新闻是指在时间上是最新发生的，在内容上是人们未知的事实与事件。时效性是衡量新闻价值大小的一个重要标准。新闻发生与新闻传播的间距越小，新闻价值越大。时效性一直是各媒体竞争的核心要素。有人将新闻说成"易碎品"，即失去时效性的新闻，就没有多大意义了。从某种角度讲，时效性既指新闻发生、予以报道的时间差，也指其所带来的社会效益。电视新闻现场报道与电视直播紧密相连，在现代传播技术的支持下，电视新闻现场报道中，新闻事件的发生、发展与传播过程在空间与时间上具有同步性（或时差很小），因而最有效地体现了电视新闻现场报道时效性强的优势。

（二）现场感更强

电视新闻现场报道最能体现现场的原始状态，它能够通过镜头展现出现场的环境、气氛、人物、活动等。有镜头画面的细致表现，加之报道者带着对未知事物的探求欲和新鲜感，在现场观察、采访、边看边说,引导受众一同进入新闻现场,调动起受众的情绪,给受众较强的现场感。现场感强是现场报道最显著的优势,不是所有的电视新闻都具备的,只有报道者将现场最真实、最能体现事物本质的充满生机活力的事件过程、现场情景呈现给受众,才会使受众产生鲜活的现场感。

(三)信息量更大

电视新闻现场报道中的视听元素多于一般电视新闻,非常丰富,它不仅有报道内容的画面图像、同期声,还有现场报道者的表情、动作、服饰等非语言符号的各种信息。从传播学角度讲,新闻现场报道中的一切因素都有一定表现作用,也都有助于提高传播效果。在这当中,报道者本人也成为现场报道中的一部分,通过他将现场存在的各种有代表性的、重要的新闻信息多角度地介绍给受众。这种多重信息的表现、挖掘与传播,易于受众更好地接受新闻内容。

(四)参与感更强

所谓"参与",在传播中的含义是传播者的所见、所闻、所知、所感引起受者的共鸣与共识。参与感是报道者与受众对新闻的客观现场的主观感受。显而易见,在诸种新闻报道形式中,电视新闻现场报道是最能引发受众参与感的。现场报道中报道者置身现场,进行介绍、采访、交流,把新闻现场发生的事件、人物、气氛、细节等各种因素呈现给受者,无论是新闻现场的群众,还是电视机前的受众都会感到自己离报道的内容很近,因而能缩短传者与受者之间的距离,增强电视新闻的真实感与亲切感,形成一种互动性及较强的心理参与感。

(五)可信性更强

"客观、真实、公正、全面"是社会主义新闻事业所遵循的八字方针,电视新闻现场报道这种形式,可以使受众在多重、丰富、立体的信息中感到新闻报道的真实性与可信性。常言道:耳听为虚,眼见为实,电视新闻现场报道不但有丰富的现场信息呈现,更有报道者在现场对新鲜、重要、不断变化的新闻事件与活动的公开报道、真实展现,这些伴随着新闻事件发生、发展的进程,定会触及受众的心灵,使之做出自己的判断并产生极大的信任感。

三、电视新闻现场报道技术的发展

在媒体新闻传播中,平面新闻是以视觉符号作为载体,广播新闻是以听觉符号作为载体,而电视新闻是运用现代电子技术进行传播,将视听多维信息:画面、语言、音响、文字等提供给受众,尤其是现场报道,是一种现代化的、正在成为电视新闻报道的主要形式。在这当中,科学技术的发展,为其提供了必要条件。

早期的电视新闻,是使用胶片拍摄,摄像器材如摄像机、支架、灯光等重达几百公斤,加之采访、拍摄、洗印、编辑剪辑、录音合成、印制拷贝等多道工序才能播出。这使得电视新闻与广播新闻相比无任何优势可言。1956年,美国哥伦比亚广播公司(CBS)在新闻节目中使用了录像磁带;1962年日本发明的携带式摄像机被使用于拍摄电视新闻,不但减轻了设备的重量,同时还简化了复杂的拍摄制作过程;同年,通信卫星的发射成功,才使得"今日新闻今日见"成为现实;20世纪70年代电子技术的发明,使电子现场制作与通信卫星传送相结合,实现了新闻事件与播映的"同步化",从而改写了电视新闻的定义,电视新闻不但是新近发生的事实的报道,也可以成为正在发生的事实的报道。

通信卫星的发射与ENG的运用、新兴的光电技术和传载技术,大大压缩了新闻信息的生产与传播时间,几乎达到新闻事件的发生、采集、报道与受众接收的共时空,使电视新闻现场直播报道这一最能体现电视特征的传播方式成为可能并得到发展。20世纪90年代,计算机网络的发展,使得便携式摄像机可以用计算机硬盘取代磁带,使影像数字化,还可以在机上进行非线编辑,通过摄像机外接上的传输设备直接传回播放。

电视的发展过程,就是不断采用新技术增强新闻时效性的过程。没有科学技术的进步,就不可能获得现场报道直播的条件与发展。

在电视新闻现场报道直播时,报道者应当关注不经剪辑的同步直播要求、效果与操作,从现场报道的角度,对有声语言及非语言给予关照。

四、电视新闻现场报道者的作用与任务

作为电视新闻现场报道者,首先要有代表党、政府和人民的"喉舌"意识,在电视新闻现场报道中,努力传达党的政策精神,反映人民群众的愿望要求。如今,我们生活在一个充满"信息"的海洋里,面对众多的新闻信息,电视新闻报道者应当成为清醒的信息分析员、意见导航者。只有把这些现场的复杂信息有序、清晰、准确地呈现给受众,才能使受众较容易地获得有价值的信息,享受到信息的"营养"。

(一)电视新闻现场报道者的作用

(1)报道最新信息,传播重要新闻。电视新闻现场报道与一般新闻报道相比,所报道的新闻内容更重要、更有价值、更有特点。电视新闻现场报道者能够投身现场,同步报道最新现场信息,极大满足受众需求。

(2)引导受众关注,指引内容方向。电视新闻现场报道者站在党和国家的立场,以自己的思维角度、观察发现、语言行为报道最新鲜、最重要、最有价值的新闻,给予受众观察的方向、细节与内容,更好地为其服务。

(3)代表所在媒体,彰显媒体实力。电视新闻现场报道者是其所在媒体的代表,其一言一行及工作实力,都会表现出所在媒体的新闻理念及专业水准。

(二)电视新闻现场报道者的任务

(1)介绍新闻进程,采访调研现场。

第一,电视新闻现场报道的程序,一般是:出场介绍、采访调研、评议小结。

第二,电视新闻现场报道与一般新闻报道相比,报道者直接参与新闻现场做同步报道。其中,介绍新闻进程、采访各方知情人员是其重要环节。

(2)与演播室主持人有效配合。电视新闻现场报道者应了解如何与电视新闻演播室有效连线。

第一,在与电视新闻演播室连线时,首先,应报出自己所在位置、时间、环境、事件进展、现状等,语言精练朴实,给出最基本的新闻要素。

第二,在与电视新闻演播室连线时,应与演播室主持人达成默契,对话中双方不能因抢着说而使话语重叠。既要层次清晰地报道主干信息,也可穿插一些背景介绍、个人体验、鲜活细节等,使自己的报道既有实用性,又具生动性、全面性,使报道内容丰满,达到较好的传播效果。

第二节 电视新闻现场报道方式与种类

一、电视新闻现场报道方式

电视新闻现场报道可以分为直播与录播两种。直播形式,又分为电视新闻现场直播与电视新闻演播室直播两种(演播室直播在前一章已讲过,在此暂不涉及)。

电视新闻直播、电视新闻现场报道概念不同,但有交叉,因此,我们有必要进一步了解"新闻现场直播"的内涵。"新闻现场直播是新闻特征的集中表现。它所记录的是永远不再重现的特定事实。新闻现场直播的题材由四种要素构成:重大性、事件性、动态性和不确定性。它是衡量一场新闻现场直播价值的标尺。"①电视新闻直播也是有选择的,在众多的新闻事件当中,重要的、有价值的、有悬念的、有关注点的内容,是其选择的题材。

目前,由于传播理念与卫星传播技术的支持,电视新闻现场报道多采用直播方式,可以说是以新闻现场为基础,以电视直播为追求。电视新闻现场直播是最能体现和发挥电视媒介传播的特点与优势的一种新闻报道形式,它不但可以满足受众对新闻事件看得见的要求,更能满足他们第一时间看到第一现场,并且获得与新闻事件动态过程同步的心理需求。电视新闻现场直播传播方式的现场性、同步性与真实性,能够更好地发挥其时效性强的优势,缩短传者与受者的心理距离,实现电视新闻传播的魅力与最大效益。

---

① 沈忱.中国电视新闻现场直播:导演手记[M].北京:中国广播电视出版社,2004:18.

当进行电视新闻现场直播时，经常是电视新闻演播室直播与电视新闻现场直播同时、交叉进行。这种联合直播的报道方式，可以使报道更加全面丰富。有人称21世纪是直播新闻的时代，直播节目越来越多，它能最大限度满足受众求快、求新的需求。我们所处的信息时代中，人们对信息有极大渴求，但不可能领略与吸收全部各类信息，他们只能吸收最新鲜而又最重要或自己最感兴趣的信息，现场直播所传递的正是这样的信息。

当前，我国电视媒体已将直播形式"常态化"，不仅在重大新闻事件报道中使用，而且已逐渐在中型化、小型化电视新闻报道中使用。在摄像技术、卫星技术、数字技术的发展下，我们的现场报道可以实现多机位、多点、多向、多视窗的异地直播和突发事件的直播了。可以说，现代社会生活中的人们已经习惯于并离不开电视新闻现场直播了。

二、电视新闻现场报道种类

（一）从预知程度划分

从对新闻事件的预知程度来划分，电视新闻现场报道可分为：预知性、突发性、预见性几类。

（1）预知性。这种电视新闻现场报道的内容是预先就知道的，它往往是对重要新闻事件的报道：如某个展览的开幕、某项庆祝活动的举行、某一重要会议的召开等。

这种报道，由于所报道的活动意义重大，一般都预先就知道，也都有策划预案，通常准备比较充分，报道过程也相对完整。还会有一些事先写好的报道词，并让报道者事先背下来。这种现场报道，目前在我国并不少见。如若不是仅在现场开头就说一段词了事，而后不再出现在新闻现场进行实地采访等报道活动，我们可以认定是一种现场报道。这种事先有所准备的现场报道是为取得更加完美的报道效果所采取的一种措施。

值得提及，有的业内人士指出，像国家领导人出访，由电视新闻主播在机场或某一地点进行的出镜报道，应当称其为"现场播报"。因为他们没有亲自参加到特定新闻活动中去进行采访、介绍与评议，不属于真正意义上的"现场报道"。

（2）突发性。这种电视新闻现场报道的内容是预先不知道的，属不可预见的，它是对某一突发事件的新闻现场进行报道。如世界上某地出现开火等军事活动、某一大桥上出现了一个欲轻生者、某一居民楼着火了、某一公路上出现了一起重大交通事故等。这种报道通常都没有策划预案，要到现场再进行观察、实时报道。对于突发性电视新闻现场报道，报道者事先都没有准备，充其量有一定的经验积累，要迅速整理出报道思路。报道者需要有较高的政策水平、敏锐的新闻嗅觉、科学的思维能力、良好的语言组织及表达能力等。

突发性电视新闻现场报道，由于是临时赶到现场，故报道过程多不够完整。

（3）预见性。这种电视新闻现场报道是对所要报道的内容预先有所闻，知道要有什么事件与活动发生，但对具体情况却无法预料，有人称其为"预见性"报道（也有人将其列入"预知性"报道之内）。如已知某国对另一国心怀不满，要发动战争，但究竟是否真动手、何时动手、如何动手却不得而知。

这种电视新闻现场报道,基于预知性与突发性两种报道之间,在我国,这种预见性报道不少。预见性报道,应当事前多做准备,设计多种预案,事发时可灵活应对。

(二)从功能角度划分

电视新闻现场报道从功能角度划分,又可划分为目击性、体验性、调查性、隐性等几种现场报道。

(1)目击性。从某种角度讲,所有电视新闻现场报道都具有"目击性"。目击性电视新闻现场报道,在此特指报道者身处现场的亲历性报道。它的特点是"我就在现场",与新闻事件同步,通过我的观察、采访,将我的发现通过摄像机细致地表现出来,给予受众真切感受,达到一种共识与共鸣。目击性电视新闻现场报道,具有观察、报道"准"与"精"的特质。

(2)体验性。从某种角度讲,所有电视新闻现场报道也都具有"体验性"。在此特指报道者身处某一新闻活动现场的报道中,注重自身参与的体验。它的特点是除了"我就在现场",还得加上"我的感觉如何"。它或是某项体育锻炼的体验,或是某次抓捕行动的体验,或是某种盛大活动的体验,或是某一恶劣天气的体验。这种现场报道,除对所报道内容的一般介绍以外,更重要的是报道者要报道出自己参与的感受,达于受众,显得更加真实可信、生动可感。

(3)调查性。"调查性"电视新闻现场报道,往往用于非突发性现场报道或非现场直播性报道,它是就某一社会现象、社会问题、新闻事件等,对人们进行的"采访",目的是探寻事件真相及人们的真实想法,提供一种舆论意见。在一项政策的出台与实施前后,某一新闻事件发生之后或面对某种社会问题、关注热点等,新闻栏目经常要做定向的、专门的调查性采访报道。

(4)隐性。"隐性"采访也称"秘密调查",它是调查性采访的一种。只不过它是掩饰报道者的真实身份,来搜集社会现象,展示新闻现场,表现存在的问题(不能直播)。在当前形势下,隐性采访被越来越多地用于新闻调查,它的现场性、真实性,甚至证据性,发挥了无可替代的作用。但在具体应用时,报道者应注意法律界限与自我保护,不要滥用与出界。

此外,电视新闻现场报道从结构角度,又可分为纵向式、横向式两种:

(1)纵向式,是指电视新闻现场报道以事件发生、发展的"时间"为序,根据事态发展跟进的一种纵向报道形式。它的优点是时态清晰,线索集中。

(2)横向式,是指电视新闻现场报道以"视点"为结构方式,对同一新闻事件进行多点报道,围绕事件本身进行横向展开式报道。它的优点是报道视野较广,信息较丰富。

第三节 电视新闻现场报道把握

电视新闻现场报道是对重要、重大、价值高、有特点的新闻所做的报道,理应遵循新闻报道的基本原则;要做好这一工作,初学者需要把握以下几点。

一、明确栏目宗旨与报道目的

电视新闻现场报道可以做成各种类型与时长的现场报道,如何而定?首先依据所在新闻栏目的宗旨、具体定位来确定。因此,不同新闻栏目会有不同侧重,同一新闻内容由于栏目不同也会出现报道与不报道、报道时间的长与短、报道形态的不同。例如,同是"经济性住房摇号"的新闻内容,既可根据栏目需要,做成短小的消息型现场报道,也可就此做成时间较长、较深入的调查型现场报道,还可根据新闻事实,发现问题、提出问题,形成不同的"信息点"与报道倾向。

每一个电视新闻现场报道,都要有明确的主题与目的,不能做成"流水账""万花筒",使人不得要领,应当成为"有目的的记录",又要"尊重新闻事实"。比如,同是"经济性住房摇号"的内容,就可能有市民满意的喜庆场面,也有没能如愿的市民不满的情景,那么如何选择、如何报道?这就要根据新闻栏目宗旨与新闻报道目的来表现主次,选取报道方式。

二、找准选题与报道角度

电视新闻现场报道的选题,应当根据是否是重要的、大家关心的、价值高的、有特点的这几点来定。例如,一条道路施工久不竣工,当下干脆无人问津,造成该路段严重堵车,附近居民横穿工地造成很大安全隐患等。这个内容就可以作为新闻现场报道的选题,因为它是人们关心的、也是一个存在的问题,需要报道出来引起有关方面的重视,并及时解决。

电视新闻现场报道的角度,往往不止一个,选准报道的角度可以避免落俗或主旨不清,产生积极意义。例如,报道一栋教学楼的建设,可选择其缓解了教学资源不足的可喜角度,也可选择其具有新的教学功能的角度,还可选择这个工程拖得时间太长了的批评报道角度进行报道。不能什么都说一点,却什么也没说清。

三、抓准、筛选有效信息

电视新闻现场报道要想有效传播,必须抓准、筛选出最有代表性、最典型的现场信息进行报道,才有说服力,才能获得较好的传播效果。例如,以上提及的"道路久不竣工、无人问津"的内容的画面，杂乱的建筑材料、空无人迹的工地、横穿工地的居民、堵塞的车流、相撞的汽车、漫天的扬沙等都是可以抓住的视觉有效信息。电视新闻现场报道，能用画面表现的，就不用语言重复，语言只提供新的、抽象的、适于听觉表现的信息，以便更好地体现电视报道视听兼备的优势。

又如，报道某市"黑摩的"屡禁不止的电视新闻现场报道，报道者不能到"黑摩的"云集的地方拍几个镜头就走了。应当等候，看都是什么人在打"黑摩的"，有多少人在打"黑摩的"，而后，再对"黑摩的"司机、乘车人、附近居民、路人、城市管理人员等进行多方面、多角度的采访报道，从中筛选出有目的、有倾向的镜头语言及有效采访信息。通过思考，提出自己的见解：城市"黑摩的"屡禁不止不是单方面原因造成的，而是有交通不便、有居民出行需求、有"黑摩的"司机生活维系、有监管部门工作不力等诸多方面的问题，以此报道提出问题，以期解决问题。新闻不能"只读"（只报道现象）"不解"（没有思考与解读），要避免低水平、无价值的新闻报道。

四、选择适当的受访者

电视新闻现场报道离不开各种现场采访，因此，当面对复杂的新闻现场及众多的人时，报道者应通过观察快速判断谁能给你提供有用信息并迅速决定采访者。对受访者选择适当、对方愿意并能够配合报道者完成报道任务是很重要的。对受访者的选择还应注意两点：

一是受访者的选择面要宽，不能单一，他们应当来自相关的各个方面，尤其在进行调查性报道时。例如，某市城市管理部门为缓解堵车严重的问题而较大幅度地上调了城区的停车费，导致城市乱停车问题严重，居民小区、胡同甚至道路上都停满了车，路面停车位却空置不少，影响到停车收费管理人员的收入甚至有的人因为收费而挨打等一系列问题。这个现场报道就应选择不同方面的人员进行采访，如私家车司机、城市管理人员、停车收费管理人员、路上行人、小区居民等，可使这一报道更加全面、真实，因为他们都与"停车问题"有很大关系。

二是，选择受访者不应找与本现场报道内容关系不大的人，因为他们往往不知道或并不关心你所报道的内容，对你所提出的问题不关心也不清楚，所提供的信息也就缺乏有效性和说服力。如前面提到的教学楼工程，不能在校园里看见一个学生走过来就问："同学，你知道这栋楼是干什么的吗？"或看见一位教师过来就问："您知道这教学楼有什么功能吗？"以上人员或许根本不了解这些内容。报道者应当直接找设计施工单位的技术人员或学校、有关专业人员与领导进行采访，得到第一手资料。

五、成为有情绪的报道者

电视新闻现场报道不是只能态度冷峻、不动声色地报道。根据所报道的内容，只要观点、立场正确，就可以适当表露报道者自己的情感。例如，面对久旱逢雨、灾民受难等，报道者都可以有正常的情感表露，不能成为客观、冷面的提问者。带着正确情绪的新闻报道会引

发强烈共鸣。但也不能故意煽情或丧失新闻工作者的气质,导致主体情绪失控,影响新闻的严肃性。在不少灾害性新闻现场报道中,我们看到不少报道者在惨烈的新闻现场强忍悲痛做出镜报道。他们带着真挚的情感坚守着自己的新闻报道岗位,这种状态是我们所需要的。

值得注意的是,有情绪的报道与情绪失度不是同一问题。前者是正常的人性流露,后者是丧失职责的表现。

六、提问有递进与层级

电视新闻现场报道中,对现场、对事件的调查都要通过一个个问题,形成逻辑严密的"问题链",从而进行有层级的提问。如果提问层级清晰,可以获得准确、深入的事实真相。不能问题反复提出却没有层级与递进。如之前提到的"道路久不竣工、无人问津"的电视新闻现场报道,前面的画面语言和现场报道者已经展现和报道了这条路久不竣工、无人过问给交通带来的拥堵问题了,下面的采访如仍然问:"你们觉得这的路堵不堵?"这样同义重复的问题,就没有递进,也没有意义,属于无效提问。

第四节　电视新闻现场报道要求

一、准备(基础、具体)

准备是电视新闻现场报道成功的基础。"预知性"电视新闻现场报道,通常报道的都是重要事件与活动,报道计划早已制定,有较多准备时间,因此,报道者可以结合所要报道活动的内容、主题、目的、环境、人物等各方面进行准备,如了解背景、搜集相关政策等资料;根据需要,可事先进行沟通与实地探查;思考报道的结构、角度、所要采访的点、拍摄计划等。

"突发性"电视新闻现场报道,因时间紧无法对报道进行针对性准备,往往需要动用平时的积累与经验,对报道者的整体素质有所考验。然而,在赶往新闻事发地的路上,可以根据对现场初步得知的情况,对事件的内容、性质、采访等因素进行快速判断、构思,考虑报道点、报道主旨、报道目的等问题。不能一点都不想,到了现场再说。

"电视新闻现场报道"的准备,无论是"预知性"还是"突发性",都要做整体与具体、广义与狭义两个层次的准备:

(一)广义准备(基础)

这里指政策把握、新闻素养、传媒意识、语言能力、经验积累、了解社会、体察民情,是报道者的整体素养与专业能力的体现。

(二)狭义准备(具体)

这里指现场报道之前需要做的具体针对性准备,包括背景资料、信息梳理、报道主旨、报道目的、报道角度、采访顺序、采访人物、预设问题、处理方案、变通思路、现场应变等。

总之,有了以上各方面的素养与能力,加之良好的职业道德、社会责任感及认真细致的具体操作,我们就可以做好电视新闻现场报道这一有速度、要素质、要能力的综合化的现代新闻传播工作。

二、观察(细致、判断)

观察是现场报道的前提,没有快速、细致、敏锐的观察,就无从进行准确的现场报道。因为无论何种报道,新闻现场通常都是比较混乱的,信息复杂,无从下手。有目的的观察,可以让我们发现报道的"重点"与"亮点",自然跨进这充满信息与悬念之地。

当然,现场报道不只涉及思维、意识方面,还有语用原则、语言表现力等多方面元素参与。传播学学者李彬在介绍《普通语义学》创始人科日布斯基的"自我反射原理"时说:"人们在用语言表述客观事件时,会不自觉地映射出自己的主观感受、印象或评判。换言之,自我反射,就是表面上在说客观,实际上在谈主观。比如,我说'这间教室真漂亮',表面上看我是在说教室,而实际上我是在表达自己的印象,我的真正意思是'我觉得这间教室真漂亮''在我看来这间教室真漂亮'等。自我反射与直抒胸臆的不同在于:它是隐蔽的而不是公开的,是无意识的而不是有意识的,是拐弯抹角的而不是直截了当的,是无所不在的而不是偶尔为之的。……总之,任何看似独立的话语都与话语的主体千丝万缕地纠缠在一起,撕扯不开。所以,任何传播都如记者想追求纯客观的、不含什么主观内容的表达,就像揪着自己的头发想要脱离地球一样,简直是异想天开。"①

将此观点运用到我们的电视新闻现场报道也一样,我们所要向受众介绍的场景、细节、情节、人物等,表面上看是在呈现客观现象,实际上在选择介绍什么、不介绍什么、介绍多少、如何介绍等,都在表现行为主体的主观认知。因此,我们的现场观察,一是,受预设方案的制约;二是受个体认知的影响。前者是制约性的,后者是主动性的,理想状态是二者的自动契合。而在紧张、复杂的报道现场,有时会出现不自觉的分离情况。在履行报道者职责时,就要求遵循前者的制约,发挥后者的主观能动性,二者有机融合。观察是检验和实现这一融合的路标。凭借"广义准备"可观察到正确的视点;在"狭义准备"下,可观察到充满多方面内涵的细节。

细节是现场报道的亮点与基石。之所以称之为"亮点",是因为很多细节都使得报道生辉;之所以称之为"基石",是因为不少报道是由一个个细节组成。这里的细节,有视觉的、听觉的,甚至是触觉的、嗅觉的、运动觉的,它们使得报道鲜活、生动。通过细致、独到的观察,

---

① 方汉奇.世界新闻传播100年[M].北京:中国人民大学出版社,2004:229.

细节就会呼之欲出。

电视新闻学者叶子在她所著的《电视新闻——与事件同步》一书中指出:"细节尽管不能说话,在新闻事件中也是辅助的角色,但是它的讲解却非常微妙,它可以彰显新闻背后所隐藏的事实,还可以深入人物内心,协助言语表达,深化主题。"

在四川地震抢险中,"四川武警中队"被中央授予"先进集体"的称号,但他们说这里有"功臣美女"央视女主持人的功劳。原来在跟随武警中队采访时,央视女主持人非常注意"观察",通过她的报道我们看到什么是训练有素的部队:一次部队救援行进时,当他们听说前面有"疯狗"时,战士们没有停下脚步,而是边走边将一把铁梯子拆成铁棍,拿在手里继续前进;在跟队采访时,当女主持人问战士们如果水下来了,你们往哪走?战士们讲往70度的山上去,但不能竖着排队走,否则一人滑倒,会影响下面的人,所以要一字排开横着走。正是这种善于观察的新闻素质,使女主持人作为现场报道者很好地完成了自己的任务。

再如,央视另一位女主持人非常善于捕捉新闻现场的新鲜点与细节。在她的报道中经常可以看到难得的现场细节。如在四川地震中,她与在废墟底下压了146小时的被救者沈培云同一架飞机,她在连线中说:"我们看到的情况呢,他的神志是清楚的,而且旁边的军医不断地俯下身来跟他说话,有一个细节我注意到了,就是沈培云一直紧紧地握住军医的手,在返程的半个多小时当中,一秒钟都没有撒开。我想他已经搞不清楚到底是谁救了他,但是他脑子里有一点是清楚的,只要是穿绿色军装的人,此时就是亲人。"

又如,在山西王家岭矿难营救现场,报道者忽然发现救援人员正在分发毛巾。过去一问才知:原来是井下被救工人身上都很黑,需要毛巾擦干净胳膊才能够输液。这一观察反映出报道者的新闻职业素养。如果按照一般性思维,也许以为这白毛巾是给救援人员当标志使用的。

三、采访(调查、多点)

在电视新闻现场报道中,现场采访是获得事件背景、事发过程、人物心理等有效信息的重要手段。

现场报道的要素,除了有现场画面,还要有现场同期声。同期声的主要内容就是现场采访,现场采访能够真实记录报道者采访对方的谈话内容、谈话方式、谈话重点、谈话特点等,采访的全过程一览无余,可提供大量新闻信息。从这个角度讲,没有采访,就不叫现场报道。

采访的目的主要是调查与展现:调查事件的真相,调查当事人、目击者、普通民众的所见、所闻、所想、所感,展现现场状况、被访者的内心世界与精神面貌,这些鲜活的内容与形象,正是受众所希望见到的。在四川地震众多的现场采访中,四川广元市市长马华望着眼前触目惊心的灾后情景,边流泪边倾诉自己的内心感受与工作打算的画面,至今令人难以忘怀。我们从中看到了一位领导干部对家乡的爱、对人民的爱,对自己工作的责任感。

电视新闻现场报道的采访方式既有静态、定点式,也有动态、运动式,这要根据现场需要。例如,在四川地震的现场报道中,我们看到各电视媒体的记者,有站在北川、映秀、汶川等地进行静态报道的;也有的记者边跟着身背救援器材的官兵们一起跑,边向他们提出简短的问题进行动态采访。在现场报道中,尤其在突发事件的报道中,动态采访更是屡见不鲜。

此外,在电视新闻现场报道的采访中,提问一要简单明了,二要具体、口语化,三要开门见山,四要真诚、入心。在现场采访时,通常时间紧或当事人心绪不宁,提问不当,会影响交流质量及有价值信息的获取。

仍以央视女主持人为例,我们忘不了她在四川地震的现场采访中痛哭的场景。从画面中我们看到,当她看到别的受灾群众都往一个方向走,只有一位大叔却向相反方向走时,记者的好奇心与判断力使她意识到这里有信息可挖,于是马上对老人进行采访:"大叔,你的这些东西是救助站'拿'的吧?"那位大叔却赶紧解释说是"发"的。对方对一字的较真儿,正体现了他的朴实。女主持人讲,开始她与老人说话,对方赶紧拿出自己的证件,以为是查他的,所以为了缓和气氛才问老人以上的话,想解除对方的紧张情绪。当她听说对方不顾危险是想回自己家从废墟中刨出一些腊肉等食品时,她被感动了,极力劝老人不要往回走,太危险了,还劝老人戴上口罩,但老人执意要回去。当女主持人望着边走边回头连连感谢自己、渐渐远去的老人时,终于控制不住自己的感情,像孩子一样蹲下哭出声来。这是一种真情的流露。关于记者采访时能不能动情,以及这一场景该不该记录下来,一直有不同的声音。笔者认为,在采访现场的真情流露是不容置疑的,这是报道者对采访对象平等相待、真诚交流的自然表现。

记者对报道现场的判断,在采访中也很重要,否则,大家挤到一个报道点上,不容易得到独家、新颖的报道内容与报道角度。例如,在四川地震的报道中,某一现场,许多媒体都挤在一起拍摄刚被救出的女青年,央视记者正确判断,转而采访她的男朋友,从中得到二人亲密交流的很有价值的内容,这也是一个新角度。

此外,电视新闻现场采访还应注意结合语境,把握语气和用声等。如在山西王家岭矿难营救现场的报道者,他的任务是采访连续作战的矿山救援队的队员。于是,我们先从镜头中看到了工棚里极度疲劳的和衣而睡的队员们,又看到报道者用很轻的声音采访一名队员,语气亲切温和,很适境。

电视新闻现场报道的采访,还应注意两点:一是,在现场采访中,事件对立面的双方都要采访到,如果只采访一方,就会形成一面之词,这样的报道是不客观、价值不高甚至是不能播出的。二是,当被采访一方不接受采访、态度不好时,我们也应自我控制、礼貌相待,让这一切都展现在报道的画面中,由受众判断,这其实也是一种态度。

四、介绍(具象、可感)

介绍是现场报道的主体,因为新闻现场的时间、地点、环境、状况、背景、人物等所有要素及事件的动态发展进程,都需要通过报道者之口叙述出来,以弥补现场画面中所看不到的、之前或正在发生的一切信息。在现场报道中,有经验的报道者在叙述中会给出以下几点:

(一) 位置

在新闻现场报道中,报道者应介绍其所处的位置,这样可以增加受众的现场感。比如,在中央电视台对"南海一号"古船打捞直播的现场报道中,画面中传来几位报道者的报道,他们都对各自所处的位置进行了说明,使受众感到可以从现场的不同位置了解这一事件。当然,有些因为保密的需要是不可以做报道的,如军用物资的运输地点等。

(二) 时间

在新闻现场报道中,尤其是突发性现场报道中,对时间的介绍必不可少。因为,它可以通报事件发生、发展的进程。例如,某次重大活动、某个新闻事件开始的时间或某一状况持续的时间,这些都是受众关心、我们应当给予说明的必要信息。

(三) 背景

在新闻现场报道中,需要把握的"背景"实际上有多方面,最主要的是整个新闻事件发生的基础,对它们的介绍,可以帮助受众更好地了解事件发生的原因和关联。

(四) 事件

在新闻现场报道中,事件的发生、现场的状况、现场人们的反映、事件的动态变化等一系列情况,都需要报道者一一介绍,以给受众一个清晰的、相对完整的主线,便于他们理解、判断及感受。

电视新闻现场报道中的介绍不仅要全面,还要快速,这里的"快速"是指看与说的时间,语言生成和语言表达的速率。它需要报道者具备较好的新闻素养、心理素质、思维能力、语言功力,表现为:快速观察,快速反应,及时编码,及时介绍。可以说,电视新闻现场报道对报道者是极大的整体素质考验。

在四川雅安地震复杂的救援现场,央视记者的现场报道从容、清晰、有层次,如救援区分布、伤者情况、救援现状与未来等信息介绍得十分清楚;在天津滨海新区危险品仓库爆炸地,他的报道观察细致、有点有面,如救援将要如何展开、现状如何、面对有毒气体他所处位置的变化、爆炸的威力甚至介绍了被震碎的玻璃碎片镶嵌进周围建筑物内的墙体上等细节。在纪念抗日战争胜利70周年大阅兵的现场,他又身着西服、打着领带,精神抖擞地站在受阅部队前面进行报道。从他对大阅兵的报道中我们了解到受阅部队的布局,也了解到他所在位置的官兵们还在抓紧时间练习走步,正在进行阅兵的"心理磨合"。在他的指引下我们看到了镶嵌两颗金星的将军车,还从他的报道中了解到在过去烽火连天的战场上,正是"带兵打仗将军先行"的政策激励了战士们,这是历史与回归的背景介绍。与此同时,这位央视记者的现场报道不放过任何有用信息。例如他正在报道时,身后的军车忽然打燃了发动机,冒出了白烟,他马上介绍说:"这是最后一次车辆的磨合,在一个小时之前像这样的磨合已经进行了一次,这是最后一次对车辆的状态进行磨合确认。"这位记者的现场报道清晰、有序,对事件发生的时间、地点、背景、现状与未来的动向都做了全面介绍。

还有一点不容忽视,就是这位记者在现场报道中,很注意与摄像的配合。例如,他在大阅兵的现场报道中说:"我们请摇臂摄像机稍微地往旁边移动一点,大家也许可以看到,就在最后一个徒步方队的旁边,正有一个方队经过他们的面前,这是我们的倒数第二个方队……"与摄像的配合,使我们看到了多变的视角、多种景别与场面,扩大了报道的视野。

电视新闻现场报道所报道的内容多种多样,在具体报道中,应视其特点,运用具体、可感的说明方式,使其容易被理解和感受。

我们还看到不少表现天气的电视新闻现场报道,都选择了极端天气的外景进行展示,发挥其视觉功能,展现所要报道的事实。如从电视上我们曾多次看到"台风登陆那一刻"的现场报道,我们从画面上经常看到报道者顶风冒雨几乎被风吹走,这些真实、惊险的画面帮助我们了解了台风的威力。又如,为了表现干旱的严重,某位报道者选择站在皲裂的稻田里进行报道,此时,人们从镜头里已经看到裂开口子的稻田,为进一步增强受众的感觉,他竟将一条腿伸进稻田裂缝中,我们看到稻田的裂缝足足深到膝盖,这足以说明这次干旱的程度如何,给人留下深刻的印象。

我们也看到不少与空间有关的现场报道,报道者都选择了以人体进行参照,展示其特点。如为了报道"胶囊公寓"的情况,报道者说出自己的身高,然后躺在地铺上比对,使人一目了然其空间的狭小。

在电视新闻现场报道中,我们还看到过手拿各种实物,边展示边报道的,有对比而谈、有体验而谈……电视新闻现场报道,应当减少不必要的数字,使其尽量换化为可感的形象、具体的空间感或自身体验等。

对于播音与主持艺术专业出身的现场报道者而言,还有一点必须加强,就是对社会知识及语言词汇的把握。与记者、编辑出身的现场报道者相比,有些报道者的知识积累和语言的精准度尚待提高。例如,在这次大阅兵的现场报道中,受阅英模部队的战士身上既有"奖章",也有"臂章",而报道者却都将其称为奖章(也许是口误),从部队首长的介绍中才予以分清。报道者水平的高低,有时就表现在这不经意的细节之中。

五、应变(原则、灵活)

在新闻现场报道中,应变是现场报道顺利进行的保证。无论是预知性、预见性,还是突发性新闻现场报道,"意外"会伴随左右。如果对问题处理不当,便会使现场报道意义受损。

例如,某电视台在做一个大型新闻现场报道前,进行了非常充分的准备。但到了现场,当报道者开始说话,耳机中却传来她自己的声音,这是技术部门出了问题,切错了线路。据当事人讲,她当时想提示技术部门关掉切错的线路,但转而一想:这是直播,不能这样做,不能影响国家形象。但耳机中传出的自己的说话声会扰乱思路,这时过硬的专业能力使她在两秒钟内找到了一个补救办法,就是放慢说话速度,压住上一句话的尾音再说下一句,就这样,她圆满完成了任务。事后,还有同事称赞她:你今天报道得特别稳,特别有感情。

又如，据凤凰卫视一位媒体同仁讲，在美国"9·11"事件刚发生时，美国除了允许本国几家大媒体进入现场外，别的媒体都不让进去。一位非常敬业的当时驻美记者站的记者，为了能够及时进入新闻现场，竟偷偷上了"垃圾车"，这不但脏，也很危险。据说他是华人中第一个报道"9·11"事件新闻现场的媒体记者。

应变，表面上看是机灵与否的问题，实际上，它更多带有专业能力与敬业精神的内涵。有了这些，才有可能激发出"灵感"与"办法"来。有时高超的应变，还会产生更有价值的报道内容。因此，报道者在整个报道过程中，思维应始终处于高度运动状态，不但要时刻准备应付意外，还要紧张地进行语言编码：介绍、提问、议论，保证现场报道的准确及时。

六、评议（简短、有力）

评议是现场报道的要素之一。在电视新闻现场报道中，大多是以报道客观事实为主，评议慎重、简短为好。因为，有时报道者身处第一现场，特别是面对突发性事件，对新闻事件背景及相关信息掌握不够充分时，很难在现场作出准确、恰当的评议。

当然，好的现场报道不但能给受众带来现场的新鲜信息，还应立足社会主流价值观，结合政策导向、社会现状，对所报道的新闻事件给以小结、评议，由现象提炼出实质，由感性上升为理性，使受众在观看现场报道的同时受到启迪。

例如，在四川地震的报道中，央视新闻主播结合前方传来的"只要有一线希望就不放弃"的报道，面对被媒体长时间关注的陈坚离去的消息，做了这样简短的议论：

这就是勇敢的北川人，勇敢的四川人，这是勇敢的中国人！他这种不屈的精神，正是中华民族的脊梁。在今天下午，我们又听到了一组数字，我称之为数字和数字之间的战斗，但是我们不会在这些悲伤的数字面前低头、屈服！

应当看到，能够将报道与评议集于一身的人，是思想成熟、专业能力强的新闻主持人（主播）、现场报道者。就目前的新闻事实，评什么、怎么评，用何种思维、角度、语言方式评，以及效果如何等，这些大都是报道者在新闻现场或新闻演播室瞬间产生并梳理、表现出来的，难度非常高。

总之，评议的要求：一是视点准确，二是导向正确，三是表达精练。

七、样态（多种、适体）

电视新闻现场报道的语体，主要有：
(1) 叙述介绍（叙述体）：对新闻事件、新闻现场的介绍、说明。
(2) 采访交谈（谈话体）：对新闻现场报道中各方人物的采访。
(3) 分析评议（议论体）：对新闻现场报道事实的评议、小结。

在电视新闻现场报道中,由于每个报道的任务、氛围不同,报道风格、语言样态等也应有所变化。如今,电视新闻现场报道选题更加丰富,有喜庆、欢悦的节庆日报道;严肃、关切的灾害性报道;结合"莫斯科红场阅兵式"的议论性报道;"放归野马、野骆驼"和"肯尼亚动物大迁徙"的介绍加抒情的报道等。我们可以从报道的内容、氛围出发,合理运用语体、语态进行报道,有的沉稳大气,有的新鲜明快,有的热情洋溢,有的严肃关切,有的感怀抒发;有的多介绍,有的多描述,有的多议论,有的多讲解等。当然,这不是说整个报道都是一种语体、一种语态,要根据内容、情境的变化而变化。

八、非语言(适境、实用)

电视播音主持中的非语言不同于舞蹈、表演(舞台剧及影视表演)等其他艺术。首先是工作属性不同,其次是具体运用不同。因此,应当有自己的特点。

(一)体态语

由于电视新闻现场报道的出镜形式多样,出镜内容、出镜环境、镜头远近、报道位置等有所不同,因而报道者的体态语即眼语、手语、体语运用幅度不同,在允许的情况下,报道者应适应现场环境,关注镜头位置,有一定的镜头感与体态配合。

例如,机位远、动态报道时,体语可以动作大些、放开一些;机位近,体语动作就要小一些、收一些,更需要眼语、表情发挥作用。在采访时关注倾听的眼神与动情心理,通过眼神自然流露出来,恰切的表情能带给人们很多的信息。实际上,体态语有一半是随着主体心理自然形成,但毕竟还有一半是依工作需要给予一定心理与生理兼顾而成。也就是说,在电视主持传播时,体态语是下意识与有意识的有机结合。但在电视新闻现场报道中,一些报道者(出镜记者)容易出现手势杂乱的问题:有的报道者一手拿着话筒,另一只手上下比画着为自己的有声语言"打拍子"(或用头打拍子);有的人手里不拿话筒,边说话边双手从左到右一下一下地比画着似在"搬砖";还有的报道者在需要蹲下、走动采访时,身体垮,缺乏形体控制等。以上各点,虽然不是什么大事,但处理不好也会影响到现场报道的整体效果,因此,在电视新闻现场报道中,也需对体态语给予一定认识与关照。

(二)服装

电视新闻现场报道的服装以朴素为主,颜色、样式、质地都要适时、适境,方便现场报道者的行动。

例如,在农村现场报道,就不能穿笔挺的职业装;而在庆祝活动及大型会议的报道中,就必须穿着整齐、讲究一些;有时为了适应、贴近报道现场,报道者还需穿上煤矿、医务等职业装或厚厚的御寒冬服。如在山西王家岭煤矿救援现场的报道中,在井口的报道者就穿着煤矿工人的服装做现场报道;在医院里,报道者又身着医务工作者的白大褂在做现场报道;我们还看到在新疆、内蒙古冬季遭遇大雪灾时,男女报道者都身着厚厚的军大衣站在很厚的雪地里、顶着寒风在做现场报道。

(三)发型

电视新闻现场报道的发型,总体而言,应当整洁、利落、适体,不能追求新潮、不可染发、不可太随意化。例如某电视台的一个现场报道,内容是公路堵车问题。报道者是一位女性,报道内容很不错,但她在报道现场梳披肩长发,加之当天有风,于是她的头发被吹得在风中乱舞,糊在脸上,她不得不时而撩起贴在脸上的头发,给人一种忙乱感。电视新闻现场报道者应当时时处处表现出新闻工作者的气质,对头发这样的小问题也不可忽视。试想,如果那名女记者当天结合自己站在公路边的报道地点与刮风的天气条件,将自己的长发盘起来会显得很干练,也方便现场报道工作。

(四)化妆

在做电视新闻预知性、预见性现场报道时,有时为了适应某种喜庆气氛与报道需要,主持人可以适当化妆,但妆色应淡且自然,可对自身形象的某些缺陷,针对现场需要进行合理弥补。而在一般性新闻事件的报道中不必考虑化妆,注意力应全放在所报道的事件中。

提示:

一是,电视新闻现场报道者:指无论是媒体中的记者、主持人,只要在新闻现场从事出镜报道,都可称为"报道者"。

二是,电视新闻现场报道说什么:(1)告知所处位置;(2)报道现场状况;(3)介绍事件核心;(4)描述现场细节;(5)报告新鲜之处;(6)告知相关背景;(7)多用同期声,让目击者、当事人说话;(8)多报道、少评议(根据不同报道内容而定)。

三是,电视新闻现场报道怎么说:(1)采访内容具体化;(2)报道语言口语化、精练化;(3)表达具切境感;(4)报道语体相适应、合语境;(5)用词、表达准确;(6)报道思路有逻辑、见层级。

四是,非语言适当:着装和发型适体、适境;体态语适氛围、适镜头、有控制、有表现力。

第五节　电视新闻现场报道实例分析

一、实例分析

范例一　《走近三军仪仗队》(体验式)

导　语:每一个独立的国家都有自己的仪仗队,它象征着本国的尊严和对他国的友谊亲善。中国仪仗队以独特的礼宾形式赢得了中国人民和世界各国首脑的赞誉。新中国成立60

图 4-1　北京电视台报道者采访三军仪仗队

周年,首都国庆阅兵,三军仪仗队方队作为所有仪仗队方队的龙头而备受瞩目。今天我们带您走进三军仪仗队,亲自去体验他们的特殊训练方法,感受训练背后的智慧和荣耀。请看报道。

(报道者站在三军仪仗队的旁边报道)

报道者: 三军仪仗队是第一个通过天安门的方队,可以说它是引领着所有的受阅方队前进的龙头,要做龙头就必须做到分秒不误、毫厘不差。如何做到呢?下面就让我们去具体了解一下他们采用了哪些特殊的训练方法。

旁　白: 走得准不准、齐不齐,脚下功夫最重要,而脚下功夫中踢腿是基础。一来到训练场,(报道者)便见到了训练器材中的明星:踢钢珠训练器。

(报道者在训练器旁采访)

报道者: 应不应该踢动这个钢珠呢?

教　官: 应该是踢动钢珠,如果说没有踢动钢珠,就证明脚腕压得有点晚,爆发力不强。

(报道者在整齐划一的仪仗队前报道)

报道者: 不知道您发现没有,三军仪仗队在通过正步区域的时候和其他方队有一个明显的不同,他是唯一一个不摆头敬礼的方队,这是为什么呢?

教　官: (同期声)为什么不摆头,是因为我们护卫着八一军旗,向军旗行直视注目礼。

报道者: 不摆头的话,队员们在行进的过程中如何标齐?

教　官: (同期声)其他兄弟方队是向右摆头找点标齐,我们是找余光标齐。

旁　白: 用余光如何标齐呢,李队长邀请报道者亲自来体会一下。

(报道者也站到仪仗队中现场体验)

教　官: 现在我们的脚线是齐的,你眼的余光看一下他的右腮部,眼球不要动。

报道者: 看不清楚。

教　官: 看一下左边人的左腮部,看不清就对了,一直练到看得非常清晰就已经练到家了。

(报道者与仪仗队员们一起做手持枪械齐向前的动作)

旁　白: 报道者尝试了两次,总是比其他的队员步子大了一点。这时,队长又给报道者支了一招,通过臂肘感触法强化技术动作。

(报道者继续听从教官指导,现场体验)

教　官: 左臂夹住,手往前来,你(指报道者身旁的战士)的臂肘稍微挨着她(报道者),右臂肘支起来,形成一个三角形。

图 4-2　报道者进入队列,进行体验

旁　　白：运用了这种方法后，报道者的步伐有了明显的提高，基本上能和其他的队员标齐了。

（画面上，是各种训练的小技巧：有头顶帽子齐步走而不掉下来的；有拉条小线，量齐一排战士的下巴的……）

三军仪仗队给人留下的最深的印象就是足智多谋。单调枯燥的训练在他们这里充满乐趣，各种训练小方法简单实用，大大提高了训练效率的同时也调动起了队员们的训练热情。

点评：这是一个录播的经过加工的"体验式"现场报道，出自2009年9月的《北京新闻》。正当全国人民欣喜地迎接新中国成立60周年大庆之时，报道者走进了仪仗队训练营，亲自加入训练队伍，在教官的指导下体验了一把训练的艰苦与科学。

报道者在现场观察到了两个点：一是"踢钢球训练器"，二是"不摆头敬礼"。这一体验式报道，使受众感到亲切、生动，易于并乐于接受，从而带来较好的传播效果。

以下以学生的"电视新闻现场报道作业"为例进行分析，有利于初学者借鉴。

范例二　《社会纪实》节选（暗访、调查性）

采访女生：胡　蝶

女　　生：观众朋友，您好。在我身后不远处就是客流量非常庞大的北京火车站。人们常说，一个火车站是一个外乡人了解城市的最主要的窗口，在这里应该看到这座城市最美丽的一面。可是就在北京火车站前面这条繁华的大街上，我们却看到了许多不美丽的现象。

旁　　白：北京火车站前东西两侧大街和地铁出口处，有许多吆喝着卖发票的人。他们大多衣着朴素，神态机敏，不断地向来往的行人兜售发票。发票是我们消费的凭证，是企业纳税的依据。倒卖发票属于违法行为，那么为什么会有这么多人要冒这个风险呢？为了调查真实的情况，我们进行了暗访。

（暗访一个倒卖发票的妇女）

倒卖者：你要啥票？要餐券？你干吗，你不是照相吧？你带着这个机子干吗你？你要发票啊？有啊。要不要？

摄像者：（掩饰摄像设备）它这是亮灯的。

倒卖者：你不是要发票吗？你不是要面值一百的定额的吗？你不是要手写的吧？

女　　生：最好不要手写的。

倒卖者：最好要刮奖的是吧，你要要，我给你找个地儿去开。

摄像者：就不要那种机打的。

倒卖者：我知道，就是面值一百的。

摄像者：你们这发票都怎么办？

倒卖者：唉，看好再说吧。还是先看一下，就是这种的是吧？看见吧，你瞅瞅是这种吧？别拿着，你看好了，咱找个地儿说，要多少？

女　　生：我可能就要1000。

倒卖者：1000 的,你要要 10000 的我也有啊。

摄像者：就自己报销用,你看这得花多少钱……

女　生：这咋卖的,我还没问你呢。

倒卖者：咋卖的,100 块钱你给 8 块钱。

女　生：太高了吧。

倒卖者：我们就 5%,你得让我们挣一点吧,是不是。我卖给你 1200,你给我 100 块钱,这行不。那我给你个手机号,你买吧,下次你要想要可以打我电话,我给你尽量便宜。

女　生：今天我要出去办事我才到这儿。

倒卖者：你要多少？你想要多少？

女　生：你啥时在这？

倒卖者：我天天在这,你要要我现在给你。

女　生：我不知道你这保不保险？

倒卖者：怎么不保险,我天天在这,怎么不保险,哎呀。

摄像者：我们这都是报销,能报吗？

倒卖者：能报,你别让他跟着,(对女生说) 咱俩走过去看看,行呗,你让他在这,咱俩上里面看看,恒基(大厦)里边,行呗。

女　生：他是我男朋友。

倒卖者：没事,你别让他跟着。我也是女的,你也是女的,咱俩一块走,就上那恒基大楼里面,你怕啥,保安啥都有。

女　生：我们一块走呗。

(三人一起走入恒基大厦)

旁　白：这位妇女将我们领到附近的恒基大厦内,看着稀少的顾客,她的神情稍微放松了一些。

(女生和倒卖者小声对话)

摄像者：这是您孩子？

倒卖者：嗯,我家孩子。

摄像者：刚才外边那也是您的吧？

(看发票)

倒卖者：那 1000 块钱的,行吧？找个地儿看吧。

(小声和女生商量开的发票,女生假意同意买卖)

倒卖者：行,要几张？

女　生：拿 1 张吧。

倒卖者：好吧。

旁　白：经过交涉,我们终于拿到了一张面额为 100 元的发票。这位妇女再三向我们保证,一定可以报销。

倒卖者：行,你就下次打电话。

女　生：（离开此地，在另一场地）观众朋友，现在我的手里有两张发票。右手的这张呢，就是刚才从那位妇女那里得到的一张价值100元的发票，那么在我的左手边上是一张20元的发票，这张呢是从餐饮店获取的正规发票。这两张发票两相比较，同时结合发票背后的这个使用说明，我们发现，这位妇女出示给我们的这张发票，她的这个发票号码并不是用这个喷码技术喷制而成的点状分布的数字，同时她的这个密码覆盖层和奖区的覆盖层并不均匀。经过有关专家的鉴定啊，这位妇女所出示给我们的这张100元的发票是假发票。

旁　白：这里发票贩子的数量如此之多，他们都是在卖假发票吗？带着疑问，我们又暗访了大街西侧另外一群以青壮年为主的票贩子。

（与票贩子对话。票贩子：电话号接着打看通不通，他这电话号都有老顾客……我们都是一起的）

看来这些发票贩子，是一个有组织的团伙，他们手中持有同样的假发票，那么他们的货源在哪里呢？

（暗访中）

女　生：你们这（发票）在啥地方呢？远不远？

票贩子：不远，我们给你留个手机号，你们来取来。

旁　白：国家早已三令五申，要严厉打击制售、贩卖发票的违法行为，难道他们这些人就不怕吗？

（暗访，与票贩子交涉）

女　生：（另一场地）现在我的手里呢有几张名片，上面有联系电话，这些都是那些制售假发票的票贩子留给我们的。您看这张写着"您的朋友：彬子"，另外的一张写着"您信赖的朋友：利先生"，同时背后写着"您的需要就是我的工作"。看来这些制售假发票的票贩子简直是胆大包天，他们怎么敢顶着这样大的风险去制售假发票呢。究其原因，我们细细地分析，可能是因为这里面藏着巨大的利润。比如说，制造一本假发票，它的成本可能只值一元钱，可是经过零售商的手里，这个就会翻倍，一本30页的发票本子就可能会卖到两三百块钱，这里面可谓是利润巨大，所以这些发票贩子敢于冒这样的险。而这些假发票的流向呢多是一些服务行业，比如说餐饮业、娱乐业，他们通过把这些假发票融入自己的资本之中，降低自己的成本赢得了很多的利润，这样呢也偷了国家的税。不管是买方还是卖方，他们都违了法。

（采访：各有关人士）

……

（画面：中华人民共和国发票管理办法）

女　生：发票是一个企业销售的凭证，同时也是国家查税的重要依据。不管是制售假发票还是买卖假发票，都是违法行为，都严重损害了国家的经济利益，同时扰乱了国家的经济秩序。希望有关部门，能够加大管理和执法力度，使这种现象不再发生，使我们城市的窗户更加的明亮。好，感谢您的收看，下期再会。

点评:这是电视新闻现场报道的学生作业,是一个录播式现场报道,值得肯定的是以下几点:

(1)准备充分:这个作业选题较好,有一定新闻价值。看得出学生在拍摄之前,做了较充分的准备,对内容、地点、人物等都比较了解。根据需要,报道者选择了"暗访"的形式,扮作男女朋友,他们机智应对,哄过了卖假发票的妇女,拿到了第一手材料。

(2)报道充分:这个现场报道的目的非常明确,报道主线很清楚,报道结构较清晰,不但得到一个女票贩子贩卖假发票的全过程,还对另一拨男票贩子们也进行了相关"摸底",得知这些票贩子的一些运作内幕,取得了较全面的现场信息。

这个现场报道的叙述与评议也较到位。叙述较清楚,既有背景材料,也有现场信息;评议较简短,但能点透题旨。报道者的现场感较强,由于是"暗访",所以报道者的说话方式有隐蔽性。报道者手拿买到的"假发票"和票贩子的"名片"进行的介绍点评,没有什么"大话""套话",既清楚又实在。

(3)报道真实:因采取"暗访"形式,镜头画面有时倾斜(摄像机在书包里所致),这更增强了报道的现场感与真实性。

(4)体态语得当:这个现场报道的体态语也适境、得体、有表现力,如手持票据的展示、面部较严肃的表情神态等。

当然,我们不提倡学生运用"暗访式"报道,一是这种被称作"隐性采访"或"秘密调查"的采访方式目前在法律上尚有争议,虽然很多媒体使用这种采访方式,但在初学阶段不提倡使用。二是组织、准备不充分容易出危险。三是这种暗访有一定难度,有时甚至需要具备一定的侦察能力或表演能力(在西方媒体中,将侦察、社交等也作为记者的必备素质)。

这个作业存在的问题是:

(1)有的信息脱离了现场。如"经过专家的鉴定"。

(2)有的说法不够严谨。如"……我们细细地分析,可能是因为这里面藏着巨大的利润"。这是比较清楚的了,不用"细细地分析"及"可能"了。

范例三 《凝眸》节选(突发性)

采访男生:李绍杰

旁　　白:10月1号国庆佳节本是万家欢腾的愉快日子,但在定福庄,我们的《凝眸》记者却遇到了两件让人不那么愉快的事儿。这平时我们常坐的382怎么开到了隔离带里去了,要是再往前几米和对面的车迎头相撞,那后果可就不堪设想了。您再看这位,被两个猛男给押解着。您可别误会,他跟382的事故可没什么直接联系,那他究竟是犯了啥事呢?

男　　生:观众朋友,您好,现在是北京时间下午3点半。今天是国庆节,本来是一个喜庆的日子,但是在中国传媒大学北面的朝阳路上却发生了一起车祸(应为"险情")。(男生站在382车旁)这辆车就是我们看到的382路公交车,我们来采访一下当时在车祸现场的这个车上的乘客李女士,她在车上看到这个经过到底是怎么样的。

男　　生:您好,李女士,给我们讲一下当时这个车祸现场是怎么样的情况?

李女士：当时吧,这个382正常行驶,我就觉得突然地就从右侧来了一辆,就是大罐车,大罐车一下就把382撞着了,撞着以后车就感觉来回地跟摇煤球似的"哗"地冲到隔离带上就停了。完了以后呢,售票员就赶紧说"下车下车",就都下车了,就这么个情况。

男　生：当时撞了以后,车上的乘客都有什么反应?

李女士：什么情况,好家伙的,都脸煞白,都哆嗦,孩子也哭,大人也嚷,就这么个情况。

男　生：就觉得当时情况特别危急……

李女士：当时我就想完了完了,幸亏有那隔离带,没隔离带我觉得呀,真的,我觉得后果不堪设想。

男　生：当时这个大罐车撞了这个382路公交车之后,这个车上的司机到底有没有解释这个事情,他有没有停下来跟你们解释这个事情?

李女士：当时就,好家伙,都站在这儿,都乱了就没来得及,大罐车跑到那边去了,赶紧追它呀。

男　生：它跑掉了是吗?

李女士：它没跑掉,它也得正常行驶,车在那就停了。

男　生：保持它的惯性在前进。

李女士：对,它就在那停下了。完了以后,售票员下来就问,谁受伤了。

男　生：有人受伤吗?

李女士：没有大伤,有特小的小孩哭了,岁数大的有的心跳过速,就这种情况。怪谁,我也不懂,但是我刚才听那个售票员说的,这责任在那个车……

男　生：在那个油罐车的司机?

李女士：对,说有什么事上事故科解决。

男　生：那现在382上的乘客大部分都在哪儿呢?

李女士：都走了。

男　生：都坐下一班(应为"辆")382走了是吗?

李女士：都走了,刚才走了几个看病去了。我觉得我也没什么大事,反正就这儿硌了一下,我也不想去看了。

男　生：这位是您的儿子是吗?

李女士：对,后来我就赶紧给他打电话,让他过来,他就赶紧过来了。

男　生：刚过来的是吗?

李女士：刚过来的,他没跟我在一块儿。呦,好家伙,当时我就站在那儿,我说完了完了完了。你想这车如果要是冲进右侧那边马路,你就想这事吧,我就觉得挺后怕的,越想越后怕,真是,就别想了。

男　生：不过现在好在有隔离带,正好停留在这个位置,就没发生这些事情。

李女士：对,所以说没有流血的,就是惊吓吧。

男　生：您觉得这事故发生了之后,应该给大伙一个什么样的教训?

李女士：给个什么教训,反正首先坐车保障自己的安全,什么坐车得坐好、扶好、站好,然后老人必须得给他一个座位,是不是啊?

男　生:谢谢您。

旁　白:(动画演示过程)从李女士和其他人的话中,我们了解到了事故的全过程。下午3点多钟,382路公交车在朝阳路上由东向西正常地行驶,这时候,同向行驶的一辆油罐车在超越382的过程当中,由于两辆车贴得太近以致发生摩擦,382就被迫行驶到了隔离带上,多亏司机及时地刹住了车,才避免了382与马路对面的车迎头相撞。

男　生:这个车子(应为"这辆车")现在已经完全撞到了隔离带上(应为"里")面去了,当时司机、一些工作人员以及交警大队一些人在车轮子后面放上一些石块,这些石块防止这个车从隔离带上滑到原来的公路上阻碍后面的车前进。

(女司机和售票员都拒绝学生采访)

旁　白:事已如此我们以为就告一段落了,但是谁想到就在我们的《凝眸》记者拍摄382车近景的时候,人行道上又发现了如下的这一幕。

男　生:观众朋友们,同样是在10月1号国庆节的下午,也是3点到4点之间,刚才在前一个事故发生之后的短短几十分钟时间之内,我们又发现了另一起事故(应为"个""事件")。

(画面跟拍抓小偷)

旁　白:(动画演示过程)在店中得手的小偷,刚坐上摩托车准备逃走时,被一个女店员给拽下来,随即沿着众多平房中的一条小路仓皇逃窜。他自以为熟悉地形就可以溜之大吉,谁知道被这两位从后面穷追不舍,终于在被追得筋疲力尽之后,他乖乖地束手就擒了。

男　生:我们可以看到这位就是刚才骑摩托车来偷那位女士包的小偷,他现在被两位壮男抓住了,正在前往(应为"被""送")派出所。

(画面:群众报警)

男　生:您好,请问您是当事人是吧……请问您贵姓?

当事人:我姓许。

男　生:姓许是吗? 您好,您是这里的学生吗? (许:对)您是"二外"的还是"广院"的学生? (许:广院的)看来我们是校友(不应以学生身份采访、报道),您是哪个专业的?

当事人:我是法学。

男　生:法学专业的是吗? (此话重复无意义)好,您能讲述一下当时的现场情况吗?

当事人:……我在买衣服,其实我同学就坐在我这个包旁边,后来我想让她帮我看一下衣服,我们就有点大意,就往镜子那边走去。就在那个时候,那个女的就喊了一声:"哎,你的包……"等我回身的时候,人已经不在了,我就过去看到我的包不在了,然后我就追出来,发现那个人骑摩托车要走,然后那店员特别英勇,那女的马上就把那人拽下来了。这时候又过来一个男的,(报道者:警察?)不,是过路的人,是已经把小偷抓到之后警察才出现的。那个过路的人就帮我一起去追那个人,追了半天完全见不到人在哪里,过了一会儿说抓到了,就看到有两个人,反正是不认识的人把他抓到了,真是感觉挺感动的。

男　生:(面对镜头)好。虽然现在都说人情冷漠、世态炎凉,但是我们可以看到今天这起"事故"(应为"个""事情"),当时现场有很多人来帮助我们这位同学,一起夺回她的包,而且把小偷抓住了。现在他(小偷)被关到了这个车里,接下来等待什么样的处置呢?(这段话中有2个小意思,没有说清,尚欠语言梳理)

110 警察:我们将把他移送到当地派出所处理。

男　　生:哦,当地派出所处理。

旁　　白:案发后,小偷被暂关到了交通大队的执法车内。五分钟以后,三间房派出所的警察也赶到了案发现场。

男　　生:我来采访一下当时一位见义勇为的市民,他是一个小店的店主。

男　　生:是您发现他偷东西是吗?(在现场混乱中交谈)

……

男　　生:我们可以看到这辆摩托车就是小偷抢了那位女孩的包之后,想要用来逃走的车辆,这是一辆没有牌照的车辆。

(路边场景)

旁　　白:我们可以看到,在道路右边这个小店门口仍然聚集着很多人。那么现在转过头来看一下,这个马路的左边382路公交车现在还是没有出这个隔离带。……我们可以看到,现在这个382路公交车已经从隔离带里面开出来了。

好了,现在我们可以听到车子顺利地开走了。那么同时我们也祝所有的司机以及所有的乘客都能在十一国庆期间顺利地完成自己的出游任务,同时也能在路途中注意自己的人身安全。只要自己能够对别人多关心一点,那么每个人都会为这个社会奉献出更多,能让这个社会更加和平和安定。(这些话中有几个小意思,前述后评但尚未理好。)

旁　　白:节假日到来了,《凝眸》栏目组送您几句话,如果您是位司机,事故发生时您可一定要稳住了,因为这不仅是您一个人的事,也关系到很多人的生死存亡啊;如果您是位乘客,也千万别慌,万一您心脏不好,可能别人的一场虚惊就成了您的一场噩梦啊;如果您被偷被抢,发现了之后您要一喊二追三报警,案发现场的朋友也要在保护好自己的基础上,力所能及地去帮助受害者。您说如果都这样的话,那咱这社会不就能少一份痛苦,多一份快乐吗?好,凝视生活点滴,明眸善睐其中。感谢您收看今天的《凝眸》,我们下周再见。

点评:这也是电视新闻现场报道的学生作业,是一个突发性事件报道,有一定难度。这个作业值得肯定的是以下几点:

(1)及时报道:报道者具备一定新闻工作者的素质,抓住了突发性事件,并且一抓就是两个。报道者面对紧张、复杂的场面,通过观察,迅速抓住了事件主线及愿意并能够为自己提供事件前期信息的人,通过现场采访,使受众了解到事件发生的过程,弥补了事发时报道者不在现场,没能目击的缺憾。实际上,许多突发性现场报道,报道者大多数情况下都不能成为事发初始的目击者,需要通过采访目击者,让其回述的方式予以弥补。

(2)复线报道:在这个报道中,使用了复线结构,一条线报道"公交车开上隔离带"的惊险事件;另一条线报道"众人抓小偷"的事件。报道者没有准备时间,还要单机报道、两头跑,然而,他从容不迫、有条不紊。虽然事件来得突然、无序,但我们对事件整体却了解得很清楚,这来源于现场报道者给我们提供的丰富的信息,他先后采访到女司机(虽然没能配合采访,但我们从画面上可以看到她蹲在地上,还有她年轻、受惊的面孔)、女乘客、被偷包的女失主、帮助追捕小偷的服装店主、热心路人以及110与派出所的警察等多方面的人,他们每一个人就是一个信息源。

(3)重视现场:这个现场报道,以大量篇幅较好地报道了现场信息与事件进程,有现场感、真实感、动态感。报道者叙述性语言不多,多是通过被采访者的语言介绍事件。报道的结尾有记者的评议,能表现此报道的题旨,这一点在节目的片尾由旁白进一步点出,比较有力。整个新闻报道虽较复杂但不混乱:脉络基本清晰,采访信息点多,报道角度丰富,结构比较完整。这个有较高难度的"突发性"现场报道,不失为一个难得的学生之作。

然而,由于技术条件有限,不能做成多机拍摄的现场报道,仅一个作业小组的同学互相配合,既要随机采访,又要即兴报道,难度可想而知。当然,如果报道中提问与叙述的语言组织更精当,逻辑更严密,用词更准确,效果会更好。所以,我们应当加强语言应用、即兴编码既快又好的能力的训练。

范例四 《不落的生命之旗》节选(预见性)

采访男生:许澍泽

字幕:(敲击键盘的声音)2008年5月12号,中国四川省汶川县发生里氏8.0级的地震。此次地震最大烈度达到11度,是中国1949年以来破坏性最强、波及范围最大的一次地震,重灾区的范围已经超过10万平方公里。截至18日14时,汶川地震已造成32477人死亡,220109人受伤。

国务院18日发布公告,决定2008年5月19日至21日为全国哀悼日。

画面	语言
报道者站在天安门广场,背后是天安门、广场上的人群。	**男生:**现在我是在北京的天安门广场向您做现场报道,今天是2008年的5月19号,距离四川汶川大地震5月12号已经过去了整整一个星期,国务院决定将2008年5月19日至5月21号这三天设为全国哀悼日。
报道者站在天安门广场,位于画面左侧,右侧是降半旗的国旗,旗杆下围着人群。	国旗第一次为平民而降,国旗也是第一次为自然灾害中死难的同胞而降。中华民族遭受如此大规模的苦难已经不是第一次了,但是当我们看到国旗从旗杆上缓缓下落的时候,它也是距离人民眼睛最近的时候。 您现在看到我身后的广场上呢已经是聚拢了很多前来向遇难同胞致以敬意的人民百姓,那么接下来呢,就让我们一起来感受这3分钟,让我们一起由衷地发出对遇难同胞的最高礼遇。
(近景)五星红旗,镜头拉远 (中景)旗杆和默哀的人群 (特写)几位默哀者 (中景)镜头重新对准国旗,镜头再次扫过,看到默哀者脸上各种肃穆的表情。	**天安门广场广播:**(同期声)现在是北京时间14点28分,请大家面向国旗肃立,默哀3分钟。

续表

画面	语言
默哀后,天安门广场上人们自发组织了游行。	(同期声)人们在广场振臂高喊:中国加油!汶川加油!
广场上人群振臂高呼的情景。	(同期声)人们在广场振臂高喊:汶川加油!中国加油!
抱着孩子的妇女,背后是呐喊的人群,有人拍照。	**男生**:那刚才经过3分钟的默哀您现在心里是什么感觉呢? **妇女**:哎哟,特别特别地激动!就觉得中国人是一个家庭的……一颗星!好像就是组织到一块就……你看现在,自发性的……(指着人群),来,(伸手哄抱着的孩子)给叔叔说加油! **被抱着的孩子**:(对着镜头举起手)加油! **妇女**:加油!举得高点说加油!(小孩:加油!加油!) **妇女和孩子一起喊**:加油!
挤在人群中的女孩,转过身接受采访,女孩手中抱着国旗。	**男生**:你是哪个大学的? **女大学生**:中国青年政治学院的。 **男生**:专门准备了一面国旗是吗? **女大学生**:嗯! **男生**:你几点钟来到这儿的? **女大学生**:我从吃完饭就过来了。 **男生**:那你这个国旗准备什么时候把它展开? **女大学生**:(抖了抖叠好捧在手里的国旗)我想走到最前排的时候展开给那边的人,给大家一起看到!
特写女孩手中鲜红的国旗。	**现场群众齐呼**:中国加油!
一群年轻人共同举着国旗,举过头顶,一起有节奏地挥动着手臂,呐喊着口号。	(同期声)(人们在广场振臂高喊)"汶川加油!"
一个女孩在一张纸上写字,镜头特写那张纸,纸上写着:祝家乡人民平安,挺住!!!有我们在你身边!	**女孩**:我的家人都在……
(特写)另一个女孩在写字条的手。	(同期声)现场呐喊声:中国加油!汶川加油!
两夫妻,妻子伏在丈夫肩上,表情悲切,手捂着鼻子正在抽泣。	**男生**:一直在看吗? (接受采访的夫妻俩点头) **妻子**:觉得很振奋……(抽泣) **丈夫**:作为一个中国人我觉得非常骄傲。(哽咽着对着镜头大喊)中国加油!
挥着小国旗的大学生。接着特写是写有"中国!加油!"字样的牌子。	(同期声)现场群众呐喊:汶川加油!
报道者拿着话筒站在人群中,身后的人群还在呐喊。	**男生**:此时此刻我无法控制自己的心情,我不知道大家能否感受到现场的呐喊。我相信这正是每个中国人发自内心的吼声,此时此刻我们只有同一个名字(强忍着激动),那就是:我们都是中国人!

续表

画面	语言
人民大会堂前的广场,人头攒动,画面主体是接受采访的外国记者。	**男生(外语)**:你知道发生在四川的这场地震吗? **外国记者(外语)**:是的,我已经报道过这个事件。 **男生(外语)**:你怎么看待这个事件呢? **外国记者(外语)**:太可怕了,这是一场可怕的灾难。 **男生(外语)**:你怎么看待天安门广场上人们的自发哀悼行为呢? **外国记者(外语)**:我觉得你们有这样一个公众纪念仪式是很好的,当然,你们也必须这么做,在如此严重的一场灾难之后。
广场上人民大会堂前,一位外国游客在接受采访,身后依然是人群,远处还传来呐喊声。	**外国游客(外语)**:这是一场灾难,真的,中国的一场灾难,尤其是对于那些失去了亲人的人们,我真为他们感到担忧。真的是深深触动了我的心!
镜头依次扫过广场上几位哭泣的大学生。	(同期声)广场人群喊声:中国加油!汶川加油!
报道者前面、后面是人群自发组成的一支队伍,正一边振臂高呼,一边列队向画面右侧行进。队伍的两侧还围满了其他群众。镜头跟着队伍移动。	**男生**:我们可以看到虽然哀悼仪式已经结束了,这支队伍呢仍然是自发地组织了绕场一周的活动,久久不肯离去。
绕场队伍正面,有很多人在对着他们拍照。	(同期声)群众游行队伍绕场高喊:中国加油!汶川加油!
报道者站在天安门广场前的旗杆下。镜头上移,国旗出现在画面中央。	**男生**:哀悼是一种最无奈的情感,哀悼也是生者对已逝亡灵最沉重的情感表达。但是哀悼绝不意味着遗忘!哀悼可以使逝者的生命在生者的情感中得以延续,哀悼也使活着的人们更加珍视生命的可贵。13亿人民的心在这一刻紧紧地团结在了一起!在未来的路上,已经高扬起的生命之旗将永远不落!(随即《五星红旗》的歌声扬起)
(画面对应歌词) 救灾车队与直升机; 一位乞丐向募捐箱捐钱; 总理与灾区人民,关注的表情; 救灾战士相拥,紧闭的眼睛、泪水; 女护士和救灾战士站在废墟上; 蹲在地上签名手上举着小国旗的孩子; 新郎、新娘并排坐在椅子上献血; 天空上白云中跳伞的士兵; 蜡烛组成的"心"型图案。	**歌词**:五星红旗,你是我的骄傲! 五星红旗,我为你自豪! 为你欢呼,我为你祝福! 你的名字,比我生命更重要! 红旗飘呀飘,红旗飘呀飘, 成功的志愿,像白云越飞越高。 红旗飘呀飘,红旗飘呀飘, 年轻的心,不会衰老。 嘿……

点评:这是汶川地震后全国哀悼日时,学生在天安门广场所做的现场报道。这个作业有以下几点值得肯定:

(1)选题好。对汶川地震死难同胞哀悼日的报道是一个"预见性"电视新闻现场报道,但当时在天安门广场上群众自发组织的游行却是"突发性"的,本片报道组的学生抓住了这一新鲜事实,给予及时、有力的报道,表现出电视新闻现场报道的及时性、现场性、动态性、生动性。这个报道主题鲜明,目的明确,方法得力。有些学生在训练现场报道时,只在校园里找选题,不敢、不愿接近社会,他们的理由是联系采访太困难,阻力太大等。这一报道可以表明:只有敢于与时代同呼吸、深入社会、体察民情,才能发现报道的亮点。

(2)结构精当。这个现场报道,主题突出,结构清晰,内容集中,节奏适当,感染力强。

(3)现场感强。现场报道应当以现场为重心,这个现场报道很好地做到了这一点:介绍、采访、议论这些现场报道的主要元素都在现场予以展现,带给受众较强的现场感、真实感、生动感以及丰满的视听信息。报道者既报道了新闻事实,也传递了自己的感受,把受众带入激情的洪流中。这也是这个现场报道成功的重要一点。

当前,很多现场报道是现场直播,需要报道者一直活动在新闻现场,现场介绍、现场采访、参与现场活动、进行现场评议。这就要求报道者有更高的现场观察力与判断能力及语言组织、表达能力,适应"一次成型"的直播传递(没有任何编辑、剪辑)方式。

(4)细节准。这个现场报道另一个特点是善于抓取有价值的细节,也可以说是筛选出最能够说明问题的最新鲜、最有价值的信息。例如,他们捕捉到了准备好红旗的女大学生、给四川家乡写字条的女孩子、抱着孩子的妇女、趴在丈夫肩头流泪的妻子、同样被激动着的外国记者等。这些人各具代表性,折射出不同人群的心理。实际上,在现场捕捉到有价值的信息不是一件容易的事,尤其在人多的时候。这就更显出报道者捕捉细节的能力。

(5)报道切境。面对情况复杂的新闻现场,报道者首先要想到的是自己的报道任务,同时,要与自己所处的报道环境、现场情绪相适应。做到在现场不但如实报道新闻事实,也要向受众传递出自己的感受,与现场气氛相融合。本报道组成员做到了这一点,他们既从记者的角度出发,面对激情澎湃的现场极力控制着自己的情绪,履行着记者的职责,搜寻那些有价值的新闻信息,同时,将这种感受融入自己的语言,表现出分寸适当的良好报道状态。虽然即兴组织的语言有些不够完美,但那一种精神、一种状态却将我们很好地带入这令世界瞩目的新闻现场。

(6)视听贴合。这个现场报道始终沉浸在天安门广场这第一现场,结尾时,当报道者刚表达完充满激情的议论,片中骤然响起《五星红旗》这首歌激越的旋律、镜头由下向上摇起的国旗画面,歌词对应汶川救援的相应画面,使受众在激情的歌声与一幅幅真实、贴合、极具感染力的画面前,心潮澎湃,内心受到极大冲击!可以说,歌声、图片相映生辉,表现出极大的艺术感染力,它将之前天安门广场群众自发游行、汶川地震救援以及全国人民的心声很好地连缀起来,使情感得到升华。这是现场报道后期的编辑处理艺术。

二、初学者容易出现的问题

(一)选题不当

在实际工作中,无论是电视台还是电台,新闻报道的选题一部分是由台里分配的,一部分是由记者寻找的。在学校的学习训练中,一般都由学生自己找选题,因而有时会出现选题不当的情况。教师要对选题严格把关:一看导向是否正确,二看政策是否允许,三看是否重要、有现实性。

比如,有的学生从网上找到材料,做了一个以《北京的一个角落》为题目,外地人来京"上访"为内容的现场报道,其中有的上访群众申诉的内容,无法判断其真实性,这个选题缺乏充分的调查研究,稍有不慎,还会与当前政策相违背。所以不建议学生做这个选题。

再如,某位男同学看了报纸上刊登的一篇题为《黑色的玫瑰》的文章,就想去学校附近的洗头房做(洗头女)暗访,教师及时制止了这个选题,因为做这样的暗访拍摄有风险,有时很难说清。

(二)目的不清

初学者在做现场报道的作业时,有时不经准备就开始动手,导致报道目的不清,主旨不明。

比如,一次学生遇到朝阳路上工人们正下到出现问题的"管路井"里面进行抢修,学生也跟着来到井口进行现场报道。报道过程采访较好,但结尾评议欠明晰,不知是赞扬这些工人师傅不畏辛苦挥汗抢修的精神呢,还是批评有关领导不负责任,对朝阳路反复填、反复修所带来的隐患。可以说,评议不清就是目的不明。所以,无论是新闻找上我们,还是我们去找新闻,平时就要有所准备,有基本思路,遇上新闻就能抓住要领,避免目的不清。

(三)结构不精

初学者在做现场报道时,结构上容易出现多、乱、杂的问题。比如,前面提到的范例《不落的生命之旗》,这个现场报道基础不错,既有报道者在现场的介绍、抒情与议论,也有多角度的现场采访,还有电视语言细节的捕捉。但是这个作业的原片存在结构上的问题,时间太长、内容太杂、节奏太拖,令人看不下去。经过专业课小组师生的点评,这个现场报道小组成员对作品进行了精心修改,删除了大量多余内容,又提亮重点,使其完全变了样。在全班展评时,这个作业获得全体师生的热烈掌声,得到大家的肯定。

这说明,在现场报道中,要做"减法",力求结构的精当。

(四)现场不明

在初学者做的现场报道中,还容易出现一个问题,就是抓不到典型现场。比如,为了降低国际金融危机、拉动内需,山东等地将一部分原来用于出口的日用品拿到北京来卖,这些日用品受到热捧。学生们抓住这个选题,做了一个题为《蓝色港湾大集》的电视新闻现场报道。谁知片中只看到报道者对几个情绪不太高的购买者进行了采访,画面上冷冷清清的,这与"热卖"相去甚远。后来得知,是因为学生去晚了,销售高峰已过去。分析原因,一是,他们还不懂得抓住典型现场的重要性;二是,学生欠工作责任心,早上起不来去晚了。

这个现场报道还有个问题,就是采访面太单一。为了表现"热卖",除了采访购买者,还应采访卖东西的人及组织者等,这样,虽然典型现场没抓住,还可以通过主办者、销售者得到一些信息,进行弥补。当然,找到需要采访的人并使之接受你的采访不是一件容易的事,必须坚持不懈地真诚相邀,才有可能感动对方与你合作。实践证明,要真正做好电视新闻现场报道,必须要机灵、放下高高在上的架子,并有种不达目的不罢休的精神。

(五)地点不适

在电视新闻现场报道中,对报道地点的选择也很重要,假如报道地点不当,也会给报道带来损失。

例如,一个表现北京国安足球赛火爆的现场报道《国安赛场》,选题不错,抓住了北京球迷热情观赛这一热点。但遗憾的是学生选择在工体外场的运动员塑像前进行报道,从画面上看:报道者头顶着一组运动员的白色塑像,在渐暗的天空下显得有些滑稽。报道者如果能够进入工体内场进行报道,才能更好地接触球迷,听到他们的心声。

此外,报道者还应注意体态语的把握及工作状态,不能像这个现场报道中的报道者一边举着话筒说话,另一只手却甩着手中的球衣晃动,同时注意,话筒不能只对着自己而不给被访者(或者正相反),不对着话筒说话,说话的声音就录不好,让人听不清楚。

对报道地点的选择也应考虑光线的问题。如有一个现场报道是"停车费涨价的调查"。这个现场报道内容、采访都较好,只是其中有一段报道的地点选在了地下车库,光线很暗,画面很不清楚。

(六)提问不妥

现场报道的一个难点就是现场采访中的提问,这之中容易出现三个问题:一是思路不清,提问不清;二是思路尚明,但不会提问,不能在有限的时间内得到报道所需的、有价值的信息;三是被访者选择不当。

比如,国家提出要在清明节、端午节等中国传统节日放假,于是清明之际,学生选择了以《清明节》为题做了一个现场报道,应当说选题很有意义,既有传统意义,也有现实意义。报道内容主要是采访天安门前的游客,看他们是否知道清明节?今年的清明节放假有何意义?然而,我们的学生首先选择了天安门前的警察进行采访,人家正忙,再加上学生提问不当,自然得不到任何有用的信息;接着采访了两个小孩:"小朋友,你知道今天是什么日子吗?"回答都是"不知道",也没得到有效信息。

这说明,现场采访提问应当注意:一是提问主旨明晰,二是语言简洁准确,三是提问适人、切境。

(七)处理不好

电视新闻现场报道虽然有不同内容、不同种类、不同目的与不同意义和不同报道方式,但在具体处理上要遵循一般原则与创作规律,否则,会影响报道效果。

比如,在汶川发生强烈地震后,学生做了一个题为《紧急避险场所》的现场报道,应该说,这个选题较新颖、实用,报道角度独特,内容是介绍北京"皇城根遗址公园"里的"紧急避险场所"。但是报道者的话太多,一直由她在介绍"应急机坪""应急水井""路灯监视器"等设施及用途,有些像旅游节目或科学知识节目的主持,缺少新闻信息。另外,采访太少,应当让公园管理者多介绍一些相关情况,因为他们的介绍更有说服力。事后,学生解释,本来他们也想多采访一些相关人士,但对方都拒绝了。这说明,要想做好现场报道,有时除了要成为"侦探""演员""运动员",还要成为"社交家",学会与各种人打交道,说服对方接受你的采访。

再如一个题为《打工子弟学校——光明小学》的现场报道,这也是一个不错的选题,然而,存在的问题是:在昏暗的教室里报道者对学校老师的采访占据了大部分时间,虽然提出的问题较好,导向正确,采访也有一定的信息量,但缺乏鲜活的现场信息,好似一个访谈节目了。

(八) 类型不对

电视新闻现场报道与"电视纪录片""广告片"的创作有所不同,有一定界限,不能混为一谈。然而,初学者有时缺乏辨别能力。

比如,有一个名为《一个女孩的梦想》的所谓现场报道,就存在这个问题。从片中我们看不到报道者,他基本不出镜,一直进行跟踪式隐性拍摄,记录了一个准备考大学的高中女生是如何学习、如何生活的以及她的喜怒哀乐、她的个性、她的人际关系等,这一切都靠旁白介绍出来。还有一个类似的所谓现场报道,也是记录了一个从事舞蹈事业的女孩子,每天清晨天还没亮,就与同伴们一道起床到练功房进行艰苦、枯燥的基本功训练……整个片子没有现场采访。这些都不是真正的现场报道,而是一部电视纪录片。

再如,有一个所谓的现场报道,报道的是学校附近新开了一个充满小资情调的西餐馆,里面布置得淡雅、清新,引来不少师生光顾。片中学生们边品尝西餐美味,边说笑畅谈,现场气氛很好。然而现场信息不是店里的装饰,就是学生你一句、我一句地笑谈对美食的感受,没有报道者与主题,令人不禁怀疑这是不是一部广告片?

所以,要想做好一个电视新闻现场报道,要清楚什么是现场报道、什么是新闻现场报道和现场报道的类型。否则,节目选题、制作都很精心,却偏离了节目类型,同样得不到肯定。

值得提及,现场报道直播时,尤其即兴编码的语言评述,通常很难做到意蕴深含,文辞精准,这需要一定的新闻素养及语言表达功力。要特别注意对初学者思维运用、语词选择的训练:包括不同语体的表达,不同语言样态的选用等。播音与主持艺术专业的学生需要加强这方面的训练。

另外,现场报道有各种内容及录播、直播不同方式,在学习之初,可让初学者首先进行预知性、预见性报道,用录播方式,让其了解现场报道的各种元素,自己操作、制作现场报道并进行后期编辑。在此基础上,再进一步训练直播方式的现场报道,培养学生"一次成型"的现场报道意识与能力。

本章训练提示:电视新闻现场报道的训练,主要培养学生的观察、发现、介绍、采访、评议、应变等能力,使其掌握电视新闻现场报道的要素及基本方法。

本章训练要求:(1)现场报道要求主题鲜明,导向正确,事实清楚,结构合理;(2)现场报道要求结构完整,开头有交代,中间有采访,需要时有评议;(3)现场报道中有细节和动态信息;(4)现场报道中,要求采访点多、客观,视角丰富、有信息量;(5)现场报道要求语言用词准确,语用得体;(6)能掌握各种现场报道,并能对现场进行有效的"观察"、"介绍"与"评议";(7)现场报道中,报道者体态适当、兼顾机位与角度;(8)现场报道摄像与录音技术合理、质量较高,片子剪辑精当。

本章训练方法:(1)可将学生分成几个小组,让其自己找选题,教师审看报道方案,提出指导意见。(2)配备拍摄与录音设备,进行电视新闻现场报道实践(要求进行实地现场报道:到车站、商店、学校、街道、公园、展览会等)。(3)报道者对录像进行编辑、后期制作。(4)各个小组的现场报道作业,先在本小组内由师生共同探讨,找出问题与不足,进行修改。再推选出部分作业在全班进行交流讲评(先由片子创作小组的代表,介绍创作意图、制作过程及自我评价,再由全体师生共同分析每部片子的优点与不足)。之后,再进行下一次电视新闻现场报道实践。

思考题

1. 电视新闻现场报道的概念、要素是什么?
2. 电视新闻现场报道的方式、种类有哪些?
3. 电视新闻现场报道的特点是什么?
4. 电视新闻现场报道的操作如何把握?
5. 电视新闻现场报道的语言样态有哪些?
6. 电视新闻现场报道的风格如何?
7. 电视新闻现场报道容易出现哪些问题?

第五章
电视新闻主持人言论

内容提要：电视新闻主持人言论是电视新闻评论的一种。当今社会,我们对新闻评论有了一种新的认识。如今的媒体评论不只发出党和政府的声音,电视新闻主持人在电视媒体也有了自己的言论阵地,在坚持正确导向,行使"特殊"使命的前提下,在政治、经济、文化等各个方面,电视新闻主持人都发出了自己的声音,引导受众、答疑解惑。那么,电视新闻主持人言论都有哪些要素、功能、特点、形态,如何认识与把握,是我们这章要讨论的内容。

第一节 电视新闻主持人言论概说

"言论,是指发表的议论与意见"①。主持人言论是大众传播与人际传播的结合。

电视新闻主持人言论,指电视新闻主持人依据新闻事实、国家意志,以个人面目出现,从个性角度出发,在电视新闻节目中,对新闻事实、社会现象、热点问题、政策焦点等发表的个性化议论,以此来影响、引导社会舆论。它大致分为两种:一是,在事实性新闻节目中出现的位置灵活、语言简洁的"简短点评";二是,在意见性新闻主持人节目中出现的内容较多"相对完整的议论"。

电视新闻主持人言论是电视新闻评论的一种。从体裁角度划分,目前所见到的电视新闻评论还有:报刊评论、本台评论、本台短评、编后语等,它们出现在新闻节目中,直接代表党和政府、各种媒体发出具有针对性、政策性、指导性的观点鲜明的声音。可以说,电视新闻主持人言论既有电视新闻评论的"共性"特点,也表现出主持人的"个性"特征。随着时代变迁,电视新闻评论节目出现了某些新变化,直接体现于主持人言论方面。

新闻评论最突出的特点就是"直抒胸臆",但表现方式并非一种。

主持人节目在中国问世以来,电视新闻主持人言论兴起,在电视传媒中占据重要地位,

---

① 中国应用电视学编辑委员会,北京干部学院电视台学术委员会.中国应用电视学[M].北京:北京师范大学出版社,1993:190.

发挥重要作用。电视新闻主持人言论就我国社会改革转型所带来的政策理念、法律法规、社会现象、生存状况以及一些重大新闻事件、社会热点问题等，向受众进行及时解读、正确引导。以主持人充满个性化、亲和力的贴近性方式与受众产生共鸣。新闻主持人具有评论能力是业务成熟的表现。

当前，受众已不满足于只得到新闻消息，更希望在知晓信息的同时，还能得到对信息的有效解读，得到背景资料方面的补充，对涉及自身利益的不解与困惑得到理论与实践的点化。因之，主持人言论就成为受众所期待的声音。

央视新闻节目主持人白岩松在接受中国传媒大学新闻学院《新传时报》记者采访时说：

如今的版面不是事实而是言论。事实作为原材料为所有人所有，关键是我拿事实做什么。客观的只是事实，推动客观的主观才更重要。

电视新闻主持人言论的几重融合：
(1)消息播报与解读评论之间的融合
一是，个性化整合，是个体角度、独特言论。
二是，解读与议论相结合，具有传播的"易受性"。
(2)个性角度与国家视点之间的融合
主持人个体言论仅是一种形式，始终以国家的政策导向为本，二者有机结合，融为一体。
(3)电视新闻专题与电视新闻评论的融合
电视新闻专题节目中有新闻评论，电视新闻评论节目中也有新闻专题，具有电视特点。
(4)各种语言样态及评论语体之间的融合
一是，议论中多使用谈话方式，语言形式并非议论体一种。
二是，议论多因事而议，结合形象资料半叙半议。

一、电视新闻主持人言论的功能

电视新闻主持人言论的功能与其他电视新闻评论基本相同，主要有倡导引领、提示解惑、纠偏匡正等，涉及政策解读、时政分析、经济发现、社会透视、文化点评等各方面。具体讲，电视新闻主持人言论，是以人际交流方式表现大众传播任务，对党和政府出台的各项方针政策及时解读，对复杂多变的社会生存环境所带来的新事物、新变化进行个性化分析与点评，拓宽受众视野，提供思维路径，使其辨析复杂事物，增强分辨与认知能力。

二、电视新闻主持人言论的特点

(一) 言论的个性化

有位表演教育家说：评论的最高层次是建设性的、个人性的。我永远只能说我自己的话，我的观点只有一个人支持，就是我。诚然，他这是在讲表演中的"化为人物"与"人物个性"。我们不妨将此借用到主持领域，也可以说，这就是主持人"个性化"特征的表现。当前在传媒中以个体面目出现的报道与言论，较容易引起人们的兴趣，因为那是人与人之间平等、可感、有形的交流。正因为如此，主持人言论越来越受到人们的关注与喜爱，尤其是一些思想政策水平高、被受众认可的著名主持人，更是受众所信赖的"意见领袖"，他们的言论更是受众愿意参考的（目前，有些电视媒体减少并控制新闻主持人的个体评论，或将意见性新闻节目主持人称为新闻"评论员""观察员"等）。

具体而言，电视新闻主持人言论与其他电视评论相比，最显著的特点是"个性化"：它是出自主持人个体角度的鲜活、具体的所见所闻、所感所悟，表现出极大的人文色彩，这之中有理性、有感性、有个性、有特点，党和政府、媒体意志借主持人之口发出，是"小我"与"大我"的有机结合与独特表现。这种方式的议论，更易于受众接受。

(二) 角度的贴近性

电视新闻主持人言论的亲和力，除了与受众交流的平等位置感，最主要的是议论内容与受众的接近性、评议方式与受众的亲近感，使受众感觉到新闻主持人了解自己，了解自己的处境与心理，是高出自己一等、能提供给自己各方面资料、开阔自己眼界、帮助自己得出正确判断的朋友。角度的贴近性拉近了传者与受者的心理距离，使受者感觉到一种平等、一种尊重、一种理解、一种帮助，从而使受众更加愿意接受主持人所传播的内容。

(三) 语言的融合性

当前电视新闻主持人言论所采用的话语样式是"谈话体""议论体""叙事体"相交叉、融合的语言样式。这涉及两个方面原因：一是，媒体传播理念的改变与电视传播特性的回归。二是，主持人节目特性所表现出的语言传播特征。如今，电视媒体的评论性节目中，几乎很少由一个主持人坐在主播台前，仅凭有声语言介绍事件、分析原因，进行议论了，节目大多把涉及的事件、政策、社会问题等制成资料小片，代替主持人"一言堂"的叙述议论，穿插于主持人的分析与议论之中，成为形象化的论据与论证资料，或是以访谈形式出现，实则完成评论的任务。这些传播方式极大地方便了各层次受众的理解、感受与接受。

(四) 手段的丰富性

当前的电视新闻主持人言论借助电视媒体的表现手段与传播方式，呈现出叙议相辅、视听结合、本体观点客体代言、形式多样的特点,成为视听兼备的形象化议论。

(1)叙议相辅。电视新闻主持人言论多为叙述与评论交叉进行:有时是介绍一件事、一则消息,有时是讲一个故事,主持人言论就在这一内容之中、之后,形成"分解式"议论,受众听得清楚,乐于接受。

(2)视听结合。电视新闻主持人言论注重对视听元素的综合使用。比如,运用"情景再现"手段帮助表现评议的内容;或是议论语言与纪实资料(画面、解说、同期声等)相互承接、有机融合,共同评论一个值得关注的内容;或是展示一组或一张图片来引发议论。总之,这种种方式可以极大发挥电视传播的特点,增强议论的易受性与可感性。

(3)以客代主。以客代主,指本体观点客体代言,即主持人在做节目时必定有自己的见解与想法,有时为了使受众更易接受,主持人先不将自己的意见直接说出,而是借专家之口或被采访者之口说出与自己观点一致的意见,而后再归纳小结。

(4)形式多样。当前,电视新闻主持人言论的表现形式呈现"多样化",这是各类新闻节目不同程度打破原有节目框架,利用创作元素适应性组合的表现。如:有看似谈话节目的《新闻1+1》,有看似专题节目的《一鸣论道》等评论性节目,就其实质而言它们都是新闻评论性节目,只不过是在运用多样化的电视手段来创作。

总之,电视新闻主持人言论,既融合了电视新闻评论与主持人节目的属性与特点,又运用了电视媒介多种符号视听兼备的表现特点与手段,体现出电视新闻主持人节目的本体个性。

三、电视新闻主持人言论所需素质与要求

(1)具有较高的思想政策水平。思想政策水平不高,难以把握议论的正确导向。

(2)具有较丰厚的文化知识积累。文化知识欠缺,难以成为受众"略高一等"的朋友。

(3)具有良好的新闻素养。缺乏新闻敏感就找不出、找不准需评议的内容与点。

(4)具有较好的思维能力及心理素质。思维能力差,思考角度单一,心理素质不好,不能适应新闻评论直播工作。

(5)具有较强的写作及语言表达能力。思维能力欠佳,文化水平不高,影响写作水平;语言表达能力不强,表现不出评论的文本内涵。

(6)具有"新闻人"品格与作风。没有"新闻人"的品格与作风就做不好新闻评论工作。为此,必须持之以恒关心时事、勤于思考、善于思考、解读政策、体察民情。

第二节 电视新闻主持人的"简短点评"

电视新闻主持人的"简短点评"(以下简称"点评"),指主持人在正确的思想导向与政策

观念下,本着媒体责任,依据新闻事实,在一次新闻节目中或一条消息的各部分中所进行的个性化的精练点评。

值得提及,电视新闻的导语、串联语中有主持人的"点评",但也有的不是,二者不是同一概念,不能混为一谈。

例如,在播出了一则"保险公司存在问题"的新闻之后,主播说道:"保险、保险,希望真正能保——险。"这就是点评。又如,在一条报道就"家乐福超市"货物标签价钱与收款价钱不符商家做出的回应后,主播点评:"没能及时更换标签,那为什么只高不低?"这也是点评。这些是议论性语言,一语中的,点出实质。而其他新闻背景资料的补充、上串下连的过渡语言等,就不是点评,仅是一般的导语、串联语。例如,"来换个话题,一个月前有消息说云南将要建立网络发言人制度,不过这个却让广州抢了先。"

一、电视新闻主持人"点评"的特点

(1)内容少:电视新闻主持人"点评"字数不多,少则十几个字,多则几十个字。

(2)位置活:电视新闻主持人"点评"位置较活,散点评议,在一条电视新闻之中、之后或在两条消息之间出现,形式自由多样。

(3)议论精:电视新闻主持人"点评"有言简意赅的特点,表现为要旨清、观点明、语言精。

(4)个性化:电视新闻主持人"点评"是个人思想政策观念、新闻敏感、独特思维、视角、风格、表达方式的体现。

(5)重结论:电视新闻主持人"点评"由于字数少,因而往往一语中的指出评议的本质、结论,没有议论的完整要件与过程。

二、电视新闻主持人"点评"的作用

(1)解惑引领:电视新闻主持人"点评",可以对重要的新闻内容给予针对性解读与导向性点指,以点出问题实质,正确引导。

(2)提示点指:电视新闻主持人"点评",可以对受者尚未关注的新闻内容、意义给予提示点拨。

(3)补充深化:电视新闻主持人"点评",可以对所播的新闻内容给予背景性资料补充,加深理解。

(4)针砭时弊:电视新闻主持人"点评",可以对负面新闻与社会现象给予抨击,彰显监督功能。

第三节 电视新闻主持人的"相对完整议论"

电视新闻主持人的"相对完整议论"(以下简称"议论"),指穿插于电视新闻意见性、专题性、调查性节目中的主持人根据党和国家的各项方针政策,针对社会热点、难点、具体问题所发表的导向鲜明的个性化言论。它的字数较多,内容相对完整。

电视新闻主持人"议论"的基本功能与电视新闻主持人"点评"大致相同,但稍有差异:前者集中、相对完整,后者散点、语言简短。

一、电视新闻主持人"议论"的特点

(1)内容多:电视新闻主持人"议论"内容较多,少则上百字,多则几千字甚至更多。

(2)较完整:既有与电视片形象化内容承接的"片段性议论",也有访谈形式中与对话者交流的"分解性议论",还有少数"相对成章"的独立议论。

(3)本体性:电视新闻主持人"议论",除去个性化十足,在其议论的论据、论证等具体内容的选择中,都多从本体出发就地取材(当然,是本质上的"大我",形式上的"小我"),更凸显主持人的个性特征,拉近与受众的距离。

(4)要素全:电视新闻主持人"议论"由于容量较大,通常评论的基本要素都能体现,可较充分地体现出观点、论据、论证、结论及思路。

二、电视新闻主持人"议论"的写作

电视新闻主持人"议论"是出自个体的心声,因此,应当是自己构思、自己撰稿,主持人必须要具有"写"的能力。在主持人工作中,写好是说好的前提,思维是语言表达的潜流与基础。因而,要产生论点鲜明、论据充分、论证有力的主持人言论,首先应当写好稿,练就动笔的能力。诚然,在实际工作中,主持人言论有的是由主持人事先写好稿或已有思路、提纲、腹稿的情况下播出,也有的是由编辑或记者写稿。

电视新闻主持人"议论"的写作,涉及评论的各个要素:

(一)论题——选择热点、难点、价值点

在新闻评论中,选择并确立论题,即确定所要分析、议论的内容及范围。主持人言论的选题,主要是主持人发现或捕捉到的值得关注的议题。主持人"议论"的选题,通常应当以小见大,注重时效性。

主持人"议论"要选择社会的热点、焦点、难点问题以及令人关注、有争议、具有较大社会价值的论题。如是否应为地方建高速公路而毁坏古墓陵园？大学生就业"零月薪"是否合理？自身职业与社会道德之间的关系应当如何看待？像这样的问题，就是社会存在的、人们关注的、又难以说清的，需要主持人凭借自身的思想政策、文化水平给以引导。

那种谁都清楚、一目了然、没有新意的内容不适于作为论题。同时，触及思想、道德底线的问题，也不能作为论题。

(二)论点——正确、鲜明，各抒己见

论点，是指评论的主要看法与基本观点。在新闻评论中，它贯穿始终，起到统帅论据材料的作用。好的论点具有正确性、鲜明性、新颖性。

论点是评论的核心，没有观点的议论是模糊的、无效的，当然，有的观点潜藏在论据与论证中。现今的大千世界不可能千人一面，万人一词，人们身处社会的各个阶层与环境中，身份不同，利益不同，视角不同，感受不同，当然会有自己的认识与想法。作为媒体人，应当以自己所处的工作平台、职责、掌握资料的便利条件为基础，就某些焦点问题，给出自己(大我+小我)的观点，对社会舆论给予正确引导。

前凤凰卫视新闻评论员曹景行曾时常在国内新闻媒体中发表自己的意见，他的发言时间短，内容精，观点明，有价值。例如2010年5月，针对国内接连发生几起罪犯去小学对小学生实行报复性杀害，许多地方政府派保安人员入校加强保护的问题，发表了自己的言论。他观点鲜明地指出，"与其加强保安装备(广东番禺表示，如需要可以动用武装直升机)，不如教孩子怎样保护自己：遇事不与对方周旋，快速跑开有用"。像这样的议论，观点鲜明，极为实用。

同样，在另一则言论中，曹景行针对北京有的家长为了孩子能进幼儿园排队一星期也报不上名，以及北京"山寨幼儿园"多的事实，评议到：到底有多少个孩子需要进幼儿园，政府应当几年前就有调查、着手准备，目前北京的"山寨幼儿园"比正规幼儿园多了30所，这是政府的缺失。政府应当马上投入资金，将现在的"山寨幼儿园"正规化，解决这个问题。曹景行作为新闻评论员，表明了自己的观点，就在这一言论发表不久，国家领导人过问了北京"入托难"的问题。

(三)论据——具体、典型、有说服力

论据，是指用来说明和证明论点的材料，主要分为理论论据、事实论据、正面论据、反面论据。在新闻评论中，论据可以成为佐证论点的根据，生动典型的论据还可以使议论情理交融。在议论中选择有力的论据，可以使自己的论证成功一半，往往结论会水到渠成。在主持人言论中，具体生动的论据常成为主持人议论的"法宝"。

论据在言论中是最鲜活、最有力的论证依据，它可以说明本体观点，说服或攻破对方的观点。因此，合理、有力的论据是有效说明本体观点的基石。

首先，论据应当具体、典型。如曹景行曾在中央人民广播电台的"中国之声"中就广东东莞将实行"孩子从小学到博士全部免费"的政策，发表了自己的议论。他以数字佐证自己的观点,指出:东莞本地只有200万人口,却吸引了800万外地打工者,如只对本地孩子实行此方案,不给外地打工者子女,也不是很光彩的。在这里,评论者既给出了数字论据,也鲜明地亮出了自己的观点,言简意赅又很有说服力。

(四)论证——依观点、凭论据、逻辑推理

论证,是指运用论据说明或印证论点的过程和方法。论证的过程就是借助于论据进行事与理、点与面的据事说理、对比说理等多种分析的过程,最终形成结论。

在主持人言论中,有时,事实论据的叙述占据较多时间,其实,观点就潜在其中,由受众自己体味。

论证也是依据自己的观点,以自己所掌握的各种有力论据进行逻辑推理的过程。例如,针对"是否应为地方建高速公路而毁坏古墓陵园"一事,当前,存在两种观点:一是认为"可以",二是认为"不可以"。论证如下:持肯定意见的人认为,为了城市建设需要,可以占用古墓陵园为今人服务,否则绕道修路,要花费很多建设费;而持否定意见的人则认为,说白了,为城市建设需要不就是为了金钱吗?不是到了都吃不上饭的程度,就不应该破坏文物,因为文物也是金钱,还是无法复制的,更是有价值的。这样的论证,结论不言自明。

同样,据报道,日前某政府部门的官员在讲话中提倡大学生就业"零月薪"的做法,说大学生中有两成人同意就业"零月薪"。针对此问题也形成了不同意见:一种意见认为这可以理解,大学生刚就业(签约),没有工作经验,还得培养,可以不要月薪,这样自己也可以积累工作经验。而另一种意见则认为,这是违反国家法律的(指出具体法律条文),另外,大学生在校学习没有这方面训练,也不是他们本人的问题。再有,大学生没有月薪就业,还得成为"啃老族"给家庭带来负担,也会造成社会的不稳定,这些本该政府承担的责任却被推脱了,超过了底线。在这里,反方的议论不但给出了自己的鲜明态度,还列举出了国家具体法律条文做依据,并论证了学生本人、学校、家庭、社会的方方面面与之相关的问题。显然,反方论证更有力,论据充分,逻辑明晰,较好地支撑了自己的观点。

(五)结论——开放点明或闭合隐含

结论,是议论的结果,与观点、论据、论证紧密相连,有时就是观点本身。一般电视新闻评论的结论多出现在开头或结尾,形成"首括式""尾括式"。而主持人言论中,结论通常出现在结尾,大多点出此次议论的目的,也有的并没有一个明显的结论,而是潜藏在议论之中,由受众根据主持人议论中的论据与论证得出自己的结论。

如中央电视台12套《大家看法》节目,曾报道了海南某地群众围攻一户姓"牛"的人家,将她家的东西都抢了。原来,这个女人将乡亲们的"标会钱"一百多万都挥霍了。还有两个"标头儿",也是女性,同样侵吞了乡亲们的"标会钱"。三人共侵吞了500多万元,把许多人养老的钱、供孩子上大学的钱都侵占了,让人非常愤怒!问及一个"标头儿",她说开始时只是挪用,后来补不上了(所谓"标会"即把大家的钱做一种轮流开奖取款的自助活动)。但当记者采访当地群众时,一位妇女却说都是这几个"标头儿"心眼不好,以前多少年(新中国成立前就有这种活动)都是这样干的也没事。主持人在演播室现场连线有关人士进行了采访,各位专家都认为这种活动是违法的,但当地人认识不清,他们只以为是本地的"标头儿"心眼不好,而不懂得民间融资是犯法的。

节目的结尾,主持人结合专家的看法指出:银行、储蓄所越往下走越好,可以及时将乡亲们的钱存起来,也不至于受骗。在这个议论当中透出两点:一是,目前某些地区人们的法制观念还较差;二是银行、储蓄所做得还不够,有待改进。这构成了此节目的结论,也指出了亟待解决的问题所在。

主持人"议论"的写作还应注意:用语的朴实性、通俗性;语言的具体化、形象化;词汇的平等感、尊重感等。在主持人议论中要摒弃大话、空话、套话、无信息量的赘语,应当用鲜活的、充满个性色彩与真情实感的议论性语言,营造一种平等交流的氛围,同时,议论语言还应具有一定文采。

三、电视新闻主持人"议论"的表达

(一) 开头

主持人"议论"的开头,通常多以近期发生的新闻事件或典型、生动的小故事引入,表达应叙事清楚、动心用情,不可板起一副讲大道理的面孔来,让受众难以接受(这部分内容也有的是以影视资料等展示出来的)。

(二) 主体

主持人"议论"的主体,一般是论证过程,其中既有各种论据的提出、展开,也有逻辑推理,还有各种论据的对比辨析。电视新闻主持人的议论有的是以影像资料加上主持人的论述共同完成的,表达时,语言要稳实、大气,既有理性、逻辑力量,也有情感态度;语气、语势多变,节奏多样,重音精准,语言不平不板,有主体感;语言表达有亲和力、平易感,具有一种分析、阐释、引导、以理服人之感;具体表达时需把握"因为……所以""虽然……但是"等关联词所蕴含的逻辑意味,并用语气体现出来。

(三) 结尾

主持人"议论"的结尾呈现各种情况,有的题名点旨,有的开放不收,有的意味深长,表达时要依具体情况而处理。注意语气、重音、停连、音高、音长、音强等表达元素与手段的相应、适度及灵活运用。

(四) 身份感

主持人"议论"是以个人身份在说话,它当然应体现出主持人个体的思想水平、文化品位、思维特质、性格特点、语言个性。表达时应把握一种略高一筹的"朋友"身份,体现出主持人节目的优势与特点。此外,还应根据具体节目形态,对自己的身份感进行适当调整,适应节目需要。

(五)潜在语

主持人"议论",由于评议的问题性质不同、评议的风格不同,潜在语多少也就不同。但在具体表达时,一定要体现出来,才能让人听得清、听出味道来,如深意、反义等内涵,要善于用语气体现出来。

(六)个性化

主持人"议论"是由无数不同的个体发出的,因而,必然带出其个性特征。表现在语言方面,根据议论的不同内容与方式,可表现为:自然平易的、幽默诙谐的、激情抒发的、冷静推理的、嬉笑怒骂的等。

此外,主持人"议论"的表达不是一成不变的,应以节目文本为依据,表现出自我特色的适应性。

四、电视新闻主持人"议论"的把握

(一)论点鲜明、主线清晰

这是指电视新闻主持人言论必须有鲜明的论点,并抓住重点进行议论,不能只摆现象、只说内容,不见态度,或观点模糊,不得要领。例如,有这样一条新闻:

4月15日,网友在新浪微博上发布求助信息,在京哈高速路上截下一辆运狗车,一场集结数万网友关注的"狗狗大救援"行动由此展开。经北京市动物卫生监督所核实,其由河南偃师市动检所开具的动物检疫合格证明及动物产品运载工具消毒证明,都是合法有效的,无权对该货车进行扣留。双方在警方协调下,动物保护者花费11.5万元买下本来将流向狗肉馆的500多条狗,送往流浪动物收留中心安置救治或安排领取认养。

这是一条值得关注和容易引起人们争议的新闻,值得点评。为此,有人对这条消息进行了这样的议论:指出目前对此事有几种意见:一是认为这种做法欠妥,因为到高速公路上拦截车辆是很危险的,也是违反国家有关法律的行为,不可取(也有人认为"这个行动本身却很有意义");二是有人认为,连自己的同类——贫困儿童都不关心,却奢谈爱狗,有点过于奢侈了吧;三是也有人认为,猫狗值得保护,那么猪、鸡、鸭、鱼也该保护,那也是一条生命啊。

总之,这些内容是可以从多个角度去认识、去评议的,但作为电视新闻主持人,应当站在国家、媒体的"大我"角度去判断,选择出最有本质意义、引导价值的角度,给出自己的意见,才有点评的作用。不应只是将网上的议论内容一一摆出,都说几句,让受众弄不清议论者的主要见解,不知究竟应当如何看待这一问题。电视新闻主持人应当从新闻事实中发现、选择出重点、热点、难点的问题进行分析、评议,给出对问题的认识与解决的办法,否则,就不需要议论了。因此,电视新闻主持人无论是在新闻消息之中、之后,或长、或短的议论,都应给出自己的鲜明态度及所思所想。短的精练点评一语中的,无须多言;长的相对成章的议论则需要主线集中、形成清晰的论点,有充足的论据、较强的逻辑论证。就以上例子而言,我们可以选择一个"点"来进行评议。比如上高速公路拦截运狗车的做法是否妥当?花钱买下这些狗的做法能够持久吗?其他问题可做不同方面、不同角度的探讨与议论,对网上某些人的不妥言论还应当进行正面引导,不能听之任之,这也是主持人言论的功能之一。

(二)判断正确、结论准确

这主要是指电视新闻主持人言论的落脚点应为新闻消息所反映的主要问题,不能认识不清,议论错位。例如,有一条"菜贱,菜农亏损"的新闻报道:

去年的"逗你玩""蒜你狠"着实让市民们在买菜的时候感受到了菜价上涨对生活的影响,然而今年这个时候,各品种蔬菜大量上市,价格出现回落,但田间的菜农们却面临着亏本的尴尬处境。昨天,来自北京市各大批发市场的监测显示,天气转暖后,蔬菜大量上市,本市蔬菜价格持续走低,目前市场上常见蔬菜如大白菜、菠菜、油菜等近20种蔬菜价格全部在一元以下。市场分析人员表示,大白菜、油菜、卷心菜等部分蔬菜品种因出现大量集中种植的情况,造成供过于求、价格暴跌,菜农面临亏损。

这也是值得一评的消息,在当时的新闻中还报道过有菜农因为过低的菜价(有的菜收购价才几分钱一斤)而自杀的消息。对此有这样一种议论:"我们的政府一直在调控物价,但是调控过程中除了要保障消费者的生活,也应考虑农民的利益。让蔬菜从田间地头运输到市场的中间环节更少一些,把实惠更多地留给普通老百姓们,否则的话,既苦了买菜的,又苦了种菜的。"

我们初听这些议论很有道理,但仔细琢磨,这个结论有些偏题了。在生活中我们是看到过一车菜从农村拉到城里要面临高过路费、高场地费、中间收购环节层层获利等情况,菜农与城市居民都没得到好处,无疑这是个问题。但细究起来这些问题也许在别的同类新闻中是主要内容与所指,而这条消息的主要所指,应是"盲目跟风、供过于求"的问题。当然,造成这一问题的原因并非单一:有各级政府与组织缺乏指导与服务造成的生产、流通环节的不畅;有非现代化生产模式的弊病;也有对高过路费、高场地费、中间收购环节层层获利的监管不力问题,对此我们也不止一次地看到过大白菜滞销、土豆滞销等。但这条新闻的议论稍显错位,原因是:有效引导菜农们的生产及流通服务到位,也许是这条消息的重点。当然,不同的视点可以有不同的评议角度。但没有对本条新闻的准确把握、没有对新闻背景的理解、没有对各种政策、知识、现状的了解,我们看问题的深度和准度就有限。否则,就这条消息而言,即便是今年打通运输渠道,不收过路费,形成运菜进城的"绿色通道",菜车可以直接进

"超市"或"居民小区",也只能解决今年的蔬菜滞销问题,那明年呢?如不改变生产盲从跟风、信息不畅的问题,以后恐怕还会有别的什么农作物滞销。在这里,只需抓住这条消息的新闻点给以定位,集中议论,其他问题有可能在别的同类新闻中体现,也可带来其相应的针对性议论。

因此,有时在新闻消息主持中,一条消息要不要评论,评论的"点"是否准也是我们特别要注意的。通常,不是每条新闻都要有点评,需要点评的毕竟是少数,即使点评也要判断出它的重要性、价值点与引导作用,在大背景之下切准本条新闻的所指,这样的点评才能真正发挥其应有作用。否则,一般化地聊两句,没有针对性及深度见解,属于无效议论。

我们也看到这样的新闻与评论:

央视近日报道,多年来,上海一家馒头生产企业在生产馒头过程中添加色素、防腐剂,将白面染色制成玉米面馒头,工人还随意更改馒头的生产日期,而这样的"染色馒头"每天要生产3万个,并进入了上海知名的华联、联华等多家超市。此事被曝光后,上海市委副书记、市长韩正表示,将彻查此案、依法严惩,彻查过程将向社会公开,查到哪里公布到哪里。

就在公众为染色馒头焦虑的同时,与食品安全有关的大大小小的新闻事件还在相继发生,合肥的一些面馆老板通过使用一种叫作"牛肉膏"的添加剂,90分钟让猪肉变牛肉;而青岛的餐馆则为吸引顾客用化学色素为菜调色,如做三黄鸡时,将大量的柠檬黄等合成色素涂到鸡皮上面,看上去颜色很诱人。

评论:面对这样的事实,我们不禁要问:不良商人为什么会如此胆大妄为?违法犯罪成本太低、监管人员失职渎职自是因素之一,即将实施的刑法修正案已对此补漏。但另一方面,不良商人层出不穷也必然有其适合生长的土壤。当一位教授说学生挣不到4000万的身家就没有资格见他时,似乎这言外之意究竟这4000万是如何挣的,并不在考虑之列。

教授的"励志"之言典型地代表了时下流行的价值观,这种价值观鼓励发财,认同发财即成功,但隐含着不择手段的弦外之音。而这种价值观之所以大行其道,又显然有着现实的支撑,在我们的生活中,存在一些如孔子所说的"不义而富且贵"但又并未付出多大代价者,他们的"成功"榜样会催生不良商贩等一些人群心理失衡、见利忘义,于是出现这样的不良商人也就不足为怪了!

我们以为,这样的评论有观点、有论据、有论证,更有深度及社会针对性。

五、电视新闻主持人"议论"容易出现的问题

(1)论点不清:表现为抓不住重点与主线,议论散,不集中,形不成清晰的论点。
(2)论据不足:表现为选择的论据不典型或不充分。
(3)论证不够:没有清晰的论证思路,看不出纵向、横向、对比、发散、聚敛等思维。
(4)角度不新:缺乏深入思考与创新意识,表现在选题、立意、论据、论证等的落俗。

(5) 用词不准：有的是因思考不清造成的；有的是缺乏语用知识，导致用词不准，言不达意。

(6) 表达不好：这是因语言表达基本功不扎实造成的，表现为语体不准，缺乏表现力与逻辑力。

第四节　电视新闻脱口秀

电视脱口秀是近年来在我国兴起的热点节目，它大致分为两种：娱乐脱口秀和新闻脱口秀。新闻脱口秀，其实是个性十足的主持人言论节目。它的内容是主持人有目的、有主题地选取当下发生的热点新闻及各种社会现象，进行巧妙构思，并以"秀"的方式进行个性化解读与点评。

电视新闻脱口秀的主持立意蕴含于对新闻事件的选择及解读。它的表现手段丰富多样，借用表演元素和其他表现手段。它的评议有特点，睿智、深刻、轻松、幽默、打破常规、极具个性。电视新闻脱口秀既要表现出评论的重要意义与正能量，又要表现出主持人的个性化、幽默感、吸引力和表现力。

《观点致胜》《倾倾百老汇》(现已改版为《笑逐言开》)等节目，可视为这类节目的代表。

一、电视新闻脱口秀的内容与形式

示例一

央视新闻评论员白岩松曾强调："如今的版面不是事实而是言论。事实作为原材料为所有人所有，关键是我拿事实做什么。客观的只是事实，推动客观的主观才更重要。"新闻脱口秀正是将这二者合一的有效传播工作。

新闻脱口秀突出了此类节目"意见性""言论性"的特点，以及脱口秀的视点、思维及表现方式。

请看以下的新闻脱口秀内容：

清明小长假三天，莫言旧居接待游客过千人。游客中有许多在参观的同时，对莫言的旧居采取扣墙皮、挖墙块的行为，说是要沾点莫言的文气。据悉莫言旧居的墙皮已经基本被抠光，后来的旅游者们纷纷表示接下来只能扒莫言的衣服和他的头发。截至目前，我们已经失去了和莫言的联络。

……

云南省某地的村民称，有关部门为他们盖得移民房偷工减料，墙居然被风吹倒了。有关部门的工作人员回应：墙被吹倒很正常。对于这样的回答，村民们恍然大悟，原来墙被风吹倒是正常的自然现象。村民们纷纷表示要把官员们家的墙全部推倒,他们说不能允许违规自然现象发生。

点评:看得出来这是在诙谐中针砭时弊,令人忍俊不禁却又寓意深刻。

真实,这样再来说个非常有意思的事情:在一个日常会议上,李克强同志和王岐山同志不约而同地要求与会人员不许念稿,要讲实在话,没有话讲就不要讲,有话就短讲,三句说清楚的不要六句说清。据说这一要求,让蛮多官员觉得,天就要塌下来了。为什么不适?因为这些官员平时都是剪彩、写字、练字,你叫他讲话,连不起来的,平时官越大字越少。厂长就是一句、两句、三句纲要;一到上面就是局长,局长就是这个"我看可以的嘛",说话越来越少⋯⋯

有些领导非常苦闷,(这个)不看稿子是不行的。因为他们平时不写,都是让秘书写的,让秘书写完他们还是认字的,这种笑话多了,什么"接下一页"也会出来的,这"下一页"都算了。有大点的单位,秘书做工作更好一点,把领导的讲话全部打好,各方面的东西全都写出稿来,还有什么"热烈鼓掌"都出来了。下面的人都是看着的,他读出来,你说难为情吧。这个下来就把秘书给炒了。所以,现在领导也不好当。

我太太现在是家庭妇女⋯⋯但是她不是没有工作,她自己有一块,她在做公益慈善。因为她本来就是董事长,她上来也是念稿,我一次就教会她了:把稿子拿掉,手中无稿,心中有稿。有些领导手中有稿,心里无稿,那还搞什么搞。许多领导不说真话,说套话,说官话,说场面话,所以他不看稿他怎么背得出,真话都是从心里说出来的。

点评:以上这段内容,十分真实,很有意义。其一,从话题的选择中就渗透了言论者自己的见解,他为党中央领导班子从抓小事开始整顿不正之风击掌叫好。其二,言论者具有敏锐的观察力、深刻的思维力和较高的语言表现力。其三,言论者以脱口秀的方式,生动得指出这类问题的实质,并给出自己的观点和办法。

这种脱口秀方式的主持人言论,受众既好接受,也愿意接受,既有较高的品位,也有较强的传播力,主流媒体也需要这样的影响力。

示例二

《观点致胜》是一档很有特点的新闻脱口秀节目,针对新闻热点事件,以轻松幽默的方式解读和诠释深刻的人生哲理。节目的评论不沉重、不刻薄、不教条,观点往往出人意料。主持人以敏锐的触角、精辟的见解、缜密的思维,从自己的角度对信息进行吸收、整合,评论直指要害。

节目突破了以往新闻评论节目的制作模式与操作理念,体现了脱口秀节目的娱乐特色及幽默风格,主持人插科打诨、笑料百出,却不失文化内涵,传递给观众积极的人生观、价值观、道德观;在评论风格上,既犀利、睿智,也深刻、幽默,这让该节目在同类主持人言论节目中脱颖而出。

评论节目最重要的元素就是主持人。由于《观点致胜》的节目风格要求幽默与深刻并重,因此该节目选择了有一定社会阅历的男主持人,他擅长表达和表演,可以较好地驾驭这个节目。

值得称道的是主持人亲自参与稿件的修改和审阅,他经常将自己的生活感悟带入点评中。这种不讲大道理,质朴又带着智慧的表达方式拉近了受众和主持人的距离,使主持人风格与节目风格极为融合。另外,该节目的主持既有新闻性真实界限的"度",也有适于受众接受的"秀",二者有机结合,相得益彰。

让我们来看看该节目的片段:

主持人: 在我国尽管历朝历代对未成年犯人的界定不同,比如《秦律》是以身高作为成年与否的标准,男身高1米56以上,女身高1米49以上,这就成年了,要负刑事责任了,在当时这个身高大概相当十六七岁。可是毫无例外,对未成年犯人的处理和管教都体现着要"恤幼"的原则,强调感化教育和尊重人格。但近日有一段"黑龙江省未成年犯管教所犯人殴打犯人"的视频在网上曝光,引发了网友的热议。

(配音:人民网消息,近日一段"黑龙江未成年犯管教所犯人殴打犯人"的视频在网上被广泛转载。视频中一名身着监服的犯人叫骂着脏话,挥舞着木板对同样身着监服的犯人反复凶狠抽打。根据我国《未成年犯管教所管理规定》,未成年犯管教所应当依法保障未成年犯的合法权益,尊重未成年犯的人格,创造有益于未成年犯身心健康、积极向上的改造环境,而殴打犯人的行为明显有违此规定。

那么该视频曝光的内容是否属实呢?对此,黑龙江未成年犯管教所副所长向记者证实该视频属实,未管所称2012年5月某日该所集训区罪犯郭某某向罪犯杨某某借手机一部,于当日将手机交给同管区罪犯吕某某。第二天早上8时左右,罪犯李某某在集训管区生产车间因同犯不遵守劳动现场纪律,用木板先后殴打罪犯蔡某某、梁某某、张某某,此过程被吕某某用手机录下,被杨某某在释放出监时将存有视频的手机储存卡带出,后该视频在网上广泛流传。同时黑龙江省未成年犯管教所还承认,该所在管理上仍存在较大漏洞,包括对罪犯的管理教育力度不够,个别民警现场直接管理不到位等。该所表示,将加大民警队伍管理,避免各类监管安全事故发生)

管理上有"漏洞",这句话、这个说法很有讲究。首先我们来看"漏洞"这个词,所谓"漏洞"一般给人的印象是被动形成的,不是主观上的故意,这个"洞"呢,给人的印象通常代表较小的缺损:我裤子上破了一个洞,衣服上破了一个洞,房顶上破了一个洞,不大,如果是大的就应该叫"坑"或者"块"或者"片"什么的。那管理上的"漏洞",就是管理上因为客观因素造成的被动存在的一些小问题,尽管在前面加上一个"较大"两个字,可是直观上给人的印象还是较大的"洞",也比较小的"坑"要小得多。然后呢,我们再说"管理上的漏洞"这个说法,"管理"在这条新闻里面,无疑我们只能理解为是一个团队的能力,那么一个单位、一个团队它是一个大范围的,而漏洞呢,又是一个小块头的,这样两相一对比,这个较大的漏洞的破坏力又被弱化了。如果你不知道新闻的实际内容,听了这样一番讲话——"管理上的漏洞",你就会有一种不痛不痒、不值一提的感觉。哪个单位不会有一些小问题、小漏洞呢,以后加大一点整治力度,管理更到位一点不就行了嘛。可是我想说,在有关部门看来,属于"不痛不痒"的一些"漏洞",很有可能对别人造成实实在在的、一生的痛苦或者一个家庭的悲剧。你认为的"漏洞"到别人那里可能就是一个吞噬人命的"天坑"啊!

点评:以上言论,主持人运用了逻辑推理,从古律到词义进行辨析,运用理论和事实论据,进行了较为严谨的论证,使其观点表述鲜明,很有说服力。语言表达方面,主持人在"重点"及"对比处"重音凸显、语气鲜明、节奏变化,较好地表现出主持人的观点和态度。同时,主持人言论依托有声语言、体态语、画面语言的充分展现,更好地体现出电视传播的特点。

主持人:在女生宿舍楼下,男生点亮了心形蜡烛,围观的(群众)学生大喊"做他的女朋友","做他的女朋友",女孩羞涩地飞身下楼投进了男生的怀抱。多浪漫的求爱情节啊,可是真实的结果有可能是:心形蜡烛刚刚点燃,学校校警就走了过来,一盆水将蜡烛浇灭了,"谁叫你点的,发生火灾你负得起责吗?!"

(配音:新华网的消息,事情发生在某高校的10号女生宿舍楼下,当时男主角手里捧着一束百合花,他的同学帮他摆上love形的蜡烛,可是女主角还没下楼,校警赶来直接用脚把蜡烛踢散,接着端了两盆水把火星都浇灭了。参与摆放蜡烛的学生描述为了这次活动,他们策划了很长时间,当时校警过来阻挠的时候,他们承诺只要10分钟,弄完就恢复原样,但校警没有理会而是直接将蜡烛给踢了。因为觉得校警做法太过激,现场一些同学还和校警发生了冲突。事后学校保卫处回应说:因为10号女生宿舍楼下的两侧都是树木,而男生们点了100多根蜡烛很容易引发火灾,在劝说学生熄灭蜡烛未果后,校警才踢毁了点燃的蜡烛。而后10余名围观男生认为蜡油溅到他们腿上,与校警发生言语冲突,还赶到值班室讨要说法。虽然现在高校里面,大胆的表白方式层出不穷,但校方表示:自由也应有限度,不能够影响学校的安全秩序。不过对于校警的冲动行为,学校已经做出处理,校警会向学生道歉,但部分学生仍可惜女主角没有看到这温馨的一幕。

从网络上的新闻来看,点蜡烛表白是一件浪漫的事,成功率也很高,但并不意味着都会有一个完美的结局,除了存在安全隐患,它也是一件费时费力的事情。

去年辽宁大学某女生宿舍楼下,上演了浪漫求婚剧:一名男青年在女生寝室楼下,点燃了3000支蜡烛,向该宿舍楼上的一位女生求婚。可让求婚男子失望的是,女主角没有接他的电话,后来还关机了。最后有围观者报警,学校保安赶到,制止了求婚活动,可这3000只蜡烛却害苦了学校的保安,他们一共花了半个多小时才把蜡烛吹灭。)

主持人:(自编自唱)校警,校警你不懂爱,爱的蜡烛有100;校警你不懂爱,100蜡烛不好摆;校警你不懂爱,踢倒蜡烛你真坏。我俩在一起,你生么子气?校警你不懂爱,打光棍是你活该。

是的,校警不懂爱,可是这同学们也不见得有多懂啊。爱是不做害羞的事,不求自己的益处。为了表达自己的爱,让所有的人都跟着冒险受累,这不是爱,这叫"显摆"。

点评:主持人对这段新闻内容的议论很有特点。开篇时,主持人似客观陈述新闻事实,好似站在制造浪漫的学生一边,在后面的自编自唱中,也没有反对同学生们的浪漫行为。最后,主持人卒章点志,亮出了自己的观点:不鼓励这种做法。

因此,主持人言论要有观点、论据和论证,也要有个性、风格及表达的多样性,才能更好地吸引受众,引导舆论。

示例三

《倾倾百老汇》(现已改名为《笑逐颜开》)是凤凰卫视的一档新闻脱口秀节目,该节目也受到内地受众的热捧。该节目主持人努力寻找自己的搞笑特质与凤凰卫视节目的契合点,并对娱乐精神有着自己独到的见解。

主持人认为:"大多数老百姓会觉得新闻,尤其是新闻评论很严肃,本节目就是希望用诙谐的方式留住观众的注意力。不过,我们追求的是观众笑了之后,还能有思考。最关键的是保持犀利、保持独特、保持吸引力。"这段话说出了电视新闻脱口秀的真谛。主持人主持和参与节目策划的最大心得是为民众服务。他认为:"脱口秀一定是用老百姓的方式讲给老百姓的。在凤凰平台上,我们要保持话题内容的高端性、延展性和国际性,这些方面是我们花费心思最多的。'倾倾'一定要让普通人听得懂,而且能够会心笑出来。"这也说明了新闻脱口秀的创作初衷。

例如,在一次节目中,主持人以脱口秀的形式嘲讽了令人唾弃的"情人"现象。他以国内外不同时期的这一现象为线索,点出了它的要害,尤其是对女性的危害,劝说那些不敢告诉家人却又混迹在这一池浑水当中的女性。这一话题的作用非同小可。有些女性朋友,甚至是女大学生,会理直气壮地说,因为她们也想坐名车,也想买名包,也想……她们的想法令人惊讶!虽然老帅与她们争论:要想得到这些,你们就要自己努力学习,自立自强,有了一定的物质基础后就可以得到。但这种正统的、严肃的近似说教的评论(包括媒体的各种评论)的作用,肯定不如主持人利用脱口秀的形式暗讽与点拨更能触动当事人的心。该节目对那些正做着这样的事、被人指责为"插足者"的女性来说,有着更为重要的教育意义。这也是新闻脱口秀节目的存在价值与意义。

与之相关的是,网上曾有段视频:云南的一位中年女性竟将燃油泼到一位年轻女性的身上,将其点燃并烧死,自己也受了伤,后来自杀未遂,被抢救过来。她说对方4月份逼她离婚,她一直忍着,现在女儿考上了大学,她就要实施自己的计划,除掉破坏自己家庭的人。

对于这样的残酷事实,为何社会上屡屡出现?问题出在两个方面:一是,某些男人道德低下,对家庭不负责任或有权有势、无所顾忌、违法乱纪;二是,有些女性年轻、有几分姿色,但人格缺失、好逸恶劳,不惜铤而走险去破坏别人的家庭。虽然我们不赞成案例中受害的"妻子"这种违法的报复性行为,但这一现象的确给那些当事人的家庭和社会带来极大的伤害,带来的社会与家庭问题极为严重!我们媒体人有责任说点什么,对世人起到劝诫与警告作用。主持人以脱口秀的形式对那些年轻女性进行真诚的警示:"要知道对他们(无德男性)来说,最好的一定是下一个。"这种劝诫的作用非同小可,也许这才能触动当事人改变自己。媒体的责任就是要教育引导社会大众,实现正能量,但方式和手段也是很重要的。

美国最近也有个无从下手的事儿,自从2011年日本海啸之后呢,日本产生了大量的海上垃圾。最近这其中一个巨型的"垃圾岛"向美国的西海岸展开了一次"有毒物"的奇幻漂流。据说这个"垃圾岛"重量超过一百万吨,覆盖的面积和得克萨斯州差不多。
看到这个新闻啊,我的感想是:居然还有日本不要的岛(其内涵、背景,世人皆知)?

点评:从以上片段里,我们看到了主持人和他所在媒体的立场,主持人对日本政客反潮流而动的讥讽、抨击。

二、电视新闻脱口秀的特点

电视新闻脱口秀的特点大致有:
(1)题材广泛。电视新闻脱口秀中,社会的、生活的、政治的所有相关内容都是其可以拿来一说的内容。
(2)结构简单。新闻脱口秀中,每个话题都可被主持人有主旨地"线性串联""无缝连接""快速转换",并予以议论。
(3)幽默诙谐。新闻脱口秀中,"秀"的意味比较明显,主持人运用幽默思维、唱歌、朗诵、表演、化妆造型、道具、音响等各种手段帮助体现其内容(运用有度,不能本末倒置)。
(4)表达生动。新闻脱口秀的语言表达需要技能全面,表现形式灵活,尽显讥讽、调侃、幽默、诙谐之风格,电视新闻脱口秀主持个性非常明显。
值得提及,电视新闻脱口秀不是相声艺术的翻版,更不是庸俗笑话和耍贫嘴。它需要新闻脱口秀主持人具备较高的政治素质、艺术修养、表达功底,还要有幽默诙谐的先天特质与思维能力,从而能正确判断、选题与实施。
简言之,新闻脱口秀是有条件和门槛的,不是每一位新闻主播(主持人)都能胜任的,但可以通过学习加强这方面的能力。

三、电视新闻脱口秀的问题

当下语境,电视受众对新闻脱口秀节目表现出浓厚的兴趣。的确,电视新闻脱口秀带给人新鲜感,传播效果好,受众易受乐受。与此同时,我们也应当看到某些不擅长运用这种传播方式的主持人也带来一些负面效应。主要表现在三个方面:
(1)政治素养不高。有些新闻脱口秀主持人政治素养欠缺,不具辨识能力,表现在对新闻素材的选择和对话题的确立不够恰当、品位不高。

（2）不具幽默思维。有些新闻脱口秀主持人缺乏幽默思维，视野不开，表达缺乏吸引力。

（3）理论概念不清。有的新闻脱口秀主持人分不清文艺性的相声与新闻性的言论，表现在以说相声的方式对待新闻脱口秀，"演"胜于"评"。

（4）表达能力不足。有些新闻脱口秀主持人语言表达功力欠缺，不足以胜任此类节目。表现在语言样态单一，表达（有声语言和体态语）不活、不生动，没有"秀"的条件及能力，难于生动恰切地表达。

总之，新闻脱口秀没有新闻素质不行，没有幽默气质和艺术表现力也不行。

值得提及，有些新闻脱口秀的文稿、提纲阅读起来并不出彩，而经优秀的脱口秀主持人处理后就境界全出：主旨、重音、停顿、语调、潜在语、语气、节奏、体态语，加之唱、演等其他手段，内容、立意表现得既深刻、幽默，又巧妙、得当，整体把握及具体表现十分出色。所以，新闻脱口秀不是每一位新闻主持人都能胜任的，必须具有相当素质与水平的人方能问津，应量力而行，以防这种表现形态泛滥、降低其品位。

综上所述，不具备一定政治眼界、思维能力、语言功力和表演基础，难以胜任这种"另类别样"的新闻脱口秀节目。

学生在专业学习期间可以在教师的引导下，尝试这一独特的电视新闻脱口秀形式，拓展个人能力，这也有利于培养学生"电视民生新闻"的主持能力。因为当前受众更愿意接受生动、接地气、有趣味的传播方式。从这一角度出发，"民生新闻主持"与"新闻脱口秀"，二者有相近之处，对主持人素质的要求也有相似之处。

训练提示：(1)要求学生选择并撰写"新闻脱口秀"文本。可参阅相关资料，运用幽默思维，体现个性特点。(2)新闻脱口秀内容要求思想性、政策性强，联系时事、社会，了解民意。(3)新闻脱口秀表达要求观点明了，形式灵活，诙谐幽默，具有逻辑性与感性。(4)新闻脱口秀可以发挥辅助手段的作用，伴有适当的形体和表情。需要时，可以适当的服装、道具、音响等来帮助体现。

第五节　电视新闻主持人言论实例分析

范例一　中央电视台《道德与观察》之《说她》节选

主持人：路一鸣

（画面上：浙江卫视的几名20多岁的女记者，在大雨、台风中坚持做现场报道）

主持人：……这么危险的采访任务怎么让人家女记者去啊？后来我一琢磨啊，是我狭隘了，我这个思路有点传统，好像遇到个灾难啊，肯定是妇女、儿童先走，这男的得往上冲啊。

可是现在时代不同了,女人不但在职业素养、工作表现上不比男人差,人家取得的成绩有的时候比男的还要好呢。比如,咱们中国女足就比男足争气得多嘛。浙江卫视的这七姐妹让我们看到了职业女性的执着、干练与勇敢。我忽然觉得这个"好男不和女斗"应该有另外一种解释,是因为斗不过人家。(议论)

(画面上:女主人梁小玲正在自己的服装小店整理服装)

主持人:开始面临婚姻的七年之痒、审美疲劳什么的。婚姻专家说了,说结婚之后夫妻两个人缺乏沟通、缺乏理解是婚姻关系破裂的诱因,第三者插足呢也逐渐成了一大因素了。(议论)在南京有一个叫梁小玲的女人,也是30多岁,跟丈夫一起做买卖,有了活泼可爱的孩子了。可是有一天呢她突然发现,跟她结婚多年的丈夫有点不对劲儿。每天早出晚归,不见人影,周围也开始有了风言风语。

解说:(主要内容)梁小玲和丈夫李业章白手起家做起一个商行,位于南京路,生意不错。梁小玲的丈夫最近表现异常,店里不去,家也不回,妻子生病也不闻不问,连小孩也不管。公司员工透露,李业章这一切都是为了一个叫张俊的南京女孩。张俊是李业章亲自招进来的员工。

主持人:李业章为了这个姑娘这么做很多人都怀疑说这两个人之间是不是有什么特殊的关系啊?可是这个时候李业章的妻子梁小玲却站了出来,她坚定地否定了人们的这些猜疑。她说,李业章做的这些事她都知道。因为这个事她和丈夫商量过。卖房子的主意是她自己先提出来的。

解说:(主要内容)李业章为了女孩张俊要把夫妻共同的财产卖掉,梁小玲却很赞同。她说,丈夫不是为了私情,是因为张俊得了尿毒症后期,要换肾,至少要60万元。张俊家有奶奶、父母和两个表弟住在一起,家里总共4000多元。梁小玲夫妇俩看着饱受病痛折磨的张俊就把房子卖了,支援张俊。

主持人:当故事真相大白的时候,这是夫妻俩无私助人的好人好事。但是也有人从这个故事中读出了一点别的,就是怎么拿捏夫妻关系的技巧。比如说,大棒加胡萝卜,批评一句表扬五句;比如说,信任加遥控,平时充分尊重,到了该回家的点,该催一点还得催;吵架的时候不做人身攻击,甜蜜浪漫的时候多说说我爱你、你真好,等等。昨天咱们说了"女人20",跟20岁时候的女人相比啊,女人30到底有了什么变化呢?有句话我觉得说得特别对,说20岁女孩儿,30呢,女人。比起20岁时候的青春无敌,女人到了30多岁,更是岁月赋予的魅力、智慧越来越多了,那是生活历练出来的宽容和豁达。30多岁的女人在处理跟丈夫的关系的时候,比起20多岁的女孩处理跟男朋友的关系的时候就更成熟、更富有经验了。当然这里面可能会有很多办法,什么以柔克刚啊,欲擒故纵啊,声东击西啊,破釜沉舟啊,釜底抽薪,等等。当然在我们刚才的事件当中,李业章,就是丈夫,他是清白的,这是好事。可是我们也知道,在更多的故事里面,女人需要面对的是出了轨的丈夫和变了心的男人。你说那些男人为什么会出轨啊?为什么会变心啊?理由当然有很多,但我认为其中最重要的一点就是他们没有发现他们身边的这个30多岁女人的魅力,看走眼了。

我是路一鸣,明天我跟您说说女人40。(议论)

点评：《说她》是央视12频道《道德与观察》栏目为庆祝"三八妇女节"而精心制作的一个特别节目。

（1）创意新颖。这个节目的创意非常新颖，它结合时代特性，兼顾年龄特点，以具体事例即"事实性论据"来分别表现当今20岁、30岁、40岁、50岁、60岁各种年龄段女性的风采，例如，以浙江卫视台风中坚守记者岗位的20岁年龄层的七姐妹，相信丈夫并主动提出卖房救人的30岁女性梁小玲，60多岁大秀街舞的武英等来佐证论点：今天的女性已不同以往，不同年龄段的女人都有自己的特点与作为。这些事例，有的新鲜，有的甚至令人震惊，都是编导与主持人共同发现、构思、提炼的。

（2）形象化论据。本节目的主持语言与表达，坚守了"评论性"语体特征，兼顾电视媒介的创作特性。例如，在论述30岁女人的"情感关"时，节目中运用了"形象化论据"，选题事件化，事件故事化，故事情节化，情节人物化，人物性格化的创作方式，以有内容、有情节、有人物的形象化手段介绍了梁小玲与她的丈夫李业章为了救治患重病的女员工，毅然决定卖掉房子的举动。

这个事实性论据有两点值得关注：一是表现了梁小玲这个女性的善良；二是体现了30岁女人对待夫妻关系的智慧。这一事例对于中年女性处理情感危机非常具有社会现实意义。

（3）手段丰富。本节目运用了一些吸引人的叙事方法，"悬念法"就是其一。如在论述30岁女人的"情感关"一节，故事开头设置了一个"悬念"，说梁小玲最近时常见不到丈夫李业章，她生病了丈夫也不闻不问，孩子的保姆也如是说，店里的职工们都在议论纷纷，似乎一个典型的"婚外恋"的故事就此拉开了帷幕。谁知下面的内容却截然相反，原来这是一个聪明、善良的30岁女人的故事。

（4）个性化议论。在这个节目中，有很多主持人略带诙谐的个性化议论。如对20岁女性的议论中，用了"好男不与女斗，那是因为斗不过"等这样的语言进行调侃。又如，在论述30岁女人的"情感关"一节时，他又说道："如何拿捏夫妻之间的感情，如大棒加胡萝卜，批评一句表扬五句……"等，这种既出主意又给方法的诙谐议论谁不爱接受呢。

范例二 《犯罪：别披着"爱国"的外衣！》节选

评论员：白岩松

评论员：您好，观众朋友，欢迎收看正在直播的《新闻1+1》。

首先，我们来看一组照片，这些照片是近些天来，西安、长沙、深圳公布的在反日游行和示威当中砸车、砸店的犯罪嫌疑人的照片，希望他们自首，我们在这里也希望他们自首。

面对这样的49张照片的时候，我内心的这种心情也正好是这一段时间来估计很多人共同的心情，那就是三个关键词："愤怒"、"忧虑"和"乐观"。"愤怒"指的是日本的购岛闹剧，每一个中国人会格外地愤怒。"忧虑"的是当我们来表达我们自己的愤怒和我们声音的时

图 5-1 《新闻 1+1》评论员白岩松

候,在这种游行示威当中却出现了披着"爱国"外衣的公然的犯罪,犯罪跟爱国没有关系,因此你当然忧虑。"乐观"是开始担心会不会法不责众,像以前有过的一些类似的过程一样,法不责众,不了了之,就过去了,但是这一次没有。我觉得它很有可能成为中国民主政治当中一个非常重要的转折点,不能因为你去追求一个正义的目标,过程就可以是非法的,法律就是法律。

接下来我们要看一段今天非常非常热的视频,这个视频就涉及9月15日在西安那个开日系车的人不幸被砸倒的过程,但是被砸倒的过程实在太过血腥了,我们特别注意到这一段视频当中有一段非常重要的正能量。来,回到现场,听一听在那样一个混乱局面当中,这位朋友是怎么说的。

灰衣男子:"先救人能不能行!都是中国人……"

周围群众:"先救人!……先救人!""打110……"

评论员:并不是所有的人都会在群情激愤当中丧失理智,即便是在如此喧闹的环境、如此血往脑袋上涌的过程当中,还是有人率先喊出来"能不能先救人,都是同胞",接下来你会听到加入这个声音的人越来越多,"先救人,先救人",这就是正能量。在那天,西安也有一个小伙子举着"前方砸车,日系调头"等提示语,但是不管我们如何地去说正能量,这个过程中还是有让我们非常忧虑和愤怒的负能量,那就是披着"爱国"的外衣,但其实是在犯罪,这是完全两回事。

我们可以看到,9月15日,事隔6天之后9月21日,西安市公安局接到西安日系车主李建利被游行队伍中的不法人员打伤的报案后,立即立案侦查,随后成立专案组,连夜展开调查走访工作。又隔了五六天时间,最新的进展是现在犯罪嫌疑人的一张正面照片出现了,应该看得是比较清楚的。在这个时候,您可以看到他已经疯狂到了什么地步,刚才还穿着白色的T恤,现在已经光着膀子来实施犯罪的行为。西安警方也公布了举报电话,我们特别想对这个犯罪嫌疑人说,赶紧自首吧。这个事情现在全国人民都在关注,如果你自首,路可能还宽一点,否则,路就会更窄。针对这样的过程,接下来我们首先要连线中国政法大学的教授曲新久。曲教授,您好。

曲新久:您好。

评论员:在公布的这段视频中,我们看到日系车主是拿砖头在保护车,有人在砸他的车,怎么看他的行为?是不是一种正当防卫?

曲新久:这就是一般的保护自己车的行为,这种行为当然是属于正当防卫行为。因为他并没有对砸他汽车的人,进行任何暴力攻击行为,或者说是威慑行为,当然是一个正当行为。

评论员:曲教授,又怎么界定犯罪嫌疑人所实施的好像大家群情激愤,反对日本购买钓鱼岛,但是砸向日系车车主的行为?

曲新久：在这样的事件当中，有极少数的人完全不能自制，可以说失去了理智，就疯狂起来实施了犯罪。李建利如果从客观的角度讲，他可能护着自己的车更激发了嫌疑人的攻击性，所以受到非常残忍的攻击。

评论员：但是明确地说，就是犯罪。

曲新久：这种行为当然就是犯罪，这种暴力攻击行为。李建利的行为完全是保护自己财产的行为，大多数人可能吓得就跑了，李建利只是对于保护自己的财产更上心一些，这样一来，当然也激起了嫌疑人更大的这种攻击能量了。嫌疑人打得非常准，也非常狠。

评论员：好，曲教授，一会儿还会有问题向您咨询。接下来，我们特别关心并且也非常地难过，到底李建利现在的身体状况怎么样了？来看看我们记者进行的采访。

（新闻资料）

解　说：意外就发生在9月15日的下午，夫妻俩开着那辆丰田卡罗拉，本是去建材市场为儿子挑选装修婚房的材料，然而谁能料到在回家的路上他们会突然遭到袭击？"都是老百姓辛辛苦苦攒钱买的，别砸行不行，我们买日本车不对，以后不买日本车了，好不好？"妻子的哀求，无人理睬，再回头，丈夫李建利已经被人砸倒在了地上，凶器是一把常用在摩托车上的U型钢锁。为了缉拿凶手，9月21日到22日，西安市公安局连续两天在他们的官方微博上发布了有重大作案嫌疑的男子的照片，并向市民有奖征集线索。但是，案发11天，该名男子还是没有任何消息。今天西安警方向记者表示，他们目前仍处于根据群众提供的线索进行排查的阶段。

今天，因颅骨被钢锁击穿，造成开放性颅脑损伤，51岁的李建利因为伤势严重，他的身体康复进展并不明显。（略）

评论员：看到这里呢，的确非常非常难过，也希望有更多的人能够帮助他，并且真的希望他快点康复。说到这儿，还是要回到我们刚才看到的西安警方所公布的犯罪嫌疑人的这两张照片。上一次我们在看这张照片的时候是劝他赶紧自首，现在，我们要去看已经公布了他的照片。我们看正面的头像几乎非常容易辨认，熟悉他的人或者说他的朋友当然知道他是谁，这几天之所以还没有抓到他或者说他也没有自首，显然一个人很难获得某种安全网，是不是身边也有人在保护他？在这个时候特别地提醒您，如果您看到了报纸或者这个节目的时候，您的行为也正在走向违法犯罪。因为您不能包庇他，劝他自首，同时您也可以去检举他。

好了，让我们离开西安，再去看看最近一段时间的这几个城市，包括长沙、深圳等对打砸抢烧这样的犯罪嫌疑人的捉拿。（略）

嫌疑人：我很后悔做了这些傻事，我也呼吁其余参与打砸的人员，能够尽快地投案自首。

评论员：我觉得近段时间以来，全国很多地方的公安部门的人员的确在以追拿这些犯罪嫌疑人体现出了另外的一种爱国，这是真正的爱国。因为在依法治国的情况下，不管披着什么样的外衣，不管打着什么样的旗号，或者说追求某种正义的目标，犯罪就是犯罪，因此公安部门应该坚决地制止这些行为，这是对国家最大的支持。因为只有强国，才是真正的爱国。（略）

平常一个人的时候倒不一定会陷入这样的一种迷狂或者犯罪的境界当中,但是为什么当人多了的时候,有些人就跳了出来。有一本书叫《乌合之众》,其中有一段话写得非常非常地准确:"孤立的个人很清楚,在他孤身一个人的时候,他不能焚烧宫殿或者洗劫商店,即使受到这样做的诱惑,他也很容易抵制这种诱惑,但是在成为群体的一员的时候,他就会意识到人数赋予他的力量,这足以让他生出杀人劫掠的念头,并且会立刻屈从于这种诱惑。"很多年前写的这本书,但是现在的确非常准确地击中了我们的现实。

接下来有一点是非常非常重要的。过去曾经也有过类似的行为,但是总是没有这一次如此旗帜鲜明把犯罪从爱国当中择出来,总有点不了了之或者说法不责众的意思。"法不责众"的确是在我们的人群当中遗留了很久的非常不好的一种说法,因为它是反法律的,不是依法治国的体现。但是请注意,"法不责众",在过去没有互联网、没有照相机、没有摄像头、没有街上探头的时候,的确法很难责众,因为你择不出来到底是谁犯罪了。但是我们看现在发生了很大的变化,我用的词叫"法可择众"或者"法能择众"。"择"是选择、筛选出来,陆续再看,很多所谓的通缉犯罪嫌疑人或者说捉拿犯罪嫌疑人,都来自现代的记录手段,不管是街上的探头,还是围观群众的手机、摄像机、照相机等,包括利用现代互联网的手段,今后想以"法不责众"蒙混过关越来越难了。请记住我们现在已经进入新的时代,就是法可择众,你的犯罪是可能会从众人当中择出来的。人多,不会成为你犯罪的保护伞,这点将是一个重要的转折点。

接下来,去看一位教授的表演。这个教授在反日游行当中,打了80多岁的老人两记耳光,似乎还显得非常地理直气壮,我们是不是也该探讨探讨他的行为。

(新闻资料)

解　说:今年9月18日,在北京的保钓游行活动中,因为观点不和,队伍中一位八旬老人被人殴打,随后有人指认打人者是北京航空航天大学的教授韩德强。9月19号,韩德强证实确有打人一事,还表示自己曾两次扇该老人耳光,老人也有动手,并称这个老人是"汉奸",收拾他合情合理。同时韩德强还在微博中声明,今后如果在游行队伍中遇到这样的"汉奸",该出手时我还会出手,犯了法,我认罪伏法,但绝不认错。

评论员:"汉奸"这个词满天飞,似乎成了想要拿出来攻击别人的时候最有力的武器,其实这也是一种语言上的暴力。谁是汉奸呢?当你作为一个大学的教授去打80多岁老人两记耳光的时候,其实是另外的一种汉奸,你让所有的中国人蒙羞,你也让很多的教授蒙羞。

北京航空航天大学的韩德强这位教授,他自己声明:我忍无可忍,不能再忍,宁可为此被拘留。法律现在好像还没有满足他这样的愿望。接下来连线法律专家中国政法大学的曲新久。曲教授,您好。

曲新久:您好。

评论员:怎么界定韩德强教授这个行为?

曲新久:韩德强教授的行为和态度都是极其错误的,他的行为其实是一种随意殴打他人的行为,在当代社会当中,没有人可以用拳头说服别人,没有人可以用暴力去改变别人的观点,没有这样的权利。所以他的这个行为已经游走在违法和犯罪之间,如果他还不认错,肯定就是错上加错了,我还是期待他能够认识到这个错误。

评论员: 但是曲教授,接下来这个法律之路该怎么样去走?是不是被打的那个老人要提起诉讼,还是说他本身在微博的这个行为已经是显性的行为,甚至像昭示天下一样,那么谁来行使这个法律的权利?(略)

评论员: 好,非常感谢曲教授给我们带来的解读。

其实近些年来,我们非常担心"教授"如此让人尊敬的词会慢慢被一些个别教授的语言、行为给毁掉,因为在他们的语言和行为当中充满着太多的暴力,而且有恃无恐,并且还扬扬自得,那么学校似乎也选择了沉默,好像要捍卫某种言论的自由,但是突破了底线的言论还能自由吗?学校到底是什么反应?教授本人应该有一个什么进一步的行为?最关键的是法律要如何界定这件事情。我觉得我们要旗帜鲜明地把犯罪和爱国区分开。韩德强教授这样的行为,我们是不是也应该去追究?如果不了了之,同样的事情还会一而再再而三地上演,"教授"这个词恐怕就真的被毁掉了。

(略)

点评: 中央电视台的《新闻1+1》是一个电视新闻主持人评论节目。优秀新闻主持人以新闻评论员的身份出现在节目中。这一身份不同于一般的新闻主持人,具有更多发言权,可以对重要时事、热点问题发出自己的声音,给出自己的观点与解读。本节目就较好地表现出这一点:

(1)观点鲜明,解读及时。对重大时事问题及时评议,产生正确导向、积极作用,是新闻评论的重要功能。本期《新闻1+1》就较好地体现了这一点。这期《新闻1+1》是评论当时社会上因反日出现的"砸车、伤人事件",央视新闻评论员针对这一事件,给出了既符合政策、法律,又带有个性色彩的见解。

评论员首先带给受众与之相关的社会乱象的新闻资料,又与法律专家连线得到共识,对"砸车、伤人事件"给予了否定,态度鲜明地指出:这些非理性行为不是爱国,是犯罪,使广大民众得到正确、清晰的认识,不再迷茫。评论员的议论可以被认为是"政府声音的个人版",既体现国家意志,也有个体独到的思维与见解。他的评论,既具极强的时效性,又有令人信服的论据与论证。

(2)论据充分,论证有力。本期节目中,评论员首先指出"砸车、伤人事件"的本质就是犯罪。其次抓住"法不责众"与"法可责众"的分论点进行了细致的分析,用理论依据和实践论据进行了有理有据的论证,指出:"法不责众"在过去没有互联网、没有照相机、没有摄像头、没有街上探头的时候,的确法很难责众。但这次通缉、捉拿犯罪嫌疑人,都来自现代的记录手段,不管是街上的探头,还是围观群众的手机、摄像机、照相机、互联网,今后想以"法不责众"蒙混过关越来越难了,我们现在已经进入新时代,就能"法可择众",犯罪是可以从众人当中择出来的,人多,不会成为犯罪的保护伞,这是一个重要的转折点。

(3)是非分明,坚持导向。在这期节目中评论员主要评议了两大问题:一是"砸车伤人"事件的性质。二是"教授打人的是与非"。如果说前一个问题大家还不难理解,那么这后一个问题,就会让有些人难以断言。人们从节目中也看到,法律专家出言十分谨慎。当评论员问法律专家,面对动手打了一位80多岁老人耳光后还理直气壮、绝不认错的教授,该如何维权?对方只是指出教授打人的行为是错误的,并没给出针对性回答(在清楚的事实面前,这位专家只说这个行为是错误的,还说如果这真的是事实,解释了一些看似不着边际的法律程序)。评论员始终坚持正确导向,是非分明地指出"教授打人"这个行为触犯法律,同时指出当事人的单位也应当过问此事。否则,"汉奸"这个词满天飞,这种语言暴力及行为暴力,让所有中国人蒙羞。一个强国不能没有法制!这不是爱国,也是犯法!

本章训练提示:电视新闻主持人言论的训练,主要抓学生的新闻评论素质、思想政策水平及思维能力。(1)使学生了解电视新闻主持人言论的创作要素、功能、特点、形态。(2)要求学生"点评"观点正确、表述清晰、内容精练、用语准确。(3)使学生掌握"看图议论"要旨,能抓住内容核心。(4)使学生掌握"议论"的写作要点与表达特点。(5)要求学生"议论"的角度新、有政策性,找人们关注的、有价值的话题,述评有吸引力。

本章训练方法:(1)首先,训练主持人言论的"点评"。事先选择可供点评的一组新闻材料,以"先播后评"的方式做镜头前述评,对同一新闻材料做"多种角度""不同风格"的"点评"练习。(2)其次,训练"看图解评":看图—解读—评议,要切题、有针对性、有深度。(3)最后,训练主持人的"相对完整议论",可以由教师指定或学生自选新闻事件、社会热点、政策难点,做"相对完整议论"的练习,要求观点明确,论据充分,论证有力,并且表达有层次感和逻辑力量。

更多训练素材,请扫描二维码。

电视新闻主持人言论训练材料

思考题:

1. 什么是电视新闻主持人言论?它有哪些功能与特点?
2. 电视新闻主持人言论所需素质、要求有哪些?
3. 电视新闻主持人言论的种类有哪些?有何特点与作用?
4. 电视新闻主持人"议论"写作要素有哪些?
5. 电视新闻主持人"议论"的表达要点有哪些?
6. 电视新闻脱口秀的要素与特点有哪些?
7. 电视新闻脱口秀的问题有哪些?

下编 综合篇

从电视节目的内容、创作、传播及播音主持角度而言,电视纪录片解说、电视社会生活类节目主持、电视综艺娱乐类节目主持、电视访谈主持(电视访谈主持作为一种创作方式与手段也归于此),不同于电视新闻类节目,它们的节目内容、节目题材、节目形式、节目手段等各具特点,但也有创作共性,即都离不开思想性、知识性、服务性、艺术性,离不开对文艺元素的运用和创作方式、手段的多样性。可以说,没有良好的理解、感受与表现能力,不具备一定的文艺素质、形象思维与发散思维能力,就无法胜任非新闻类节目的编创与播音主持工作。

结合电视播音主持一线实践,我们可以大胆地说,如果说电视新闻类节目是"内容为王"的话,那么,电视综合类节目则是"元素为王"。为此,节目的创作手段与传播形式就显得非常重要。

第六章
电视纪录片解说

内容提要：电视纪录片不同于新闻消息片，也不同于影视故事片，它兼具新闻性与艺术性，有其自身的创作属性。电视纪录片以真实性、纪实性为创作原则，内涵丰富，创作多样。电视纪录片解说也有其自身的创作规律与表达特点。本章将重点探讨各类电视纪录片的解说创作。

第一节　电视纪录片概说

一、电视纪录片认识

要想做好电视纪录片解说工作，首先要了解什么是电视纪录片。

关于电视纪录片，我们看到这样的定义：电视纪录片，是以摄影或摄像的手段，对政治、经济、军事、文化、历史事件等作比较系统完整的纪实报道，并给人以一定的审美享受的电视作品。它要求直接从现实生活中取材，拍摄真人真事，不容许虚构、扮演。其基本报道手法是采访、摄像或摄影，即在事件的发生过程中，用"等、抢、挑"或追随采撷的摄录方法，记录真实环境、真实时间里发生的真人真事，在保证叙事报道整体真实的同时，还要细节真实。真实是纪录片存在的基础，也是它最可贵的价值所在。正是"物质现实复原"的真实，才使纪录片有着永恒的魅力。

我们也看到这样的概念：

电视纪录片——运用现在进行时的新闻镜头，真实地记录社会生活，客观地反映生活中的真人、真事、真情、真景，着重展现生活原生形态和完整过程，排斥虚构和摆拍的新闻性电视节目形态。

电视专题片——运用现在时或过去时的纪实手法，对社会生活的某一领域或某一方面，给予集中的、深入的报道，内容较为专一，形式多种多样，允许采用多种艺术手段表现社会生活,允许创作者直接阐明观点的纪实性电视节目形态。

我们知道,在业内至今存在着电视纪录片与电视专题片之间的论辩。目前,电视界对"纪录片"与"专题片"的关系仍存在四种说法:

(1)等同说:认为电视纪录片、电视专题片叫法不同,属于同类。

(2)独立说:认为电视纪录片、电视专题片,各自属于不同片类。

(3)从属说:认为电视纪录片或电视专题片,各自包含对方内容。

(4)畸变说:认为电视专题片的叫法,是中国电视界推出的怪胎,想人为割断与电影的联系。

那么,怎么看电视纪录片与电视专题片之称?电视纪录片这一概念来自电影纪录片。在《电影艺术词典》中我们看到,电影纪录片所表现的内容是多方面的:新闻纪录片、历史纪录片、传记纪录片、政论纪录片、人文地理纪录片、艺术性纪录片、军事科学教育片等,它不只表现即时拍摄的内容,还有以往记录下的各方面内容资料,这些内容都具有真实性与纪实性。所以我们认为,电视纪录片就包含有电视专题片的内容,它可以表现不同领域的内容,创作手段与方式有所侧重而已。

目前,表现自然、地理、动物、人文等内容的电视纪录片很多,还有大量依附于各种电视栏目的考古发掘片、科学探索片、案件侦破片、经济知识片、文化纪录片、历史文献片、现实生活片等,它们实用性强、文字语言视觉化。那我们叫这种片子什么名称呢?我们的回答还是"电视纪录片",只不过它是随中国电视的发展变化而存在的电视纪录片。

这里所说的"电视纪录片"有专家将其略做区分,称其为主观型纪录片和客观型纪录片,也有业内人士将其称为纪实性纪录片与专题性纪录片,这种称呼有它的理论与实践基础,这表明电视纪录片是一种"混合型"片子。

电视纪录片的本质属性是真实性。它记录人的生活、社会的发展、大自然的面貌与变迁。这是电视纪录片的内涵与意义。今天的电视纪录片,拓展的是内涵,发展的是创作元素与创作手段,而不是本质属性。

当然,电视纪录片并不全是对客观世界的纯粹再现,因为在对客观现实摄录、截取与编辑的创作过程中,不同程度地融进了编导的主体意识,形成再现基础上的表现。其实,每一部电视纪录片的最终完成,始终融入了创作者的主体意识。每部电视纪录片都有其主题、目的,表现形式不尽相同,有的明显,有的暗含,有的通过解说使主题显露,有的通过画面信息和定向组接形成一种启示。即使是反映自然与社会中原生态的一段自然流程,也不无主题、目的。因为选取、记录这些的镜头和流程本身就已经有某种特定意向了,只不过是以再现的方式来体现。在这种情况下,受众往往会根据自身的观念意识、文化结构、审美情趣、个性特征等,给予一定的理念提取。

人们关心着大自然、社会、人生,也就极为崇尚纪实的价值。应当说,电视纪录片给我们提供了观察与思考的空间,并提供了丰富的信息。正是由于电视纪录片的纪实性,才使它在反映现实的真实性上以生活的自然形态诉诸人的耳目,让人们在接受相应影像和声音时,凭借自己的判断力,展开积极的心理活动,作出独特的心理判断。

何为电视纪录片？我们的结论是：电视纪录片是一种真实性、纪实性作品。它以真实的人物、事件、环境、情景等一系列自然的、社会的原生形态，来再现客观世界、现实生活，或以某种艺术手段来帮助表现创作主体的思考、见解与情感。电视纪录片的创作带有一定的主体意识。

(一) 真实性

电视纪录片既不同于电视新闻消息片，也不同于影视故事片，有其自身属性，即纪实性、真实性，不虚构、不扮演是其底线。当然，我们并不排除为了传播的易受性、服务性使用一些造型手段或一定的影像资料来使枯燥难懂的文字内容或缺失的历史画面形象化，但一定要有相应的"字幕"说明这是一种"模拟"、"情景再现"或"资料"。这些做法只是一种表现手段，解决受众易受、乐受的问题，绝不是改变电视纪录片的创作属性。

值得提及，由于事业发展，创意更新，当前电视纪录片尤其是历史片、传记片等追求"易懂乐受"的传播与服务效益，在遵循纪录片本质属性的基础之上，在创作中运用了一些有效的表达手段来弥补资料的缺失。如历史纪录片《神秘的西夏》，在有限的史料的基础上，尊重历史研究，比较成功地运用情景搬演、人物演绎等手段，将历史的真实较为具体生动地展现在人们眼前，让这个神秘王国复活了，使我们看到了鲜活的历史人物、历史事件了解那段历史过程。这部纪录片不是故事片、电视剧，因为它不是虚构、扮演，只是一种展现性模拟。同时，这种创新对解说者的表达提出了更高的要求。本片的解说很成功，既有厚重、苍凉的主调，规范平实的介绍，也不乏生动的讲述与情感贴近感，更有适当表达的度。因此，在解说与画面的带领下，我们看到了那个没有进入史书正史、几乎被人遗忘的西夏，那个灭亡了的不屈的党项民族。

电视纪录片，以真实性、纪实性为创作基础与追求，这里所说的真实性，不包括被拍摄、记录的那一事物的本质真实，仅从纪实角度而言，它是真实存在的。

电视纪录片也不同于同属真实性范畴的新闻消息片，主要表现在以下几点：

新闻消息片：时效性强，篇幅短，主题单一，只用"再现性"手段进行创作。

电视纪录片：时效性较弱，篇幅长，有的存在"多义性"主题，以"再现性"和"表现性"手段共同参与创作。

(二) 内涵丰富

电视纪录片最具综合性，它涉及的领域、题材、内容很广。大致有：自然、政治、经济、军事、社会、科技、文化、人文、民俗、旅游、人物、文献、对外交流等各方面历史与现实的内容和对人类生存问题的思考与探索。它们具有政治性、知识性、教育性、服务性与欣赏性。按不同内容、题材、风格划分，可以区分成不同种类、风格的电视纪录片，如政论片、人物片、风情片、科教片等。

(三) 创作多样

电视纪录片创作多样，表现手段也多样。如：有的片子没有同期声，有的片子没有音乐,解说更是多种多样。总之,电视纪录片的内容、类型、风格等决定其创作手段的运用。

我们之所以探讨"电视纪录片"的属性,是为了更好地进行解说创作,电视纪录片解说的创作原则是:以作品的"一度创作"为准,把握解说的"二度创作"并与之相适应,即以片子的创作目的、手段、风格为依据来进行解说的设计与表达。如赵忠祥解说的《动物世界》细腻真挚、娓娓道来;任志宏解说的《探索与发现》悠远沧桑、朴实无华;李易解说的《地球脉动》《周恩来的外交风云》等片子和李立宏解说的《舌尖上的中国》《重访》等片子不显山不露水,却与所解说的片子内涵贴合、风格准确、表达深蕴、富有变化,都非常有自己的解说特色,是解说中的佳品。难能可贵的是他们的解说随片子的内容、风格不同,有不同的处理,不拘泥于一种解说方式。主要原因是他们了解电视纪录片的创作个性,选择了适当的解说表达方式。

二、电视纪录片创作要素

(1)画面:画面是一部片子的基础,有其自身语言,具有直观性和形象感。

(2)解说:解说一般对画面有种依附感,但不是对画面的简单重复,它对画面有补充、丰富、点题、渲染等作用。

(3)音乐:音乐是为配合图像与解说而存在的,它虽有表意性,但最具表情性。

(4)效果:效果是人为制造的声响,它可以营造真实的环境,表现人物的情绪,折射人物的心理,具有象征性和自身价值。

(5)同期声:同期声是拍摄现场的自然声响与人物语言(如:采访、讲课中的人物语言等)。

(6)字幕:字幕代替简单的说明性解说,起提示作用。

以上几个创作要素,分别隶属于视听两大系统,共同构成电视语言,具有视听双渠道刺激和元素多维性的特点。即每个元素都有其独立作用及价值。在电视纪录片创作诸元素中,画面与解说是最重要的两个元素。解说只是创作要素之一,只是必要条件,而不是唯一条件。因而,好的解说处理必须参考其他创作要素,不突显本体,求得电视纪录片的整体和谐与完美。

第二节 电视纪录片解说创作

一、电视纪录片解说的备稿

备稿是解说成功的前提。因此,解说之前,解说者必须十分明确自己的解说任务。

电视纪录片解说的备稿,除参考一般播音的"备稿六步"共性要求以外,还有其自身特点,可以概括为三个方面、两个阶段、一个循环,具体如下:

(一) 三个方面

(1) 解说本体：了解解说词，从每一段解说词到全片解说词，可得到较完整的解说内容。

(2) 画面图像：观看画面，可得到片中内容的视觉信息。

(3) 全片创意：了解视听两个途径的全部信息，尤其是画面语言和解说语言，便可获得全片创意，形成解说的表达基调、解说风格、语言样态，才能更好地把握解说的主旨、任务、处理方式等。

总之，在电视纪录片解说备稿中，只看解说词本身是难以把握全片创意的。因为只看解说词，往往只能获得一半信息，另一半信息在画面里。因此，解说备稿时，应适当配合画面进行，才能把握准确。

(二) 两个阶段

(1) 整体把握：从解说词、画面两方面的完整信息中，理解全片创意。

(2) 具体把握：在全片创意之下，才能准确明了每一段解说词的作用，选择适当的表达手段加以处理。

(三) 一个循环

(1) 看解说：从每一段解说词到整体解说词，初步了解解说词大致内容、基调、风格。

(2) 观画面：编导的创意主要体现在画面语言和解说语言中。如果只看解说词不看画面，大多就只得到全片创意的一半信息。

(3) 了解创意：三个方面都了解后，获得纪录片的创意，就会产生对全片的整体感，形成解说的基调、风格、样态。

(4) 每段解说：从整体感再回到对每一段解说词的理解感受，往往有认识上的升华。

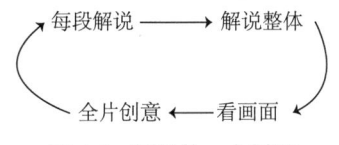

图 6-1 解说的一个循环

简言之，解说的备稿特点是全方位涉及、循环式过程和整体氛围下的具体把握。

二、电视纪录片解说的作用与处理

(一) 提示说明作用

提示说明，是解说最基本的作用。它是对与解说词内容对位的画面进行说明、讲解，使人们对画面内容有更清楚的认识，不致发生歧义。

这种解说，一般要将与解说词内容对位的画面中的景物或人物、人物关系、他们的行为、

事件、时间、地点等介绍清楚。比如:《八闽风情》一片,画面中是圆形的土楼,解说词是:

这是闽西南地区客家居住的土楼,土楼具有漂亮的外形和宏大的规模,这种精巧特殊的构造艺术在世界民居中都是极为罕见的。

又如:《梅根在北京》一片,片首画面是梅根、弟弟与妈妈进学校的镜头,解说词是:

这两个迟到的学生是一对美国姐弟,姐姐叫梅根,弟弟叫乔治。梅根以前在这所学校里上过课,后来又回到了美国,现在美国的学校放假了,他们的妈妈又把他们带回了北京,想在这所学校里继续学习。

有时"这是""这"之类的提示说明性词语并没有出现在解说文字表面,但也是一种提示说明。例如:《流动的历史》一片,片首是英国伦敦的市景画面,解说词是:

伦敦,是座历史悠久、风景秀丽的名城,波光粼粼的泰晤士河从城市中间静静流过,给这座城市平添不少风韵。

这说明,虽然没有"这""这里""这是"等提示说明性词语,但介绍画面内容的作用却显而易见。

播提示说明作用的解说词,应加强解释的感觉,由较强的语气显现其解释的意味,用重音点出其提示的点,不可处理成自言自语式的淡淡的小声叨咕。

(二)补充丰富作用

补充丰富,是解说的本质作用。编导往往将不易或不能用画面来表达的内容,通过解说补充进去,扩大片子的包容量,使观众得到更多的信息,从而更好地理解片子。补充丰富,集中体现了解说(有声语言)的优势。

在电视纪录片中,通过解说可使受众更清楚地了解到片中人物的生活经历、主人公的内心世界及片中画面背后的内容。对于这些,有时画面语言是无法做到的,才以解说发挥其有声语言的优势作用。

比如:纪录片《我爱国旗》中有一个画面:新中国成立之初,香港艺术家在山上用人体组成了一幅图案。如不听解说词,便不知这个画面的内涵:

"新中国诞生的第六天,恰逢中秋佳节,当时中英两国还没有建交,香港不能悬挂五星红旗,这些年轻的艺术家就来到香港扯旗山上聚会,用自己的身体组成了五星红旗,用这种特殊的方式表达对中华人民共和国成立的喜悦。"

其实,在这部片子当中有不少画面都伴随有这种补充丰富作用的解说词(见实例分析)。如在世界赛场上举重冠军是如何为国拼搏,使他国国旗被取下,升起了中国的五星红旗;华裔科学家从怀里掏出五星红旗展现在太空中等。

可以说,补充丰富是电视纪录片解说的主要作用,它可以通过解说表现有声语言的优势,补充画面外或事件过程的信息,还可以表现人的内心、思想、情感及抽象性内容,对片子、画面发挥较好的补充丰富作用。

播补充丰富作用的解说词,应有较强的补充意味。表达不可太淡,解说位置感应前推。

(三)深化主题作用

深化主题,是解说的重要作用。它是通过解说,将编导的立意、观点直抒胸臆地表露出来,成为全片内容的升华和精神实质的凝结点。

深化主题作用的解说具有中国特色,在一些政论片中比较多见。这种解说词集中揭示了本片的创意,并往往用富有情感和文采的议论"以虚寓实"点出本片的立意,形成该片的"点睛之笔"。如:《我爱国旗》中向我们展现了国旗的诞生、英烈们用自己的生命和热血染红了国旗;新中国建设时期,国旗继续激励着我们的运动员、科学家、军人等发愤图强。在第五集临近结尾处有这样一段解说词:

红色,血液的颜色,生命的颜色。独立、自由、富强,这是中国人一个多世纪以来,为之奋斗的理想。为了实现这个理想,无数革命先烈染红了朝阳,赋予这片大地以新生。先烈的英灵就是国旗的魂。

播深化主题作用的解说词,应具有强调、点指之感,表达多情感浓烈,有内在力度。

(四)烘托添趣作用

烘托添趣即烘托气氛、增添情趣之意,是解说的渲染作用。它可以通过解说将画面上平淡无奇的形象,引发为情趣盎然的联想,或将画面中本已具有的情感意向进一步加深、加浓,从而使观众更好地感受画面语言,欣赏片子。

如:一部旅游风情片《友谊之旅》片中,画面上是"过人桥"的游戏,一头大象正在驯象师的驱赶下,一步一步迈过等距离躺在地上的人,待它走了一半不走了,一只抬起的大脚在一个躺在地上的人的脸上晃,解说词是:

这只大象对这位女游客发生了兴趣,以至于动手动脚。

在这里,画面本身已经很有意思了,加上这段解说,使这种情趣得到了渲染,更加使人兴趣盎然,从视听两个方面刺激了观众的感官,取得较好的效果。

除风情片外,其他片类也有烘托添趣作用的解说词。备稿时应仔细分析,设计表达。

播烘托添趣作用的解说词,表达时要表现出极大的兴趣,语言可夸张一些,情感可浓郁一些。

(五)抒情造境作用

抒情造境,是解说的艺术点化作用。它往往用虚化的手法,来表现内心深挚的情感,或以精深的点指营造一种意境。

它表现了解说词寓实于虚的写作特点,具有文采。如:《中华之剑》一片中,同期声讲述了一位女缉毒警的刚领结婚证尚未举行婚礼的丈夫为追捕罪犯与贩毒者一同跳进了滚滚的江水中。当时,这位女缉毒警正在外地学习,回来后只有丈夫的遗物了:那写给她的尚未发出的充满爱意和思念的信,那枕巾上丈夫的气味和头发,那掉了齿的梳子,那曾吹出过欢快曲子的口琴。以后的日子,她时常睹物思人,用抽烟来排遣自己内心的痛苦。片中有这样一个画面:在江边,那位女缉毒警默默无语,深情地望着滚滚的江水。解说词是:

每逢九月,成双成群的彩蝶就飞到这条江边,徘徊在烈士施翔宁牺牲的地方不肯离去。这里的人们说:"那是他的灵魂"。

像这样的解说词,就是为了抒发对烈士的深深怀念之情,营造一个浓浓的意境。又如:《萌水情思》一片,表现的是当地人民为了给修建水库让地,迁移至他乡时,对故土的留恋之情。解说词是:

萌山、萌水,今朝我离去,又禁不住回首再望你:这山,鲜花独秀;这水,娇楚可赞;这人,善良聪慧,我真想将这些带走,真想;以及它春的萌动,夏的色彩,秋的成熟,冬的言语。

在这里,解说词似优美的散文凝结着作者深深的故土恋情,营造着浓浓的难舍的氛围。播抒情造境作用的解说词,要有深挚的情感,语言色彩浓郁,或在浓妆素裹中含有韵味。

(六)连接画面作用

连接画面,是解说的又一个作用,帮助推进内容、形成结构。通过解说,可以将表面上互不相关的镜头画面,有目的和有机地连接起来,使观众形成准确的理解。

如:《闽土神韵》一片中,对"桥"与"塔的连接"

"建桥的初衷不过是助人渡河,但后来却成为被人称赞的艺术品,这大概是建造者始料不及的。同样有趣的是,一些本来用于某种观念的东西后来却有极大的实用价值,这大概也是建造者始料不及的。福建沿海的许多石塔便是一例。"

这段解说词就巧妙地将石桥与石塔连接起来,起到连接作用,并道出了画面的含义。
播连接画面作用的解说词,要有承上启下之感,点准、凸显上下重音,观众才听得清,不致使重音淹没在自然的语流中。

其实,解说的作用不止这些,除以上几个主要作用以外,还有领起作用、归纳作用等。

如:"我国今年真是水果大丰收啊!"

此话在一组水果画面之前说(领起作用)。

此话在一组水果画面之后说(归纳作用)。

起不同作用的解说,表达处理不同。

了解了解说的作用,在表达中还要注意把握:(1)既要语言自然流畅,又要表达有重点,不可顾此失彼。(2)既要每段有独立作用,处理多样,又要受基调、风格、语体的制约。(3)解说词散化、不完整、不连贯,表达时心中却要有整体感,与上下文承接,与画面内容承接。表达时,不可每段感觉从零开始,将解说词播碎、播散,应将解说词播出整体感。

三、电视纪录片解说的特点

电视纪录片解说不同于广播播音,也不同于电视新闻片配音,有其自身特点。

(一)稿件

电视纪录片解说的稿件大多散化、不完整、不连贯,有的有句无段,有的有段无章(少量政论片相对成章),不像广播稿写得较完整。但在解说时,不能稿子写得散,就播得碎,应当心中有整体感,并把握每段解说的具体作用,懂得与画面承接、配合。解说与画面有高度依存性。实际上,解说的表达处理,不仅要依据解说稿,也要参考画面情状以及其他创作要素。

(二)作用

电视纪录片解说的稿件写法比较丰富,表达形式也多种多样。相比电视新闻片配音,电视纪录片解说不只担负"提示说明""补充丰富"作用,根据不同片类与解说词写法,还有多种作用,具有新闻性与艺术性。

(三)表达

电视纪录片解说,一般而言,用声小而实,比新闻播音用声低,力度弱,用气更灵活,语言更自如、多变;它比电视新闻片配音有艺术性。

(四)心理

电视纪录片解说的创作,表达主体的感觉和感受同时发挥作用。当对着画面解说时,画面上与解说词对位的景物、人物、环境等形象,可对解说者形成直接的感官刺激,引起解说主体的相应感觉,并融入解说语言中;当没有与解说词对位的画面时,解说者则要通过文字媒介唤起自身的心理感受来进行解说创作。同时解说者也要头脑中有自己想象联想的形象与画面来支撑自己的解说,避免解说处理得空、白、淡、平,缺少交流感与画面感。

(五)位置

电视纪录片解说的位置感不像广播播音居于前面,通常是位置撤后,起辅助画面的伴随作用,但根据解说的作用与需要,有时其位置感也会前推,这种心理感觉直接关乎解说表达处理的分寸把握、用声幅度及与画面语言的配合感。

不同片类中,解说有不同的位置感。

风情片:以画面为主,解说为辅;

政论片:以解说为主,画面为辅;

人物片:画面、解说的主次互为转化。

其实,这也无一定之规,应视电视片的具体创作为处理依据。有时还呈非单一性处理。

四、电视纪录片解说的把握

电视纪录片既有新闻性,也有艺术性,既有理性,也有感性,是综合性的片类。因此,解说要做到:会判断,有技能,会处理。

(一)与片子的目的、风格相贴切

电视纪录片解说,首先要把握解说基调。通常,相同内容的片子,创作目的不同,便会产生不同的基调、不同的表达样式;相同样式的片子,创作目的、方式、手段不同,也会有不同的表达风格。

解说基调的产生,来源于对片子的创意、解说词的创作,以及对片子的主题、目的等方面的理解及把握。因此,解说者接到一部片子的解说任务,首先要看该片是表现什么内容、立意何在、运用什么手段和风格来体现的,再结合解说词的具体写法,选择出适当的解说样式、风格及身份位置,将这些因素融于解说的基调中。

例如,一部表现抗洪救灾的片子,画面中既有灾后当地的苍凉景象,也有军民同心抗洪的动人画面,那该用什么基调呢?这就要看片子的创作目的了:如想表现当地人民同心抗洪的硬骨头精神或和平时期灾害就是战斗,解放军哪里有险哪里冲,就应用"热情、赞扬地"基调;如想表现灾情严重,希望人们伸出援助之手,那就该是"凝重、深情地"基调,否则达不到目的。当然,这里的基调不能是"悲切、消极地",这不符合国情与片子的创作初衷。

这说明:相同的内容,创作目的不同,便会产生不同的基调及表达。

又如,《凤凰涅槃》是一部中国改革开放全景系列片,应属"政论片",本片立意及创作方式决定解说不同于以往那种:高视点、强力度、大气势、扬多抑少的政论片解说方式,而是采用内在、平实的表达方式,基调多凝重。这种解说处理开始不被某些人理解,因为他们听惯了激情洋溢的赞扬性政论片解说。解说者本人也有一个理解的过程:此片同期声很多,内容多是客观回顾改革开放以来我国经济领域所走过的道路及目前所遇到的问题。该片的创作初衷是表现改革开放的进步与成果,更有提醒人们认识成果背后的问题,促使人们面对现实,突破瓶颈更好地投入到改革开放的事业中。所以解说词没有文采飞扬的句子,解说的任务与表达当然也就不同。

这也说明:相同样式的片子,创作立意、方式不同,也会有不同的表达风格。由此可见,解说词的写作,也就是"一度创作",决定了解说"二度创作"表达的基调与风格。

诚然,"备稿六步"最后才产生"基调",然而语言表达往往一开口便能听出基调(风格融入基调)。基调有内外两个方面,一定的思想感情,还要一定的声音形式,才能准确体现。某位著名配音演员受邀到电台演播一部外国小说,编辑说:"她只念了两句,我心里的一块石头就落地了。"为什么?因为她听出来对方把握了这个作品。

通常,解说一开口,人们便能听出基调,但也会有不同。

比如,《让历史告诉未来》系列片的开头(画面上是春节联欢晚会上,一群头戴兔耳帽的小朋友正在跳着欢快的舞蹈)解说词:"瑞兔,象征吉祥、和顺,给兔年的中国带来欢乐。"如果解说者顺着这样的欢快情绪形成解说基调就不大合适,太轻快了。因为这部片子是表现我军建军几十年来所走过的道路,其中既有胜利,也有教训,道路并不平坦。解说基调以凝重为主。但既然此时画面是欢快的情绪,解说也不能背道而驰、相去甚远,就应在总基调的制约下渗透些相应情绪,但不能过,做到统一之中有变化,既有具体段落的独立性,又有全片统一基调的制约,杜绝以不变应万变或没有基调的解说。

总之,与目的、风格相贴切,就是为了求得解说基调、风格的准确,并选择适当的表达手段。在具体落实中,既要避免笼统的模式套用,也要摒弃解说者个体的表达定势。

(二)与画面的情绪、气氛相和谐

解说与画面的情绪、气氛相和谐是电视纪录片声画和谐的重要条件之一。解说与画面的情绪、气氛相和谐,在于内在感觉与外化形式两个方面。一般而言,解说的情绪应以画面的情绪、气氛为依据。画面的情绪、气氛是解说情绪的基础或参照,除特殊需要外,解说与画面的情绪、气氛不符,会呈现声画两张皮的感觉,难以让受众得到视听统一的心理刺激与感染。例如,画面上是久别的亲人重逢,而解说却平淡、不紧不慢,或画面上是异国市景闲适的气氛,而解说却是快而紧的表达,这些都难以与画面的内部情感与外部节奏相合。为此,解说者应紧跟画面的情绪、气氛,不断调整自己的内心感觉与之相适应。解说语言的冷与热、喜与悲、严肃与轻松等各种情绪色彩、表达样式及节奏变化都来源于对片子的具体内容、画面情绪与气氛的理解、感受与体味。此外,解说情绪的准确,不仅要求内心感觉到位,还应外化到位,让人感觉得到语言色彩的性质、浓淡,语言形式的扬与抑、松与紧,以及语言表达技巧的合理运用。

与画面的情绪气氛相和谐,具有"对位性"与"对立性"两种情况:

对位性:指解说的情绪以画面的情绪为依据,二者相合。

例如,在电视纪录片《中华之剑》中,有这样一个画面:缉毒英雄刘朝辉与战友背对画面并排前行,与之相伴的解说词是:"这位缉毒者在立下一等功之后,却不得不隐姓埋名,背井离乡,这在今天的生活中,似乎是难以想象的。"

在这里,片中与解说的情绪相合,都是深情、凝重的。这就是对位性。

对立性:指解说的情绪与画面的情绪不相符,呈现相反意味。

有时为了追求片子立意的高层次表现,解说与画面的情绪不是正相合的"对位性",而是不相合的"对立性",这是编导一度创作的高层次追求。例如,《中华之剑》中的另一个情节,云南的缉毒英雄们获得了剿灭贩毒集团的胜利,到北京参加表彰大会。表彰大会上的气氛应当是热烈、兴奋的,解说也应是暖色的。然而,此时片中与这些画面相伴的解说色彩却与之相反。解说词是:"在这个颁奖会上,一位老侦查员笑着对我们说:'除非我们牺牲了,人们才会真正地认识我们。'"这里我们听到的是凝重、意味深长的解说,它使我们想起片中那些献出生命的年轻的缉毒警们以及更加严酷的缉毒现实。这就是编导的立意所在。

(三) 与镜头的运动方式、景别、场景相适应

解说不仅要与片中的情感、内涵相依,也要与画面的表现形式相合,才是解说与片子相合的真正内涵。

与镜头的运动方式、景别、场景相适应,关系到解说与画面是否贴合。镜头的运动方式,指镜头的推、拉、摇、移、跟、仰、俯拍摄方式;景别,指镜头的远景、中景、近景、特写;场景,指画面中场景的内景、外景等。

电视纪录片的画面语言,是由一个个、一组组画面组合而成的。要想解说成功,不能只与片子的思想感情和内涵相依,也要与其表现形式相合,才是解说与画面的真正相合,这一点在解说中非常重要。关注画面的不同景别、不同场景、不同镜头方式,甚至镜头中人物、景物的不同距离、不同方位、不同色彩、不同明暗等,这些都对解说者的心理感觉产生一定作用,片中镜头的这些处理也大都是编导为了表现片子的内涵意义的有意为之。解说者对于这些都应施以不同的语言处理,运用不同的音高、音强、音长、音色及语言色彩等。

例如,画面上是一个人与久别的亲人重逢,激动地跑向对方的动态跟拍镜头,解说尤其是第一人称的解说却是四平八稳的人物静态叙述,这种解说与画面的跟拍镜头脱节,缺乏人体动态与内心情感的冲击力与感染力,不能体现出编导对此段落的创作动机。

又如,为了突出一座石雕像的高大,摄像使用了仰拍镜头,如果解说者不带有自己也正仰视着这座高大石雕像的感觉来介绍,就会使人感到解说与镜头视角不合,冲淡了对这座石雕像的夸赞效应。

还如,画面上是两个惠安女在悄悄说话的近景,解说在介绍她们时,就要音量小,半虚声,表达内在,给出近景的距离感,也显得有礼貌。如若片中是乡村社火耍蛇灯的夜景镜头,还是远景,那么相伴的解说就要有远望之感,内心赞叹,小声抒情,语速稍慢,给出一种意境感、纵深感与立体感。这样我们的解说才会内外贴合、生动、有意味,从而显现出解说的魅力。

再如,片中画面内外场景不同,解说也要不同。有一部歌颂市政设计人员不辞辛苦为城市建设作贡献的纪录片,片尾是夜色中设计人员在工作室赶制图纸,相伴的解说词是:"啊,人民不会忘记!大地不会忘记!"这时的解说就不能大声抒情,会打破安静的工作氛围,而应

音量小,音色暖,内心充满敬意,与片中氛围相合。当然不同编导会有不同的处理,如若相反,这部片子的结尾不是在夜深人静的室内,而是在大白天的野外,而且是空中航拍镜头(画面给出市政设计人员的工作成就,展现出桥梁、道路等),这时的解说就与之前大不相同,配合扬起的音乐声,应当放出声音,情感浓烈。如果说之前的解说是内在、深情地赞颂,那么现在的解说就应是辽阔、激情地赞颂。前者是阴柔之美,后者是阳刚之美。二者反差极大,但殊途同归,目的相同,也都具欣赏之美。

当然,不是说所有的解说,都要随每一镜头、景别、场景的变化而变化,这不可能,也没必要,要根据解说的具体作用及编导的意图而贴与变。在一线实践中常是先录解说再剪画面并合成。这就需要解说者依据解说内容、分镜头脚本等,一方面运用想象联想、专业经验,合理想象片中所说的一切。另一方面也可先去看一下尚未合成的资料、素材,让自己的头脑中出现相应的形象、画面,使自己的解说感觉具体、有内心支撑。

以上说明,解说不仅要与片子的思想感情的内涵相依,也要与片子的镜头、画面等表现形式相合,这才是解说与片子相合的真正内涵,也是高水平的解说创作。

(四) 与画面的段落、位置相吻合

电视纪录片有大小段落,解说也应与之相合。解说与画面的段落、位置相合,可使受众看得清楚、听得有味,更好地体味片子的内涵与情趣。解说要想与片子的内容、段落对位准确,首先要在分析理解的基础上,知道片子的大段落与小层次,其次要把握一定的对位方法。这中间有两个层次的把握:宽对与严对。

(1)宽对:是指与片中的大段落与小层次相合。解说要与片中的大段落与小层次相合,就不能与本层次的内容错位。例如,《八闽风情》一片,介绍了福建的风土人情:土楼、悬棺、石旗杆、惠安女、蛇图腾等。解说不能将"悬棺"的内容上移到"土楼",也不能下延到"石旗杆"。同时,"土楼"这个大段落根据具体内容又可以分为5个小层次:土楼的外形、土楼的建筑、土楼的实用价值、土楼的防卫措施、土楼的影响。每一个小层次的解说也不能上移或下延到其他小层次。解说"宽对"的对位方法有:变速法、移点法、抖散法。

变速法,指画面多、解说词少时,可放慢语速,反之,画面少、解说词多时,则可适当加快语速,以与画面长短均衡一些。

移点法,指为取得解说与画面的和谐,在不影响本段落或小层次对位的前提下,将解说进入某一段落或层次画面的点"后移"或"前移"。

抖散法,指在画面多、解说词少时,将解说词在放慢的基础上,再把语句拆成一个个词组甚或一个个词,以延长解说的时长,求得与画面长度的均衡。使用这种方法时,应注意心理照应,即语止而意、情不断,语言形式"顺势而上,顺势而下",形成波浪式起伏,有主次和语流曲线,使人听得清楚、舒服。

例如,在《流动的历史》一片中,有一组镜头:早上大英博物馆还没开门,却已经有人在等候了。与之相伴的解说词比较少但画面较长,此处只使用"变速法"已无济于事,便可再加上"抖散法"。将解说语流处理成:语速慢、词语散、有起伏的形式:"每天清晨↗都有↘许多人

↗在这里↘静静地→等候着→进入↘这座→神圣的↗艺术殿堂→。"这样的处理,在一般的播音表达中是不可行的,因为通常语言表达要求句子报团,意思完整。但在解说中是可行的,原因是:一方面,解说中有画面、音乐等其他创作元素相伴,不会给人断碎感;另一方面,表达的语意、情感不断,有承上启下之感。具体处理:拉长字音,拖住气息,语尾不掉,语流起伏,形成波浪,因为没有起伏分不出主次。在此为了全局,弱化了语言表达的"本体规律",牺牲了局部效应,而追求了整体效应。例如与之相关有一个名人轶事:雕塑家罗丹邀请人们参观他刚完成的作家巴尔扎克的塑像,当他听到有人说塑像的"手"特别好时,竟然将其砍去。这说明艺术以"整体为美"。解说也是这个道理,局部之美不是美,整体之美才是美。解说的最佳效应是不知不觉地进入画面和音乐,又不知不觉地撤出,不夺戏,却很好地完成了自己的任务。

(2)严对:即与片子当中的某一具体景物、人物严格对位,处理好会恰到好处,妙趣横生,体现解说的魅力。宽对可使用上述三种对位方法,严对由于严格限制只能使用变速法一种。

例如,在《闽土神韵》一片中,有一段介绍福建地区的石桥历史久远,坚固耐用。其中介绍到"五里桥"又名"安平桥"时,解说词是"……足以说明我国当时的造桥技术。人们自豪地称赞这座桥是'天下无桥长此桥'。"这时片中对位的画面上出现的是镜头从上至下摇出的一幅老旧的牌匾"天下无桥长此桥"。这时,解说就应随镜头依次给出每一个字,严格对位,还要有机、自然,给人一种贴合感。

又如,此片中的另一段解说词:"山脚下的大型石雕像李老君更是精品。此像高五米,宽也七米有余,两眼平视,双耳垂肩,面目含笑,苍髯飞动,它慈祥地注视着数百年来从脚下走过的芸芸众生。"与之相伴的画面,之前是石像镜头,之后有一对青年男女游客进入画面,抬头观看完李老君石像又步出画面。试想,如果解说道"……它慈祥地注视着数百年来从脚下走过的芸芸众生"时,画面里的这一对游人也刚好向上仰视,与李老君向下看的俯视目光相对,不正贴合了解说词与画面的内涵,产生一种妙趣吗?反之,如若解说到这句时,游人还没入画面或已经出画面了,那这一妙趣就落空了,解说严对的魅力也就不存在了。为此,解说时可用"变速法"来调整语速,拉开或加紧些,以贴上这一契合点。

在严对中只能使用"变速法",为什么不能使用其他两种方法?原因是除此处需要严格对位外,解说前后的其他入点与出点也有一定限制,不能移动,否则会顾此失彼。

还需说明,电视纪录片创作多样,解说词写法也多样,解说经常要跟上其主次、节奏,加之有些解说词出自非专业人员之手,不懂得不同片类、不同内容的解说词写法、字数不同,因而有时难免会造成解说词与画面语言长短不均,为了使二者在相应段落位置能对上或匹配一些,就会出现时而语速较快,时而语速较慢的情形,因此,解说者要有"过渡语速"的处理能力,即有中间语速过渡能力,形成整体上大致和谐的印象。不至于太突兀,使人听之不舒服。

宽对与严对都可使用"变速法","变速法"的使用应当有机、自然。在解说语速快慢变化时,要有较强的心理支撑,不能"为快而快、为慢而慢",不能让人听出在"赶"解说的入点或在"等"解说的入点,应当"快得合理、慢得有味",要让人觉得是情感所致才加快语速或为了充分展示语言内涵才放慢语速。此外,还应注意要有过渡性语速,防止语速突变带来的不和谐感。

解说者如何记忆、识别画面的出入特征？需要记住同类画面中的不同点,如：记景物、记景别、记场景、记人物、记动静、记镜头、记颜色、记音乐。如画面上都是树木,你就可以记住与解说对位的树木的特点：是绿叶还是黄叶、是杨树还是松树、是一棵还是几棵、是仰拍还是俯拍等不同特点；如画面上都是人,你就可以记住与解说对位的人的特点：是男性还是女性、是老年还是青年、是坐着还是走着、是近景还是中景等特点。此外,还可以记住解说处是否有音乐以及其特点。当在同一类别中分不出不同点时,可看其他方面的区别,作为特点标志。

总之,不掌握画面的进出点,解说时,总会提着气、绷着劲儿,生怕误了解说的进出点,不可能有一个好的解说状态,难以做到从容解说。

(五) 与音乐的情绪、节奏相谐调

音乐有自身表现力,电视纪录片中的配乐可以渲染情绪气氛,表现时代气息、地域色彩、情感氛围,具有很强的艺术感染力。

目前,电视纪录片大都是先录解说,再配乐；也有极少数是先配乐再录解说。从规范的创作角度,应当是先剪片子、录好音乐、再录解说。因为这种程序,能够给解说者提供情感诱导及参照,如帮助解说者对准画面、把握解说的出入点,产生相应的语言节奏及情绪,这样的工作状态是最理想的,有助于做出质量上乘的作品来。解说中如果没有画面形象、段落、音乐等参照,解说者往往心中无底,很难引发解说情绪并与其他创作元素配合。若不敢变化语言节奏和表达方式,只能是那种不快不慢、不高不低、不刚不柔的"平面图"式的解说,会影响解说的表现力和感染力。

针对当前这种先录解说的工作状况,解说者应当根据解说任务与解说词写法,寻找自己的解说处理,更好地与片中音乐配合。首先,解说应区分有无配乐。电视纪录片不是每部都有配乐,也不是全片的每一段都有配乐,所以解说者在解说之前就应弄清这些。当片子尚未配乐时,解说者应主动询问编导此片配乐的情况,根据解说内容弄清全片哪里有配乐,哪里没有配乐,以及音乐的基调、风格、作用等。因为有无配乐的解说,解说感觉和语言处理是不尽相同的。通常,有音乐相伴的解说语言要有种伴随感,有与音乐旋律起伏的感觉,这样才能二者相合融为一体,不致产生两张皮之感。没有音乐的解说,语言更平实一些,只关注自身的语言内涵、节奏、情绪等。

解说与画面、音乐相合,是与片子相合的核心要素。解说与音乐的相合最忌闯进闯出。

那怎样才能实现二者的和谐统一？首先要了解片子的创意、基调、风格、特点,其次要知道音乐的相关情况及具体作用,做到心中有数,才知道如何与之配合。

例如,有一部介绍我国与荷兰两国间图书出版交流的纪录片《神奇的魅力》,但片子的开头并没有直接进入正题,而是伴随优美的音乐,画面上呈现出各种美丽的鲜花,接着出现了这样一段解说：

荷兰,欧洲的花园,鲜花的王国,虽然已是初冬时节,仍然可以看到不少鲜花。如果说,荷兰的花卉出口每年可以获得十几亿美元收入的话,那么荷兰的书刊出口,同样也为这个低地之国带来上亿美元的收入。

在这里,解说随着这满目的鲜花和优美舒缓的音乐,以甜美的音色、起伏的语流、略带抒情地说出,字音拉长似揉进画面与音乐声中,这种配合给人带来有机、自然、和谐的美感。值得注意,这段解说的处理虽有一些抒情味,但也不是全有,只在开始时有些,之后便逐渐微调至言归正传的感觉。这样的处理,既有与片中其他创作元素的配合感,也有解说较高的艺术性、任务感。这说明,解说是一种综合性的表达创造,缺乏专业性、文化性、艺术性的解说者很难做好。

解说与音乐相合,解说者平时就要多积累音乐素材,当编导告诉你是什么性质的配乐或与哪首乐曲或歌曲相似时,你就要知道其基调、风格、节奏、旋律等特点,使自己的解说与之融合。如上例,当时本片解说者也不知道究竟是用哪首乐曲作为片子开头的配乐,但当看到画面及解说内容时便知这是全片的引子,配乐一定是舒缓、优美的性质,于是以这种感觉进行了解说。事后证实解说者判断正确,编导使用的是《玫瑰色的生活》,解说者本人也非常喜欢这首乐曲,解说感觉与此音乐非常吻合。当然,解说与音乐的配合,不是说解说语言要与音乐亦步亦趋,而是说解说本体有独立性,不过要有与音乐的兼顾、相融感。

与音乐的配合还要注意:男生解说不能沉在音乐的下面,女生解说不能漂在音乐的上面,(需要时可以突破),否则也会造成解说与音乐二者不合。因一般配乐多是中声部、叙事性。

总之,解说与音乐的配合,最重要的是心理要有与其他创作元素的配合感,有种"接来送去感",产生适当、细腻的配合感,承送上下内容和情绪。因而解说表达经常会出现高接低送、强接弱送、快接慢送、明接暗送等或相反。解说与音乐的配合,还要注意生理与物理方面的处理与把握,具有:用声的音色、共鸣与变化,气息的强弱、长短与变化,咬字的长圆、松紧与变化,呼吸肌和咬字肌的松紧控制与变化等。

由于不同片类的解说要有不同的身份设计和语言的呈现,因而必须极为关注用声的适应性。例如,一位女生的自如声区是小高音,她在解说《闽土神韵》这部片子时,就可用自己的自如声区,因为在这部民俗纪录片中她设计自己的解说身份是一个报社旅游版块的记者或导游。但解说《流动的历史》时,她给自己设计的身份是一位知识女性,由于欧洲女性的声音往往比亚洲女性低,语言典雅,为了适应这种环境氛围,这位解说者的用声应压低到自己的自然声区的最低处,才能实现自己的语言声音设计。

(六) 与效果、同期声相有机

在电视纪录片中,存在大量效果声与同期声,解说与它们的配合是否得当,也事关重要。

(1)解说与效果声:效果是指人为制造的自然界及人类社会活动的各种声音。效果声不仅能营造真实的环境氛围,也可以表达情绪气氛、人物心理,有象征力和自身价值。因此,解说者也应设计与效果声的配合，表达时，调整自己的内心感觉与声音的高低、强弱、长短、刚柔等，与效果声相适应。

例如，大型改革开放全景系列片《凤凰涅槃》的第一集"春风从这里吹起"，是反映农村改革开放所走过的艰辛之路，片首的解说是：

鸡叫头遍，18个在贫困中挣扎的农民兄弟冒死在一张契约上签名画押，决定把人民公社的土地分了，包干到户联营。这些农民死也没有想到，他们长满老茧的手这么轻轻地一按，居然在一个偌大的中国按响了一片惊雷。

与之对位的画面是农民们正躲在茅屋檐下向天观望。面对这样的解说词，这样的画面，解说者在对全片创意、制作方法的理解基础上判断，此时的雷声不是对自然天象的展现，而是对当时特殊年代政治天象的象征与表现。因为当时在中国"分田到户"这一做法是不被允许的，但是安徽凤阳小岗村的农民们从自身经历感到不分田到户就无法生存了，可一旦被上边发现，就要问责、坐牢。所以他们才顶着巨大压力签下这份生死契约：一旦有人因此被抓，他的家人就要由全村人共同抚养。了解了这些，解说时，还要考虑这雷声是什么性质的，以与之配合。如果是闷雷、地滚雷，解说的语势就要平；如果是片中的惊雷，解说的语势就应扬起，与高空炸响的惊雷声有机结合，给人视听和意义相合之感。

（2）解说与同期声：同期声是指与画面相伴的同步声音。同期声最具真实性与现场感，它丰富了画面信息，给予人们真实的感受。具有真实性、纪实性的电视纪录片创作极为重视对同期声的运用。

解说与同期声配合要注意两个方面：一是关注同期声中人物语言的内容，二是关注同期声中人物的情感和说话的方式，以便与同期声有机、自然地承接，表现为声音的高低、明暗或语言的快慢、轻重等。

例如，《凤凰涅槃》系列片的另一集"对外开放"，片子的开头，年轻的编导别出心裁，到深圳火车站采访来往的旅客："请问您知道不知道深圳的'圳'当什么讲？"回答都是不知道。这时一位中年香港人谦虚地说："你讲给我听。"此时，画面上出现一本打开的古籍，一条红道顺着有关字迹划下，与之伴随的是这样一段解说词："圳，一条水沟，深圳，一条深水沟。"事后解说者体会：如果知道自己解说之前同期声里是这样的内容与形式，解说就应当比现在更加强解释的感觉，更好地与同期声中的内容衔接，更加清楚地告诉受众这一地名的意思，也是替片中采访者回答对方的发问，更好地落实编导的这一创意。

又如，缉毒系列片《中华之剑》中，有一个感人至深的情节：在一个解放军化工厂的座谈会上，代表们个个满含泪水，口吐心酸，强烈控诉毒品对自己子女的极大毒害及自身的无奈（当时本地自由市场上孩子都能买到毒品，有的家长给孩子戴上自己做的镣铐锁在床上来阻止孩子买毒），他们联名向党中央写信，呼吁"救救孩子！"希望中央过问本地区的毒品问题（当时本地派出所领导等遭到无情杀害，工作场所也遭到贩毒集团的大肆破坏）片中此时现场情绪悲愤，随着激昂音乐扬起，解说者以极大的激愤情绪，语言扬起、加重、近乎喊出了：

"贩毒者不下地狱,谁下地狱!总理收到来信以后立即批示!'云南的禁毒工作到了非抓不可的地步……'"(之后,中央调来武警部队与当地缉毒人员合作,终于打掉了贩毒集团)这种不同寻常的解说处理十分贴合。如单听解说语言,又高又强,很突兀,但与现场气氛、扬起的音乐及强烈的内心感觉结合,就十分贴切。这说明解说与同期声相合也应与其情绪相合、承接,所以解说不能只顾自身创作,要时刻与其他元素相合并使其发挥作用,这也是解说创作的特点之一。

当前,电视纪录片创作多样,手段丰富,然而不少片子的创作人员不让解说者提前看片子就录音(有的录解说时还可以看到片子片段,有的自始至终都没让解说者看到片子),这样的工作状态很难产生上乘之作。出现这种现象的原因:有的工作太忙抢时间,有的不是专业出身不懂创作规律,还有的就是工作态度不认真。以上诸种情况,导致解说者看不到片子的全貌或上下内容,仅在需要录音的位置上"打点"开始录音。所以会造成一些解说者对解说的感觉把握不准,处理不当。因此,应当牢牢记住:电视纪录片解说不是只播解说词就行,一定要了解全片、画面、上下关系、其他创作元素并与之配合才行,才能让解说成为全片创作元素中的有机一环。

第三节　电视纪录片解说的表达特征

一、解说语言的艺术化、生活化

电视纪录片解说的表达特征,来自电视纪录片创作的基本特征。真实性、纪实性是纪录片最根本的属性,兼有编导的主体意识参与。丰富的创作手段,导致解说多样化,除自然、清楚的叙述、讲解式解说,还有多种解说样式。具体有:第一人称解说、一三人称交替解说、对话式解说、抒情式解说、议论式解说、角色式解说、客观旁白式解说等,这里既有艺术性,也有新闻性,还涉及语体、语态等。电视纪录片创作具有综合性,解说表达也具有多样性及自身特点。不同的片类、内容、创作手段及方式,自然会产生不同的表达处理,必然呈现为解说语言的艺术化与生活化。

解说语言,总体而言应当:朴实、自然、流畅,以说为主,口语化。

解说语言应当是"有控制的自如状态",即经过训练的,有艺术性的,绝不是没有训练的"大自然"状态。

解说语言,具体而言应当:用声音量不大,小而实;语流多平缓,少大起大伏(需要时有相应变化);表达较自如,情感与表达不宜饱和,因有画面相伴。

二、解说表达技能的丰富性

事实表明,能播好新闻等其他语体、内容,不一定就能解说好电视纪录片。在电视纪录片中,解说者既是导演,也是演员,需要自己设计处理解说词,并将其体现出来。

解说需要表达者素质、技能的全面,有播音与表演的双重功力;既要体现出播音语言的"清楚、规整",又要体现出表演语言的"自然、生动"。这样,方能胜任各种片类的解说。

(一)解说的语言样态

解说需掌握的基本语言样态:

(1)朗读。朗读是解说的一种手段。在电视纪录片中,朗读多用于片首的解说,显得庄重、客观、大方。它的作用是引起、揭示或提示片子的内容。朗读一般情感不浓。它的表达,不同于叙述,也不同于朗诵,具有说明性。如《凤凰涅槃》一片的片首。

(2)朗诵。朗诵是电视纪录片解说经常使用的手段之一,它一般比朗读的情感浓些。曾有一位著名解说员说过:"不会朗诵就不会解说。"因为有些解说词的写法寓实于虚,语句整齐似散文诗,文采飞扬,有的引用佳辞名句,或烘托高潮,或感慨抒情,因而具备朗诵的功底才能胜任这种解说,将解说词表达到位。如《我爱国旗》一片的片头、片尾以及片中有大量朗诵式解说。

(3)讲解。在纪录片解说中,讲解是解说的主要语态。讲解的特点是平稳、清楚,情感色彩不浓,语言起伏不大。多用于科教片的解说,包括知识讲解、操作介绍两大类,如生产、军事、文体等各方面的知识与操作等。

"讲解"的语言样态比"说"稍规范,解释性较强。苏联功勋播音员曾说过:"播音是解释性工作。"解说多用讲解语态,讲解要求内容清楚、表达自然,根据所讲内容,有的是以规范、清楚为主,有的可以生动活泼一些,有的则可在清楚、规范的基础上稍加韵味。如《神秘的西夏》的解说。

(4)说。在解说中,叙述、介绍、自述这些内容可以用"说"的方式处理。"说"的语言较自然。但解说中的"说"不是没经过训练的、纯大自然的"说",它也需要有语音发声的一定规范及控制。"说"的语言样态,往往用于第一人称的解说;第三人称的解说中,也有说的语态。如《一个讲不完的故事》及《神奇的魅力》的解说,前者解说身份的是孤儿,后者是记者。

(5)配音。这里特指为片中人物语言的配音。电视纪录片中,有时人物会说外语或方言,需要解说者用汉语普通话为其配音。这种配音又不像为影视故事片中的人物语言配音那样细致,因没有对口形及语言润色等环节,只需与片中人物的气质、心理、神态、声音、口形等基本相合。如《神奇的魅力》一片,解说者为荷兰电视台的主持人配音。

(二)解说的语言样式

要想解说成功,还应注意叙述、议论、抒情、描绘的处理,按照解说词的写法当叙则叙、当议则议、该抒则抒、该描则描。不可所有解说词都只用叙述一种方式表达。当然，不同片类，解说词写法会有不同侧重，但绝不会一部片子的解说词都是一种语言样式。

(1) 叙述。叙述是解说的主要方式，无论何种片类的解说，都离不开叙述，只是多少不同。叙述在解说中有着重要作用，叙述得清楚，解说就成功了一半。解说中的叙述不能平淡无味，要随内容产生相应的情感态度，还应适合片子的风格、解说者的身份。

(2) 议论。政论片的解说议论较集中，其他片类的解说，议论大多散见于解说词中，有时是一段，有时是一句，有时一段解说词有一句是议论。在表达时，要与前后的叙述语言有机融合，又不失议论的属性与力度。应注意，只要是议论就要予以表现，不得混为叙述语言处理。否则，会削弱其应有的力度。解说中的议论都是缘于一定的情、一定的事或一定的理，因此表达不可生硬、空洞，应就其情与事，顺其理，带有感悟地议论。议论语言一般力度强于叙述语言，情感浓于叙述语言。

(3) 抒情。抒情主要是抒发内心，宣泄情感。在解说词中，抒情性语言有的像诗一样，句式整齐，文采飞扬；有的仅一句话夹在其他样式的语言之中，自然糅合在一起。抒情是表现情感的最好方式。解说中的抒情，一般也缘于具体内容，表达时，既要区别于前后的叙述语言，有自己独立的语言特点，也不能跳出解说的基本样态。抒情语言的表达，情感要真挚，语言形式可以激情，也可以深情。播这类解说词，除轻美柔和的处理方式以外，根据需要也可以用高亢抒情的方式来表达，做到声朗、情浓，体现片中的激情。

(4) 描绘。描绘在解说语言中不是很多，但也存在。它在电视纪录片解说中的作用，无论是对一处风光的描绘，还是对一种物体的描绘，或是对一种动物的描绘，无不透出对其的关注与关爱。解说时，感觉要细腻，语言舒展开，似一支画笔描绘出一幅具体的画面、一个具体的形象。一般描绘的语言表达要慢于议论、叙述性语言。描绘性语言在风情片和科教片中比较多见。表达要处理细腻，使其可感性更强、更生动。

解说叙、议、抒、描的运用，应当注意把握以下几点：

(1) 在解说备稿时便理出叙述、议论、抒情、描绘的语言，设计表达。

(2) 不能处理成单独的议论、单独的抒情，要有机融合于解说语体之中。

(3) 在整段叙述的解说词中，即便有一句议论、抒情、描绘的语言，也得做相应处理，避免使其淹没在一种叙述语言中。

三、解说表达样式的多重性

解说者不能有表达"定势"，喜欢什么语言样式，就用什么语言样式解说；或表达能力欠缺，只会一种表达样式。不同种类的片子，会有不同的解说样式。

我们从模糊思维角度划分出五种解说样式：

(一) 议论型(政论片)

政论片的选题重大，它往往将政治、经济、军事、文化等各领域中的某一现象、某一观点、某一热点作为探讨的内容,创作者有明确的观点与见解,并将此集中体现于相对完整的解说词中。画面多为相应内容的形象展示,不全是即时拍摄,引用相当数量的影视资料、图片、图表用以说明问题。通常解说与画面的关系并不紧密。

这类片子中,除对有关事实的陈述、分析以外,解说主要是议论,由此形成"议论型"的解说样式。表达特点是:声音、气息力度较强,吐字多饱满,用声以实声为主,节奏多凝重或高亢;根据不同风格,有的解说又需平实、相对客观,语势较平缓。"议论型"解说,语言感觉应为:严肃、质朴、庄重、大方,有主体感,视角有一定高度。不能语言塌、空拔高调,也不宜亲切、甜美,否则会削弱应有的力度与分量。

(二)叙说型(人物片)

人物片(不含文献、历史人物)往往以各行各业有代表性或有特点的人物作为对象,来表现一个主题、一个立意。人物片的解说大多通俗、生活、口语化较强,同时形式活泼。人物片中,解说与画面多呈互补状态,解说经常表现人物的心理、经历、工作、生活、人物关系等,将其展示。

人物片的解说,根据片子内容,解说者应把握好自己的身份角度,及时、适当地转换视角及心理感觉,抓住与画面语言衔接、相伴的依存感。人物片的解说以叙述、倾诉为主,因而它的解说样式是"叙说型"。表达特点是:用声吐字适中,以半实声为主,需要时可半虚(表现心理);节奏多舒缓或轻快;表达更接近生活语言,极为自然、流畅;有时解说需要个性化,显得自然、亲切;语言不宜规整、过扬;交流感要强;感情色彩较浓,处理细致。

(三)抒描型(风情片)

风情片往往对某一地域的风土人情、名胜古迹、风光美景等给予展现,以满足人们的猎奇、欣赏与拓宽视野之需求,它兼有欣赏性与知识性。风情片解说大多就风土人情的背景、风光的妙趣、名胜古迹的历史及特点等给予一定的介绍、点指,或描绘,或抒情,或补充,或烘托。由于风情片的解说,经常以介绍、描绘景物及主体抒发感怀为主,它的解说样式是"抒描型"。

抒描型解说的表达特点是:吐字多柔长,用声多轻美柔和,节奏多舒缓或轻快;语言注重音乐美,与解说中的名词佳句、整齐句式及优美的画面、音乐相合,形成美感,体现艺术性。解说应细致地描绘,真挚地抒情,由衷地赞美,表达基调多扬少抑。不能基调沉、语言硬、语速快和情感冷漠,也不能情感假、语调嗲,削弱其应有的表现力。风情片解说有表意、表情作用,但不能用朗诵调来处理解说。

(四)讲解型(科教片)

我们这里所指的科教片,包括各个领域的知识、操作等。这类片子往往采用动画、特技等手法及片中人物的现场操作、实际演示,将所要介绍的事物、阐明的道理清楚地展现出来。而大量的原理、操作等知识需要解说来讲解。这类片子,画面与解说往往需要严格对位。由于科教片解说以说明讲解为主,它的解说样式是"讲解型"。

讲解型的表达特点是:用声平缓、语言稳实、质朴。科教片大多内容比较枯燥,因此,解说更需增强其生动性、形象感和兴味感。科教片的解说不宜太扬、太飘、太快,要让人听得清楚、有兴趣;解说不需太多情感色彩,但要耐心、内行。比如,一部介绍太极拳的体育片,解说者不但要弄懂太极拳的操作要点,内行、生动地介绍片中内容,还应在语言中注入动作的肢体感、方位感、运动感及力度,体现其动势,显现解说的热情、懂行,给人视听相合的整体感。同理,介绍其他商业、生产、科技、教育等各领域知识与操作时,也要增强解说的内行、生动与兴味感。

(五)字幕型(人文片)

人文片是指对人物纯客观跟踪拍摄的一类片子,它往往反映某一人物的一生或某一生活片段的自然流程,极具人文性。这种片子的画面都是即时拍摄,是完全的即时性,并有大量同期声相伴,画面、同期声是片子的主体,因此被有些人称为真正的"纪录片"。此类片子所表现的内容本身就充满引人入胜的情节,并能表现出活生生的人物,其生动的言行具有很强的表现力,无须过多解说。因此,这类片子的解说多在片中适当做些简单的提示、补充。由于片子的解说只起简单的提示、补充作用,功能单一、有限又多站在旁观角度,似起字幕作用,我们不妨将这种解说定为"字幕型"。字幕型解说的特点是,语言不动声色,表达平实、客观、恬淡。

例如,系列片《在日本留学的日子》之《初来乍到》一集,那个中国浙江来的小伙子韩松,经过自己的顽强拼搏,终于考取了日本的明治大学。片中有这样两个场景:

韩松:(同期声,边吃边说)我已经饿得快晕过去了,不知道什么东南西北了。……他(店长)说我耳朵不好,其实他不知道我是饿的,十个小时不吃饭,一直在激烈地运动,能耳朵好吗?……你还不能说,日本人就是这样。他今天问我冷不冷,我说冷,今天就对我态度不好。……你以为对我那么好,给我吃这么好的便当(盒饭)?这是剩下来的……我还能吃半碗,没有菜了,已经没有菜了,这是最后一口了。

解说:韩松在饭上倒了点酱油。(说明行为)

(韩松在居住的小屋里苦读)

解说:不想成为失败者,韩松的第一志愿是明治大学商学部。(披露内心)

(画面是墙上挂着已去世的岳父书写的字幅、儿子的照片)

解说:背后是老一辈的嘱托,面前是新一代的目光。(解释画面)

解说:日语单词一万个,自己发下的大愿,距离考试的时间还有4个月。6平方米的斗室,韩松已经开始了最后的冲刺。(介绍处境)

字幕型解说也有基调和感觉。语言表层的不动声色,不等于内心深处无感觉、没感悟。不动声色只是一种表达样态,这种解说也要根据片子的内容、立意产生一定的情感、基调,也要用一定的表达技巧参加创作,气息、用声、停连、主次、语言色彩等都融于自然、平稳、恬淡的语流之中,犹如红装素裹,内涵深蕴,具有一定美学品位。

值得提及的是,目前字幕型解说方式得到青睐,许多编导和解说者都很喜欢,屡屡效仿,结果导致有的解说不伦不类。改变的方法只有一个,就是参考片子的创作方式和手段,适合什么类型的解说就用什么解说方式,不能凭借个人好恶来处理(也有的是能力所限)。

另外,当前某些表现自然、地理、动物内容的片子很受欢迎。这类片子中尤其是国外引进片,其解说词写法很有特点,在客观介绍当中又不乏拟人化表现,既有知识又有情趣。如《七个世界一个星球——大洋洲》一集,解说贴合解说词写法,表达极为自然,很贴近所介绍的大自然以及动物的生存环境及氛围。片中解说用声较低较轻,语速平缓,语言内在,表达细腻,在恬淡的语流中随内容不时透出某种关切感,同时还能恰如其分地给出动物的心理,如"这东西能吃吗?""这太高了"(并不是模仿),使人听来十分舒服。好的解说是受众观看纪录片时的助手,也可以被欣赏。

综上所述,电视纪录片创作不同,解说样式也多样。一部片子不会只用一种解说样式,往往会用两种或几种交叉相融,不能死套一种解说样式,否则,就会表达不充分、不到位。从这个意义上讲,解说表达拒绝单一。

四、电视纪录片解说提示

(一)了解解说词的创作特点

要想解说好,必须知道解说词的创作特点。首先,不同片类的解说词字数是不同的,因为解说词所起的作用和使用的语言样态多有不同。例如风情片的解说,由于它的任务使然,介绍、抒情、描绘的内容较多,所以通常表达舒缓,语速较慢,解说词字数不多;而字幕型和科教片的解说,由于任务只是叙述、介绍,所以表达平实,语速平均,字数相当;而人物片及政论片的内容往往情感性较强,所以表达节奏多变,每段解说的字数也变化较大。其次,解说词的写作有很多技术性。如语言内涵相同,用什么字相组合,表达就不拗口;还有"寓实于虚"的写法,就是将实在的内容和意思,以有文采的语言形式(诗化、不同句式等)呈现,既给人内在信息,也给人美的享受,表现出解说词的写法不同于其他体裁,既有实意,也有艺术性。

总之,解说词字数的多少和"寓实于虚"的写作特点,直接关系到解说与画面的匹配度及表现力,所以有经验的作者和专业出身的编辑都很注意这些,但很多非专业人士却不了解这些也做不到这些。我们解说者必须知道解说词的创作特点并与之配合,适当处理自己的解说表达,才能成为高水平的解说者。

(二)感觉与感受共同发挥作用

感觉,指"第一信号系统"作用。当画面内容与解说内容"对位"时,画面中的一切会对解说者产生感官刺激,使解说者产生相应的情感、态度,以支撑解说表达。感受,指"第二信号系统"作用。当画面内容与解说内容"不对位"时,解说者只能通过文字符号还原客观现实,将自己的理解转变为内心感受,产生相应的情感、态度,用以支撑自己的解说表达。

好的解说表达状态是:脑中有形象,耳边有音乐,心中有真情。

(三)解说要有身份感

解说电视纪录片时应确立明确的身份感,否则会使解说的基本语气散乱,不统一。

无论是第一还是第三人称的解说,都需有明确的身份定位,产生统一的"基本语气",形成"解说气质"(不是"本人气质")。解说者解说时,心中明确了自己的身份,产生具体的身份感,可选择恰切的"基本语气"和语言分寸进行表达,从而使解说贴合、自然、统一。

(四)解说处理判断要准

解说成功离不开准确的判断。它包括对片子的立意、风格、手段等诸多方面的判断,判断不准,解说的表达处理就不准。例如,一部表现水果生产的片子,若是为介绍当地特产而做的风情片,解说应以"抒描型"为主;若是表现当地建设成就的政论片,解说就应以"议论型"为主。二者的创作目的与风格不同,解说处理当然不同。判断不同,解说的语气、作用当然不同。所以,解说者应当学习、掌握一些电视纪录片的摄影、编辑业务,以增强自己的判断能力。

此外,解说不能"以不变应万变",不能有个人表达的"定势",否则难以胜任丰富多样的解说任务。

第四节　电视纪录片解说实例分析

范例一　《闽水魂》之《闽土神韵》

在我们的视野中静静流淌的这条大河,是一条极普通的河,普通得让人感到陌生。在历史的记载中,她不像黄河、长江那样显赫,但既然是一条大河就总要哺育出一条大河的文化,所以闽江,这条横贯福建的大河也以自己的魅力创造了独具特色的地方文化。

(字幕:闽水魂)

解说:书可以记录历史,但历史还以其他的方式被记录。这里是福建华安县的"仙字潭"。很久以前,我们的祖先就已经把他们的意念留在这里的石壁上,山上共有象形文字五处,字意不可辨。据考证,它刻于商周时期,距今已有3000多年的历史。这符号代表什么?是巫术还是艺术,是对生者的祝福,还是对死者的怀念,他们在祈求猎物丰盛,还是在诅咒洪水猛兽?这可能永远是个谜。历史只是把这个悠久的问号留给了我们,留给了我们以后的"我们",留给了永恒的神秘。这是福建最早的摩崖石刻,最早的文化遗迹之一,最早的与石头相关联的文化现象。

（梯田镜头）

解说：福建是个多山的地区，石头既是人们为了生存不得不与之抗争的对象，同时，它与人的智慧相结合，又给我们留下了不怕风雨因而能够永世长存的艺术品。这种刻在石头上的文字，人们称之为"摩崖石刻"，它在福建很普遍，而以福州的鼓山最为著名。鼓山共有300多方石刻掩映于绿荫山峦之中，作品从宋代到清朝历经几百年，石刻集真草篆隶之大成，或苍劲风骨，或潇洒飘逸，规模宏大，气势不凡。这些石刻都聚集在风景绝佳之处，其中蔡襄、朱熹等人的名家手迹，更是让人流连忘返，给幽静的山峦平添了几分神秘。鼓山是福建古代书法艺术的露天博物馆。

图6-2 《闽土神韵》中的尖形桥基

（房子镜头）

解说：不少的文人墨客把他们的风雅留在了石头表面，而更多的劳动人民却把自己的勤劳智慧和聪明才干注入了石头当中，它同样是一种艺术品。

（门石雕镜头）

解说：在民间，我们可以看到很多与住宅建筑结合在一起的装饰石雕，它着意精雕细刻和线条的构造，特别富有韵律。说起装饰石雕，具有千年传统的惠安青石雕最享盛誉。他有悠久的历史、相当规模的石雕艺人和不少值得称道的建筑艺术品。福建的许多名胜，如福山的涌泉寺、西禅寺，厦门的南普陀，以及南京的中山陵和北京的毛主席纪念堂都有他大显身手的一席之地。一到了惠安，尤其到了惠东，你便可以听到那无处不在的叮当悦耳的击打石头的声音，那动静简直就是一首美妙的音乐。惠安石雕很多都是为境外客户加工的，在中国港澳台和东南亚都有深刻的影响。惠安，不独以它那富有特色的服饰和风俗而闻名，它的装饰石雕完全可以使它毫不客气地一领风骚。

（小佛像镜头）

解说：小佛像留在庙里享受香火，而大石像却在山上。泉州的清源山是摩崖雕像最集中的地方。这里保留了瑞像岩、弥陀岩等宋元时期的大型石雕像。这些石像都是在山崖上直接雕凿而成的，佛像造型生动，披金挂彩，富有神韵。后人又在外面盖上石头房屋使神像免受风吹雨淋之苦。山脚下的大型石雕像李老君更是精品，此像高5米，宽也7米有余，两眼平视，双耳垂肩，面目含笑，苍髯飞动，它慈祥地注视着数百年来从脚下走过的芸芸众生。老君岩是健康长寿的象征，也代表着历史悠久的泉州城。

①佛像再大、再好不过是供人顶礼膜拜。烧香念佛虽然暂时得到了内心的平衡，但毕竟解决不了肚子的问题，而这些石头造成的桥梁却在几百年内极大地造福于生息在这里的人们。"闽中桥梁甲天下"是人们对福建古代桥梁建筑的赞美之词。②这是宋代泉州太守蔡襄倡建的洛阳桥，又名万安桥。它建于江海交汇处，几百年前这里曾经是江游夹涌、浪涛搏击，

当时要建造工程如此浩大的石桥绝非易事。③桥基采用著名的"筏型基础"法。先在江中抛洒大量石头成堤，然后在上面立桥墩，光是这一造桥技术就领先于世800年。④为了加固基础，古人们又在桥墩上种植了繁殖快、着附力强的牡蛎，这种特殊的生物水泥的运用在世界桥梁工程上堪称一绝。⑤此外，还设计建造了尖形桥墩以避免潮水的冲击，这是我国第一座跨海石桥，它承受了历史长时间的考验，直到福厦公路新桥建成，洛阳桥才正式进入了古文物的行列。

必须提到的另一座桥，是五里桥，又名安平桥，它原长2255米，有300多桥墩，每间由5~8根大石板直架而成，最长的石条11米，最重的25吨，这样巨大的工程仅在一年内建成，足以说明我国当时的造桥技术。人们自豪地称赞这座桥是"天下无桥长此桥"。英国学者李约瑟博士在他的名著《中国科技史》中评价道，"宋代闽南的桥梁有一个惊人的发展，在国内外都没有可以与之相比的"。

建桥的初衷，不过是助人渡河，但后来却成为被人称赞的艺术品，这大概是建造者始料不及的。同样有趣的是，一些本来用于某种观念的东西后来却有很大的实用价值。这大概也是建造者始料不及的。福建沿海的许多石塔便是一例。

塔作为一种建筑，本身并没有什么实用价值，不过是诸如驱邪镇灾、求风唤雨等精神观念的载体。但由于宋代福建沿海地带的经济发展，海上丝绸之路的兴起和繁荣，这些塔便开始造福于生于斯、长于斯的人们了。福建的姑嫂塔、江上塔、六胜塔、罗星塔都是著名的石塔。它们屹立在江边，为大河上下来往的船只导航。一看见姑嫂塔便可知要到古泉州港了。马尾罗星塔至今还是世界航海图中马尾港的标志之一。沿海石塔美丽的身影伴随着动人的传说和几百年无数个日出日落，向人们诉说往日的繁荣。

多山的福建困惑着缺少耕地的人们，千百年来人们就是在这样的环境里顽强地扩展着自己的生存空间。在与石头搏斗的过程中，人们也形成了石头般坚韧不拔的性格和精神，并且形成了对石头独特的审美感受。好在大自然是公平的，它在给人们一份艰难的同时，也给了人们一份智慧。虽然石头上不能长出粮食，却也生成了一整套与它相关联的发展史，它和福建颇负盛名的戏剧、音乐、歌舞、工艺美术等其他艺术门类，共同组成了八闽大地多彩多姿的地方文化。

福建的石头，石头的福建，它既有辉煌的过去，也必定会有辉煌的未来。

处理提示： 这是一部表现福建地区风土人情的"风情片"，选择这部电视片作为范例是因其有较多的"声画对位"训练点。训练要点如下：

（1）解说分析。本片分别介绍了石刻、石雕、石佛、石桥、石塔等与石头紧密相关的"石头文化"。它们有的记录历史，展现艺术，有的偏重实用，造福人类。

除划分片子的"大层次"以外，还应认真划分出"小层次"来。例如，"佛像再大……洛阳桥才正式进入古文物的行列"这一大段内容是介绍"洛阳桥"的，其中共分5个小层次：①过渡段（由"佛像"过渡到"桥梁"），②建桥之难，③"筏型基础"法，④"牡蛎"固桥，⑤尖形桥墩。在具体解说时，应当依据小层次的内容和内心感悟，播出主次、方位、形状等。如果解说者对所说的一切都十分清楚,感觉很具体,自己的语言必定带有一定的逻辑性与情感性。

本片的基调是亲切、赞美的;节奏是舒缓型;语言样态是讲解+抒情;身份是地方报社旅游版记者、导游或文化工作者,因为他们最了解这些风土人情,是内行也热衷于介绍当地的风土人情。解说者应为内行、热情的介绍者。

(2)理解感受。为了对稿件进行准确的理解与感受,可事先查阅片中所提及的相关景物的资料。如果没有画面,可找来相似或相关的视频及图片看一看,以增强感性认识。否则,如果对解说词中所涉及的实物形象不清楚,难以感觉具体,会严重影响解说的清楚与有感而发。如本片介绍的石雕佛像、李老君石像、洛阳桥、五里桥等,特别要注意"尖型桥墩"及石桥面的长石条等一些细节,这些物象会给人带来很大触动。这些物象的质地、形象、方位、大小、长短等可从感官渗入解说主体的心灵,使之产生较强的感悟,感叹中国古代劳动人民的智慧。这时解说者便会产生更加真实、具体的感觉,并上升为理性认识。

由于解说词散化,又要兼顾画面,容易导致语言表达的平、摆、白、淡,不"抱团",缺乏语言表达的内涵与整体感,解说者要增强对片子内容的理解与感受,形成解说表达的整体感与对每段解说词的准确把握。

(3)对应画面。本片有不少地方需要解说与画面高度吻合,即所谓"严对",例如,"佛像""李老君石像""天下无桥长此桥"的牌匾等画面形象与解说词的严格对位,使之形成与语言节律、疏密度、画面感、承接感、品味感等的全面对应。如果解说时没有画面,解说者脑海中也应伴随相应的形象,调动起各种感官、感觉,让感觉与感受共同发挥作用。这样的解说,才会使人看了清楚、听了舒服、视听统一。

如解说"李老君石像"一段解说词时,应注意到镜头是"仰拍"的,编导是想通过这种拍摄方式,表现出用整块石头雕刻李老君石像的艰难和石像的气势;同时,在解说的后半部分,画面上原来的空镜头中走进来一对打着遮阳伞的青年男女游客,他们向上看了看李老君石像,又走出画面。于是解说者应将此段解说处理成:先随镜头向上仰看李老君石像,又向下看去的视觉感,尤其将"有名的李老君石像……它慈祥地注视着数百年来从脚下走过的芸芸众生"这段解说词的后半部分处理成:正好与向上看的青年男女游客的视线上下相对(因画面上李老君的眼睛是向下看的),体现出一种天人合一的情趣与魅力。这种处理,既对上了画面语言,又体现出画面的内涵,使其内外相合,情理辉映,较好地体现出解说"严对"画面的技巧与魅力。

总之,解说不但要与片子的内涵相适应,也要与其镜头画面相吻合,才能成为高水平的解说作品。

(4)解说技巧。本片的语言技巧运用较丰富,例如,"建桥的初衷……便是一例"的解说,这是一段承上启下的"过渡段",起"连接画面"的作用。解说时应将上下两个被连接事物"桥"与"塔"作为重音。特别要注意,解说既不能小声叨咕,也不能大声似朗诵,应当有讲解、交流的心态,用小而实的声音,有解说语体的制约和相应的情感态度,内容重点应当凸显出来。不能追求所谓自然化而丧失了解说的传播功能,变成个体的自言自语,重点不突出,不知想表现什么。

（5）把握语态。在本片中，语言样态较为丰富。除去大量的叙述语言，还有议论、抒情、描绘的语言。如议论性："书可以记录历史……文字现象"与之前的"在我们的视野中……地方文化"；如描绘性："山脚下的大型石雕像李老君……芸芸众生"；如抒情性："沿海石塔……往日的繁荣"与结尾一句"福建的石头，石头的福建，它既有辉煌的过去，也必定会有辉煌的未来"。这些丰富的语态都应细腻、有分寸地给予表现。

另外，本片开头的开篇词"在我们的视野中静静流淌的这条大河……创造了独具特色的地方文化"之后，才引出"闽水魂"的字幕，语言感情色彩不必浓，但要有较深内涵与引言感，表现出它是解说者思维的外化，不是照本宣科地念出。同时，注意解说语言不能压上字幕，也不能与字幕有空隙，要恰到好处，对位吻合。这段开篇词解说表达应相对客观，处理成清楚、平实的朗读语言，一方面区分片中其他解说语言，另一方面也可提示片子的主旨，起到领起作用。应当注意，本片有时一段解说词基本都是叙述，只有一句是议论或者抒情、描绘，解说时应将其在解说语体制约下表现出来，不能使其淹没在解说叙述中，但要有机融合。

（6）配合音乐。本片解说的基调始终是亲切赞美的，有时还需要一些诙谐，如"小佛像"一段解说词的处理。此外，本片是"风情片"，配乐多是轻快、抒情的，解说语言也应与其相应，有种伴随感，使人观看片子时，有画面、音乐、解说和谐一体的贴合感。

有配乐的语言应有一种相应的旋律感、融合感，"随""就"的起伏感；没有配乐的语言则讲解感更强，不应有拖的感觉，否则使人感到拖腔拖调。应当明晰，电视纪录片有配乐时，如果语流缺乏起伏感、语尾太干净、语速太快、语言不舒展，都会与音乐有不贴合之感。

范例二 《我爱国旗》之《世纪的目光》

（广场夜景，摇至夜色中的天安门）

解说：听得见儿女的脚步，看得见儿女的笑容，50年了，五星红旗飘扬，都知道沧海变桑田，天堑变通途。

听得见祖国的脚步，看得见祖国的笑容，50年了，每当金秋来临，谁心里没有一份喜悦、一份祝福？

（人们在居委会挂国旗）

解说：1949年10月1日那个辉煌的庆典之后，50年来，每当这个人民的节日到来的时候，在祖国的各个角落，幸福的人民总是先把国旗挂起来，这是他们与祖国的心灵对话。

（一位老人在接受采访：在这个老百姓欢庆喜庆的日子里……我们都愿意挂国旗表示……对祖国和共产党的热爱）

（少先队升旗的一个长镜头）

解说：孩子们的热爱就从这深深的缅怀开始，他们从懂事的那天起就知道五星红旗是先辈艰苦奋斗、流血牺牲换来的，是烈士的鲜血染成的。

（间隔画面）

（海南岛迎接祖国解放，小船帆影，吹号，冲锋，绣红旗，红旗特写）

解说: 还在国民党占领下的海南岛琼崖纵队从电台里收到了五星红旗的消息,他们根据电台里提供的五星红旗的图案、尺寸,赶制了一面五星红旗在海南岛升起。一年以后,他们举着这面旗参加了解放海南岛的战斗,有的战士倒下了,从此再也没有起来。

重庆歌乐山白公馆。我们熟知的革命烈士江竹筠,同志们都亲切地称她"江姐"。敌人曾用48套刑法想打开她的嘴巴,得到我们党的秘密,在她的十个手指上钉满了竹扦,但是得到

图6-3 《我爱国旗》中,用人体组成的国旗

的是始终的沉默。江姐和战友们虽然看不到自己绣的五星红旗在重庆上空飘扬,但她们知道这一天不会太远,这一天必然来到。就在江姐绣好这面红旗后的几天,她从容地走上了刑场,用最后的微笑告别了心中的五星红旗。

(四川建筑,接江姐塑像,接照片,歌乐山外景,接内景铁镣,接红旗特写,接江姐的塑像化为躺在地上的人)

(香港人体组成的五星红旗)

解说: 新中国诞生的第六天,恰逢中秋佳节。当时中英两国还没有建交,香港不能悬挂五星红旗,这些年轻的艺术家就来到香港扯旗山上聚会,用自己的身体组成了五星红旗,用这种特殊的方式表达对中华人民共和国成立的喜悦。

(第一个得冠军的人,人物特写,鲜花,奖章,到15秒处有国旗)

(外国街景,跑道上的中国人,接举重的中国人的举重动作,之后是举鲜花的人)

解说: 新中国成立以后,五星红旗第一次在国际体育比赛颁奖活动中出现是1953年的第一届世界青年友谊运动会,我国年轻的游泳选手吴传玉为新中国体育事业夺得第一枚金牌。

1956年世界青年友好运动会在苏联莫斯科举行,举重选手陈镜开在最轻量级比赛中两次试举均未成功。这时他看到,苏联工作人员已经把一面苏联国旗拴上了旗杆,等待宣布比赛结束升旗了。陈镜开心里一阵刺痛,决心为五星红旗再搏一次,他把杠铃加大到了133公斤,运足力气,一下子把杠铃举过了头顶,他成功了,全场掌声雷动。苏联工作人员取下了苏联国旗,挂上了中国的五星红旗,国歌奏响,陈镜开大步走上领奖台。

(航天飞机15秒处有国旗,王赣俊的特写,航空景象)

解说: 1984年,科学家王赣俊在登上航天飞机之前,在怀里揣上一面五星红旗。当他到达太空飞行时,他取出这面红旗向全世界展示。一个早已加入美国籍的华裔科学家,在登上太空时还是忘不了五星红旗。

(高举红旗登上南极大陆,红旗越来越近,越来越大)

解说: 1984年,中国的旗帜飘扬在南极上空。

(探险队员唱国歌)

(长城站落成全景,众人看国旗升起,落点是一个国旗升得很高的镜头)

解说:1985年2月20日,中国南极长城站落成。

金庆民是世界上第一位登上南极大陆的女地质学家。一天,她为了寻找一种矿体,一个人在岛上走了很远。就在她找到矿体的时候,却不慎掉进了冰缝,在孤立无援的情况下,她拼命用冰镐扒住冰块往上爬。几次上来,又几次掉下,最后终于爬上地面,脱离了危险,激动之中,她从怀里取出一面鲜艳的五星红旗,把她牢牢地插在了矿体上,然后站起身来,对着祖国的方向振臂高呼——

(队员们在考察的各种艰苦场面,出现她举国旗的镜头,后是金庆民做报告的镜头,接下面)

(女考察队员:祖国呀,你应该为你的女儿骄傲!)

(间隔画面)

(海关战士升旗,很空旷的画面,船上飘动的国旗,火车从有旗帜的海关进来,友谊海关特写,海上空镜头,陆地巡逻,国旗飘扬)

解说:从千里边疆到万里海防,年轻的战士用生命捍卫着祖国的荣誉和尊严。家乡远了,亲人远了,保卫祖国大门的责任重了;陆地远了,绿树远了,他们让火红的旗帜永远守护在身边。

(拉萨布达拉宫全景叠画)

解说:曾有一位双目失明的藏民赶到拉萨,他说我就是想听听升国旗时的声音。那一天,他站到离国旗最近的地方。

(藏民接受采访:中华人民共和国成立……国旗在西藏人心中有很高的地位……有群众居住的地方就有国旗)

(接西藏升旗仪式,仪仗队正步行进)

(升旗手接受采访:我是藏族……成为升旗手……每当五星红旗在世界屋脊升起时,我心里有说不出的感觉)

(升旗仪式,比较完整的升旗,有孩子纯净的目光)

(升旗手接受采访:我这次休假,有人问我你是不是国旗护卫队的……能升一次旗就教育一次人)

(升旗仪式完,这是一次完整的升旗仪式,中间有采访)

(雪山,战士升旗不同的镜头,走,升国旗,出现战士吹口琴奏国歌的镜头,从战士吹口琴开始,出现战士在风雪中巡逻的镜头,最后又回到护卫国旗的士兵场景上,之间有国界碑场景,夕阳下的国旗很有意境)

(字幕:1995年8月22日凌晨6点,西藏海拔5324米的查果拉主峰)

解说:这是边疆的黎明,这是高原的黎明。这里是西藏海拔5324米的查果拉主峰,边关的每一个峰峦都装满战士对祖国的豪情。

(边关的国旗)

(战士在做冰雕,有国旗的特写,战士细细地铲冰,红星的特写,祖国版图的冰雕图案)

解说:北方与冰雪连在一起,战士与祖国连在一起。看看我们的祖国吧,在这遥远的边陲也是这般巍然挺立;战士与祖国同呼吸共命运的豪情都刻在上面了,看懂了它,你也就赢得了战士的心、战士的爱。

(战士、群众升旗,战士唱国歌,举手向国旗敬礼的镜头收尾)

(雪山,全景,有国旗翻卷的镜头)

(字幕:青海,阿尼玛卿山,海拔5265米)

(战士走来升旗,小学生看升旗)

解说:这里是青海的阿尼玛卿山,海拔5265米,五星红旗每天都在这里升起。老师早早就把孩子们叫醒了,今天我们去看升国旗。还是那座山,还是那面旗,永远那么亲切,永远让我们充满敬意。

(采访:你见过天安门广场升国旗吗?

教师1:在电视上见过……

教师2:方圆百里就这一处,把孩子们带到这里来,有利于对他们进行爱国主义教育,树立炎黄子孙的自豪感!)

(战士在用石头组成中国地图,飘扬的旗帜,石头的特写,落点是石头落地的声音,这也是战士们的心声)

解说:在缺氧量达到60%的情况下,战士们把石头一块一块背上来,石头总量在27吨以上,战士们在这里摆下对祖国的爱,他们用生命书写着"祖国在我心中"的大书。

(战士1:看见国旗,看见母亲。每次升旗都有不同的感受。

战士2:不能给我爷爷丢脸。

战士3:看见国旗就没委屈了,祖国永远在我心中。

战士敬礼,出现红旗特写,飘扬的旗帜特写,最后是战士向国旗敬礼,从敬礼到敬礼,此处要突出敬礼。)

(间隔画面)

(毛泽东主席和群众握手……检阅部队,毛主席的特写,毛主席出检阅车,之后是朱德、周恩来、刘少奇及阅兵场面,28年血与火的斗争)

解说:50年,弹指一挥间。1949年,中华人民共和国的成立,使百年受辱的中华民族从此走上了社会主义道路,在摆脱贫困、摆脱落后方面开始了卓有成效的努力。第一代领导人迅速恢复了在旧中国遭到严重破坏的国民经济,一个欣欣向荣的新中国正在引起世界的关注。

(毛泽东发表讲话)

(毛泽东出访苏联)

解说:意气风发的毛泽东这时乘专列离京北上访问苏联,这个农民的儿子受到了高规格的礼遇。斯大林见到毛泽东时,一再称毛泽东是中国人民的好儿子,了不起。

(毛泽东在会议上)

(周恩来戴鲜花花环出访)

(毛泽东着便装与百姓在一起。出现礼花,又出现一次,主要场景是毛泽东在天安门观

看焰火,25秒时毛泽东标准的招手,后出现气球)

解说:晚年的毛泽东,顶住了来自国际社会各方面的压力,坚持正确的对外政策,坚决支持世界各国人民的正义斗争,并在1974年提出了划分三个世界的正确战略和我国永远不称霸的重要思想。

(联合国大会会址,从选票显示屏起,邓小平出现在讲台上)

解说:经过我国人民的长期斗争和在联合国中主持正义的国家的支持,1971年10月召开的第26届联大会议上,以压倒多数通过了阿尔巴尼亚、阿尔及利亚等23国的提案,恢复了我国在联合国的一切合法权利。从此,我国在联合国和安理会的席位得到恢复,五星红旗飘扬在联合国大厦的上空。

从此,中国在联合国中为维护世界和平、推动全人类的共同发展发挥了重大作用,中国有了自己的声音。

解说:集中力量进行社会主义现代化建设,需要和平的国际环境,邓小平科学地观察国际形势的变化,重新确定国际战略,调整对日、对美、对苏关系,发展同周边国家和第三世界国家的友好关系,打开新时期对外关系的新局面。邓小平坚持独立自主的和平外交政策,在和平共处五项原则基础上积极发展同世界各国的友好关系,为维护世界和平,促进世界发展,反对霸权主义和强权政治,建立国际政治新秩序和国际经济新秩序,作出了巨大的贡献。

(邓小平检阅三军,出现天安门游行,出现邓向群众挥手,之后是气球升空,前面是"同志们好")

解说:党的十一届三中全会以后,邓小平成为中国共产党第二代中央领导集体的核心,领导我们开辟了建设有中国特色社会主义的新道路。

(邓小平与撒切尔会谈,与葡萄牙人会谈)

解说:用"一国两制"方式实现和平统一,是邓小平同志的伟大创造。根据中英、中葡协议,1997年香港回归祖国,澳门也在1999年回归祖国。

(邓小平参观宝钢)

解说:改革开放的总设计师邓小平在开拓新道路的进程中,尊重实践,敏锐把握时代发展的脉搏和契机,既继承前人又突破陈规,既借鉴世界经验又不照搬别国模式,总是从中国的现实和当代世界发展的特点出发去总结新经验,创造新办法。

(领导人在宝钢)

解说:党的"第三代领导核心"江泽民不断把中国的改革开放和现代化建设推向前进。根据邓小平的理论,作出了建立社会主义市场经济体制的重大决策,制定了全国经济和社会发展计划及远景目标的规划。

(中国领导人江泽民出席国际会议,画面落在吹号手上,为中国独立自主的和平外交政策增添了光彩)

解说:以江泽民为核心的党的第三代领导集体显示出了驾驭国际局势、处理各种复杂国际事务的卓越能力。

（江泽民出访美国，画面落在中美两国领导人在美丽的金秋中再次把手紧紧地握在一起）

（托着巨幅国旗的人们至体育场，到中国领导人点火炬）

解说：红色，血液的颜色，生命的颜色。独立、自由、富强，这是中国人一个多世纪以来为之奋斗的理想。为了实现这个理想，无数革命先烈用鲜血染红了朝阳，赋予这片大地以新生。先烈的英灵就是国旗的魂。

（香港回归，战士上场，喊敬礼，升旗，后是中国领导人的特写，最后是五星红旗的特写）

解说：这是中国人民解放军70年光辉历程中又一次走向神圣的时刻，这十几秒钟所跨越的是一个150年的历史时空。

解说：中华人民共和国国家主席江泽民以洪亮的声音庄严宣告："中华人民共和国香港特别行政区正式成立。"这是中华民族的盛事，也是世界和平与正义事业的胜利。

（升旗仪式）

解说：有这样一种目光，有这样一种歌唱，每天都汇聚在黎明的东方，汇聚在中国北京的天安门广场；

有这样一种步伐，有这样一队卫士，每天都带着民族的尊严，走向一个神圣的地方；

有这样一种期待，有这样一种渴望，每天都来自天南海北，此刻都朝着一个高度、一个方向；

有这样一种喜悦，有这样一种情怀，每天都要和母亲倾诉，每天都融入共和国的晨光。

（结尾）

解说：带着九百六十万平方公里的庄严走近你，

带着亿万勤劳勇敢人民的敬仰走近你，

带着改革开放的坚定信念走近你，

带着屹立于世界民族之林的辉煌走近你，

敬礼！五星红旗！

处理提示：《我爱国旗》是一部表现爱国主义的主旋律系列片，第五集《世纪的目光》向我们展现了：国旗的诞生，英烈们用自己的生命和热血染红了国旗；建设时期，国旗继续激励着我们的运动员、科学家、军人在各自的岗位上做出贡献；党的几代领导人领导中国人民奋发图强，使祖国更加昌盛。本片大致分三个部分，以国旗为主线，表现出中国人民对祖国、对国旗的热爱之情。本片解说基调是热情、深情地赞颂。本片处理提示如下：

(1)表现内涵。本片有历史资料，现实画面，表现出重大主题，正确导向，解说者深刻理解片中的内容用意，可形成解说的内心支撑。在仔细分析的基础上，找准每一层次的重点，合理、有机地表现出来。

例如，第一段解说词"听得见儿女的脚步……一份祝福"中的第一小层次中，解说应当突出"儿女"，第二小层次中，应当突出"祖国"。

又如，表现几代领导人的段落，虽然每段开头并没有标志性词汇，但我们通过分析理解，知道它的内涵与重点后，解说时一开口就要带出其内涵与主次重点，即不在个别词汇上用力凸显,却在解说的基本语气中显露出来。

(2)把握样态。本片的语言样态非常丰富,既有新闻性,也有艺术性,表现了纪录片解说的综合性。例如片中"朗诵性"语言,写法如诗,句式整齐,文采飞扬,寓实于虚,需参考朗诵的方式处理,但又不是纯粹的朗诵,有解说语体的制约。

(片首)
听得见/儿女的/脚步,/看得见/儿女的/笑容,/50年了,/五星红旗/飘扬,/都知道/沧海/变桑田/天堑/变通途。
听得见/祖国的/脚步,/看得见/祖国的/笑容,/50年了,/每当/金秋来临,/谁心里/没有一份/喜悦、/一份/祝福?
……
(片尾)
有/这样一种/目光,/有/这样一种/歌唱,/每天/都汇聚在/黎明的/东方,/汇聚在/中国北京的/天安门/广场;
有/这样一种/步伐,/有/这样一队/卫士,/每天/都带着/民族的/尊严,/走向一个/神圣的/地方;
有/这样一种/期待,/有/这样一种/渴望,/每天/都来自/天南地北,/此刻/都朝着/一个/高度、/一个/方向;
有/这样一种/喜悦,/有/这样一种/情怀,/每天/都要和母亲/倾诉,/每天/都融入/共和国的/晨光。
……

在此,为了取得视听的和谐统一,解说时还要记住以上几个典型人物的画面:广场上的人群、一队护卫国旗的卫士、两个少数民族女青年、一个举手向国旗敬礼的儿童,并一一对上相应的解说词。这样的处理给人和谐之感。

朗诵不同于叙述,它们的最大不同在于朗诵语体语言表达有语节,有节律感,如将二者混淆,便会使人听来散乱,表现不出其应有的内涵与文采,解说难以成功。在解说中的朗诵,要受解说语体制约,二者有机融合,呈现出解说中的朗诵,有讲、有诵。

又如片中"抒情性"解说:

从千里边疆到万里海防,年轻的战士用生命捍卫着祖国的荣誉和尊严。家乡远了,亲人远了,保卫祖国大门的责任重了;陆地远了,绿树远了,他们让火红的旗帜永远守护在身边。

北方与冰雪连在一起,战士与祖国连在一起。看看我们的祖国吧,在这遥远的边陲也是这般巍然挺立;战士与祖国同呼吸共命运的豪情都刻在上面了,看懂了它,你也就赢得了战士的心、战士的爱。

播这样的解说词,可以用内在的抒情方式,声轻、语柔、情深,以体现我们对战士的爱。同时,有一定的节律感,不能播散,以体现解说词的写作特点。

以上解说词的表达可以声小语实、舒展优美,艺术性地表现出作者"寓实于虚"的写作手法,以及自己对所播内容的深挚情感。

再如片中的"议论性"解说:

红色,血液的颜色,生命的颜色。独立、自由、富强,这是中国人一个多世纪以来,为之奋斗的理想。为了实现这个理想,无数革命先烈染红了朝阳,赋予这片大地以新生。先烈的英灵就是国旗的魂。

这段解说词集中揭示了本片的创意,以抒情的议论点出了本片的立意,形成该片的"点睛之笔"。在表达时应表现出议论的特性,同时表现出抒情性议论。声音结实,咬字饱满,情感浓烈,语调昂扬,但不能处理成大喊。

有时,在一段解说词中,大都是叙述,只有一句是议论,也要播出议论的感觉。如:

1984年,科学家王赣俊在登上航天飞机之前,在怀里揣上一面五星红旗,当他到达太空飞行时,他取出这面红旗向全世界展示。一个早已加入美国籍的华裔科学家,在登上太空时还是忘不了五星红旗。

这段解说词的最后一句就是议论,在表达时,要与前面赞扬意味的叙述语言有机融合,却又不失议论的属性与力度。

片中有大量的"叙述性"解说,如:

1956年世界青年友好运动会在苏联莫斯科举行,举重选手陈镜开在最轻量级比赛中两次试举均未成功。这时他看到,苏联工作人员已经把一面苏联国旗拴上了旗杆,等待宣布比赛结束升旗了。陈镜开心里一阵刺痛,决心为五星红旗再搏一次,他把杠铃加大到了133公斤,运足力气,一下子把杠铃举过了头顶,他成功了,全场掌声雷动。苏联工作人员取下了苏联国旗,挂上了中国的五星红旗,国歌奏响,陈镜开大步走上领奖台。

金庆民是世界上第一位登上南极大陆的女地质学家,一天,她为了寻找一种矿体,一个人在岛上走了很远。就在她找到矿体的时候,却不慎掉进了冰缝,在孤立无援的情况下,她拼命用冰镐扒住冰块往上爬。几次上来,又几次掉下,最后终于爬上地面,脱离了危险。激动之中,她从怀里取出一面鲜艳的五星红旗,把她牢牢地插在了矿体上,然后站起身来,对着祖国的方向振臂高呼——

这两段解说词都是起补充丰富作用的,它们的共同点是补充了画面外的故事。解说时,应当把文字记述的内容,活化成特定时空的动态过程。如陈镜开的举重前两次失败,最后一次的成功,现场由苏联国旗换成了五星红旗;如金庆民如何掉进了南极的冰缝,几次上来,又几次掉下,她如何振臂高呼的情状等。这些叙述都要具有"过去正在进行时"之感,解说者应将自身的视觉、触觉、运动觉等所有的感官感觉都调动起来,为解说服务,使解说具有生动性、可感性、现场感。解说千万不可四平八稳,一个调地铺陈、摆句子,无味无感,那样起不到应有的、鲜活的补充丰富的作用。

(3)声画对应。电视片镜头的推、拉、摇、移、跟、仰、俯等拍摄方式,以及组接的"变格"快、慢处理,都可以作为我们记忆解说"进出点"的标志。在电视纪录片解说中,很多时候都需要解说者自己通过理解感受画面语言,自动与其贴合。而解说与画面的对位,有时即使编导事前已经对过了,也不能代表你能对上画面相应的点与位置。因为你与编导的语速、表达处理不同,也许对方一个调地平念解说稿可以对得上,而你的表达处理语流有起伏、语速有快慢就对不上了。另外,每个人的语言处理不尽相同。在电视纪录片解说中,对准位置是最基本的要求,必须做到。如果解说时没有画面,除根据解说词自我想象外,还可看尚未编辑好的素材以增加感性认识。如果连素材也看不到,一定要事先追问编导此段画面语言的内涵、节奏、镜头如何运用等,作为自己解说处理的依据。

(4)表达处理。本片的解说样态很多,情感变化也较丰富。首先,本片是政论片,但语言表达不能大喊大叫,应在内在、深挚的情感基础上有力度;其次,对于抒情性解说的表达可以轻声低语似发自内心的独白,更显示出情感的内在与深挚;再次,当表现抒情性议论的解说词时,也要把握分寸,让力度向内心开掘,情浓声控,避免像舞台的朗诵过于外向;最后,在具体处理每一句解说词时都要细致到位、合理有机。

解说的语言大多是"收的"感觉,有与画面的伴随感,需要时也可放开一些,但要有分寸与控制。如本片结尾的解说词处理,既要有所区分,也要呈现出激情、立体感,并情浓声控。

带着/九百六十万平方公里的庄严/<u>走近你</u>,(辽阔感)
带着/亿万勤劳勇敢人民的敬仰/<u>走近你</u>,(深情感)
带着/改革开放的坚定信念/<u>走近你</u>,(坚定感)
带着/屹立于世界民族之林的辉煌/<u>走近你</u>,(舒展感)
<u>敬礼</u>!/<u>五星</u>/<u>红旗</u>!(自豪感)

本片是政论片,解说词中有大量论述内容,这集中体现在片中对三代领导人的论述中。解说者要把握好内容、层次与逻辑的处理,表现在重音、语气、节奏方面。解说者在处理解说时,一定要非常清楚每一时期中国领导人的功绩与特点,选择出准确的重音。本片的第三部分解说应把握好新闻政论性特点和规范性,没有一定新闻播音训练的解说者难以达到这个要求。

总之,这部电视政论片,解说词既有政论性特点,也有很强的艺术性。解说词写得很有文采,语言样式也比较丰富,是学习电视纪录片解说的典型训练材料。

第五节　电视纪录片解说训练材料

狐獴(节选)

(画面:一只站立的小狐獴)

这是斯威芙特,一只小小的狐獴幼崽,它出生在南非的卡拉哈里沙漠,这是一个危险又充满挑战的世界。

(画面:红色的沙漠)

现在是冬天,一年中食物最匮乏的时候。今年的情况比往年都更加让人绝望,没有降雨、食物匮乏,斯威芙特饥肠辘辘。为了搜寻食物,它的家人不得不承受着越来越大的风险,也让斯威芙特年轻的生命游走在危险的边缘。它会找到足够的食物吗?

图 6-4　摄影师与狐獴

它能避免成为其他动物的猎物吗?它会面对致命的毒蛇、蝎子以及来自地狱的邻居们,它活过下个月的机会只有50%。

(画面:摄影师)

2012年5月摄影师托比·斯特朗一直在跟拍斯威芙特和它家人的冒险。这对于它们是个生死攸关的阶段,要活下来,斯威芙特既需要坚韧的性格,也需要好运气。(一只小狐獴)这是斯威芙特的故事。

(画面:太阳、野外)

现在是卡拉哈里沙漠的早上7点,斯威芙特刚刚睡醒,它一晚上都跟家人住在地下宽阔的洞穴中,(一群狐獴站立)他们是威斯克斯家族。日出后,它们倾巢出动。威斯克斯家族有25只狐獴,是一支强大的队伍,跟其他狐獴族群一样,这个家族的老大是只雌性狐獴。威斯克斯家族的女首领是厄尼莉,一看到它的无线电项圈就能立刻认出它来。厄尼莉虽然只有四岁,但它是决策者。这个家族的每位成员,都依赖它做出的选择,尤其是斯威芙特和它的哥哥以及两个妹妹。摄影师托比·斯特朗知道这些幼崽是多么地脆弱。他们只有约5周大,重量跟一个苹果差不多,它们离开洞穴才10天,一切都是崭新的,一切都是一场冒险。即使都还年幼,它们已经有了自己的个性。斯威芙特是个勇敢的小家伙……

(画面:野地里一只小狐獴走着)

这对斯威芙特来说,又是漫长的一天。从人类的视角来看,他用自己的小细腿几乎跑了一场马拉松,差一点它就会陷入一场战斗,它必须为了活下去而奔跑。但目前来看,它安全了。厄尼莉,好样的!大家都吃到了东西,也没有遇上麻烦,而且都安全回到了威斯克斯家族的领地。厄尼莉今晚一定不会再去冒任何风险了,威斯克斯家族在自己的洞穴中应该可以安然入睡了。

（画面：夜晚、清晨、站立的狐獴们）

第二天早上，威斯克斯家族起晚了，很快就能看到一只成年狐獴在痛苦挣扎，它是欧内斯托，斯威芙特的表兄，它被蛇咬了。昨晚，欧内斯托遭到了攻击，黄金眼镜蛇咬一口所包含的毒液能杀死很多人，而这只狐獴还不到一公斤重。不知怎的，它还在垂死挣扎。但是剧毒正流遍欧内斯托的全身，让它越来越难以呼吸。斯威芙特和家族的其他成员似乎知道它在受苦，但是它们爱莫能助，这场仗它必须独自面对。生活在这样一个荒凉的地方，它们自己也要面临很多挑战，尤其是找到足够的食物。族群必须出发去寻找食物，它们别无选择，只得留下欧内斯托。欧内斯托很勇敢地努力跟上队伍，但是它没有力气，由于毒蛇的毒液，它几乎已经失明而且瘫痪，它只能缓慢地在后面移动。这对狐獴来说是残酷的现实，它们生活在一个危险的世界，每天它们都要面对蛇和其他致命的捕食者，它们时不时地就会有成员死去。

（画面：流云、荒草）

尽管最近好多次都侥幸脱险，威斯克斯家族仍然保持高度警惕，当它们发现远处有一只雄性狐獴时，它们很紧张，它可能是某个邻近族群的探子。雄性狐獴经常会出去寻找交配的机会，但是一旦被这个家族抓到，它就会被杀死。威斯克斯家族现在没心情交朋友。这竟然是个不可思议的惊喜，那不是一只离群的危险雄性狐獴，而是欧内斯托。整个家族热情地欢迎它回归。狐獴真是太了不起了。两天前，欧内斯托被一条眼镜蛇咬伤，它本来难逃此劫，但它度过了难关，现在它归队了。它会没事的，它是一名真正的勇士，它证明了这些不可思议的小动物拥有多强的复原能力。

（画面：自然景色）

斯威芙特的故事是一个不可思议的成功案例，很多条件对它来说都很不利。由于没有雨水，它和其他幼崽只有50%的机会能活到两个月大。托比见证了团队合作的力量，这个家族，给了幼崽们一个很好的生命开端，让它们排除万难，茁壮成长。当厄尼莉发现危险时，它总是力求万全，从不冒险。它带领着斯威芙特和族群的其他成员熬过了艰难困苦的日子，并让它们都有食物可吃。卡拉哈里沙漠养育着坚强的动物，而没有谁比欧内斯托更能展现这一点，在被眼镜蛇咬伤了脸部之后，它竟然活了下来。斯威芙特有着领导者的所有特质，它是最强势的幼崽，精力充沛、勇气十足并且性格坚定。当它们跳战舞时，它一直都在最前线。谁知道呢，或许三四年后，斯威芙特就会在非洲的这一干旱的角落地带，带领着自己的狐獴家族生存下去。

本章训练提示：（1）注意片类及解说词写法，做出相应处理。（2）把握解说，既不死板，也不能处理成儿童片。（3）解说要有画面感及相应心理，二者有机配合。

神秘的西夏（节选）

一个消失的民族，一段失落的记忆，在故纸中显露，在废墟中被发现，他们是谁？他们从哪里来？他们创造了怎样的文明？这是一个被遗忘的传奇。这是一个绚烂而悲壮的中国故事——神秘的西夏。

波斯人拉施特在《史集》中记载了成吉思汗的遗嘱：我死后不要为我发丧举哀，好叫敌人不知我已死去，当他们从城里出来时，将他们全部消灭掉。《蒙古秘史》中描述了这样一个场景，成吉思汗命令他的军队每次饮酒前必须高喊：灭绝唐古特！没有任何一个对手在历史的记载中能让成吉思汗如此仇恨。遭受前所未有重创的成吉思汗，要让每一个蒙古人都记住他们仇人的名字叫唐古特。

中国人有记史的传统，后朝无论如何都会为前朝做传，但浃浃二十四史中没有唐古特国的史册。这究竟是宿命般的悲剧，还是刻意的遗忘呢？关于唐古特的一切，被一种神秘而强大的力量彻底卷入历史深处，一直到1804年。

历史总在不经意中泛起波澜。马可波罗游历凉州五个多世纪后，一个叫张澍的年轻人第一次轻轻叩响了隐秘的历史之门。24岁中进士的张澍，是晚清时期著名的史学家，他的姓氏考据对后人产生非常大的影响。在凉州的清应寺，张澍看到了一个怪异的凉亭，凉亭被砖泥砌封，寺院里的僧人也不知道缘由，只知道亭子已经被封存了好几百年。……掩盖在神秘历史上的第一块方砖被他打开了。一块高大的石碑终于暴露在张澍眼前，石碑的一面是汉字，另一面密密麻麻地刻满了一种方整的字，很像汉字，张澍却一个都不认识。……这种什么文字对于张澍是个挑战，石碑背面的汉字是唯一线索。张澍在建碑的提款处看到了这样一个纪年"天祐民安五年"，这是一个年号。在张澍的记忆里，正史中所有皇帝的年号，使用时间或长或短，从来没有出现过"天祐民安"这四个字。难道这是一个没有载入正史的国家吗？……张澍在《宋史》中，找到这样一段记载：天祐民安元年六月夏与宋约定绥州附近国界。夏与宋处在同一时代，两国曾长期争战。夏位于中国西北，宋人称其为西夏，天祐民安正是西夏第四位皇帝的年号，石碑上的神秘文字就是西夏文字。《宋史》中的《夏国传》中记载，西夏是由党项人建立的国家。党项是来自于青藏高原的古老民族，公元1227年，西夏被蒙古人灭亡，与唐古特国被蒙古人灭亡的时间完全一致。在消失了将近五百年之后，一个神秘的民族开始若隐若现。

……

1908年的初春，45岁的俄罗斯人科兹洛夫出现在蒙古高原上的一处沙漠，科兹洛夫受命于俄罗斯皇家地理学会，来大清国探险。他的使命是找到一座传说中的古城，古城的名字叫"哈拉浩特"。"哈拉浩特"是蒙古语"黑色之城"的意思，汉语中也称它为"黑水城"。

……

20世纪初，达西王爷和科兹洛夫的世界相距太遥远，唯有礼物才是最有效的沟通工具。达西王爷非常喜欢科兹洛夫的礼物，土尔扈特首领回赠给科兹洛夫一个改变了他一生的礼物，一位名叫巴塔的向导。

翻越一个又一个巨大的沙丘后，消失的黑水城终于出现了。这是一座被沙丘半包裹着的城堡，城堡的西北角耸立着孤傲的塔，在黏土夯成的两层楼高的建筑遗址上，与之相连的是一座被彻底毁坏的寺庙。所有的发掘都特别细密，这是一场狂热的不科学的破坏性的挖掘，俄罗斯人并没有找到宝藏，却意外发现了一个文明留下的蛛丝马迹。挖掘持续了3天左右，科兹洛夫得到了十箱文物，把文物寄往俄罗斯之后，他就离开了黑水城，前往青藏高原。

科兹洛夫不是专业的考古学者,他不知道这十箱文物给皇家地理学会带来了多大的轰动。

几个月后,科兹洛夫先后收到了两位俄罗斯大学者的亲笔信,请求他迅速赶回黑水城……这是一座无与伦比的宝藏,来自于一个未知的文明,几百种藏书、画卷和雕塑,无数神秘的符号,各种奇特的形象。……在一大堆文献中间,端坐着一个人的骨架,保持着一个很奇怪的姿势。这个人是谁?是图书馆的主人吗?是谁建立了这座古城?如此动人的文明又是谁创立的?手稿里藏有怎样的秘密?这些不认识的文字,将为我们揭示些什么呢?黑水城遭遇了什么?

俄罗斯的汉学家推测这个文明应该属于中古时代,一个叫西夏的国家。

西夏似乎非常崇尚佛教。令人难以理解的是,他们曾经与成吉思汗的大军进行惨烈的对抗。他们既笃信佛陀又骁勇善战,这是一群什么样的人呢?

冬宫博物馆是世界四大博物馆之一,这座有三百年历史的艺术宫殿,珍藏着来自全世界的艺术品。这里有两个展厅,摆放着来自古老西夏的文物,这些文物同样与科兹洛夫有关,来自遥远的黑水城。这些精美的艺术品告诉世人,消失了的西夏曾经是如此地鲜活生动。

这是一个分身的佛像,没有人理解其中的含义。到处都是佛陀的形象,但其中也有世俗的影子。这些姿态端庄、衣着华美的女人很可能是贵族,甚至是皇后。这位被众人簇拥的长者身份高贵,难道是西夏的皇帝吗?这位好像是一位官员,他的帽子很特别。

西夏这个神秘的国度,吸引着越来越多的人去探索、去发现。

训练提示:(1)确定片类、主题、风格,做出相应处理。(2)把握解说的基调、风格、样式及与画面的关系。(3)确定解说的身份、气质、语言用声并表达出来。

本章训练提示:电视纪录片解说的训练,主要是让学生了解电视纪录片的理论要点、类型、特点、创作元素、创作手段,让学生掌握电视纪录片的表达特点、表达技能等,特别强调对不同片类的解说把握。

本章训练要求:(1)使学生了解电视纪录片解说与新闻片配音及广播播音的区别;(2)使学生把握电视纪录片解说与其他创作元素的配合;(3)使学生掌握电视纪录片解说的备稿特点与解说作用;(4)使学生把握不同类型的电视纪录片解说特点;(5)使学生把握电视纪录片解说的身份感、气质、位置感;(6)使学生把握电视纪录片解说的各种样态及表达技能。

思考题:

1. 电视纪录片解说的创作要素有哪些?
2. 电视纪录片解说有什么备稿特点?
3. 电视纪录片解说的作用是什么?
4. 如何把握电视纪录片的解说?
5. 电视纪录片解说的表达技能有哪些?
6. 电视纪录片解说的表达样式有哪些?
7. 电视纪录片解说与广播播音及电视新闻片配音有何不同?

第七章
电视访谈主持

内容提要：电视访谈，是指在镜头前主持人与嘉宾就某一主题、目的、题材、内容所进行的谈话交流。所有利用谈话交流形式作为节目创作方式与手段的都可以被称为电视访谈；电视访谈可以分为"电视专访"与"群言谈话"两种形式。

本章将就电视访谈的创作规律、创作要素、节目功能、主持技能等相关问题进行探讨。

第一节 电视访谈概说

如今，"电视访谈"已经不是"一类"节目的概念了，而是一种节目的创作手段或形式，不同的内容与之结合，可以构成：新闻访谈、科学访谈、法治访谈、心理访谈、情感访谈、综艺娱乐访谈等。电视访谈是被广泛运用的一种节目形式。基于以上原因，我们将以往所称的"电视访谈类节目"改为"电视访谈"或电视访谈节目。

电视访谈是指以人与人之间的谈话交流作为电视传播的一种创作形式或创作手段。在我国电视访谈和脱口秀不是同一概念。

中国改革开放以来，电视访谈节目发展较快，主要有以下原因：

一是，拟人际交流优势。电视访谈使受众享受到平等的"拟人际"交流，这是吸引受众关注的主要因素。另外，受众在这种节目中能得到沟通、宣泄、帮助，甚至可以自我展示，它迎合了受众的自我实现心理。以往的受众是"沉默的大多数"，他们大多只能"听"，没有"说"的权利，而他们却希望获得"话语权"，能够自由发表自己的见解，倾诉自己的心声，得到他人的共鸣。虽然受众在访谈节目中得到的仅是有限的"话语权"，但足以引起他们的兴趣和参与的热情。

二是，社会变革需要。中国的电视访谈节目兴起于20世纪90年代，这并非偶然，因为在当时的改革开放转型期，某些人处境动荡，思想模糊，心理压抑，有不少事他们搞不清楚，弄不明白，加之道德、情感、理想、家庭、社会关系等都有所变化，因而带来某些思想混乱。而正是这种电视访谈形式,让他们有了提出疑问、亮出观点、寻求帮助的平台,使他们对社会转型期所带来的变化有了宏观了解,并且看到原来有不少与自己的处境、心理相同的人。在专家的分析、主持人的诱导及与参加访谈的普通百姓间的交流沟通中,他们的内心平静许多,由不解、悲观、质疑甚至愤怒变为平和与理解。可以说,电视访谈节目本身已经从某种意义上成为时代变革的"解压阀"、社会关系的"润滑剂"。正如美国的媒介研究专家斯克特所说:"脱口秀成为一种供公众交流的渠道。因为许多人觉得他们找不到一个对话的对象来对他们的想法作出反应,幸好,他们在脱口秀节目中找到了一个由媒介明星和公众人物组成的精英阶层。脱口秀既维护了这个阶层的观点的权威性,同时又通过轻松的方式拉近了彼此之间的距离,普通人通过他们——场内和场外的交流,获得了一种沟通和提升思想的满足。"可以说今天的"电视访谈"担负了两重任务:一是对国家、政府的方针政策进行解读;二是给予平民百姓帮助与引导。

　　三是,真实性效益。电视访谈可以给现场内外的受众带来真实的感觉,电视访谈的真实感来自诸多因素:首先,电视访谈是一种真实谈话的自然流程;其次,电视访谈主持人头脑中只有"预设"的蓝本,一切都要现场发挥,访谈过程中始终伴随观察发现、随机应变、见缝插针、穷追不舍、提炼变通等即兴之作,给人带来期待、发现、沟通等真实体验。

　　然而在电视访谈形式出现初期,编导往往用自己的策划构想给被访者定调、画框,这引起被访者的极大反感。原因是某些编导或主持人没有相应经历,或许只想完成任务,或是头脑中的条条框框太多,还不真正了解"访谈"的真谛。值得欣慰的是,现在这种幼稚的行为日趋减少,尤其一些名牌栏目的主持人,访谈前他们要么不见访谈者,只看其资料,要么见了对方却不提及访谈内容,目的就是为了求得一种新鲜感、现场感,一种真正意义上的"人际交流"。

　　四是,主持人的魅力。"电视访谈"的英文Talk Show被形象地译为"脱口秀",意思是:不重准备,临场发挥,脱口而出(国外的"脱口秀"意在展现主持人的技艺,与我国的国情及访谈功能有所不同)。这种脱口而出的能力,加之睿智、幽默的独特风格与亲和力,便形成了主持人的魅力。实际上这种脱口而出的功夫是主持人的先天条件和后天能力的集合,主持人表现于现场,却累积于平日。

　　媒体中的一个栏目与其主持人的命运息息相关,有时主持人能激活一个栏目,带来众多人的青睐,也能毁掉一个栏目,使其原有的辉煌不再。如我国优秀的访谈主持人崔永元独特的主持魅力与《实话实说》栏目,曾经相互辉映,然而,由于崔永元的退出,节目也魅力大减。可见,主持人的魅力具有极大吸引力。

　　在各种节目中,主持人的任务、作用、主持方式有所不同,最有驰骋空间、发挥余地最大、与受众最为接近的应是电视访谈主持。目前,有不少中国观众是因为对主持人的欣赏与喜爱而收看他所主持的节目。如主持人崔永元以他的主持魅力,至今仍得到人们的特殊礼遇。我们惊喜地发现在他制作的电视系列片《电影传奇》中有不少珍贵的电影资料是以前从未见过的,据说,这也是电影厂因对他作为优秀主持人的青睐所给予的特殊帮助。在中国一批优秀节目主持人的产生,也是电视访谈节目受到关注、得以发展的重要原因。

五是,电视媒介本体回归。"电视访谈"形式发端于美国,脱胎于广播谈话。之所以发展较快,一方面在于制作较为简单、经济,另一方面归功于电视人对其电视化的改造。"电视访谈"初期,只是将广播谈话照搬于屏幕,访谈双方就不同主题、不同内容进行着静态的与广播谈话绝无二至的侃谈。随着节目影响的扩大、受众的关注、竞争的加剧、传播理念的更新以及技术的发展,我们看到各种形式的电视访谈纷纷问世:有谈话之间穿插资料片进行形象化叙事的,有与受访者同游戏、共起舞的,有化为受访者身份帮助嘉宾袒露心声的,有边访谈边演示操作的,有主持人独自专访的,也有各界专家助阵主持的……总之,各种内容、多种主题、不同风格的访谈,使电视媒介视听兼备的优势得到进一步发挥,促成电视媒介本体的回归。探寻电视访谈的视觉文化之路,收到了良好效果。

另外,当前传播技术的更新,多媒体技术的应用,使人们对文字、语言的依赖转为对视觉文化的青睐。视觉会给人带来直观、简单、省力的接收效果,加上文字、语言的深度开掘功能,这种视听双重效益的优化力量无疑是巨大的、吸引人的。

一、电视访谈节目分类

当前电视访谈内容丰富,形式多样,风格各异,可以从不同角度进行分类。

(一)以形态划分的电视访谈

(1)专访型——通常是一位主持人专访一位嘉宾的"一对一形式"(也有两位主持人访一位嘉宾,或一位主持人同时访几位嘉宾等)。专访是对嘉宾本人或就某一事件、某一问题进行"人物性""事件性""意见性"访问,话题相对集中,有时现场有观众却不参与谈话。主持人在这种访问中,居于隐性主导地位,话语不多,主要位置让位于嘉宾,嘉宾是专访的"主体"。了解嘉宾、引出嘉宾有价值的观点与意见,是专访的主要目的与任务。如央视的《新闻会客厅》等。

(2)群言型——除主持人、嘉宾外,在场的观众也能够发表自己的意见。主持人是谈话的组织者、是中介、是隐性主导者,他组织现场嘉宾与观众进行多边交流,但本人往往并不明显表态。他的任务是组织引导嘉宾与现场观众就一个人、一件事、一个主题、一个问题或一种现象进行讨论或辩论。主持人在这种谈话中,担负着掌控现场、把关引导、话语分配、实现预设、意外处置、营造氛围、调适节奏等工作。如央视的《实话实说》等。

(二)以风格划分的电视访谈

(1)叙述式——通常"人物性""事件性"访谈多采用这种方式,通过相对完整、自然、有序、生动的讲述,表现人物的经历与内心、事件的经过与背景。如凤凰卫视的《鲁豫有约》等。杨澜的《人生相对论》也是叙述式访谈,所不同的是,这一访谈主持人只在开头、结尾时出场,起到引发、介绍与小结作用,中间主体都是由嘉宾一人在舞台上讲述主题内容。

(2)讨论式——这是群言谈话中的一种,在主持人的精心组织和话语权的有效分配下,嘉宾与现场观众针对某一新出台的政策、社会现象、新闻事件等进行各抒己见的"群言式"讨论。如央视的《对话》《夜线》等。

（3）辩论式——这也是群言谈话中的一种，与讨论式所不同的是嘉宾与现场观众针对某一新出台的政策、社会现象、新闻事件等所进行的是针锋相对的争论，观点相悖，论据对立，情绪激烈，气氛紧张，它更需要主持人进行"收放得当"的现场把控与有效引导。如凤凰卫视的《一虎一席谈》、央视的《我建议》等。

（4）清谈式——这是一种比较独特的交谈，它没有清晰、固定的话题与目的追求。主持人与嘉宾关系平等，基本不分主次，信息量与能力相当，各自见解相近或各异，在交谈中，给予观众新鲜、有价值的信息及观念引导。如凤凰卫视的《锵锵三人行》等。

(三) 以内容、功能划分的电视访谈

（1）新闻性——是对新近发生的新闻事件、新出台的各项政策、当前存在的社会现象与社会问题的解读。如央视的《今日关注》、北京电视台的《天下天天谈》、凤凰卫视的《新闻天天谈》等。

（2）情感性——这类话题内容多是关于男女之情、亲情等。如江苏电视台的《人间》、北京电视台的《谁在说》等。

（3）心理性——访谈内容关乎人们的心理健康、心理问题、心理知识等。如央视的《心理访谈》等。

（4）服务性——通过访谈形式为科学、法制、医药、文化、自然、人与社会等各个方面的知识提供咨询交流的平台。如北京电视台的《养生堂》等。

（5）娱乐性——访谈对象多是演艺界名人。访谈内容与方式多是娱乐性的，这种访谈通常展示嘉宾的成长道路、从业经历、思想、性格、爱好以及日常生活等大家所希望了解的一切，形式活泼，手段丰富，渗透娱乐元素，诙谐风趣。如李静、戴军主持的《超级访问》、北京电视台的《春妮的周末时光》等。

二、电视访谈构成元素

要做好电视访谈，首先应当了解其构成元素、创作环节。

(一) 主持人——电视访谈的隐性主导

电视访谈主持人在"专访型"与"群言型"访谈中所起的作用与位置稍有不同：

在电视专访中，被访嘉宾无疑是谈话的"主体"，双方关系是平等的，主持人访问的目的是替受众从嘉宾处得到更多信息与见解。所以，在主持进程中，主持人起"隐性主导"作用，引导嘉宾多说是主持人的职责之一。

在电视群言谈话中，主持人居于"中介""服务"的位置，对节目进行整体把控，在谈话进程中也起"隐性主导"作用，也不应是谈话的"主体"，但与嘉宾、现场观众甚至现场连线中的人等都发生联系,是一根连接各方的纽带,起组织访谈的作用。

在电视访谈中,主持人的作用大致有:第一,把控访谈方向。第二,平衡话语分配。第三,调适场上气氛。第四,合理处置意外。

主持人是电视访谈成功的关键元素。电视访谈主持人的选择应是双向的,一方面是电视制片、编导选择主持人,另一方面是主持人自己也要量体裁衣,根据自己的特点和优势选择节目。美国"脱口秀女皇"奥普拉·温弗瑞也难觅他途。奥普拉·温弗瑞1976年从美国田纳西州州立大学毕业后,起初在巴尔的摩的一家电视台播报《六点钟新闻》,当时,她那充满感情色彩的播报方式与传统新闻播报方式发生抵触,遭到批评。幸好,另一栏目的策划者看准她的特点,将其招募到《人们在说话》这个适合她的"脱口秀"节目中,使她很好地发挥出自身潜力。继而她受到美国三大电视网之一的ABC芝加哥分部电视台的召唤,成为《芝加哥早晨》节目的主持人,从此打开了她的成功之门。

电视访谈主持人不是教出来的,而是先天条件与后天积累集合而成的。具体讲,一是指人的先天条件——外形与性格可变性不大,也学不来;二是指主持人对所主持的节目及栏目风格具有对应性积累、正好对路,不是模仿来的,也不是人为改变硬去适应的。当然,并不是说人的后天因素绝对被动,我们只是试图说明"主持"这个岗位有它的特殊性,是需要先天与后天的双重优势,尤其是电视访谈,更为依赖人的个性条件与素质底蕴。

总之,访谈主持人的素质,是电视访谈能否成功的关键因素。

(二)嘉宾——电视访谈的合作对象

电视访谈,没有"主持人"与"嘉宾"双方的有效配合,就不会获得访谈的成功。当前,访谈节目中的嘉宾分为两种:一是成为被访对象的嘉宾,二是协助主持人主持的嘉宾。如何对待"嘉宾":一是选择,二是适应。在传媒中,嘉宾的选择有两种:一是可变的,一是不可变的。具体讲,通常,对于"特定人物""专业权威"的访谈,嘉宾是既定的,不可改变的;而在其他一般性访谈中,嘉宾是有一定选择余地的,因此,叫依据访谈内容、形式、风格选择适当的嘉宾。不能选择木讷、不善言辞的嘉宾,使得访谈在有限的时间里得不到应有的信息量,阻碍互动;也不要选择专业性、权威性不强的嘉宾,使得访谈缺乏权威性与指导性;还不能选择观念陈旧、缺乏时代感的嘉宾,使得访谈过于死板、毫无生气;更不能选择没有信息、没有故事的嘉宾,使得访谈没有价值也难有影响力。所以,选择好嘉宾,与其友好合作,是访谈成功的重要一环。

如何做好电视采访与交流?我国著名访谈节目主持人张越在主持中处理与嘉宾(被访对象)关系的经验能为我们提供参考。

(1)节目中,主持人是否应该抖搂自己的锋芒,谁才是真的主角?

"嘉宾才是我们要炒的'一盘菜',不是陪衬主持人的对方,你的嘉宾才是主角。主持人应该关心嘉宾的状态,你要使他舒服,舒服了才能谈得好。嘉宾好了,节目才能好,主持人才能好。"

"——问得平实、自然、开放、具体一些,——别太书面的口吻,别太闭锁了。简单的问题,朴素的文化,可能会有思想性。——要让他思考,思考了才能回答得好。"

"在行为上暗示他、照顾他,让他觉得你关心他、重视他。嘉宾熟悉你了,就会当自己人,才能说出心里话。"

"——要注意拿捏分寸,不要一味为了拉近距离,频频点头、微笑,必须始终有自己的价值体系、判断和世界观,不要让观众觉得你是傻子。既不拼命张扬自己的观点,又不完全失去自我。干这行,不自恋不行,特别自恋会死得很惨。"

(2)"发现"对方,而不是"预设"对方

"罗大佑的歌唱得好,'每张脸孔背后都有故事',个案千差万别,母题是永恒的。不管是普通人还是名人,强势人还是弱势人,本质上是一样的。进入个人的心理纵深,以此来认识社会,解读生活与命运的奥妙。对受众来说,倾听诉说,可能是一次了解他人的过程,可能是一种取暖的方式,也可能是一次内视和自我梳理的机会。"

"我们无权让对方说出我们想他们说的东西,而是让他们说出他们想说的东西。放之四海而皆准的问题没有用。做功课和准备有必要,预设却给我们一种暗示:他们就是我们想的那样,对他有个判断,但个体是不同的,节目中他们可能突破了我们的预设,不要着急,不要不听他们的话,一味按自己的预设进行。在回答中他已经展示了可乘之机,你可以从中展开。"

"其实生活是复杂的、多层面的,不是你预想的。世界之大,人如此之多,你不可能什么都知道,预设使你认识的世界超不出你的脑子,你做的节目和你一样大,甚至还要小,要做得比你自己大。"

"对生活和生命的好奇心,开放的操作方式是对交谈对象的尊重亦是对节目的尊重,是使你的作品能超越你个人认知范围的最好方式。"

(3)逼自己说负责任的话

"没用的话少说,不说应景的话。习惯性的话少说,说了也不错,但还是要少说。最怕啥也不懂,又装得很了解。"

"你的每一句话说得都要有用,传递什么、表达什么。习惯说有用的话,是一个形成锻炼的过程。王志文说:'就是不自信,怕冷场,才要劈劈啪啪地说废话',要是自信就敢不说话,——习惯说口水话,观众是不会尊重信赖你的。"

从以上内容中,我们看到了著名主持人对待嘉宾的态度和理念,同时,也了解到电视访谈主持的真谛。那么,嘉宾在电视访谈中的作用都有哪些呢?

(1)提供个体信息

在电视访谈中,尤其是"人物性""意见性"专访中,一些政界要人、各界专家、文体明星、社会名人等会作为节目的嘉宾,通过对他们的访谈,让他们提供个体信息,满足受众对他们做更全面了解的需求。被访嘉宾在这里是"个体信息提供者"。

(2)解读专业知识

如果被邀请到访谈节目中担当嘉宾的是各界专家，他们具有权威性，有丰厚的专业知识，掌握本领域中大量尖端知识，对访谈所涉及的内容有很大帮助。

(3)成为"意见领袖"

在电视访谈中，尤其在"群言型"访谈中，无论是讨论式，还是辩论式谈话，嘉宾的作用犹如"意见领袖"。具体表现在，他们从自己的思想、人格出发，从自己所从事的专业角度出发，思考问题、发表见解、表明态度，代表着某些人的意见，他们摆事实、讲道理、甚至据理力争。所以我们不妨称他们为"意见领袖"。

(4)辅助主持活动

对于专家型嘉宾而言，他们是各行各业的权威，他们能辅佐主持人解答各种专业问题，使得访谈具有"权威性"，他们与主持人珠联璧合共同主持，成为访谈的亮点、不可或缺的要素。我们不妨称这种在访谈中发挥重要辅助作用的嘉宾为"嘉宾主持"。

例如，原央视《心理访谈》节目的嘉宾李子勋、杨凤池等，他们作为心理学专家，在节目中发挥着重要作用，主持人却某种程度成为他们的"副手"，节目以他们的作用而吸引着受众；又如，北京电视台《谁在说》《选择》《生活广角》《第三调解室》等多个访谈节目中，都有律师、心理学家、社会学家、情感作家等各界专家，他们在节目中都起到无可替代的作用。

(三)观众——电视访谈的服务对象

电视访谈的观众是访谈现场的倾听者或参与者，他们既是我们服务的对象，也是访谈成功的活跃元素。高水平的电视访谈，一定是主持人、嘉宾、观众共同营造的一个积极沟通、各抒己见的良好交流场，观众作为访谈节目的构成要素，是访谈节目中不容忽视的一个方面。主持人通过自己得体的语言在节目中与嘉宾、观众真诚地沟通与交流，给予观众更深层的人文关怀与真诚关注，通过这些，逐步建立起观众对主持人的信任与支持，观众就会更加配合主持人在节目的进程中营造出积极、平等、真诚的谈话氛围，这是一种电视访谈节目的理想氛围。可以说，在当今受本位的传播理念下，主持人将一半话语权分给了嘉宾与观众。

在电视访谈中，现场观众可以给场上谈话带来丰富的信息与不同的见解，使谈话角度多，内涵深，尤其是讨论式、辩论式的电视谈话，场上观众更是情绪激动，表情各异，尽情表达着各自的观点，宣泄着自己的内心，提供独特的体验与信息。如凤凰卫视的《一虎一席谈》节目，紧随时事大事，针对不同内容，及时组织起一场又一场嘉宾与观众共同参与的激烈论辩，经常是嘉宾意见相左，观众见解不同，使社会中不同人群的声音都汇集于此，生动、鲜活、有深度，起到反映民意、沟通社会的积极作用。当前，电视辩论式谈话越来越得到现场内外观众的青睐。正如清华大学传播学系教授尹鸿所说："对话者之间的差异引发的交流和碰撞才使得节目称得上是真正的谈话节目。"电视辩论式谈话的兴起，来源于时代的进步，理念的更新，媒体的发展，公民参与水平的提高。

当今电视谈话现场的观众不再是"活道具"与"背景墙"，他们已成为电视谈话的主角，正是他们的存在，使得谈话现场活力四射，信息量倍增，激活了"谈话场"。这样的谈话节目对于受众不仅起到解压阀与润滑剂的作用,还提供了多角度思维、积极互动的高品位沟通平台。

(四)话题——电视访谈的核心要素

话题,是电视访谈的核心要素,有访谈就要有话题,不同的话题承载着不同的内容,引发不同的兴趣,满足不同的需求。所以,每一个访谈无论是人物性专访还是意见性谈话,都必须设定一个明确的话题。

访谈节目的话题大体可分为:普适性,适应全社会的关注;针对性,满足目标受众的需求。

那么,什么样的内容可以开掘成访谈的话题呢?首先,重要性、普遍性和热点性应当是选题的原则。也就是说,人们普遍关注的政治、经济、社会等方面的热点、焦点、难点问题可以成为访谈的话题;其次,与人们生活接近的道德、法律、情感、心理、时尚、娱乐等不同内容也可以开辟成各种具体、有针对性的话题,形成不同类型、内容、风格的访谈,应依具体栏目的宗旨、范围、内容、受众确定具体话题。比如,法律条文、最新政策、时事大事、金融理财、经济形势、科学成就、不解之谜、保健就医、心理困惑、家庭关系、情感问题、时尚人生、观念碰撞、明星探秘等。总之,当前随着我国政治环境的日益宽松,生存环境的不断改善,人类社会生活中宏观、微观各个领域的不同内容、几乎所有有意义的问题都可以作为访谈节目的话题进行探讨。

当然,在电视媒介,也不是所有问题都能拿来讨论的,要注意筛选不触犯政治、道德底线的有意义、有价值的话题。

(五)方式——电视访谈的创作方法

电视访谈的功能、形态、内容等不同,所采用的方式也有所不同。而"电视访谈"的一个显著特点,就是它的叙事功能。叙事,是一种展开内容、情节的手段,访谈的展开是在叙事的基础之上得以实现的。

一次电视访谈的过程往往就是节目本身,电视访谈常常以讲故事的方式,引出社会现象、生活难题、情感困惑等各种具体问题,形成话题,来进行讨论。电视访谈的主题、内容、目的、样式、风格的不同,会形成不同的叙事。

叙事与访谈结构紧密相关,与访谈的逻辑、深度、广度紧密相连。叙事内容清楚,逻辑清晰,技巧得当,可以得到理想的访谈效果,否则,会使访谈混乱、平淡、缺乏吸引力。好的叙事,能够迅速形成一个谈话场,有利于访谈的顺利进行。

什么样的叙事可以产生好的效果呢?"讲故事"是一种较受欢迎的叙事方法。无论是解读一项政策、解决一个人的心理问题,还是讨论一种社会现象,讲故事都是一个很好的"启动点"与"切入口",它可以对听者形成某种诱惑。爱听故事是人们的普遍爱好,人们对故事有永不枯竭的欲望,因为故事中存在着各种悬念、人物、情节等。人们听了故事,可以寻到知音,找到榜样,打开眼界,解开心结,由此而来的谈话,自然会让个体产生倾吐的热情及欲望。

当然,叙事的展开,需要一定结构,运用一定技巧,有逻辑、结构、技巧、吸引力,故事就讲得清楚明白,有效果。

电视访谈中,叙事的开头和结尾有以下几种方式。

(1) 开头方式

①开门见山式:指电视访谈的开始将话题直接抛出,使人一听即明。这种开头形式,一般在新闻性访谈中较多见。这种开门见山式开头的好处是不需过多铺垫。例如,在央视《环球视线》的一期节目中,主持人在节目开始直截了当地抛出了要与嘉宾讨论的话题:刚刚发布的"世界大学排行榜"为何中国内地只有"清华大学"一所进入了前50名?

②悬念式:指在访谈开始,主持人讲述一个有悬念的故事、事件或现象,将观众引入谈话语境,再据此展开与之相关的话题。这种悬念式开头,在法治、科学、情感、心理等方面的访谈中比较多见。使用这种方式进入谈话,可以激起观众的兴趣,自然引入话题,营造一个合理、有趣、极具吸引力的谈话场。

③调查式:指在访谈伊始,主持人先将所要谈及的话题抛出,对现场观众进行调查,这种调查或举手、举牌,或发言直陈,或以表决器操作在屏幕上显示结果。这种调查式开头比较适宜讨论式与辩论式谈话。主持人可以在谈话开始前摸清参与者的观点,以引发现场观众思想的碰撞与交流,形成活跃的谈话场。

(2) 结尾方式

①结论式:指当一场电视访谈结束时,主持人或嘉宾对所谈内容进行概括与总结,使所谈内容结果更明晰,观点更鲜明。这种结论式结尾一般多用于意见性、事件性访谈。

例如,在某一访谈节目中,主持人及嘉宾讨论的是:为了净化空气,某市政府部门欲将前不久重要国际会议期间施行的车辆行驶单双号限制变为"常态化"这一话题。节目中既讨论了世界其他国家在这方面的做法,也触及本国、本市居民在这方面的切身利益与这一提议存在的问题。在节目的结尾,主持人说:"最近,教育部规定学生要学习宪法。那我们现在就学习。《中华人民共和国宪法》第十三条规定:'公民的合法的私有财产不受侵犯。国家依照法律规定保护公民的私有财产权和继承权。如有问题要及时纠正。'那请问是权法大,还是宪法大?"这种结尾既给出主持人的观点,也起到节目结尾的作用,更折射出主持人的思想政策水平以及对上、对下负责的媒体人的职业精神。

②开放式:指当一场电视访谈结束时,主持人或嘉宾对所谈内容不给出具体结论,而是任由不同观点的存在。目前,某些社会服务、生活、情感等内容的话题讨论经常采用这种开放式结尾,因为在这些方面,有时没有对错之分,只有相对而言。对同一问题,由于社会地位、角度的不同,可仁者见仁,智者见智。当然,有时这中间也会隐含着某种倾向,只是不做封闭式结论而已。

③表演式:指邀请某一领域明星作为访谈对象,与观众进行互动交流,从而使观众进一步了解明星的背景、成长经历与性格特点。这种访谈的结尾,往往请明星们展现自己的才艺,有的主持人也参加进来,以取得热烈、欢愉的结束气氛。

例如,《夫妻剧场》栏目某期节目的嘉宾与女主持人合作演出了一小段"双簧",生动有趣，给谈话现场注入了十分愉快的结束气氛。

电视访谈依据不同内容、风格、目的会有不同的呈现方式。

（1）谈话为主型

电视新闻类访谈多以谈话为主，这也是最传统的访谈方式。这种访谈经常邀请有关部门领导及相关专业专家作为访谈嘉宾，他们就政府新出台的政策、法规、国内外形势等重大问题进行专项解读。一般由主持人提出问题，嘉宾进行针对性解读或是就某一社会热点、难点问题进行有观众参与的讨论、辩论。它的特点是谈话内容较严肃、较深入。

（2）谈话加资料型

电视新闻类、电视社会生活类的内容多用这种谈话方式，这是近些年来被电视媒体广泛采用的一种方式，也是电视从广播引进访谈这种节目方式后，对其进行的能够体现电视优势的改进。这种访谈往往运用一些真实的背景信息、音像资料来展现具体内容、推进结构进程。它的好处是可将枯燥的、过去时的内容较生动可感地展现给受众，使其更好地理解，也更愿意接受。

（3）谈话加演示型

电视社会生活类、电视综艺娱乐类节目中多使用这种谈话方式。这种方式更易将具体话题与内容生动展开，它往往采用现场边谈话边操作、娱乐互动或现身说法等多种具体主持手段，既能活跃谈话场气氛，也能将社会教育、服务内容、生活难题、情感困惑等各种内容讲解得更加清楚。例如，为了对有家庭矛盾的访谈当事人进行劝解，现场的心理学家（嘉宾主持）将蓝色、黄色的化学液体都倒在一个杯子中，变成了绿色液体，以此说明家庭生活中大都没有泾渭分明的界限。又如，为了开导现场嘉宾改善与自己的另一半或家人说话交流的方式，主持人（包括嘉宾主持）现场亲自给自己的家人打电话演示或讲自己真实的故事。这些做法既拉近了与当事人的关系（不把自己塑造成高高在上的精神领袖或楷模），也给对方以具体可感的模板及效仿提示。

（4）嘉宾主讲型

这是一种新的访谈形态。如杨澜主持的《人生相对论》主持人只在开头、结尾时上场，任务是引入、介绍及小结。访谈的形式是嘉宾独自站在舞台上讲述。它的好处是可将更多的时间留给嘉宾，也使其讲述得更加完整。

值得提及，在电视访谈中，一般"主持人""嘉宾""话题"是主要的创作元素。

第二节　电视访谈主持创作

一、电视访谈策划与准备

电视访谈的创作大致可分为：节目策划、主持准备、访谈实施几个环节。要做好访谈主持,不但要掌握主持技巧,还必须了解访谈创作的全过程及各个环节的任务。

一位优秀的访谈主持人一定要参与自己主持的每一期节目的策划。原因很简单,就是要真正成为谈话场上的组织者、掌控者,而不是谈话中的表演者,才能真正拥有主持的资格与实力。

(一)"电视访谈"的策划

电视访谈的策划一般有以下几个环节:

(1)选题

对一个"电视访谈"的策划,首先从栏目的宗旨、风格着眼。目前中国各个电视媒体以及一些制作实体存在大量带有访谈形式的节目,出现严重的同质现象,有的区别甚微。在这种情况下,如自己把握不准,不是与别人的节目撞车,就是偏离本栏目宗旨,产生不了新颖、有价值、满足受众需要的精品佳作。

电视访谈的选题和栏目的定位密切相关,应从栏目的定位出发,选择适当的话题与角度。如果说"内容"是圈定访谈的范围,那么"选题"就是确定访谈的"主题""主线"。还要衡量选题的"可操作性",看是否具有"卖点"。可操作性是指一个选题由设想变为现实所必须具备的条件。主要有:制作人员的能力和技术力量,嘉宾能否参加,所谈内容是否触犯法律、涉及道德禁区与触及底线。好的选题,还应当有"卖点"。所谓"卖点"就是有创意、能吸引人的地方。"卖点"与创新相联系,与收视率相关。

在具体选择什么题材作为访谈的内容时,可先从社会现象、报纸、杂志、网络等各处搜集、寻找、发现信息,从中筛选出有价值、适合本栏目宗旨和风格的选题;再围绕选题初步拟定策划方案;对选题相关的人与事进行调查、采访,补充信息,初步写出策划方案。例如央视的《心理访谈》节目开播之初,很多选题都是编导从报纸、杂志中寻找到的,并动员当事人来做节目,而现在,已经有相当一部分当事人主动来信或者打电话,要求到节目中来解决自己的心理问题。

(2)文案

当一个"选题"被最终确定后,就要进入具体操作阶段。主创人员要将之前简单的、意向性的选题进一步清晰、完善,写出具体详尽的"文案",考虑这次访谈究竟"说什么""怎么说"的问题,这是策划中非常重要的一个环节。

"说什么"是指内容,"怎么说"是指对访谈过程的精心设计,包括:①设计出不同角度、数量足够的问题;②设计如何开头、结尾,如何展现高潮、引出嘉宾,如何使叙事方式具有独特性、创新性;③音效元素的设置,在娱乐性访谈中,往往还需加入与谈话氛围相契合的音乐及嘉宾与现场观众的演唱、表演互动等环节。

(3)电视化

电视访谈策划的最后一个环节是"电视化"。虽然电视访谈以说为主,但增加一些视觉元素,如现场背景、大屏幕、道具、图板等都会具有揭示访谈风格的意义。如根据不同的被访嘉宾布置出不同风格的场景,如访问农村生活背景的嘉宾时,台上呈现大缸、土炕、玉米、辣椒串等物品。此外,访谈者的表情、动作、表演等也是电视访谈的一部分,它们都可以用来体现访谈风格与气氛。如为了缓解情感类节目中凝滞的气氛,主持人与当事人跳起了交谊舞,立刻给节目带来了活力与转机。

通常,新闻性访谈的策划多重在对问题的设置。服务性、娱乐性访谈的策划则多重在对环节、内容、形式上的设计。

实践表明,电视访谈应从策划开始,策划是主持人增加主持深度的必然,也是主持人访谈主持功力的一方面。真正成功的主持无不渗透策划的影响。

(二) 电视访谈的准备

主持人在电视访谈前,要尽量多地了解访谈嘉宾、占有背景资料等,以获得"对话资格"、有效驾驭访谈。具体准备如下:

(1) 访谈资料的准备

在电视访谈之前,主持人都要提前做好"功课",根据访谈的不同内容,可以进行针对性准备。

事件性、意见性访谈之前,应对所要谈及的内容、事件、话题等相关的背景、政策、专业知识、社会反响以及被访对象的观点、态度等都要进行较为全面的了解。可借助网络和各种媒体以及请教专家等方式,尽可能多地搜索相关资料,做到心中有数,避免出现盲区,影响访谈。

人物性访谈之前,要着重了解访问对象的经历、现状、专业、政见、家庭、性格、爱好、习惯等,并且尽量具体,最好能掌握某些"细节"信息,因为在访谈中,细节能拉近与对方的心理距离。对专家型访谈对象的专业著作、专业成就,学科最高标准与历史、现状等,也都要重点关注;对被生活、情感所困的访谈对象,应了解其工作、生活氛围及情感问题,以便在访谈交流中取得主动权。

对于资料的准备,还要有一个对所得资料进行"过滤""消化""升华"的过程,这些资料会成为专访成功的基础与支撑。

(2) 电视访谈的预设

预设就是事先的设计。电视访谈的预设要做到以下几点:

理清访谈的主题、目的,把握访谈的方向、重点。(宏观+意图)

理出访问的提纲、问题,把握访谈的脉络、范围。(理性+感性)

对被访者进行设想,把握访谈的关系、角度。(自然人+媒体人)

从受众角度出发、提问,把握访谈的特点、价值。(服务性+效应力)

思考新创意、开发新手段,把握访谈的效益与卖点。(兴趣点+吸引力)

考虑访谈的开头、结尾,把握访谈的语境与氛围。(有机性+整体感)

以上内容仅为预设的一般关注点,具体实践中经常会出现多种情况,需要"突破预设"以"自救"。也就是说,电视访谈实际上是半个"脱口秀",无论之前策划、预设多么全面,具体谈话现场总有预想不到的"麻烦"或"火花"出现,因而,对电视访谈的"预设"既要遵照,也要突破,这是与其他节目主持的最大不同之处。

我们来看原《实话实说》的策划之一黄艾禾对"预设"的表述:

> 因为我们要寻找对我们的话题有兴趣有话说的观众来参与,但是,绝不会事先告诉他们,你们说些什么。所以,这场谈话的即兴成分非常大。我们对嘉宾和观众可能有什么反应只能有所估计,但不能控制。也可能节目的发展会如我们的预料,也可能场面会冷清得令人尴尬,或是根本不向我们设计的方向走;或者,它完全超出我们想象地火爆,令我们心花怒放。如果碰上节目比想象的要差,现场气氛很压抑,我们也只有干着急的份儿。记得有一次录一场关于交通的节目,因为请了许多警察到现场,于是司机们竟然都不大敢说话,谈话比料想得枯燥了许多。中间休息时,崔永元问我:怎么办?到了这会儿,我哪有什么高招?可是如果节目比预想得还要好呢?碰上小崔和嘉宾都有超水平发挥呢?你就听吧,导播室里全是阵阵开心大笑。有时候,我坐在现场观众席的角落里都能隐隐听到。所以这样一场节目录下来,回到家里就别想睡了。躺在床上,脑子里全是这场节目的镜头回放。这场节目的策划案我是都能背下来的,那么就对比着想,哪一段预料得对了,哪一段完全超乎想象。这样的即兴谈话节目,它永远不可能全部被预料准,但是它的魅力也就在于此,它是一个本身有生命的东西,它会按照自己的生命规律发展出一个超乎你想象的结果,这不是比一场你完全事先知道结果的谈话更让人着迷吗?

下面,让我们来看一份一线实践的具体策划方案,以增加感性认识。

《艺术人生——黄婉秋》节目策划案(节选)
题目:爱情的酸甜苦辣

导演阐述

黄婉秋这个名字,其实对于我们30岁以下的人来说,最多也就是一个模糊的印象。于是这期节目的观众群注定是一批四五十岁以上的人群。那么他们的收视期待,我觉得应该就是以下两点。

一是,对这部老电影的怀旧与回顾。把这部上演于20世纪60年代的老电影,重新讲解一番,再把当时的老演员请来,怀旧的气氛在他们身边流动,老观众们得以找回自己那个时代的影子。但此部分只能成为整个节目的开始,或者是引子,主要精力则放在下面的内容上。

二是,对这位老影星情感与家庭生活的关注。《刘三姐》这部电影是一部爱情片,影片中展示了一对青年男女的爱情故事。那么生活中黄婉秋的"阿牛哥"又是哪位,40年来她的爱情生活、家庭生活又是怎样的,我想这些都是观众们感兴趣的。于是这期节目所讲的主要内容就是黄婉秋的感情经历。

这期节目的题目是爱情的酸甜苦辣,因此本期节目就用酸、甜、苦、辣这四种滋味来结构黄婉秋下面的这七段故事。

爱情滋味一　酸

第一段故事　非常爱火花(4个要点)

此段落主要讲黄婉秋与何有才的初次相识,黄婉秋对何有才的第一印象以及何有才初见黄婉秋时的情景,两人40年前的爱情火花究竟是怎样点燃的。

第二段故事　非常约会(3个要点)

此段落详细讲他们两人第一次也是仅有的一次约会的情景。

爱情滋味二　甜

第三段故事　非常彩礼

此段落讲何有才送黄婉秋的彩礼——一块国产表。

第四段故事　非常婚礼(2个要点)

此段落详细讲两人婚礼的前前后后。

爱情滋味三　苦

第五段故事　非常生活(3个要点)

此段落讲两人不平凡的婚姻生活。

爱情滋味四　辣

第六段故事　夫妻的共同事业

此段落主要讲两人共同创办的"刘三姐艺术团"和"刘三姐景观园"。

第七段故事　对儿女的歉疚(2个要点)

此七段内容,从不同的侧面将黄婉秋的家庭生活以及40年来观众所期待的问题"她究竟去做什么了"一一进行了解答。

黄婉秋的特点:

1. 黄婉秋的性格(与特点)

(1)一个内向的人(内容2点)。

(2)从小就是一个喜欢美的女孩儿(内容)。

(3)勇敢(内容4点)。

(4)谨小慎微(内容4点)。

2. 黄婉秋现在的生活(5点)

3. 黄婉秋的爱人(5点)

4. 黄婉秋的子女(内容)

5. 黄婉秋的名片(内容)

黄婉秋的故事:

1. 黄婉秋的情感与家庭生活

(七段故事的详细内容共几千字)

2. 黄婉秋的两大人生转折点

(1)被选中进《刘三姐》剧组。

(2)噩梦醒来。

3. 电影《刘三姐》的故事

(1)百里挑一定演员。

(2)舟妹摇身变三姐。

节目方案

主持人: 感谢大家走进《艺术人生》,在我们的节目现场,我发现有很多老同志,我知道你们今天来到这里就是为了圆你们近半个世纪的梦想,为了看到你们昔日的青春偶像——刘三姐。其实我在来到这个现场之前,特意看了一下这部影片,片中优美的桂林风光,的确深深吸引了我。我现在要说的是,可能现场有很多的观众依然清晰地记得,影片最后一个镜头就是刘三姐和阿牛哥在大榕树下山盟海誓之后,驾一叶轻舟悠然离去。那么40年后,这么一对情侣还有那个老地主莫老爷到底哪去了,我想这些疑问也是大家想了解的,好,现在就让我们请出电影中的这三位主人公。

开场: 先请黄婉秋(刘三姐)、刘世龙(阿牛)、夏宗学(莫老爷)上场。其间,可以安排两人对唱一首歌曲。

(1)先分别介绍到场嘉宾都是谁。

(2)欢迎你们做客《艺术人生》。您看我们现场有100多位观众,有年老的,也有年少的,但他们都有一个共同的特点,那就是特别喜爱影片《刘三姐》。另外,今天在我们的现场,我知道还有一个合唱团,他们也都一直在唱电影里的这些歌曲。这样,我提一个建议,让我们在节目的开始先唱一首歌好不好。

主持人等众人合唱《心想唱歌就唱歌》并抛绣球。

(10个问题)

正片:

(1)先把四个杯子摆上来,引出酸、甜、苦、辣。

(2)讲故事:

酸——讲"非常爱火花"和"非常约会"两段故事。

甜——讲"非常彩礼"和"非常婚礼"两段故事。

苦——讲"非常生活"这段故事。

辣——讲"夫妻的共同事业"和"对儿女的歉疚"两段故事。

现场大屏幕　黄婉秋的幸福生活
　　　　　　黄婉秋的性格及近况

(5个问题)

问卷调查

观众提问

节目最后一个环节

主持人：

（1）黄老师,节目的结尾我要送您一样礼物,这是两张CD,我们先听一下这里有什么？

现场放《刘三姐》电影录音剪辑片段。

（2）黄老师,这个声音熟悉吗？我知道这个声音背后有一个非常不一般的故事,能跟大家说一下吗？

（3）今天,我们把这个电影录音剪辑的播音员请到了现场,有请罗莉老师。

（4）采访罗莉老师：做这个录音剪辑的时候您是什么心情,您那个时候多大？当时做这个录音剪辑的时候,听这些音乐是什么感受？

图7-1 中央电视台《艺术人生——黄婉秋》的录制现场

（5）现在我们就把这份珍贵的礼物送给黄婉秋老师。

结尾齐唱《只有山歌敬亲人》。

我们从这个电视访谈策划方案中是否看到了策划与实施的关系？有时主持人好似随口而出的一句话,其实都是有目的的,是前期"预设"过的,所以,实际上访谈主持人的"脱口秀"充其量仅是"一半即兴"。如果没有前期的深入了解、平时的积累与访谈前的认真准备,有时会使得前期策划与精心预设落空,所以主持光靠在现场"抖机灵"是不行的。

电视访谈主持人主持时,会把主持功力、文化水平、人格境界全都暴露在受众面前,正像主持人水均益所说：别看主持人经常在镜头前出现,他要做大量镜头后观众看不见的工作才能把工作做好。因此,从某种意义上说,电视访谈主持的成功多半工夫在前期。

二、电视访谈主持位置与功能

在电视访谈中,有人说主持的位置是"核心",主持人是"主创",从理论角度讲这话没错,只不过这种作用有"显性"与"隐性"之分。由于社会进步、传播观念改变,当前涉及人们生活、情感、心理等生活状态的电视访谈越来越多,访谈形态、手段也日益多样化,而有些主持人认不清自己的位置,位置感发生"错位",甚至"倒置",以为自己是"核心"、是"主创",把自己当成主要人物,当成访谈的"主角",因而,处处想表现自己。他们有的将嘉宾、观众当成"活道具",当成展现自己的陪衬,因此,我们有必要换一种说法,以便帮助主持人,尤其是初学者更加清楚自己的位置：主持人的主持位置应当是"中介""服务"。

在电视访谈主持中,主持人是访谈的组织者、参与者和对话者。其实,无论在何种访谈中,受众希望了解的都是嘉宾,是他们的经历与见解,而不是或者主要不是主持人。因此,主持人在电视访谈中应当是一种传播的"介质",是一盘好菜中的"盘子",或是一束鲜花中的"绿叶",或是道路上的"路标"。主持人应当是训练有素的"服务者",服务的内容就是使嘉宾能够充分展现自身,表达自己的见解。所以,在电视访谈中,主持人不能让自己成为表现的"主角",而应将自己放置在"服务"的位置上,帮嘉宾展现,将嘉宾推介给受众;为受众服务,满足他们的需要;把自己放在"中介"的位置上,使自己成为勾连节目、嘉宾与受众的纽带。发挥电视访谈的"路标"作用,即"隐性主导"功能,在节目中,始终把控访谈的方向、主线与范围。正如某著名主持人所说:说到底,嘉宾和节目本身永远比主持人重要。等到哪一天主持人不再被抛到舆论的风口浪尖,观众议论的都是嘉宾的经典话语和有趣故事,那个节目一定是个好节目,那个主持人也一定是个好主持人。

当前,随着时代的进步,"受本位"传播理念的树立,民众参与意识及水平的提升,观众或嘉宾真正成为电视访谈的"主角"和有自主意识的主体,真正进入了电视访谈的"谈话场"。我们是否将此看作是以往"主持人"(媒体化身)的一半话语权分给了嘉宾与观众?"受本位"的产生,使得媒体人不再大包大揽,代替受众思维、判断、发言了,无论是国家大事,还是个人私事,受众(观众)真正有了说话的权利,从某种意义上讲,主持人的另一半作用是利用自身的业务能力实现访谈前期的策划,营造真实、生动、充满生气的谈话场,促进嘉宾或观众发挥主体作用、互动交流,满足受众的心理与现实需要。

电视访谈主持位置应当是"中介""服务"位置。有了这样的认识,访谈主持人方可收敛自己的表现欲望,从思想上摆正自己的位置,情感上、行为中履行自己的"中介""服务"职能。

电视访谈主持的功能是"隐性主导""控场组织"。访谈主持人的"主导"作用及"组织"功能不容忽视,访谈主持人应当正确把握访谈方向,实现访谈目的,充分体现甚至升华访谈主题。电视访谈主持的"主导"作用,多表现为"隐性"把控,同时,电视访谈主持还要发挥好主持人的现场组织作用,否则,会造成谈话无序无旨、交流混乱的局面。

三、电视访谈语用要旨

正确的语言应用是访谈主持的基础,要做好电视访谈不能不涉及语用理论及语用实践。

(一)语用理念

"语用学"是由美国哲学家查尔斯·莫里斯首先提出的一个术语,到20世纪70年代最终确立为一门新兴学科,它是研究语言实践的一门新学科。节目主持是以思维、语言进行工作,因此语用学离我们很近,尤其是电视访谈,更是社会人际交流的翻版,也就更离不开以"语用学"为基础指导具体实践。

主持人在节目主持中的一切言语活动,都是在一定的语境中运用不同的语用策略所为。语用策略是指人在不同的语言环境中使用语言的方式方法,具体指适时、适地、适人、适情、适境、适度的有效应用。换句话说,语境是语用学研究的重要内容,主持人在主持时,无论是播报新闻、进行访谈还是与受众进行沟通交流,都是在特定的社会、政治、经济、文化等环境中进行,表现为"宏观语境";主持人只有沉浸在特定的"微观语境"中,联系具体事件、人物、内容、背景以及选择适当的交流方式,方可获得准确的理解及言语感觉,形成适体的交流语言。

语用涉及语言的含义、语境、话语双方的关系、语言的情感色彩以及说话人的语用心理和听话者的心理等。

电视访谈是潜藏"大众传播"内涵的人际交流"拟态性"传播,主持人的语用策略,实际上就是人际交流的语用原则运用。

在我国的电视访谈中,不少主持人自觉地运用了语用原则,给节目平添不少色彩,因而,他们的主持得到受众的认可。

(二) 语用规律

在日常生活当中,有时通过对方的遣词造句或修辞能力就能推断其工作性质、受教育程度、修养品行,节目主持也如此,其语用规律大致有:

1. 以诚相待

大家都知道人际交往中有这样一个原则:你敬我一尺,我敬你一丈。言外之意:你对我怎么样,我就对你怎么样,甚至好过你对我。人与人之间的交往大多是通过语言传递的,言语中承载着对方对你的态度。

以诚相待不仅是语言表层的谦恭之意、示好之态、赞誉之词,更蕴含着说话者内心的真情与品德。真诚的内心才会产生真诚的话语,真诚的语言才会拉近自己与对方的心灵,有了心灵之间的对话,相互之间的交流还会产生障碍吗?因此,主持人语言的得体绝不是语法修辞、语言表层所能及的,它的真正基础是人的内心的真诚,是做人的得体、品德的高尚。如果访谈对象社会地位不高又不善言谈,主持人就失去热情与耐心,语言硬冷,那既吓着对方,也得不到什么深度信息。如果主持人表面温和,内心却不够真诚,那也无济于事。有些谈话对象内心非常敏感,尤其是自觉不如别人的人,更是高度敏感。所以,主持人的虚假与应付都不能得到访谈对象的信任,唯有真正地以诚相待,才能实现有效的语用策略。

2. 适人切境

"适境"是语用学的重要内容,优秀主持人都能较好地做到"适人切境"。

据说《相约夕阳红》的主持人陈志峰在一次节目中采访的"嘉宾"是一位来自北京通州的大妈。节目开录前,这位大妈说她真是太紧张了,心脏跳动都加速了!陈志峰和颜悦色地说:这点事都在您肚子里装着呢,还怕什么呢?您把编导跟您说的那些套套全忘了吧,咱不按那个说。我问您什么,您说什么,咱娘儿俩坐那儿聊聊天儿,哪天我还上您家去呢,您这回为了做节目带了几个倭瓜做道具,这瓜呀,录完节目,谁也不给,送我得了!——几句平常话,打消了大妈的紧张情绪,节目录制非常顺利。这位主持人既自然、平易,更懂得"适人切境"的语用理念,他针对具体嘉宾,选用了适当的"家常口语体"语言及适合嘉宾的交流方式,很好地做到了"适人切境"。

3.委婉藏意

语用学非常注重人们交际的"言语行为"意义,即不仅从语言内部、语音、语法、语义来看其表达意义,更要结合具体语境来探究其深层含义以及言外之意,话外之音。因为,在人际交流中,人们并不是总能直言表白,很多时候,必须使用委婉、隐含的语言方式来进行交流。

例如,倪萍给播音与主持艺术专业的学生上课,当学生问她是怎么学会主持的,她说是从她姥姥那学到的。她讲一次春节时给了姥姥一些钱,一会儿,姥姥将钱分给几个晚辈,走的时候大家叮嘱姥姥将腰包的拉链拉好,姥姥说:"我这个(腰包)拉链开着行了,里头没钱了。"倪萍知道姥姥这话的意味,知道她有点"杀富济贫"的意思,后来就又给了她一些钱装在腰包里。姥姥说:"这得关上了。"倪萍说:"你看姥姥多会说话,她的意思不直说。……你看我姥姥都是天生的,永远都是想到别人。就是说话替别人想,这话永远说得对。你要永远替自己想,这话永远说不对。主持人就是这样。你先替别人想,然后你这话就都说对了。"

由此可见,顺利的人际交流必须听得出对方话中的言外之意,还能给予恰当、得体的应对。这些都是主持人尤其是电视访谈主持人应努力做到的。

4.心理补偿

心理补偿也是一种语用策略。众所周知,中国民族传统文化至今存在"重话轻说"等软化贬抑语的言语行为,即在批评或指出对方不足之前:一是加上某些程度副词,如有些、稍微、有时、相对而言等词语,以淡化否定、降低"杀伤力"。二是,在不得不说出某种贬抑语后,再加上一些赞誉语,平衡对方心理的失落感,以达到迅速修复双方关系的目的。

例如,有一位教表演的著名教授讲过这样一件事:一次,他给一个表演训练班讲课,发现前排一个漂亮姑娘听课时对他频频点头,可没一处是对的,让那姑娘发言也说的不是地方,所以,他当时没有肯定那个姑娘。再看时,发现那姑娘低着头再也不点头了。教授知道对方生气了,于是下课休息时,故意找那姑娘说话:"你的这双红皮鞋很适合你。"对方听后立刻又活跃起来了,赶紧介绍这鞋是她从哪买来的,如何如何……就这样修复了双方的关系。事后这位教授讲:他夸女孩的鞋好,并没有肯定她的整体,而这样说话既缓和了双方关系,也不丧失原则。我们看到,这位教授非常懂得人的心理,更懂得"语用学"原理。

5.正确称呼

称呼,在人际交往和语言应用中占有重要地位。它具有:表现关系、情感传递、话语转换等功能。恰切、适当的称谓,可表现一种修养与美德,也会给对方留下较好的第一印象,有利于后面的交往顺利进行。不正确的称呼,不仅带来相互交流的障碍,有时甚至还会闹出笑话。

据说有这么一个流传在河北容城也就是"白洋淀"地区的笑话:话说清末直隶总督李鸿章有一次接见一帮"捐班"(是花钱买的官,文化不高),其中一个名叫赵老柱的,他根本弄不清"令尊"(对方的父亲)与"令郎"(对方的儿子)的区别,他原想问李鸿章有几个儿子,却故作斯文地问道:"您有几个令尊啊?"李鸿章一听本想发怒,但转而一想,对方文化不高,也就压住火说:"只有一个。"然后又调侃道:"你有几个令尊啊?"(其实,是笑话对方不懂)没想到赵老柱竟回答:"我还没有。"原来他误以为问自己有几个儿子,令人瞠目结舌。这时李鸿章进一步调侃道:"那让我的'犬子'(指自己的儿子)做你的令尊如何啊?"没想到对方竟诚惶诚恐地连连说道:"多谢,多谢,岂敢,岂敢。"此笑话在容城一代流传甚广。

联想到不少媒体工作者至今不能正确运用称呼。例如,有的将别人的父亲称为"家父"(应为"令尊"),"家父"应当是称呼自己的父亲;也有的对"罪犯"以"位"(尊称)相提,用"名"或"个"(中性)提及较为适宜。

四、电视访谈的把握

电视访谈主持人既要发挥好自身作用,又要做到不显山不露水,看似自然,表现出真实的人际交流状态及隐性掌控。

(一) 电视访谈主持的"话语权"分配

在电视访谈过程中,主持人有一项很重要的访谈技巧,就是"话语权"的分配。它是电视访谈主持人手里的"控制器",是一种把控现场的权利象征。主持人对访谈主旨的把控与引导有时就表现在对访谈"话语权"的分配上。如2009年1月31日的一则新闻中披露:土耳其总理退出了所参加的一个电视辩论会,事后他说不是因为以色列总理佩雷斯的观点,而是因为主持人给了佩雷斯25分钟的发言时间,却只给了他12分钟时间。由此可见,主持人对"话语权"的分配能表明其立场。

在电视访谈中,主持人的"话语权"分配有两重:(1)是否给予"话语权",(2)给予"话语权"多少时间。

值得注意,"话语权"的分配在不同内容、目的、形态的电视访谈中有所不同:

电视专访中,主持人的话语权多表现在对访谈对象谈话时跑题、内容重复、观点不当时的打断上。但在电视专访中,主持人不应轻易打断对方的谈话或抢话。这样做,首先,不礼貌、不符合语用原则;其次,会打断嘉宾的谈话思维与兴致;再次,显出主持人的创作理念欠缺;最后,暴露出主持人的表现欲较强,使人生厌。我们认为,好的主持人应当"一半是听众","一半是主持人",这种状态与心境最为受众认可。因为他可以与受众一起接收信息,共同消化信息,同时产生反应,具有受众与主持的"双重"角度,易给人亲近感、真实感与自然感。所以,电视专访中,主持人应当自己少说话,多给嘉宾"话语权"。

电视群言型谈话中,主持人面对嘉宾、观众,形成"一对众"的交流关系。在这一关系中,主持人是"组织者",通常不直接表态或发表意见,而是通过"话语权"的分配来表明自己的立场,引导现场的交流方向。主持人运用给予、不给予或给多、给少"话语权"的手段来掌控现场的讨论或辩论,表现出访谈主持人的"隐性权威"。因此,主持人应当正确、有效地发挥这一作用,不但把握好"话语权"的"质"与"量"的判断,还应艺术、有效地实现主持掌控。

总之,主持人要合理使用"话语权",既不能生硬打断对方,使其尴尬,也不能无所作为,

任由讨论现场混乱,抑或是出现错误观点的无序蔓延。电视谈话"话语权"分配的具体策略:

(1)根据观点的正确与否进行"话语权"分配。

(2)学会礼貌用语,适时、适当打断对方话语。

(3)要照顾现场的不同观点,合理分配"话语权"。

(二)电视访谈的预设与突破

如前所述,在电视访谈前期,通常都会对所要进行的访谈进行相应的"预设"。预设是策划的一部分,"预设"有这样几个功能:指导功能、引领功能、应对功能。

有了"预设",主持人对访谈整体会心中有数。但是访谈现场,经常会出现意想不到的情况,有时"预设"的情境与现场的实际情况不同,这就需要突破原先的"预设"。有时正是这种偶然、意外所带来的突破,才形成了访谈的"亮点"与"卖点",因为它更加真实、自然、深入。那么,电视访谈主持人应当如何认识"预设"?应对"预设"?突破"预设"?

首先,要清楚"预设"的意义,了解"预设"的两面性,即辩证意义。

"预设"的意义:电视访谈的"预设",就是在访谈之前,根据访谈的主题、目的、形式、对象、环节、手段等因素预先制定出的预想方案,它的功用是使访谈有序有效地进行。"预设"的内容:一般有访谈环境、提问思路、嘉宾邀请、节奏变化、背景道具、互动形式、开头结尾、高潮卖点、应对意外、具体细节等。

大量实践证明,没有"预设"会导致访谈混乱无序;有了"预设"也不能死板因循,要善于从访谈中找到更为重要、更为具体、更有活力、更具魅力的内容与信息,凭借自身的判断力与筛选操作将其替换或融入原先的"预设"之中,快速、适境地突破原先的"预设",使其成为访谈的"亮点"与"卖点",给访谈增色,这才是好的电视访谈预设处置。

在电视访谈中对"预设"的实施可分为:主动实施、被动实施、突破预设几种:

(1)主动实施"预设":是指主持人按照"预设"的内容、步骤、细节等,顺利地将"预设"实施和展现出来,主持人实施预设的过程中发挥自己的主动性,体现自己作为一个引导者、组织者、对话者的责任。

(2)被动实施"预设":指主持人在访谈过程中硬性实施预设,如主持人只是生硬地按照预设好的问题向嘉宾发问,缺乏合理自然的衔接,预设的痕迹很重,使得嘉宾不能在一定范围内自由发挥,访谈似乎变成了回答记者提问。主持人只是问提纲上的问题,与嘉宾根本没有真正的交流,这样的访谈很难有深度与广度。

(3)突破"预设":所谓突破预设,是指主持人在实施访谈"预设"的过程中,在访谈主旨制约下进行"开放性"操作,即主持人在访谈过程中捕捉到前期预设中所没有的、有价值的信息和细节,经判断可成为访谈"亮点"与"卖点"时,对前期预设的大胆突破。对于某些"预设"内容及提问的修改与增加,需要主持人在访谈过程中积极发现,准确捕捉,予以展现或放大。这可使访谈本身更加丰满,主持人的功力也可见一斑。需要强调的是,主持人不能随意改变预设,一定要基于现场需要而行。突破预设的目的是深化和优化访谈本身,更好地实现传播目的。

为什么在电视访谈过程中主持人可以适当合理地突破前期预设？这是因为访谈"预设"对于访谈本身而言仅是一种"预想"，大多是在"经验""资料"基础之上"设想"出来的，永远存在不完全性。

当然，我们所说的突破"预设"不是指某些提问的词语的细微变化，而是表现在访谈思路、互动方式等方面的某些调整与变化。

那么，怎样突破"预设"呢？一是判断正确，二是因势利导，三是有备而来。

首先，主持人要具备足够的思想政策水平、文化知识积累、思维心理素质、语言运用能力。其次，主持人凭借自身功力，对访谈现场要有准确的判断，知道哪些是"预设"之外的新亮点，哪些应当抓住不放、生发开来，哪些可以顺势引导再回"预设"，哪些需要另辟思路突破"预设"。最后，在电视访谈进程中，当遇到超出"预设"的意外时，主持人要见机行事、急智应对，但不能生硬地打断嘉宾的话，更不能表现出着急、慌乱的情绪，而要善于发现嘉宾语言的可断、可转之处，然后，顺势引导、补救、承接、勾连下面的内容，或是突破原先的"预设"，在不离访谈"主线"的前提下，迅速生发新的思路，进行后面的访谈。

第三节　电视访谈主持要求

电视访谈是以会话交流方式进行的，要想获得成功，关键在于访谈过程中体现真实、自然、顺畅的交流，其内容、信息才容易为受众所接受。诚然，电视访谈的交流会形成一定的"谈话场"，这种关系是由"提问""倾听"所维系，没有适当、有效的提问与真诚、准确的倾听，就实现不了顺畅、精彩的交流。

在一线实践中，我们经常可以看到这样一些现象：电视访谈中对话不够自然、顺畅；主持人问话缺乏针对性；交谈没有主旨，流于表面；不认真倾听；忽视嘉宾的反应；为完成访谈预设，提问简单而机械等。总之，主持人缺乏真实的交流感，访谈仅仅停留在表面形式上，内容没有多少深度，也没有吸引力，不能在观众心目中留下印象。

那么，如何改变这种状况呢？回答是从"提问"与"倾听"入手。

一、电视访谈的基础

电视访谈大多是在用即兴语言工作，所以，首先应了解即兴语言的生成过程及其元素。以下是根据应天常教授关于即兴语言生成及播音主持运用的理论阐释，给出的简单提示：

(一) 即兴表达形成环节

内部言语(说话动机与意图，无语音、半思维)。
内部说话(音、义、形齐全，但未出口)。

有声语言(音、义、形齐全,说出的话)。

(二) 即兴语言生成的五个步骤

调取(从语库里直接调取语词、语言结构)。

组合(用语料组句、组段、组篇的过程)。

更换(发现调取不当、组合不成时的应急性重新操作)。

增补(指言语生成的追加补说环节)。

选择(在言语生成过程中对几个同义形式的取舍)。

(三) 倾听与提问的科学原理

"受话"反应,是一项比较复杂的思维和心理活动,一般包括倾听、接收、理解、编码、反馈等环节,这些环节受到主观和客观多种因素的影响。

(1)"听辨法"的基本表述

*调频

这里借用无线电术语"调频",要求听者在开始倾听时,"听觉思维"调向对方"话题",并唤起自己脑子里的库存中有关内容的回忆,要时时排除有碍听觉感知的一切干扰。这是听辨活动的启动(注意力集中)。

*提问

从一开始倾听,就要形成"探究性"疑问的主动感知态势。如"他的中心话题(意思)是什么?""他将就此说些什么?""他为什么要说"等(探究)。

*聆听

倾听时,力求听清每句话、每个词,一边听,一边"框架式"地记住对方表述的内容,并作筛选、提炼、归纳,通过相关联想,预测还会说些什么(筛选)。

*复现

边听边回忆前面所说的内容,并与目前所说的内容联系起来,通过"去伪存真""由表及里"的思辨、推断。对语段作小结或评价,暂时存入记忆仓库,然后继续听下去。"听辨"运用"选择性感知记忆"方式进行储存(选择记忆)。

(2)"听辨法"在节目主持动态语境中的运用

*排除一切干扰

听别人说话时,最好是看着对方的脸,要强迫自己聚精会神地听下去。

*浓缩信息要点

边听边将对方最重要的话记住,或将对方的话整理成几句话,或者记住几个最能表明对方观点的"关键词"。

*梳理对方思路

对方的表达再乱,也要尽力找到线头(有时不止一个线头),切忌用自己的思路代替他人的思路。

＊增强定向意识

抓住主线，切勿把注意力滑向无足轻重的方面。认定听辨目标以后就"定向追踪"，一般不要随意游移。

二、电视访谈的提问

提问是电视访谈的主要手段，通过一个个问题组成"问题链"，意图展现所谈事件的来龙去脉、所访人物的成长和见解。是否可以这样看：在事件性、人物性电视访谈中，"提问"应重在挖掘事件的过程与背景，人物的经历与特点；在意见性访谈中，"提问"重在挖掘嘉宾的观点与见解。

首先，电视访谈中的提问与电视新闻采访中的提问不太一样，有专业人士指出：电视访谈中的提问和记者的采访提问明显不同，应该说是镜头前不同的两种"对谈"状态与叙事方式。

原因是记者的采访提问是代表媒体的，注重客观，而主持人的访谈提问既要反映媒体立场、公共利益，也可带有个体主观色彩，因其身份有媒体、受众、个体几重融合。要实现访谈的有效交流，对话就要注重即兴的真交流与现场感，更应注重访谈的"互动"关系与状态，因为在电视访谈中不是简单的"一问一答式"的简单交流，而是在相互影响、启发、激励的互动关系中获得人际交流正常的话语状态及自然、真实的对话氛围。关于"正常谈话"，著名访谈主持人崔永元说："——正常的谈话要用平时习惯的语言说话，节目策划设计也要符合正常谈话的逻辑、脉络。"在这里，"心态"与"叙事方式"应当是电视访谈提问与电视新闻采访提问的主要不同。

另外，电视访谈中的对话与人们日常生活当中的谈话也不相同。这是因为主持人在访谈当中的谈话不是个人行为，是一种职业行为。虽然我们看到主持人在访谈中的谈话似个人化的、随意性的，实则是职业性的，心有所旨与有意为之，绝不是生活当中漫无边际的闲聊。

观众在参加或观看这种访谈时，希望在有限的时间里得到更多有价值的、自己更感兴趣的信息并与他人共享与交流，同时，观众的要求很高，以生活的真实、自然为标准。也就是说，电视访谈主持人既不能一味执行自己的"社会角色""职业行为"，也不能脱离社会生活自然、真实的交流心态与谈话形态。因此，他的语言或提问就要兼有"媒体人"与"自然人"的"双重"甚至"多重"角度。

那么，我们如何把握电视访谈中的提问？具体的提问策略都有哪些？

在电视访谈中人们总是轮番说话，有问有答、有阐释、有质疑、有反驳、有接应，这些言语的往返回合就构成了一个个话轮。话轮是谈话中最基本的结构单位。话轮由访谈者的提问与受访者的回答构成。在这一对关系中，"提问"占据重要位置，问题提得好，对方回答就容易，反之，会造成不少障碍。如何使自己的问题提得好？

(一) 如何提问

1. 适人切境

访谈提问的运用,很重要的一点就是要"适人切境"。根据不同的人采用不同的提问方式,同时,选择合理巧妙的"提问角度"与针对性提问,这是拉近访谈对象、接近访谈主旨、营造访谈气氛、获得有效信息的良策。

例如,在"纪念抗战胜利70周年大阅兵"晚间特别节目中,主持人在演播室对当天参加大阅兵的各方官兵进行了"接力式"访谈。主持人根据嘉宾的不同兵种、任务、职位、年龄等提出了不同的、有针对性的问题。如对徒步方队"狼牙山五壮士英模方队"的将军,主持人的提问是"体重的变化是什么?减轻了多少?"(以此可知主持人事先做了功课,知道对方体重降了不少)。如对舰载机梯队领队采访时的问题是"你在辽宁舰上第一次舰载机的着舰与这次大阅兵中担任领队飞过天安门,哪个心理压力更大?"而对装备方队指挥部副总指挥、常规导弹领队、第二炮兵少将,主持人的第一个问题是"这次的车是否会将路面损坏?"正是由于主持人这样有针对性的提问与访谈,才使我们了解到这次大阅兵的许多内幕,如直播开始时国家领导人是怎样帮助抢回了超时的6分钟,以及与大阅兵相关的方方面面的信息。这样的访谈才有价值与意义。

2. 具体明确

人际交流中最重要的是明确"目的"与谈论"清楚",因此,在电视访谈中,主持人也应力求将问题提得清楚、明了,根据不同人物、不同题材、不同目的等,多运用"闭合性"与"半闭合性"提问,可使对方听得更清楚(需要时,也可有"开放性"提问)。

3. 灵活多变

人际交流中,人们都喜欢与说话生动、语言丰富的人交流,因此,在电视访谈中,主持人应当学会角度灵活、语言多样地来提问,如变换语式及角度等,以调动对方的谈话兴趣。

4. 真诚以待

在电视访谈中,主持人与访谈对象之间是一个相互选择的过程,对方认可你,就会配合你,认真回答你所提出的所有问题;不认可你,就会采取应付的态度,甚至故意与你对立、不予配合。因为对方不喜欢不真诚、不懂行、只想从对方那里得到什么的人。

(二) 提问方式

具体提问方式大致有:

1. 正面直问

"正面直问"是指访谈伊始,直接对访谈对象提出主要问题。它的好处是省时、明了,这种提问方式比较适宜事件性、意见性访谈。

2. 迂回侧问

"迂回侧问"是指针对某些不便说的问题或不配合的对象,所采用的一种由远及近、避重就虚、委婉、巧妙的提问方式。它的好处是不伤害对方感情,又能逐渐达到提问目的。

3. 激将反问

"激将反问"是指针对访谈对象不配合或有意回避的态度,故意提出刺激对方要害或从真实意图的相反方向提出问题。它的好处是给对方以强刺激,逼其就范,最终达到访谈目的。

4. 适时追问

"适时追问"是指问题问得有针对性,适时切境,抓住不放,步步紧追,有较强的提问目的。它的好处是有机、深入,能逼近问题的本质、要害。

例如,央视某一栏目就"政府采购"话题进行的访谈中,嘉宾说:本来政府采购是想获得"阳光工程",结果现在变成了"日全食"了(腐败行为),没有阳光了。主持人马上追问:你刚才说到"阳光工程"变成了"日全食",那怎么让"日全食"变成"阳光工程"呢?继而,主持人又进一步追问:政府采购的钱都是纳税人的,该怎么看?嘉宾回应:这恰恰是最应该注意的问题……这一系列追问逐渐迫近访谈的主旨。

5. 由头引问

"由头引问"是指用某些新闻事实、社会现象作由头,顺势引出所要提出的问题。它的好处是比较自然、顺畅,易于受众理解接受。

三、电视访谈的倾听

人的言语交际是双向、互动的过程,倾听是主持人谈话不可缺少的一个重要环节。一个高明的节目主持人绝不应仅仅用提问与说话来主持节目,还应当用"听"去交际,用"听"去主持。这是一种高明的"语智",也体现人的美德。"用听交际",是运用"受话反应"寻求合作的"语用策略"。从国内外著名的、有影响力的电视主持人的实践来看,认真倾听、善于倾听,是他们成功的要素。他们从主持的理念和实践中都牢牢把握住"倾听"这个不可或缺的重要环节,用"倾听"去理解、去消化、去获得信息,去交际、去沟通、去主持,因而胜人一筹。电视访谈主持人倾听的能力,从根本说要确立正确的主持理念,有了正确的理念,就比较容易克服不善于倾听的问题。

电视访谈中"重问轻听"是主要问题,还有一些其他问题:

1. 听不及义

"听不及义"的现象,通俗地说,就是没听懂对方说什么,没听清对方说的意思,没理解对方的言外之意,听话没听进脑子里去,没有经过联想中枢,就自顾自地答话或提问,显得主持人的话语不得要领、不合逻辑。

2.不当打断

表现在某些主持人没听完或没听全嘉宾、观众或另一位主持人的话，就在对方正常话语的中间生硬地打断，造成语意不完整或话轮有残缺，使交流断裂、不能很好地衔接。同时也让人感到不礼貌、不尊重人，有时会影响到现场气氛，使对方感到难堪，甚至是剥夺了对方应有的话语权。"时间有限"有可能是这种问题的原因之一，但真正的原因可能还是主持理念与技能不到位。

3.无理插入

表现在某些主持人没有耐心认真地听对方讲话，不顾及对话者的身份、年龄、心态、生活背景、心理情感等因素，也不顾及对方话语的完整性，无理插入自己事先设计好的语言，令人反感。"有预设"有可能是这种问题的原因之一，但真正的原因可能还是主持理念的问题。

4.抢夺话语

表现在某些主持人不去认真听搭档、嘉宾、观众的话，不让人讲完话，强行抢夺话语权，力争说出重要的内容以突出自己，生怕当配角。要知道话题的深化、主题的提炼，是需要主持人去配合、去衬托的。都让一个主持人抢光台词，搞"一言堂"，那与嘉宾和现场观众的双向交流不等于是单向了吗？

5.无心倾听

表现在某些主持人在访谈中，表面上在听对方说话，实际上"无意倾听"不触及内心，从听对方说话时的眼神、表情等体态语中就能透露出这一点，他们心不在焉，眼睛不看对方，左顾右盼，不是看手中的提问稿，就是做一些小动作，注意力分散，有时面部表情还显得不耐烦，似乎不屑一听，因此，体态语不能无声而准确地传达主持人赞同、会意、关心或者询问、质疑等各种交流信息。主持人真正认真倾听的反应应当是：必要时身体稍前倾，具有点头会意等动作及相应的眼神，这也是一种职业美德。

我们看到一些优秀的访谈主持人的做法很值得我们借鉴。例如，凤凰卫视《鲁豫有约》的主持人陈鲁豫，我们从她的主持中，经常可以看到平时伶牙俐齿的鲁豫神情专注地倾听着采访对象的讲述，并作出适时、适当、准确的反应。她虽然说话不多，提出的也不是太深奥的问题，但你从她的眼神里和脸上表情中可以读出她是真正入心动情地倾听着，以无声的体态语同对方进行着心灵上的交流。

当然，鲁豫以倾听为主的"倾听式"访谈，有时也源于她并不具备与对话者同等的资历。有一段时间她的节目中所采访的多是饱经风霜的老人或名人在中国那特殊年代的经历，他们有说不完的故事、经历与感慨。年轻的主持人不便、也不好插话，不必多费口舌，就可以使访谈做得比较丰富、充实。采访"谢霆锋"时，鲁豫朴实、自然、精心、巧妙的提问，使我们了解了"谢霆锋"这位"性情中人"的经历、内心与为人，颠覆了某些观众对他的刻板印象。

当然，访谈主持中采取何种交流方式，不能"一刀切"，应依人、依具体情况而定。例如鲁豫也曾以活泼、亲切的主持风格主持过不少有活力、互动较多的访谈节目。如对极有艺术天分的新疆男孩"阿尔法"和戏曲小明星"牛冰倩"的访谈。

那种问不出有价值的问题，只会不住点头和媚笑的主持人，看似倾听，实则什么也没听进去，也是专业无能的表现。

如何做好电视访谈主持人的"倾听"与"交流"？

1. 学会聆听

指主持人应学会用"听"主持。美国著名谈话节目主持人拉里·金开出健谈的处方之一就是："要善于访谈，首先要善于聆听"；"要想学到什么，只有多听"；只要"愿意聆听，就会成为交谈大师"。主持人的言语交谈，跟人际交谈中的言语交际从本质上说是一样的。语言交际是双方、互动的过程，双方都不能脱离语境和情景，都需要感情和思想的投入。主持人只有用"听"交际，用"听"主持，得到心灵和信息的沟通，才能得到对方的理解和认同。

2. 适人聆听

指主持人依据所访对象的特点选择适当的主持方式。一般，面对专家学者、年纪较大、经历较多的人，适合选择"聆听"的方式，就像是和观众一起听一堂课。这时，主持人的位置就是一名心存尊重与敬意的"聆听者"。如白岩松采访著名学者张中行后，说："我明白，采访张中行这样的学问大师，我只有站在身后聆听的份儿，但能近距离地靠近大师，于我来说，已是幸运。因为每次对他们的采访都是一堂不交学费的课。"

3. 少说多听

指访谈主持人应当对自己的职能有正确的认知，明确自己不但以"语言"主持，更是以"倾听"、以"心灵"主持。主持节目不是话多就好，关键要说有价值的话。有经验的主持人总结出了谈话艺术的两个原则：第一是少说话，第二是要做一个好听众。

4. 听而追问

指主持人在访谈中，应"一边倾听一边思考"，继而"追问"。关于这点，某位业内人士做出了有益的尝试。他发现一些访谈多是一次性、简单的"问答式"谈话，缺少"倾听"后的"追问"，便在策划中力避这些缺点，要求主持人（和记者）在访谈时，要对被访者的回答进行追问，一个问题至少要有两三个回合的交锋。他主张在这一过程中，主持人要认真倾听采访对象所说的话，锤炼出现场不断追问的能力。这种做法，无疑对培养主持人的"提问"与"倾听"能力有很大帮助。

5. 倾听留白

指主持人在访谈中，有时运用合理、适度的停顿或沉默是必要的，其中有的是情绪的反馈，有的是同情的回味，有的是话轮的过渡，有的是无言的默许，不能一概斥之为"冷场"，这是主持艺术的一种。

我们从一些实例中可以看到：正是因为一些懂得心理学与人文美德的优秀主持人采用

"倾听留白"的主持技巧,巧妙地、符合情理地利用停顿或沉默,同时呈现专注倾听、情感呼应的表情语,将访谈节奏把握得非常合理,起到"此时无声胜有声"的艺术效果,使得访谈深入、真诚、深刻,充满温情,不但赢得了访谈对象的心,更博得受众的好评。

6.无言交流

主持人在访谈中"用听交际",也是运用"受话反应"寻求合作的"语用策略"。表现为用一种得体的姿态听别人说话,体现一种尊敬;边听边看着对方,用目光的接触体现理解与认同;面部浮现一种神采或表情,体现欣赏或浓厚的兴趣。这种"默默而语",也是一种富有智慧的交际。用"听"交际,用"听"主持,遵循的是某种社会文化规约与礼貌原则,通过眼神、情绪、态势,主持人用"无声的交际"与对话者的"有声交际"相呼应,形成一个和谐的"心理场",推动情感的交流与观点的共识形成。

有些主持人深得倾听的要领。主持人必须具有观察发现的能力,能够从谈话现场中捕捉有传播价值的信息和细节。会说话的人一定是善于倾听的人,要想把话说好,首先必须善于倾听。主持人如果不善于倾听,虽然与嘉宾面对面,但还是存在隔阂,也不会有真实的交流存在。

现场交流中的发现是建立在主持人对嘉宾话语倾听和逐渐认识的基础上的,然后主持人才会有更好的发挥。访谈中主持人的发问应当完全是自己的,是基于现场和嘉宾的信息之上的。尊重人的最好方式,就是让人说话。而让人说话最便捷的选择就是"倾听"。所以,对访谈主持人来说,有时候善于倾听比善于说话更为重要。因为,谈话更强调"对话"与"交流",而只有看到了"你愿意听",对方才会自然而然产生倾吐的欲望,慢慢端出"心里话",也会让受众感受到谈话带来的意想不到的惊喜发现。想办法让受访者愿意说话,这只是"倾听"的第一步;让他们愿意说出你想要的话,而且是有个性的、独特的话,才是"倾听"追求的最终效果。

四、电视访谈的问题

初学者经常为一件事苦恼,就是访谈主持课上所用例子、所讲内容大都是明星主持人的,如何让自己从没有一点基础到初步迈入访谈主持的大门,该注意避免什么问题?

(1)准备不足,心中无底:指访谈前,不做认真、具体的准备,凭借大概想法去做,表现在访谈主题不集中,内容散乱,想到哪儿说哪儿、听到哪儿说哪儿的被动局面,犹如日常闲聊,却自以为访谈自然。

(2)访谈错位,变更主题:指访谈没有沿着主线走,转而谈到其他话题或内容上去了,而且与主题相去甚远,主旨变更。主持人却没能意识到并及时扭转局面,自己也跟着一起跑,把控不住方向。

(3)就事论事,缺乏深度:指在电视访谈中,对嘉宾提出一些就事论事的问题,不能开掘话题的意义,将其引向深入。

(4)主次欠清,缺乏层次:指有的主持人缺乏逻辑,不能把握访谈的主次比例,铺垫较多,影响访谈主线的深入与重点的突出;也有的访谈中混乱一片,谈过的内容又重复谈,缺乏层次与内容的推进。

(5)提问俗套,针对性欠:指在电视访谈中,对嘉宾提出一些无关痛痒、不具针对性的问题,如问一些在什么语境里都可以用来问的问题。

(6)只知提问,缺少感受:还有一些初学者只知提问题,不触及自己的感受,对嘉宾的言谈没有一个正常人的反应,错误地认为主持人就是要扮演提出问题而不表达自己心声的角色。这样会失去亲和力与真实感。

以上这些,是访谈主持中比较常见的问题。学习访谈,应由小到大,由浅入深,先建立学习摹本,掌握访谈主持的基本规律与技巧后,再逐渐涉及较大的社会问题、更多的访谈形态以及各种风格的访谈。传播学中的"三一原则":充足的信息量、趣味点、影响力。这也是电视访谈所追求的。一个成功的电视访谈,应将内容谈得深透、有新意、吸引人。

第四节 电视访谈主持实例分析

首先来看一例不尽如人意的主持。有的电视访谈中,主持人没能把握好自己的位置,险些把访谈变成自己的表演秀,嘉宾倒成了陪衬,尤其在一些娱乐访谈中。如某电视台邀请著名演员张国立、宋丹丹进行专访,访谈中主持人所表现出的问题值得分析与思考。

范例一 《娱乐专访》节选

地　点:演播室
主持人:女主持人、男主持人(姓名略)
嘉　宾:宋丹丹、张国立

……

女主持:那您后来开始做 MTV 的导演?
张国立:对。没有,开始还是导电影,但是那段时间属于电影彻底的不行,香港武打片一进来,国产电影是彻底死掉那个阶段,所以以后电影也没有再做,那就开始怎么办呢?突然出现一个 MTV,有人来找我,给我一机会,我就开始给人导 MTV,当时主要还是考虑能挣点钱。
女主持:那您当时主要都导过一些什么样的歌曲,比较有名的。(提问不清)
张国立:我不知道什么叫有名。(嘉宾不解,也许故意)
宋丹丹:有名的歌,MTV。(另一嘉宾帮助解围)
张国立:是有名的歌,还是有名的唱歌的,还是属于我获了奖算有名?(嘉宾也许不解,

也许不满)

宋丹丹:都可以,三个都可以,介绍介绍。(打圆场)

张国立:那我几乎全都是有名的。

女主持:比如呢,比如有名的歌是哪个?(这回记住了要说具体)

张国立:有名的歌。

男主持:流行的。

张国立:反正都是什么那英……

宋丹丹:那英唱的什么是你给拍的?(嘉宾充当了主持)

张国立:那英的《雾里看花》。

宋丹丹:真的?(嘉宾宋丹丹真实反应,而主持人却无声无息)

张国立:反正他们那时候都,屠洪刚啊……

女主持:屠洪刚是那个《霸王别姬》吗?

张国立:这一帮吧,我觉得都是特别好的唱歌的人。——反正当时都是特别好的一些……

女主持:而且还拿了好多音乐电视奖是吗?

张国立:几乎拿完了,真的,最佳导演,广电总局的星光奖,MTV大奖,金奖、银奖全都拿完了。

宋丹丹:你那么有才呢?你真拍那么多呢?

张国立:对啊。

宋丹丹:咱俩可以提前到七十我觉得(众人笑)。

女主持:我们今天现场要开演唱会。(不知是不懂得有机转换,还是后期处理所致)

张国立:二十年前的事了……记不住,现在我一句都记不住。

女主持:是吗?没事。他们编辑给您准备了歌词(众人笑)。国立老师,是这样,您要是现场给我们哼哼两句,来两句,我跟储老师……

宋丹丹:(唱)我站在……

张国立:哦,她会。

(宋丹丹开始唱几句歌词)

女主持:国立老师,您要来两句,我跟储老师就扮一下虞姬跟霸王配合一下,您觉得靠谱吗?

男主持:这我才不靠谱。

宋丹丹:很靠谱,你挺像屠洪刚的。

女主持:我们今天还专门准备了一把剑,还有一块红色的小纱巾。(男主持要拿剑)您干吗?储老师。

男主持:我来吧(要去拿剑)。

女主持:不行,您演虞姬。您拿那剑您不会使,跟烧火棍似的。这个给您。(递纱巾)(不知是否想诙谐一下,态度不够礼貌)

男主持：我演虞姬？

女主持：这个给您(把小纱巾递过去)。

宋丹丹：你演霸王？(惊问女主持)

男主持：你演霸王？(也惊问女主持)

女主持：我们就一小段。

男主持：你看我像虞姬吗？(做一女性动作)

女主持：很像。

男主持：我这怎么拿啊,这个(纱巾)？

女主持：你就拿手里面,发挥,自己发挥。(一脸不耐烦,扭头不看对方,注意力早就跑到自己将要进行的"表演"中去了)

男主持：这样(做兰花指)。(众人笑)

(张国立、宋丹丹和另一个到场女演员三人伴唱,女主持和男主持开始表演)

张国立："归去斜阳正红"这句我记得住,正好是抹脖子的时候。

女主持：对,最后就是这样的是吧。(作自刎状)

张国立：这节目真好哎,下回我还来(众人笑),还能看跳舞哎。(注意嘉宾的语调及说话方式)

……

点评：这个访谈存在以下几点问题：

(1)不知这突出女主持人舞蹈功底的环节是否是前期"预设",如果是,这个环节稍偏离了节目主旨。

(2)女主持人欠缺访谈主持的基本功,不会提问。提问时,出言犹豫,一句话断成几节,这表现出她思维不畅、信心不足、目的不强。

(3)女主持人不入语境,对嘉宾的谈话没有反应。女主持人主持时,心虚、冷淡、始终不入语境。连在场嘉宾宋丹丹都对张国立所谈内容发出真实自然的语言呼应与表情反应,而女主持人却淡然处之。也许她心里发虚,因为对方都是大腕,也许她心里发紧,总想着自己的提问,女主持人可能只是在完成"提问任务",不太懂得主持工作的性质、任务、位置、功能,致使交流欲望不强。

(4)女主持人不善于倾听,只是生硬地完成预设,难以就嘉宾的谈话深入交流,难以形成真实自然的谈话场。

(5)女主持人主持位置不当,把自己当成了主角。在访谈的中间段落,女主持人请张国立"哼哼几句"屠洪刚演唱的《霸王别姬》,这是在实现前期"预设"。一直干坐在女主持人身边的那名男主持人,这时也被当作"活道具"。女主持人说我们还准备了一把剑,当男主持人要去拿剑时,女主持人一把将剑夺过来,给了他一块红纱巾(让他演"虞姬"),并让他自由发挥(态度有点蛮横、任性,缺乏主持气质)。谁知唱第一段歌词时,女主持人演"霸王"挥剑弄舞好不威武,让人以为她就"反串"了;可没想到第二段歌词时,她又从那位男主持人手中抢过红纱巾自己改演"虞姬"了,舞姿表情好不柔媚;在结尾处,这位女主持人又要过剑来舞了起来,以一组潇洒舞姿结束,赚得一些掌声。

看得出这个"预设"是让嘉宾、男主持人给女主持人当了"绿叶"(有唱的、有陪舞的),衬托了她这朵"红花",想让受众看到她既能演"虞姬",更能出人意料地演"霸王"。难怪嘉宾说:"这个节目真好哎,下回我还来,还能看跳舞哎。"不知女主持人及节目的编导是否能听出这"话中话",其实是在讽刺女主持人的主持不当。

在电视专访中,主持人应是绿叶,嘉宾才是红花,让嘉宾出彩是主持人的职责,而这名女主持人却正好相反。这说明她的主持理念不清,所以主持行为发生偏差。

范例二 《心灵密码》之《我们的感情要靠钱维系吗?》节选

地　　点:演播室
主 持 人:文　燕
嘉宾主持:程立耕(社会学者)、胡邓(心理专家)
嘉　　宾:豆女士、王先生(女嘉宾男友)
……

(演播室,主持人与豆女士沟通之后,请王先生上场)

主持人:刚才了解了一下你们俩的情况,认识七年,在一起相处是三年,是这样吗?

王先生:对。

主持人:刚才我一听,你女朋友讲这些情况,我们都觉得她挺委屈的。怎么借钱借钱还借出了这么多的怨啊,好心办坏事儿了吗?

王先生:我倒没觉得因为钱的问题我们出现问题,感觉我们两个人在一起好像钱不是问题。主要问题不在这个上面,因为我们在一起三年以来吧,真正生活在一起三年之内,我感觉两个人有很多,包括性格上的,包括双方我们家庭的背景,

图 7-2　北京电视台《心灵密码》之《我们的感情要靠钱维系吗?》谈话现场

包括和家人相处,很多地方我们感觉没有做到,使我们两个人中间产生了很多分歧。

主持人:也就是说,你不认为钱是你们俩之间的问题?(提炼对方之意)

王先生:对,我不这么认为。

主持人:今天到现场说钱你觉得对于你没意义是吗?(引导对方展现观点)

王先生:我感觉非常没意义,这是我不愿意谈的问题,因为这个问题很简单。

主持人:很简单?您接着说。

王先生:因为这个财产的问题非常简单,这个可以说是一句话就能够解决的问题。

主持人:哪句话?(追问)

王先生：对，我想我来这个地方的目的不是想谈这个。

主持人：比如说您拿她的钱去理财，如果两个人分手的话，一定要把所有的钱都还给她是吗？

王先生：对。

主持人：那您股票赔了怎么办？（指出要点）

王先生：我股票赔了我们可以协商，就是说需要我承担多少我就承担多少。

主持人：那如果你们家以前买房子，那个22万块钱买的房子要怎么办呢，如果要分手这房子？（凭借掌握的材料深入话题）

王先生：我想现在谈这个问题有点早。

主持人：为什么早呢？（又追问）

王先生：因为如果说我要是抱着分手的目的来，那么我也就不会来了。我来这个地方是想解决我们两个人之间一些在感情上的问题，很多我们生活当中存在的一些矛盾，我想解决这些问题。

主持人：可能人和人之间的差异性，你们俩之间的这个矛盾和差异性目前就体现在对钱这个问题的认识的不同上，这也可能是你们俩的矛盾之一，能接受吗？（进一步点出要害与焦点）

王先生：如果说是因为财产或者说钱的问题，我们来做这个节目的话，我感觉到就可以到此为止了。

主持人：我可能是能够理解您当中这个难言之隐。您觉得感情和钱不要混在一起谈，钱是很简单的。（发现气氛不太对，用以缓和）

王先生：对，钱非常简单。

主持人：但感情对于一个人的折磨会让人很痛苦。（继续引诱）

王先生：对。

主持人：您这么说的话如果让我猜测，你们之间走到一起是很不容易的对吗？（另辟蹊径、明知故问）

王先生：我感觉是非常不容易。

主持人：非常？（强调式追问）

王先生：对，现在因为我们生活中的一些矛盾，我认为不是特别大的矛盾。如果说我们走到尽头了，谈分手的话，我就觉得我很委屈。

（演播室外观看室中，演绎人物情绪的画面）

旁　白：事情发展到现在，王先生认为，在这段感情中他才是付出多的一方，如果只用金钱来衡量感情，他觉得完全不值。

（演播室外，前期采访王先生）

王先生：我感觉我为了我们两个人能在一起，我认为我付出了很多，我所付出的不是用金钱可以买得到的，不是说金钱可以换回来的。

（演播室外，演绎人物情绪的画面）

旁　　白：那么在王先生心里到底有什么东西是用金钱换不来的呢？

（演播室外，前期采访王先生）

王先生：因为我离婚的时候，那时候在我们单位大家已经开始风言风语的，已经说了我们两个人的事情。

旁　　白：而他们的关系还令王先生在事业上做出了万不得已的选择。

王先生：离婚，包括我们两个人在一起，这件事情对我影响很大，都已经影响很坏了，单位会做出一些决定的。

（演播室外，演绎人物情绪的画面。）

旁　　白：原来，当时王先生在事业上已经有所起色，但是，为了这段感情他被迫离开了原单位。在此之后，令他没有想到的事情又发生了。豆女士很快就重新开始工作，但是他却一直没有找到合适的位置，甚至还曾经待业在家。

（演播室内现场对话）

主持人：听说有段时间您是不工作的，是女朋友出去工作的，是吗？

王先生：对，包括今年，有半年多将近一年的时间，我是待业，就是说我没有工作，大部分时间是她在工作。

主持人：你的难言之隐是什么？（继续追问，紧逼核心）

王先生：我感觉我回来之后，我突然感觉到我什么都不会。

主持人：你们俩等于是女主外，男主内。

豆女士：那是我的个人想法。

主持人：你的个人想法，就是觉得你有工作，我挣完钱，那给你在家里理财，这不就是工作吗？你开始说理财，我没想，刚开始我以为让他去银行比如做理财产品，原来专职让他在家做股票，这对于他就是工作是吗？（委婉点出女方的错位）

豆女士：对，有做股票，也可以再买那个基金产品，也可以再做期货生意。

主持人：我想当初你把自己这个二十多万和三十多万拿出来的时候，当时我相信你是一片诚心地全部托付对吧。你今天想把钱的事情谈清楚，你是不是觉得当初拿错了，不应该这么拿？（再引话题）

（演播室外，演绎人物情绪的画面。）

旁　　白：豆女士真的是用钱给自己买幸福吗？王先生和豆女士的相处中，她是否感受到了幸福呢？

（演播室外，采访王先生）

王先生：她说我不嫌弃你，你就什么都不做，我都不嫌弃你。但是我作为男人我不希望这么过，肯定生活当中有许多矛盾，大家有争执了，有争执她就一句话，让我走。把我的东西扔出来，你走。这段我们分开的时间，(她)每天无休止地给我打电话，能从晚上9点钟打到第二天凌晨4点钟。

主持人：不挂电话，就一直这么说？

王先生：对，你不接还不行。就不停地说、不停地说。有时候一句话说一遍，说两遍，说三遍就行了,用几个小时的时间来说同一个问题,就像上课一样,不停地给我上课,不停地给我上课。

旁　白:对于这段感情,王先生认为他的付出是不能够用金钱来衡量的。可豆女士却觉得一谈到钱,男友就像变了一个人一样,让她完全不敢信任。那么现在她再面对这个男人,她会不会后悔当初给男友的家人买房呢?

(演播室内现场对话)

豆女士:如果说把这个家庭的关系掺进来的话,我真的觉得自己拿错了,拿出来让家庭不和。

主持人:其实你可能有另外一种说法,就是你把这个钱想先拿回来,理顺了以后再说。(替对方理清思路、点出问题)

豆女士:理顺了以后,然后家庭关系也好处理了,我们两个再相处起来呢,我觉得可能更顺畅一点。

主持人:我目前感受到的区别,你们两个到这里来的诉求都不一样。(转头面向王先生)你的女朋友到这里就是把钱必须说清楚,你的诉求就是说钱没什么可说的。但是我有种感觉,你在特别地回避这件事情,能告诉我回避什么呢?(继续追问、逼近内核)

王先生:因为我来这儿的目的可能真的不一样,我们两个也没有交流过。

主持人:如果现在就跟你交流,就是她要跟你把钱讲清楚。

王先生:我就是感觉我不知道接下来会发生什么事情。

主持人:会发生什么事情?你应该比我清楚,各种可能性,第一种可能性说一下吗?(直接触及对方内心)

王先生:第一种可能性就是我们两个人重新开始、从头再来,所有的事情理顺了也就是一个终结,那么就重新开始。还有一种我最悲观地认为,可能所有的东西理顺了,还有没有东西能够把我们两个牵到一起。

主持人:但是你有没有想到女朋友为什么现在着急要把钱理顺,你揣摩一下她的心思。(代女方而言)

王先生:因为可能我们每次有矛盾的时候,最后的结果大家说的最后一句话:分手。

主持人:分手?

王先生:说了很多次了。

主持人:你会这样想吗?她把钱分清楚就是要跟你分手?

王先生:我有这种……

主持人:担忧?

王先生:对。

主持人:(转向镜头)那么接下来我要请上两位专家。

(演播室内画面配旁白)

旁　白:豆女士今天来到节目现场目的就是要和王先生把这笔账算清,而王先生面对钱的问题却总是避而不答。那么我们的专家上场之后能够识破王先生回避的理由吗?

（演播室内：主持人、专家、当事人多方对话交流）

主持人：（面对镜头）刚才两位专家在这个小的监视器里都看到了场上的一些情况，我们的所有谈话内容他们都了解。（请专家发言）二位。

程立耕： 我想问一个问题，（对豆女士）是他先爱的你，还是你先爱的他？

豆女士： 我觉得是我先爱上他的。

程立耕： 我先听解释，为什么他没去迷恋谁，不是他拉着她手不放，我的认为啊，是她先把他的手给攥住了，没让他放，这是我的一个感觉。

（豆女士频频点头）

主持人： 那现在她要放手啊。

程立耕： 谁要放手啊？

主持人：（指向豆女士）她要放手啊。

程立耕： 她要放手？她要放手是没问题，但是有一些问题没解决清楚。就是比如说经济的问题。他呢又不谈这个问题，说谈情。（对两位当事人）我再不客气地问，我说你们两个之间有情吗？你们两个现在谈的是什么情呢？我们说，爱情。多大年纪都可以有爱情。我问你们有情吗？一定有，没有走不到一块的。（对两位当事人）我现在问你们两个人同样的两个问题，你们两个怎么看待爱情？都是有过家庭的两个人又走到一起，你对爱情的理解和你对爱情的理解，请问你们两个人是一样的吗？这是第一个问题不用回答。第二个问题，你们两个对钱的理解是一样的吗？你怎么理解钱，你怎么理解钱，你拿钱干什么用，你拿钱干什么用，你们两个对它是一样的吗？如果你们对这两个问题的理解都是一样的话，现在我把这盆花献给你们两个，作为你们两个的新婚祝福，祝你们白头到老。如果你们两个对这个问题的理解不是一样的话，你们两个牵手这么长时间，你们两个都谈什么呢？是谈情还是谈钱还是什么都没谈？你们在谈什么？这个时候我就想问，你爱他爱的是什么？哪个东西使你值得爱？在这个当中她拉着你手不放，当时你还有些东西没有处理好，然后你也最后把一些事情处理了，把钱也拿了，你在考虑的是什么？

胡　邓： 我有个问题没想明白，一个四十多岁长得又这么帅的男人，（对豆女士）为什么一直拉着你的手不放，我不知道你心里明白不明白？

豆女士： 我觉得是工作或生活中应该是离不开我吧。

胡　邓： 你不觉得他真的很爱你吗？

豆女士： 嗯，我不觉得。

胡　邓： 为什么呢？

主持人： 你这时候可以大声说。

豆女士： 我不觉得。

主持人： 那你觉得是什么？

豆女士： 嗯，我觉得这个怎么说呢？因为如果说他真的很爱我的话，应该不会抛下我一个人不管的。后来为什么说我们俩吵架我又提钱了，是因为我们第一次发生矛盾他走的时候，当时我口袋里就剩二三十块钱了。

主持人：有很强烈的不安全感？

豆女士：非常非常不安全。

主持人：可是当你稍微理智、静下心来的话，你有没有这种担心呢？如果我每天都会面临这个二三十块钱？

豆女士：我没想过。

主持人：太可怕了？

豆女士：太可怕了，我突然有一种太可怕了（的感觉）。

程立耕：说句北京老话。

主持人：不好听的话。（与专家思路相同）

程立耕：醋打哪儿酸，盐打哪儿咸，皮裤套棉裤，必定有缘故。我的意思是说，不要谈面上这些意思了，我这个我那个的，还有一句老话，狠斗私字一闪念，能不能每个人在这块儿挖挖思想根源，把你最不好意思说的那东西说出来，是因为这个我喜欢上的你，是因为这个我不放你的手，是因为这个我要跟你把钱谈清楚再说情，是因为这个你跟我谈钱我就不来了等，把我说出来的这个讲出来，不讲出来我觉得没什么好解决的。

豆女士：一谈到钱的问题，他的那种知识渊博，他的那种理性……为什么就跟变了一个人似的，让我完全感到很陌生。

主持人：问钱，我提一个比较简单的方式。那把以前那些所有钱的东西都重新先归位，比如说我提这么一个方式最简单，重新归位，你比如说一共拿出50万，所有重新归位，想办法放到这里，然后你们俩重新开始，来重新看两个人有没有这种可能性。（对王先生）你接受这种做法吗？

（主持人替女当事人把话说清）

王先生：我想过，如果说我们两个人不在一起了，这真的很简单，我是学经济的，算账对于我来说是个非常简单的事情，只是一个数字问题。

主持人：我刚才没有说你们俩不在一起，你没有听懂。我说的是你们俩先把钱重新复原，再说你们的感情问题。

王先生：我听明白了，我感觉到我们只有做到这种状态，把钱，比如我们两个人在家里了，可能私下里我们把钱谈得清清楚楚的，谈得非常清楚了，可能在我心里面，我就会感觉"什么"都很清楚了。

（这已经谈出了自己的真实想法）

程立耕：我个人感觉啊，我刚才不是说对这人看法，我个人感觉这个男士，这个钱大概是他的一个死穴。

王先生：咱们不是在乎这个钱的问题，我感觉到我用什么东西能够留住你。

（掩饰）

主持人：用什么东西？（继续追问，抓住不放）

王先生：我想这是一个方式啊。

主持人：不还她钱就能够留住她？（提出质疑）

王先生：嗯，可能我这种想法不一定完全对。

（演播室内，慢镜头、画面配旁白）

旁　白：王先生认为，钱是他留住豆女士的方式之一。如果现在把钱算清，那么他们的感情也就彻底完了，他觉得他们还没有到分手的地步。

（演播室内：主持人、专家、嘉宾多方对话交流）

程立耕：你们两个人从来在"钱"上和"感情"上就没有平等过。我不是说谁高谁低，起码是一直在错着位。但是你们两个人从来没有好好去谈过它。因为两个人一喜欢上以后就是感情好，你好、我好、大家好，然后没有去认真地、理性地谈，明天咱们俩过日子这个钱是怎么回事，这个感情是怎么回事，咱们俩应该怎么样，我觉得好像没有。

胡　邓：他们当初都是认为有感情就有了一切。

程立耕：就都有了。

胡　邓：对，因为他们再婚家庭，非常看重的其实是感情。他始终是觉得钱和感情是结合在一起的。那个钱不是单纯的那一张一张的钞票，这是一分一分的爱。

王先生：对，老师说得非常对。有时候我心里在想，其实我们两个在一起几年了，我们现在看到的只是账面上的，有那么点钱。可有时候我们单纯谈钱吧，就是说当我们在算这笔账的时候，就是你拿出了多少钱，现在我们有多少钱，有时候这个账为什么我不愿意去算呢，就是我感觉到，我们在一起这么几年了，说句心里话，就好像咱两个人做生意一样。比如说程老师咱两人合伙做生意吧，你拿出来钱，我拿出来钱，咱们是股份，生意做赔了……

程立耕：互相都有责任对不对？

王先生：剩下的都是你的，赔的都算我的。你认为这公平吗？

胡　邓：而且程老师你还记住一个，他是技术入股，你明白我这意思吧。

程立耕：我知道。

胡　邓：这道理您明白吗？

程立耕：我明白，我明白。

胡　邓：这边是董事长，是资金入股，这边是技术入股。

主持人：（对王先生）我打算问你一下，假设就是赔了，你觉得现在钱应该怎么分呢？问实际一点，我替她来问。你打算怎么分？（设问）

王先生：现在当然我不愿意在这儿算账呢，就是我们俩之间……

主持人：但是她这个资金的……

王先生：不是单纯的账面上的经济问题。

主持人：还有你之前所有的付出对吗？

王先生：就是财产归属权的问题我们很明确，就是她所有的东西是她的，我会全部放弃。

主持人：全部还给她？

王先生：不属于我的，我不会拿，一分钱都不会拿。

主持人：（对豆女士）我问你一个问题，如果他目前他是这样认为的，他认为他有投入，这钱你可能拿不回来，或者拿回来你们俩就得分手，你做一个选择吧。（进入到实质问题）

豆女士：我这个选择就是说，那我就不要了，什么都不要了。但是呢，就是一定要认可这个钱是不是我的，而不是说我为了"赔偿"或者是我为了"补偿"。就是一定要认可我，是我心甘情愿地给你拿出来了，就是认可我，我也为这段感情付出了，而不是作为你付出我给你做个补偿。我非常不愿意这样。

主持人：有个说法就可以了？（帮助提炼）

豆女士：有个说法就可以了。

主持人：到此结束？

豆女士：到此结束。

主持人：如果钱拿不回来，你觉得你俩关系还有可能吗？（提醒、了解）

豆女士：如果说因为钱，今天我来到这里特别想知道什么呢，如果我们俩不说钱的话，把钱全部扔弃，如果这个钱什么都没有了……我为什么要把它要回来呢，都要回来以后你什么都没有了，是否还能像以前一样那么去对我？如果能的话，是值得我再一次去付出的。如果说拿回来以后觉得我什么都没有了，面子什么都没有了，那我就走人拜拜了。那我就觉得这种人也不值得我留恋。

主持人：还有把钱拿回来之后俩人又结婚的，钱还是你俩的。（指出另一种可能）

豆女士：如果真的把这身外之物全部抛弃，还像以前一样，我真的愿意回到那种状态，甚至农民的状态，我们从头来。

胡　邓：我同样在那边画了这样一幅小图（指着图标），作为一个女性，随着时间的流逝，女性的魅力，或者我们说这个女性对别人来说的这个吸引力是在下降的。比如说她现在四十多岁是这样，等到她六十多岁的时候，其实她的魅力值可能不如现在这样，所以当时间拖得越长，对她来说是越不安全的。（对王先生）你明白我的意思吧？

王先生：明白。

胡　邓：她内心深处里这种不安全感会不断地滋生，她需要你的承诺。而相对于男性来说，随着年龄的增长，阅历的丰富，其实魅力值是在上涨的。相对于一个往下降和一个往上涨，你觉得她心里能踏实吗？你要照顾到她的这个不安全的感受，好吗？（王先生频频点头）

（实现了专家功能）

程立耕：你们两个人都各自稍微往后放一下，稍微理解一下对方，都把事情掰开了再往前走一点，这个坎儿可能就迈过去了。

主持人：相信你们，相信你们能解决好（自己的问题）。好，感谢专家，感谢两位嘉宾。感谢观众朋友收看，再会！

点评：这是一个较成功的情感类专访。分析如下：

（1）选题务实：这是一个很有典型意义的访谈。由于中国当前正处于社会转型期，社会的开放程度与人的追求较之以往发生很大变化。有些人为了追求"经济最大化"不可避免地会触及经济、情感、道德、法律等各个方面的问题。该访谈选择了一个有代表性的个案，使我们看到：什么是正确、有益的情感选择？折射出有相关问题与处境的人们的心理与困惑。这个访谈既可以帮助当事人进行沟通,解决面临的问题,又可以起到启迪与告诫他人的作用。

(2)专家助阵:此访谈的嘉宾主持是两位专家,他们对两位当事人的心理诉求都很清楚,能够利用自己的专业知识,协助主持人较好地推进访谈的进程:一位嘉宾一针见血地揭示了当事人的回避心理、指出双方的问题症结;一位嘉宾以图示意,分析了当事人的处境,帮助双方相互了解,有利于合理处置双方关系。两位嘉宾的性格与谈话风格不同,或语言直率、态度鲜明、一语中的,或温和儒雅、循循善诱,他们较好地完成了嘉宾主持的任务。

(3)主持功能:此访谈中主持人的作用及主持技能运用较好。首先,访谈中当事人在有意回避核心问题,话语总是绕开关键问题,主持人的交流较有难度:主持人不触及核心问题不行,触及了,必然要与特定当事人发生交流碰撞,引起对方不悦,有可能还会导致对方对立,这样谈话就进行不下去了;如果为了取得与特定当事人的交流和谐而根本不去触及关键问题,那这个访谈就没有作用。因此,在这一两难境地下,主持人非常注意人际交流中的"语用策略",运用了不少提问技巧,例如,几次运用"追问""设问""反问",也注重利用"礼貌原则""倾听主持",运用"重复""提炼"等交流手段,使得与特定当事人的交流较顺畅,没有受阻。在本访谈中,主持人提问交流较有分寸,不欠、不过,恰当完成了自己"穿针引线"的任务。主持人积极实现了预设,体现了访谈主持功能。与此同时,主持人牢牢把握住了这次访谈的主旨。其实,这个访谈内容所涉及的面很宽,可关注的视角也多,但主持人始终没有偏题、跑题。这是有一定难度的。

(4)辅助手段:此访谈的辅助手段运用合理有效。当所谈内容进行到一定程度时,便会放出相关的前期采访小片或访谈创作人员角度的旁白介绍。这些辅助手段,运用得朴实有效,能够更好地丰富访谈内容,发挥电视传播的优势。同时,心理专家运用图表辅助讲解的方式,让观众一目了然,对理解当事人心理起到积极作用。

范例三 《我建议》之《关于钓鱼执法》节选

地　　点: 演播室
主持人: 张绍刚
嘉　　宾: 何　兵(中国政法大学教授)
　　　　　舒可心(公共问题专家)
　　　　　刘　玲(全国人大代表江苏瑞信律师事务所律师)
　　　　　郭松民(评论员)
　　　　　张柱庭(北京交通管理干部学院政法系主任)
　　　　　张　军("钓鱼执法"当事人)
　　　　　谢海涛(《南都周刊》上海采访中心总监)

(字幕)话题一:是否应该立法禁止行政部门"钓鱼执法"
……

郭松民:有的警察用这把枪来干坏事这是两个问题,我们不能说有个别的警察用这把枪来干坏事,警察就不许配枪了。

何　兵:给警察配枪,是吧……

郭松民:对,钓鱼执法仅仅是一个方法,可以用来干好事,也可以用来干坏事。

何　兵:你……你让我……等等,让我讲完,我头脑还是比较清楚的啊(嘉宾、现场观众一片笑声),警察可能误用枪,请注意:配枪是法律给配的,你不能自己配枪,问题是哪个法律赋予了我们这样的执法部门来进行这种所谓的

图7-3　中央电视台《我建议》之《关于钓鱼执法》谈话现场

"倒钩式陷阱执法"? 你现在提供法律依据给我,你不能自己找法律手段,我自己来配枪,这是不行的! 所以你刚才举的例子挺好的,现在你跟我说,有哪个法律允许他这么干的?

郭松民:我觉得这个钓鱼执法就是从警方的侦查权里面派生出来的,他有权采取各种各样的方式来侦查。(现场笑声)

主持人:好,谢谢,谢谢双方现在基础的(观点)……对不起,我知道郭松民有话要说,我要打断一下,因为我们现在在一些事实上确实张柱庭老师给我们描述了那么庞大的各种各样的形态,我有点乱,那么我们今天是从哪儿开始的? 是从张军这个事儿开始的,所以现在我们请上来张军,让张军来描述自己的经历。来,有请张军——(掌声、音乐声中张军从中间走上台,与张绍刚握手后在一旁坐下)

请坐,张军。因为大家也看到了在之前张军接受的采访当中他都是用马赛克或者弄了一棵树挡着,今天我专门问张军需不需要给他弄一棵树,张军说不需要,(面向张军,张军有点激动)不用激动。张军在底下跟我说得特别简单,张军说是他们错了,又不是我错了,我干吗老遮着自己? (面向观众)我们现在对对和错这个问题,(面向张军)抱歉张军,我不能在我的节目里说你是对的,他们是错的(张军:没关系),最后这个结论要由法院来做出,好不好? (张军微微点头)我们今天只来陈述事实,呃,(微微侧脸向张军)当天的情况,你让他上车,我们都注意到是在一个路口? 是你在等红灯?

(屏幕右方出字幕:"钓鱼执法"事件当事人讲述经过)

张　军:是,我是在沅江,呃,桦林路沅江路口等红灯。

主持人:(依旧是侧脸向张军),(手作拍打手势)他拍你的车窗还是车门?

张　军:他当时……我车窗是开着的,他当时就是拍我的车门,靠在那个……弯下腰,靠在那个车窗的位置。

主持人:嗯,然后说自己胃疼?

张　军:没有,一开始他是说师傅带我一段吧? 然后我就说,我是私家车不带人的,然后他就是接下来他就说,我肚子不舒服,胃有点疼,然后他说就在前面一点点,还说我给你钱,然后我跟他说,我说那我只能带你一点(段),不要你钱。当时我赶到公司有急事,然后心一

软就让他上来了。

……

主持人：当时你知不知道你遇到什么了？

张　军：我当时第一反应就是劫匪啊，因为，我前面说的就是说他没有那个（痛苦的）表情，我完全就认为是劫匪。

主持人：嗯，所以你刚开始觉得是抢劫？

张　军：对，我刚开始以为是抢劫。

主持人：你是过了多久意识到这个人有可能是倒钩？

张　军：呃……我一开始都没有（意识到）……就是说那时思想非常混乱，应该说当天下午就是发生了这件事以后，我找到闵行区执法大队的上级部门，闵行区城市建设交通委员会交通科，我在和一个工作人员的谈话中，他说，协案人员会有奖金这些，我基本上是在那个时候就是说……

……

主持人：嗯嗯，在张军这个事情之后啊，我看到很多媒体报道了这个事情，然后大家都在议论一件事，就是说，呃……如果张军说的是真的话，（头转向观众）他可能会给大家带来一个什么影响呢？就是下次当你开车出门的时候，如果有一个人（头转向张军）拦在你那儿，你发现她是一个孕妇大肚子，你可能都不会……不会……

舒可心：里面揣的是不是……假的，枕头啊什么的，对，都变成这样的想法，（会有这样的担心？）所以我……对不起，我今天有点激动，我想在这儿当着电视机前（的观众）说一句话，嗯……发一个寻人启事，有这么一位先生请你看好了：（指）这个电视机前面这个人叫张军，他曾经拉了你，因为你肚子疼。他在这儿陈述的是这种情况，如果你真的是当时肚子疼，被他拉了……这么几公里，请你站出来替他说句公道话（掌声），对吧，如果你……谢谢大家！如果他说的，如果他在这儿说的是谎话也请你站出来，说他当时是跟我讨价还价，然后拉的这个黑车，是运营行为，我想请这位先生，请你站出来！对吧，我觉得这没什么了不起，他今天都已经成了名人，有可能全世界的人都会知道这个张军，你不能躲在黑暗的角落里面，我觉得……（掌声）

主持人：嗯，好，谢谢，谢谢舒老师随便利用我的平台发寻人启事。张军以后再遇到这样的事情可能会……再遇到有人想要搭车可能真会含糊一下？会不会？

张　军：我是肯定含糊的，实际上就是说，我就是（拿出一个文件袋），怎么说，我觉得我不是一个……多高尚的一个人，但是我，就是说我至少很多时候我还是有一点爱心的，比如说地震的时候捐款啊（单手掏文件袋），以前就是说（张绍刚伸手过去：我来帮你）（随后张绍刚和舒可心同时走向张军帮他拿文件袋里的东西）才毕业的时候我有就是从……在毕业的时候我有去孤儿院做义工啊这种，像一直以来我有用我女儿的名义（张绍刚翻阅从文件袋拿出的纸张）给联合国儿童基金会这个……就在北京，就是每年捐款的这样一个……还有我看到其他的受害者，有一个受害者叫王绍亮，也是被闵行大队处罚，他的义务献血证有六七本，就是说我不知道，虽然也可以说我们这些事情和本案无关，但是，为什么就是到闵行大队这边,我们就都是坏人?!

主持人:别太激动,别太激动,张军(用手抚着张军的背,现场掌声不断),张军拿来的这个……张军是个有心人(把张军的文件袋拿在手里),他拿到的这些资料呢都是张军给……陆陆续续给联合国儿童基金会的捐款,每一笔都不多,一百、二百,大概都是这个数字(低头翻手中的捐款单),但是很多,数量很多。张军其实是希望用这样的一个捐款来证明自己的人品,但是,对不起,张军,我还要说法律上相信的是证据,今天我不是要在我的节目里给你个判断……

何 兵:我讲一下啊,这个证据跟本案是有相关性的。(张绍刚:有相关性吗,何老师?)有相关性的。因为他这里就证明什么呢?说他是开黑车是为了牟利,他已经捐了这么多钱,如果说一个希望贪图利益的人,谋小利的人,因为(开黑车)没几个钱啊,他怎么会不断地捐款呢?所以,实际上这种"倒钩式执法",看得很清楚是泯灭良知和道德的行为。

郭松民:没错!张军这个讲完了是吧?我对这个事我说一点我的看法啊,首先如果张军陈述的是事实的话啊,我对这件事情是非常同情的,我觉得这个钓鱼执法呢,它作为一种执法的方式,作为一种取证的方式,它应该继续被采用,但是呢,它应该被严格地限制……主持人,那个……有位女士一直支持我,您不妨给她个发言的机会。

主持人:哦,一直有人支持你吗?郭松民很少有这么软弱的时候(笑声),郭松民一般都是一个人打全场,很少有主动要求声援的时候,来(手伸向即将发言的现场观众)。

女观众:嗯,我支持郭老师是因为我觉得上海是一个要发生巨变的城市,我不希望这个案件因为这件事情执法的人受到更多打击,我们希望的是上海在它成为一个国际化都市的时候真的是彻底根除这个黑车……

主持人:(打断)所以因为有这样的想法,有的时候是可以采取一些……呃,"非常"手段,对不对?

女观众:对,所以我认为要改进的是这种手段,意思就是说,就像郭老师说的那样子,我们可以逐步地升级,就比如说我抓他六次才给他罚一万,你说第一次罚一百,第二次罚一千,第三次罚一万(张绍刚:那要钓六次),第四次就把车整个地没收了。(张绍刚:每次都钓吗?)我认为可以钓,甚至可以雇人钓,只要上海能成为一个没有黑车的城市。

主持人:坐在我旁边的……刘玲代表已经实在忍不住了,呃,刘玲代表——

(字幕:刘玲"'钓鱼执法'伤害了人们的善心和善举")

刘 玲:就是说打击黑车,我是坚决支持的,但是呢,这个用"钓鱼式执法"我是坚决反对的,那么为什么反对呢?因为我认为现在这个行政权力跟我们民众的联系太密切了,那么如果说把这个——像现在暴露出来的,电视上面曝出来的是这个运管部门的钓鱼式执法,如果强调是钓鱼式执法,如果说推广下去的话,将会在其他行政执法过程当中推广,那么我们老百姓在生活当中处处感觉到这个行政权力在制约着我们。我们现在都提倡什么呢?叫"小政府、大社会",这样反过来就变成一个"大政府和小社会"的这种关系,我觉得它侵犯的不是一个……就是不只是张军这样的人,它侵犯的是广大民众的一种善心和善举,那么更深层次的,它侵犯的是一个公众的形象和公信力。

何　兵: 她提了一个非常好的事,我提醒大家,就是说如果交通部门可以倒钩的话,实际上工商业可以倒钩,卫生可以倒钩,烟草业也可以倒钩,也就是说所有的部门都可以按照自己的理解来倒钩,那么最终是社会上你不知道哪儿都是钩,所以最终郭松民同志,哪一天你就上钩(全场哄笑,掌声)。

(放记者调查短片)
(演播室)

主持人: 接下来让我们有请,今天我们的第二位当事人。当然说当事人不太准确,他应该是一个新闻背景人,《南都周刊》上海采访中心总监谢海涛。海涛呢,应该说他是第一个深入到这些协查员——"钩子"的生活状态当中的记者,来让我们掌声有请谢海涛!(掌声,谢海涛上台)来,海涛请坐。从我约了谢海涛来一直到昨天晚上我们一直在通电话,因为我特别想……让海涛给我带一个"钩子"来,从上海带一个"钩子"到现场来,他们的这个人群很神秘,后来海涛告诉我:绝不可能!他们绝不会被……绝不能"走光",然后我就问海涛,我说海涛能不能你约一个人?我们今天在节目里面电话连线,刚才海涛见我,第一句话说对不起,谁都不敢打这个电话。"钩子"们的生活状态是什么样的?他们是些什么人,当"钩子"的人?

谢海涛: 呃,对"钩子"这个描述吧,可能不同人有不同的说法,比如说黑车司机眼里吧,那就是社会闲杂人员,也就是一些社会的渣子,有黑社会背景的人,就是说没有正当职业的人。

主持人: 您刚才说您在文章里面专门说到乔装打扮,他们一般会装扮成胃疼?

谢海涛: 对的,有好多种,(张绍刚:胃疼,还有呢?)比如说还有就是刚从医院出来,可能是吊着绷带(张绍刚:吊着绷带啊?),就是要回家,刚出了院;(张绍刚:有怀孕的吗?)有(张绍刚:啊,也有怀孕的),比如说还有带着小孩的,然后小孩子可能就是在无形中充当了这么一个角色吧,可能是一个妇女带着一个小孩坐在后座;然后也有可能就是说……一个叔叔年纪比较大,带着一个他的侄女,可能一路上在谈论很多问题,比如这个叔叔就说"你怎么样?""不要离婚啊"怎么怎么样,就一直说这些问题;还有比如说一对夫妻,这对夫妻一路上一直不停地吵架,吵个不停,这个吵架呢可能就分散了这个黑车司机的注意力,然后到了一定时候就上钩了(张绍刚:嗯嗯)。就是我问了很多这种就是(张绍刚:被钩过的)被钩过的人,(张绍刚:就是说可不可以辨别出来?)他们说特别难特别难,他们把这个比喻成了一种叫作"猫和老鼠的游戏"。他们认为这个猫太厉害,他化身千万,你不知道他是干什么的(张绍刚:嗯嗯,所以狐狸精,不是猫,是狐狸精啊),对。

主持人: 张老师刚才您想说什么?

张柱庭: 我刚才听这个记者描述了好多这些"钩子",我强调一下,这些行为都不是执法人员的行为,不能把这些东西都叫执法,这是那个乘客的行为,我们说的执法行为是执法人员去做的行为。

谢海涛: 张老师,我插一下,对不起,(张绍刚:稍等一下,让海涛说一句,让海涛……)是这样的,在我采访奉贤区"钩子头"的时候他是这么说的,每当有一个执法任务开始进行的时候,一般就是有"钩子头"和执法人员共同确定一个大概的范围,把执法车放在这个地方,他们是这样说。

(字幕)话题二:如何有效治理黑车?

张柱庭:这个我也解释一下,现在有些人老把执法人员固定的地方叫"埋伏"的地方,为什么有固定的地方?是因为国务院有规定,交通的执法人员不许乱上路,只能在定点的地方,所以现在好多人就说,你在那儿埋伏,实际不是埋伏,是怕引起公路"三乱",规定在固定的地方(执法)。

主持人:海涛给我们带来的都是他的一手调查的内容啊,就是"钩子"出面有时候还不是一个人在战斗。(谢海涛:对的)

谢海涛:你比如说我可以举一个例子,这个比较经典的就是那个人(黑车司机)告诉我,他们在一个陌生的镇上,这个镇上基本上因为"钩"怕了嘛,就是不是熟人的话他不敢拉,但是这些"钩子"是从外面请过来的,就是远离这个地方的,万一熟人的话肯定没法做了,不能见光的,这个时候可能就是突然几个人打起了架,几个"钩子"打起来的时候,边打边跑,可能有一个人就跑到了那个黑车司机旁边了,"快,赶紧赶紧让我走!"就是打得鼻青脸肿,非常形象逼真,二话不说这个黑车赶紧就把他拉走;拉走之后马上又追来一个,"给我追着他!"然后又一辆车上去了;这个还不算,可能还有,比如看热闹的人,他们就说"快追上去看他们怎么样了"(现场观众笑),可能又一辆车上去了,这三辆车已上钩的话可能三辆车全完了,这是一个钩子的一个故事。

郭松民:我说,我说两句啊,我觉得我们在这里边很可能是被海涛老师的这样一个讲述引到一个误区了,为什么?因为我们觉得好像是黑车司机是一群受害者。首先我们说他不是,他们首先是一群违法者,我们知道黑车给社会带来的灾难是更多的,否则的话没有必要消灭它。

张柱庭:我告诉大家,黑出租危害极其严重!出了多少事故没人赔,造成多少社会不稳定没人管(何兵:我们现在要讲一个什么问题……),所以黑出租的解决,用经济方法,都已经列出来了:比如说大力发展公共交通,比如现在出租车到底量供应多还是少,现在批新出租有社会稳定问题,不批,有人说量不够,所以现在批和不批,很难解决,能不能绕开解决?我们找的方法是:发现现在的出租汽车它本身的运力是空驾驶率很高,经常在路上这样兜圈,那么看了一下国外的出租车的经营管理,大部分是定点电话叫车,空驶率很低,所以将来比如说用电话叫车,这些不方便的地方……那么叫一台出租都能够很方便。

主持人:来,对面那位男生,请起立(指向观众席)。

男观众:因为从刚才的陈述中我们可以看到或许"钩子"这种行为是治理黑车,从形式上来讲是很行之有效的行为,但是我们发现"钩子"它已经成为一个职业,它已经有了自己的体系和生态,也就是说这种打击违法的行为它已经开始依靠了这种违法行为的这个土壤来进行滋养,所以说这种行为,我们绝对不能说这种行为它形式上行之有效,我们要看到它真正达到了什么效果,它目前达到的效果是:"钩子"作为一个职业,它能不断地生长,这从一个侧面反映了黑车同时也在不断地生长。

主持人:太有思想了!(全场掌声)

舒可心:我想说的就是这个,其实政府是有道德的,是有德行的,当制止那些违法犯罪的时候采取一些"钓鱼"的手段,大众认可,这是合理的,大众都认为这是合适的,但是在对老百姓、对大众的公共事务上,这种行为就不道德,这个在大众当中就不道德。

……

(字幕)话题三:有偿顺风车算不算黑车?

何 兵:绍刚,我跟你讲个真事啊,一个半月以前我也做过一个好事,我到十三陵去,开个车到十三陵,我们家里去那儿,周末到那儿看一看、玩一玩。到那儿看到一个父亲带着一个小孩,他跟我打听说去机场怎么走,因为旁边有个黑车在趴活,跟他开价170。他说怎么走,我说你这个可以坐公交车,那个黑车说坐公交车不行不行怎么的。我想你这样吧,你上我车得了!我正好要回去,回城,我给你送到轻轨线,你坐轻轨到西直门(字幕上写的是"东直门"),从西直门一直坐地铁就到了飞机场了,(有人插话说:是东直门!)我直接把他拉上车了,在车上以后他死活要给我钱,下车以后就死活给我钱,啊呀我说给钱就没有意思了,我就是要拉你一下就完了,我没收下他这个钱,这是真的。(张绍刚:嗯,你要是收了就是黑车了)(全场笑声)现在不收也是黑车呀!问题就是这样的,问题就是说我就是真收他一点钱那我就是开黑车了吗?我一再跟大家提出来,偶发性的民事交易并不是经营行为,不能认定是黑车,也就是说他不但没收这个钱,他收了这个钱,偶发性的民事交易,请注意,非经营行为,我们国家现在查处什么?非法经营。(字幕:何兵"偶发性民事交易行为,不能算黑车")你比如说车票我不要了,那么我把这个票给你,你把钱给我,比如我的票价是一百,你加个20块钱,这是不是就证明我是倒票?不是这样的,人民与人民之间经常要发生这样的民事交易,如果你讲的这样的偶发性的民事交易一定被视为商务行为和经营行为的话,等于人民和人民之间没有办法发生正常的民事交易,那是非常困难的。

张柱庭:这个出租车呢,付一点钱叫不叫经营?我理解不能把它看成简单的一个民事行为,为什么呢?出租车是我们国家特许经营的一个行业,(字幕:张柱庭"只要有偿就属于非法经营")这个特许经营是要受到严格限制的,因为涉及公共安全,涉及税费,涉及合法经营的产业的稳定性,所以它这个产业是特别限制的,那么在特别限制的情况下你说给10块钱,或者给20块钱就不叫经营,就一般民事行为,这个很难这样去认定,因为差不多我们合法的出租经营也是北京10块钱,你能说他不叫经营吗?

舒可心:所以我问你为什么政府不明令立法禁止公民汽车带人呢?干脆你就立法禁止……

张柱庭:我们看了一下国内国外的法律,如果无偿的,就是我们说的顺风车,叫搭乘或者合乘,都是允许而且鼓励的。像何老师都干过这好事了。但是收钱,绝大部分国家和地区都是禁止的。

主持人:我们现在把收钱就定成黑车吗?(张柱庭:对!我想……)不,假设就咱俩……

是这样,(舒可心:张先生是硬要给钱)第一是我硬要给钱,第二呢,就是咱俩呀,我老坐你的车,我不好意思。

张柱庭:咱们两个现在都是设定在我们两个的条件下,那么对于执法人员来讲,碰到的案件查处几乎都是一个理由:油钱,替他交过路费,基本上都是这一个说法。如果说这个说法能成立,将来就没有黑车经营这个定性了。

主持人:所以您很确定只要是有偿,就是黑车?

张柱庭:对,我们现在希望在新的立法里面给它个定义,叫什么呢?"黑车"是土话,不是法律用语,我们希望的定义是叫"无证经营出租"。什么叫经营呢?提供公众服务,具有商业性质。

何　兵:那,绍刚,我讲个例子就很清楚了,比如说我们国家烟草是严格进行专卖的,没有烟草专卖许可证是不得买卖烟草的,如果经营烟草那肯定处罚你。那现在就是说我烟瘾犯了,我没烟,他那儿有盒烟,说你这盒烟给我吧?说行,多少?60,拿过来抽了,那么他是非法经营吗?(张绍刚:如果按他说)那按他说的话我们就是……(张绍刚大笑,现场掌声)

张柱庭:我觉得这个问题没有可比性,因为烟草是烟草行业,运输行业是运输行业。(何兵:烟草也是专卖啊)我们建议完善立法,到目前为止,国家没有法律,国务院没有行政法规,部委没有规章,打击黑车都是各地的地方法规,因此我们提的建议是在行业层面上建议制定出租汽车的专门的管理法规,统一规范各类执法行为。我相信这一类问题是能够得到解决的。(掌声)

主持人:谢谢!(鼓掌)呃,刘代表,现在真的到了您发言的时间了,今天我们的内容有没有可能成为明年您议案的内容?

刘　玲:舒老师这边和郭老师这边的观点……大家都提到一个观点就是说加快立法进程,那么我想在明年的全国人代会上想呼吁全国人大尽快出台《行政程序法》(字幕:刘玲建议尽快出台《行政程序法》)。因为目前造成"钓鱼式执法"存在的一个根本的原因,我想就是说对于行政机关的执法程序没有一部专门的法律来调整,那么如果想彻底地解决这个"钓鱼式执法",最好的办法就是《行政程序法》尽快出台,这个就是我今天参加这个节目的一个最好感受,我想在明年的人代会上提出这样的一个建议。

主持人:谢谢,谢谢,谢谢刘代表。(掌声)这是一个城市管理的项目,在考验管理者的执法能力,还在考验管理者的智慧,希望能有更多更好的答卷出来。同时我们也会和大家一起继续关注张军的这个案子,我们也希望这个案子对于张军到底是不是黑车司机能够有一个最终的明确的答复。这就是今天的节目,谢谢您的收看,下周见!

点评:这是一个"群言型"谈话,它的成功之处在于以下几点:

(1)策划充分:这个访谈做了比较充分的策划与准备。话题的选择,抓住了社会上的热点:上海闵行区执法大队利用"钩子"设套抓"黑车",导致有人将其告上法庭。原告败诉后,剁掉自己的手指以示清白。该访谈事前进行了较为全面的调研、资料准备及"预设"工作,辅助手段较多。虽然有的预设没能实现,如带个"钩子"到现场或电话连线。但话题辩论思路清晰,讨论集中,过程真实(如在这一场辩论中,有几处发言者说话存在明显口误,只是在字幕中给以纠正,真实地记录了一个谈话过程)。这一访谈既让发言者畅所欲言,又谈出了一定深度。

(2)引导有力:该访谈的话题涉及政策、法律、道德、管理等方面,情况复杂,角度不同,认识上有偏差与碰撞。访谈中尽量呈现各方意见,提供给受众一定资料,打开他们的视野,使其得出自己的结论。今天的受众大多不喜欢主持人高出一头的"引领",而希望主持人、媒体利用职业平台多提供给他们一些一手资料,方便他们作出判断。

特别值得提及,这个访谈节目表面上敞开谈论的大门,现场嘉宾、观众、当事人、主持人畅所欲言,平等交流,摆明观点,提出论据,发出疑问,相互论辩,谈话热烈而有序。但是纵观整体,我们可以感觉到这个访谈在策划中有明确的主题、目的,主持人也较好地实现了这个主旨。难得的是主持人遵循访谈主持创作规律,既"开放性"驾驭现场,自己作为"对话者"也自然投入其中,但没有忘记自己的"隐性主导"功能,始终把控着谈论的方向、范围。例如,在访谈结束前主持人特意请刘玲律师发言,以她的特殊身份谈针对本话题将要采取的行动,她想在明年的人代会上提出相关法律的立法建议,从而使类似事件有法可循,有法可依。从现场的热烈掌声,我们也看到这一收放自如的主持,使得该访谈既有真实感、纪实性,更有主导性及传播引导功能。

(3)嘉宾适宜:该访谈邀请的嘉宾,既有权威性,又思维敏捷,拥有充分的事实论据。他们站在不同职业角度或社会角度对话题尽情发表自己的意见,既据理力争,也真诚交流,还不时现身说法,碰撞出思想与智慧的火花,使得谈话现场热烈、生动,对核心问题进行着全面、深入地探讨,甚至激烈的论辩。例如,嘉宾何兵以自己也曾做过类似好事,用自家车带过人,来表明对此事的态度;嘉宾张柱庭从专业角度出发,极力反驳对方关于"黑车"的界定等。他们所提供的各种论据,有力地支撑着自己的观点,也为访谈增色不少。

此外,主持人现场请来的重要嘉宾——遭受"钓鱼执法"的当事人张军和媒体人谢海涛都现身说法,为访谈提供了宝贵的第一手资料,使访谈更加丰富,更有说服力。

(4)把控到位:该访谈的主持人,专业素质较强,准备工作较充分,有备而来,对现场的把控、话语权分配、自身所处的"中介"和"服务"位置等都比较到位,还不乏亲和力,较好地体现了主持人在"群言型"谈话中的"隐性主导"作用。

例如,主持人通过自己的观察,适当给予意见不同的嘉宾及现场观众一定"话语权",既能展现双方的不同见解,又能平衡两边力量,营造出积极、热烈、尖锐的处于交锋状态的"谈话场",调动现场观众及电视机前的受众参与其中。在这一谈话现场,主持人较好地担负起组织者、引导者、对话者三重责任:他请上"钓鱼执法"当事人张军,听他诉说事情经过,还不时以体态语抚慰对方以示安慰,体现了主持人的"亲和力",还不忘表现出主持人客观、有法制观念的一面,告诉委屈的对方,自己现在不能说什么、不能作出什么判断;又请出最早摸出第一手材料的媒体人谢海涛,听他讲述调查内容,当现场持不同意见的嘉宾提出异议时,他及时打断对方,请谢海涛继续说下去,适当行使了主持人的"把控"权;而当现场年轻观众的发言表现出一定水平时,主持人又及时、由衷地发出肯定的赞语,表现出他的"引导"作用;当持不同意见的嘉宾指出只要搭载他人就是"黑车"的观点时,主持人又从受众的角度,替受众提出了问题,表现出他既是组织者,也是对话参与者。

总之,通过主持人的整场表现,我们看到,他的主持思维与行为始终在一条脉络清晰的主线上,但又不板结。让我们感到他的存在却又不夺目。他充满自信与真诚,既是主持人又是参与者,较好地把握了主持人的身份和位置,较出色地完成了主持任务。

(5)手段丰富:这个访谈之所以较成功,还在于辅助手段丰富,运用了不少电视手段。如为配合话题内容,谈话中间加进了记者调查等真实资料小片;为使受众看得更清楚,还将谈话分成几个小话题,以字幕显现,让谈话呈现出丰富性——既有谈话层次,也有背景介绍,还有观点揭示,体现出电视访谈的特点与优势。

本章训练提示:电视访谈主持的训练,主要抓学生对电视访谈主持的认识,让学生掌握主持原理、主持特点,训练学生主持操作的能力。首先,训练学生主持两人之间的"人物性"专访(初步实践,较容易);其次,训练学生主持"事件性""意见性"专访(稍加访谈难度);最后,训练学生主持"意见性"群言式谈话(增强对讨论、辩论的控场训练)。注意不能请某人"扮演"访谈嘉宾,这种做法丧失了访谈主持的真实性。

本章训练要求:(1)初步掌握访谈的准备方法以及前期策划的实施方法;(2)能够把握提问策略及谈话氛围的营造;(3)能够把握访谈过程中的话语权和话语份额的平衡;(4)初步驾驭各种访谈的主持;(5)访谈中能有效提问与倾听。

思考题:

1. 什么是电视访谈?它是如何分类的?
2. 如何准备电视访谈?
3. 电视访谈的主持有哪些要点?
4. 如何实施电视访谈的"策划"及"预设"?
5. 电视访谈的"提问"策略有哪些?
6. 电视访谈的"倾听"要求有哪些?
7. 电视访谈的预设有必要吗?怎样实施?
8. 电视访谈主持人应当具备哪些素质?

第八章
电视社会生活类节目主持

内容提要:"电视社会生活类节目",也就是以前所称的"电视社教节目"。随着时代的变迁、电视事业的发展,近年来,电视社会生活类节目越来越受到重视,这不仅因为这类节目在电视台数量较多,同时,电视节目日益频道化、新栏目不断涌现、老节目不断被改造,使我们对这一类节目有了新的认识,它的节目内容、功能、形式、创作手段、主持方式、主持人素质和风格等也发生了较大变化,值得我们探究。

第一节 电视社会生活类节目概说

电视社会生活类节目,(目前在我国)指除新闻类、综艺娱乐类、体育类节目以外的所有关于社会与生活内容的节目,是电视节目中内容涉及面最广、节目形式和主持手段最丰富、最贴近人民生活的一类节目。它的表现内容和表现手段与新闻、娱乐节目有部分交叉。它立足于各种服务:有社会服务与生活服务,有精神层面的服务与物质层面的服务。

"电视社会生活类节目"这个名字似乎使人感到既亲切又陌生,它与以往的"电视社教节目"是一体同胞,所不同的是,这一名字更有时代感与人文性。当前的"电视社会生活类节目"从以往的宣传教育为主,转变为服务引领为主,最重要的是它摒弃了媒体高高在上的"教育"意味,更适应今天中国的政治氛围与社会生活现实。因而,以"电视社会生活类节目"这个名字取代以往的"电视社教节目"当有其积极意义与现实意义。

众所周知,当今的电视受众有一个共同的心理:都不喜欢听别人教育自己,却愿意受人启发,让人引领自己了解社会、认识世界、享受生活。虽然以往的"电视社教节目"中的"社教"二字包含有两层意思:一是社会教育,二是文化教育,虽然这里的"教育"不仅有政治性内容,也有经济、法制、文化、科技等囊括社会生活的各个方面的内容,作用是向受众传授维系社会发展所需的社会规范与知识,承担起个人社会化的功能。但如今人们往往对"教育"二字持抵触情绪,好像"教育"与"教化"有什么必然联系。为了与时俱进,适应今天的社会氛围,我们有必要将名称做相应修改,以更加适应这类节目的内涵与作用。

社会生活类节目大致有:法制、科学、文化、服务、交通、旅游、财经、汽车、住房、时尚、购物、生态、气象、厨艺、情感、健康、农业、军事、民族、青少、老年、女性、少数民族等内容。电视社会生活类节目最具综合性、丰富性,也存在复杂性、交叉性。对其划分可按社会功能、可依具体对象、也可按不同类别。无论如何划分,这类节目都具有知识性、服务性、实用性、针对性与贴近性。

当前电视社会生活类节目的创作纷繁多样:新闻性与艺术性交叉与渗透,服务性愈加明显,创作手段更加大胆、出新,这一切都来源于创作理念的更新。

知识经济、注意力经济的时代,精品节目、品牌栏目当仁不让地成为"立台之本""生存之柱",谁拥有信息量大、美誉度高的品牌,谁就可能拥有更多的受众,抢占竞争的"制高点"。电视是一种大众文化商品,而要有个好销路,除内在质量高外,还必须有适合对方接受的包装,吸引人眼球,进而抓住买主的心。也就是说,除去产品"内容"的竞争力,还应具有"外形"的吸引力,内容与形式和谐统一,方能成为一个好产品。媒体工作者认识到:人们在接受一个事物时,不是只接受其内容,也看重其形式,而创作手段单一、创作形式缺乏吸引力,势必削弱其传播效果。但在电视社会生活类节目中,知识点在节目中占多少比例合适,科学、法制等内容如何穿上电视的外衣,如何让受众在身心轻松的同时较容易地接受你想给予他的内容,这些都需要进一步探讨。抓住这些规律性的东西,也就握准了节目的命脉,掌握了节目的归宿,更好地实现节目价值。因此,我们在电视社会生活类节目的创作中,在注意电视的传播引导、服务大众功能的同时,也应重视电视的娱乐功能、传播功能。

当前,娱乐元素、娱乐手段等是实现电视非新闻类节目创作诉求的"操作宝典"。人们在紧张的工作、学习之余,在情感失意、经济窘迫的境遇中,在身心成长、探索心切的状态下,都希望在轻松的氛围中接受知识、抚慰心灵、了解社会、得到服务。因而娱乐成为当今人们生活中的一剂爽口补药。需要指出的是"娱乐"只是一种手段,不是电视社会生活类节目传播的重点,因而,把握电视社会生活类节目创作的"分寸"与"度"就很重要。

当前,电视社会生活类节目中出现不少受人喜爱的栏目和节目。这些栏目与节目具有较好的贴近性,打破了以往电视社会生活类节目制作简单、手段单一的现状。丰富的表现手段与方式,能更好地吸引受众。

电视社会生活类节目创作理念的更新,不仅表现在意识方面,更有创作方式、创作手段的更新及主持功力的问题。

一、电视社会生活类节目的分类

电视社会生活类节目内容丰富,作用不同,形态交叉,按照节目的内容和功能划分,大体可分为教育类(思想、文化)、服务类、对象类。

(一) 教育类

教育类节目指进行思想、文化、历史、法制、科学、道德、环保、心理、健康等各科知识的教育性栏目以及社会科学、自然科学各科知识的专门讲座。

(二) 服务类

服务类节目指为满足人们衣、食、住、行等与生活相关的各个方面的需要而设置的栏目，涉及直接、具体的多种服务内容。

(三) 对象类

对象类节目指针对人的性别、年龄、职业、文化、兴趣、民族等特点及需求而设立的栏目，适应目标受众的身心特性，满足目标受众的不同要求。

二、电视社会生活类节目的基本形态

(一) 专题型

专题型节目具有"集中性"的特点。一个节目可以集中表现一个内容，一个主题。如央视的法制节目《天网》在整个时间段里集中表现一个破案过程，央视的科学节目《走近科学》在整个时间段里也集中解开一个科学谜团。

(二) 杂志型

杂志型节目具有"丰富性"的特点。一个节目分解出不同内容、主题、体裁、形式的小栏目，对它们加以组合，串联成一个有机整体。杂志型节目，可以使一期节目看起来富有变化，增加节目的多样性。如河北电视台、安徽电视台共同打造的带妆服务性节目《家政女皇》，就分成了"老方琼叨叨"等几个小板块，用各种形式介绍家庭卫生、厨房美食、养生美容、旅行购物等知识。

(三) 访谈型

访谈型节目具有"深入性"的特点。主持人和嘉宾可以就一个科学原理、一个法律条文、一个心理问题、一种情感困惑与专家进行专门讨论，达到解开疑虑、指点迷津的效果。如央视的《心理访谈》节目就是主持人与心理学专家合作，通过专项知识，帮助当事人解开一个个具体的心理困惑；北京电视台的《谁在说》等节目，通过主持人、心理学专家、法律专家等各方面人士，帮助受到情感困惑的人找到问题的症结与具体解决办法。

(四) 纪录片

纪录片具有"纪实性"的特点。跟踪拍摄所要介绍的内容或将纪实资料剪辑，形成一部片子,有解说、同期声、音乐等元素的参与,呈现一个有价值的主题,让受众在有限的时间内得到丰富的信息与知识。这种片子,大多没有主持人,只有解说。比如央视的社会与科学频道播出的《最后的胡杨林》系列片,就是以纪录片的形式介绍了新疆罗布泊地区独有的珍贵、奇特、即将灭绝的古老树种——胡杨树的生长及繁衍等情况。

（五）真人秀

真人秀具有"贴近性",可以选择不同题材、内容,由普通民众参与其中,就某种知识、技艺进行专项竞技与展现,或进行职场选拔、婚恋交友等,产生真实、生动的现场效果。如央视的《中国成语大会》、天津卫视的《非你莫属》、江苏卫视的《非诚勿扰》等节目。

三、电视社会生活类节目主持的基本样态

（一）讲解型

讲解型电视社会生活类节目侧重于对各种知识、问题与技术操作的讲解,因而,这类节目的主持需要大量讲解来完成,如对教育、法制、科学、文化等内容的讲解。当前由于电视媒体更加注重电视化手段的运用,有时会在讲解中加进一些画面资料进行形象化展示,然而主持人的讲解仍是主要的,讲解中需体现出内容的连贯性与整体感。

（二）串联型

串联型电视社会生活类节目的内容表现,很多是由影视资料和主持人的串联相结合完成,体现出视听结合的特点及电视传媒优势。串联型与讲解型的不同之处在于,讲解型主持是以讲解为主,而串联型主持则是以串联不同节目板块或表现内容情节的影视资料为主,主持是配合其存在的,起到过渡补充作用。因而这类主持需有整体视野的有机性和与影视资料衔接的承送感。

（三）演示型

演示型电视社会生活类节目内容繁多,表现形式多种多样,主持样态也灵活多样。在电视社会生活类节目中,演示所谈内容、边谈边做的主持较多。演示型与讲解型的不同之处在于演示型以动手操作或人物行为的演绎为主。如谈美食内容,主持人边讲解、边操作或化身为某一具体人物在某一设定场景中操作,展现制作的全过程。所以这种样态的主持,需讲解口语化、生活化、内容易懂,主持人能边讲边做并有机和谐。

（四）谈话型

谈话型电视社会生活类节目的不少内容都是通过与专家、嘉宾的互动交流方式传递知识点或帮助嘉宾解开心理问题及情感困惑。主持人有时似专家的助手,帮助讲解知识、示范操作;有时又像受众代表,提出一个个带有知识点和要点的问题;有时又似调解员,听取嘉宾

倾诉,帮助其分析问题、梳理内心。主持人要有娴熟的谈话技巧。

(五)竞赛型

在这类电视社会生活节目中,经常会有不同领域、不同内容、不同目的的各种竞赛。从某种角度讲,真人秀节目的主持就是竞赛型节目主持。主持人往往担当裁判或穿针引线的角色。因此,对相应的知识点、操作标准、人的心理等都要相当熟悉了解。在这一主持中,应注重完成程序、活跃气氛、即兴应对。

四、电视社会生活类节目的功能

电视社会生活类节目在电视媒体中占据很大比重,它与人民生活有着很紧密的关系,尤其在当前经济社会中,人们的观念、生活都有了很大变化,受众的需求也更加多元化、细分化。我们看到,很多法律、科学、服务、情感节目中,不少嘉宾、当事人通过电视节目了解了自己的知识盲区,获得了具体的帮助,解决了心中的迷茫、困惑和无奈,缓解了自己的心理压力,缓和了与亲人、他人的关系。我们看到,多少家庭成员由怒目相向到含泪相拥,多少男女恋人由准备分手到相互信任,多少家庭财产的纠纷在专家团的调解下迎刃而解,多少生活中的怪现象在专家的解析下使人豁然开朗,多少生活中的必备能力在专业人士的点指之下让人们很快上手,多少人生乐趣在爱好者的交流中兴趣更浓,多少致富途径在节目的传播中被人习得并很快变为财富,多少空巢老人和心理忧郁的年轻人在专家的辅导下绽开了笑颜,多少旅游、摄影爱好者通过节目准备着下一次的出行……总之,电视社会生活类节目既有丰富的内容、领域与实用性,也有缓解社会问题的功用。好的电视社会生活类节目要既有好的内容,又有好的表现形式。

电视社会生活类节目的内容覆盖人们工作、学习、生活的各个方面,涉及健康、道德、情感、心理等不同方面,是人们求生存、求发展的观照。电视社会生活类节目大致而言具有传递信息、传授知识、服务大众、提升修养等功能:

(1)信息功能:电视社会生活类节目具有各种内容、多种信息的传递功能。
(2)教育功能:电视社会生活类节目具有社会科学、自然科学知识的教育功能。
(3)服务功能:电视社会生活类节目具有社会精神、物质生活的服务功能。
(4)审美功能:电视社会生活类节目具有提升思想道德与文化修养的审美功能。

第二节 电视社会生活类节目主持创作

一、电视社会生活类节目主持的把握

电视社会生活类节目不同于新闻类、娱乐类等节目,但它具有这些节目的某些要素,渗

透过这些节目的某些创作手段,具有综合性、丰富性与复杂性的特点。根据节目内容与节目功能,电视社会生活类节目主持各有特点。

(一)服务类节目主持

电视服务类节目涉及面广,涉及生活领域的各个方面。因而,主持这类节目应对生活知识非常了解并熟悉,达到会操作的地步;还应当热爱生活,熟悉生活,动手能力强,这样,才可能具有自然、亲切、内行的主持。

(二)对象类节目主持

电视对象类节目,主要涉及各种性别、年龄、职业、文化、爱好的不同人群。因此,主持这类节目应当充分了解目标人群的特点,与之靠拢,熟悉他们的生活,了解他们的要求,去爱他们之所爱。这样,才能更好地贴近他们的心灵,服务于他们,得到他们的肯定。

(三)法治类节目主持

电视法治类节目主要涉及法规、法理、法情、伦理道德。当前,新时代与旧法规、法与情、法盲与法律等构成了十分复杂的局面。主持这类节目,要学法、知法、懂法,只有让自己真正步入法律的殿堂,才能在节目主持中处处以法律的眼光看待世界与人情,不致走偏,起到较好的引导作用,实现良好的社会效益。

(四)科学类节目主持

电视科学类节目主要涉及科学理念、科学人生、科学知识、科学技术、科学成果、科学之谜等方面的内容,它们离一般受众较远。因此,主持这类节目应当不断补充自己,摆脱"科盲"境地,使自己可以取得与专家的对话资格,可以深入浅出地讲解科学原理,还可以亲自动手操作、演示,这样才能主持好这类节目。

整体而言,电视社会生活类节目主持的语言特点是:语速较慢,讲述感较强,要内行、亲切、自然、生动、可感性强,有个性。

二、电视社会生活类节目表现方式与主持手段

方式是说话、做事所采取的方法和形式。手段,是为达到某种目的而采取的方法。任何作品的创作都要追求方式、手段对内容的适应,才能接近完美。当前电视社会生活类节目的表现方式与主持手段有以下几种。

(一)静态型

静态型主持方式,多指演播室主持,它是最传统的主持方式。这种主持,一般主持人一人或两人坐在演播台前或站在演播室内,面对镜头对某一知识或操作进行讲解。电视社会

生活类节目中老年节目、财经节目、知识讲座等经常采用这一方式。它可以给人一种稳健、安定的感觉，容易让主持人将事理平稳讲出。

如北京电视台的《养生堂》栏目，目标观众群是中老年人，节目主持人与嘉宾基本采用这种方式主持，节目中嘉宾或是给大家讲解一种医学知识，或是给大家阐释一种病理，或是谈一种养生方法。这种静态型为主的主持显得稳实，与节目对象及节目内容较吻合。

另外，一些法律知识讲解及调解性节目也多使用"静态型"主持方式。如江西电视台的《金牌调解》，每期节目基本是主持人、嘉宾调节团及当事人几方分坐，就当事人面临的困境与诉求进行听评并给出意见。此类节目比较严肃，使用这种"静态型"主持方式较为合适。

静态型主持，一般主持人形体稳定、可耐心听评或讲述，所涉及的内容较深，语言表达交流语速不宜太快。

(二)动态型

动态主持是一种较新的创作手段，与静态主持相对应。动态主持不同于一般主持中的"体态语"，它是一种主持方式，表现为主持的多空间、多景区及主持人的边走边说或运动中主持，主持过程充满变化，主持较有活力，给人全方位信息的展示，可拉近主持人与受众的心理距离。同时动态型主持能够使信息传达得更加生动、丰满。

例如，北京电视台的《档案》栏目，主持人石凉就是在演播室这个有限的空间当中活动并主持。他随着所讲内容，时而走向放映机放一段资料片；时而走向一边的桌子，戴上白手套，从档案袋里取出档案资料进行介绍；时而走向另一边的幻灯机放出相关的幻灯片；时而走到背景银幕前面进行画面阐释……总之，主持人的动态主持使节目充满活力，同时也展现出他的良好气质与形体，带给受众刚毅、潇洒的主持气质，开阔了受众的视野。

又如，中央电视台的《交换空间》栏目也是"动态型"主持。这是一个新颖的表现房屋装修与设计新理念的服务性节目。主持人深入住户家里，在两户人家来回奔波，与两家的主人及两位设计师自然交流（该节目的设置是：两家主人相互调换，与设计师一起为对方改装居室；新替换的家具及一切装饰品都由节目组提供），向受众介绍房屋装修、装饰、以旧换新的改装过程。最后，主持人又来到新装修好的两户人家，现场主持，展示成果，这之中既有装修新理念的成果展现，也有主人突然看到自己焕然一新、漂亮、实用的家居喜极而泣的动情场面。

动态型主持时，语言表达除讲解清晰，也应随自己的动态方式与形体动作有相应动感。

(三)讲解型

讲解型主持方式，以讲解为主，主要通过主持人的叙述讲解，将节目中所要介绍的知识、原理、情节、事物等表现出来，有的配以相应的画面、适当的道具加以辅助。现在，电视社会生活类节目大多不是开始就直奔主题进行专业内容的讲解，而是多以"法律个案""科学之谜"等作为"切入点"，吊起受众的兴趣，吸引人关注，再由主持人进行具体知识点的讲解。

当前，此类节目语言形态越来越多样化。如央视《走近科学》节目的主持人张腾岳，他的叙事讲解就很有特色,他吸收了台湾相声演员的表现方式,将介绍、说明语体与之相融,形成个人独特的讲述方式,很有特色。使用这种生动、个性化的语言可将枯燥、难懂的科学原理、不解之谜及各种知识讲解得既清楚又生动。总之,主持人讲解语言的自然、生动、多样化,提高了节目传播的吸引力。

(四)演示型

演示型主持方式,是指主持人根据节目需要与嘉宾合作将需要介绍讲解的科学原理、操作技能等,除语言介绍外,大多利用道具或实物亲自演练,将其操作的具体过程展示出来,这种主持方式,可以增强受众的视觉感,利于理解和感知。

如凤凰卫视的《美女私房菜》就是由女主持人亲自动手做出一道道美味佳肴,节目中由她展示做菜的全过程,包括备料、刀工、烹煮煎炸等手艺,这个节目很受欢迎。又如,北京电视台的《快乐健身一箩筐》节目的男女主持人,在节目中就经常跟着嘉宾主持老师一起蹦蹦跳跳地操练,演示健身之法。演示型主持,很有说服力,使人们能看到制作或操作演练的全过程,增加节目的生动性与真实感。

主持这类节目时,主持人应兼顾操作和讲解,同时语言既生动、简练又清楚。

(五)竞赛型

竞赛型节目主持方式,是指主持人与受众一起参加到跟文化、生活、教育、技术等有关的某项比赛中,主持人经常当裁判或评委,节目的内容即竞赛活动的全过程,也可称这种形式的节目为"真人秀"节目。节目的主角是参与者,他们动嘴、动手、动脑、动身、动情;主持人穿针引线,把关裁判,共同融为一体,构成一个完整、生动的节目。

如央视的《购物连连猜》就是一个服务类"真人秀"节目(也有人认为这是一个大型演播室互动娱乐节目,笔者认为它应当是一个带有娱乐创作元素的经济生活服务节目)。该节目的主持人通过知识问答、游戏环节,考察竞赛的参与者对市场上的产品与物价的了解程度,来判定谁最终成功。该节目轻松、欢快、引人入胜,不但给予受众相关的物价知识与市场新产品信息,还带有极大的娱乐性,愉悦受众,将原本枯燥的经济内容变得很有意思。

主持这类节目时,应掌握随内容的节奏起伏、对比,适应场上气氛。

(六)情景剧

情景剧也是当前电视社会生活类节目的一种表现方式。以前只有文艺性节目才使用"剧"的方式,而今,在电视社会生活类节目中,为了适应受众接收的有效性,也在使用这一方式。它是将生活中的法律、情感等内容的真人真事编成剧的形式,挑选一些群众或演员扮演剧中人物,利用剧的一切元素,形成一部完整的情景剧,借以表现一个事件、一个人物的命运、一个法律案件、一段情感历程等。这种情景剧重在展现节目所要讲的内容,重在实用性。可以说,情景剧是一种实用性强,受众又易于接受的表现方式。

比如,北京电视台的法治节目《现场说法》,就是将一个个法律案件、道德故事以情景剧的形式予以表现,它有事件,有人物,有矛盾,有情节。如有一个叫《非你不可》的情景剧,讲的是一个姑娘认准了一个已经离婚还带着一个女儿、经济拮据的男子非他不嫁的故事。事情是这样的:原来这个男子的妻子背着他与别人生下了这个女儿,后来他得知后二人分了手。以后,孩子的妈妈出了事故去世了,孩子成了孤儿,这个男子经过一番思想斗争,忍不下心,于是他不顾自己家人的极力反对带着这个不是自己亲生骨肉的女儿到外面打工,在这个过程中偶然相识了这名女青年。当这个女青年了解到这一切后,也不顾自己家人的坚决反对,毅然决定选择这名男子作为自己的丈夫,是这名男子的品德感动了这位姑娘。

像这个事件,如果仅靠主持人讲述,再生动也不如情景剧表现得生动,如剧中那个孤儿怕这名男子不要她时那楚楚可怜又期盼的眼神,以及这名女青年为与男子在一起时坚定的眼神等,这些都会对所要表现的主题起到积极的作用。

(七)情景再现

情景再现是节目叙事的一种手段,它或是大多由群众演员参与表演、可感性很强的叙事、演绎片段,或是影视资料片段,再现节目中叙事涉及的人物、情节、事件、场景、问题等。它为主持人、当事人说人、叙事提供方便。这种手段既可将沉闷的叙事"形象化",增强"可感性",又可把抽象的语言符号"活化",发挥电视传播的优势,它是当前电视社会生活类节目中经常使用的一个手段。

比如,某些法治类、情感类栏目,在节目进行中多次运用情景再现,当讲到当事人的经历或事件发展时,有时会放映情景再现的片段,帮助受众了解当事人的情感经历、矛盾的由来及事件过程。这一手段的运用,可以起到活化"历史"、弥补缺失与断点的作用,将语言文字形象化,可更好地传播所要表现的内容。

又如,北京电视台为纪念中国广播50年而制作的电视纪录片《大音中华》,为了表现北平刚解放时,齐越等老一辈播音员在接管的国民党电台的演播室内播音的情景,就运用了情景再现这一手段并处理成黑白片,很像当年拍摄的资料。我们从中看到了身穿老式解放服、头戴解放帽的播音员在专心播音的场面;看到了当年简陋的工作环境,了解了以前的播音工作。这一片段逼真、形象,弥补了当时资料的缺失。

值得提及,情景剧与情景再现的不同之处在于:前者是表现一个完整的故事或事件,后者仅是展现节目叙事中的一个个具体片段。

(八)讲故事

讲故事也是表现内容的一种手段,就是把节目所要表现的内容编成故事讲给受众,具有情节、人物与环境,适应人们喜欢听故事的心理,以求受众易于接受,乐于接受。当前"讲故事"的创作手段已成为一种潮流,有科学故事、法律故事、情感故事等。

比如,北京电视台的《故事汇》栏目中,主持人就讲过一个内容新颖的《一个男人的天鹅梦》的故事,是说一个叫缪伟的小伙子非常喜欢芭蕾,年近30了,还立志要跳芭蕾,而且还要跟女孩子一样跳足尖芭蕾,还要穿蓬蓬裙儿扮演天鹅,虽然中间经历了训练的艰苦、人们的不解与议论,但他终于像美国、俄罗斯的男舞者一样,穿着足尖鞋在舞台上跳出了芭蕾男天鹅的魅力(伴随故事情节配有一些照片与录像资料)。这个故事的内容选择很新颖,编导发现了故事中的艺术性、人文性、时代感,着重表现主人公的奋斗精神,表现当今社会人的多元性,对于积极的社会舆论引导有一定作用。同时,这种讲故事的表现手段减少了说教感,给人以平易、自然、生动的感觉,易于被人们接受。

在运用讲故事方式主持节目时,应注意语言表达自然、生动,需要时可夸张一些。

值得提及,讲故事与情景剧虽然都在讲故事,但前者是一个人在讲一个完整的故事,后者是用"剧"的形式在讲一个完整的故事。

(九)悬念手段

悬念是一种文艺创作手段,也是吸引关注的手段。目前,电视社会生活类节目中经常会用到这一手段,尤其在科学、法治类节目中,以悬念方式打开局面,引出主要内容的更为多见。

例如,中央电视台社会与法频道《天网》栏目播出的一个名为《白给的一百万》的节目,讲的是一伙人以给老人送健康为名搞诈骗的案子。本节目的开头较有"悬念",具体是这样的:内蒙古呼伦贝尔电视台的《社会透视》栏目的年轻女记者,今天一早,穿上深色大衣,戴上围巾,在身上偷偷揣了一个小摄像机去一个礼堂,但她发现,那里的人都投来怀疑和不友好的目光,幸亏没人盘问,她顺利地进入礼堂。其实,后面很快进入了正题,女记者偷偷进行了采访并配合公安机关破案。这个内容如果没有一个悬念的切入,平铺直叙地介绍案子,也许不会吸引人继续关注下去的。

又如,中央电视台科教频道《走近科学》栏目播出过一个名为《高原捕鹤》的节目,节目一开始,一个小伙子毫不避讳地说:"抓得越多越好,最好抓到5只。"这还了得!这不是犯法吗?鹤是国家重点保护动物,怎么能这样大胆地捕捉呢?每一个受众听到这里,一定会产生上述疑问并想知道这是怎么回事。这就实现了编导的"悬念性"预设,应验了"悬念"手段的作用。原来,这个小伙子是云南昆明动物研究所的博士,他们与世界野生动物组织合作在搞"黑颈鹤迁徙"的研究项目,要在抓到的鹤身上装上跟踪仪器进行调查。

在串联讲解这种悬念性内容时,应适当表现出悬念意味,以语气、节奏、声音体现出来。

(十)角色型

角色指主持人有时改变真实身份,进入节目需要的"规定情境"中,化身为一个"特定人物"出现,表现人物的性格、行为,说人物的话,但角色型主持的意义不在于"扮演",它更加关注人物的思维、行为与表现的内容,目的是想借"人物"之口说出主持人应该说或想说的话来,只不过通过情节性、故事性、人物性的形式加以表现。

其实,角色型主持只是主持的一种表现手段,为的是在有限的时间里,让观众更易于理解和乐于接受节目内容及有用信息。从这一角度出发,我们不妨将这种角色型主持看作"间接主持"。

在电视社会生活类节目中，角色型主持可以分为几种：

一是"固定角色"，即主持人从内到外都化为角色。如中央电视台少儿节目主持人刘纯燕在节目中化身为"金龟子"——一个可爱的小昆虫的造型；美国的《比克曼博士的世界》中的三位主持人分别扮演成一个爱提问的聪明小女孩、总做错事情又贪吃懒惰的胖老鼠、博学幽默又略带点儿疯狂的博士，三个人根据节目的安排，相互配合、相互衬托；还有北京电视台的《快乐生活一点通》，这是专门教大家各种生活常识和生活小窍门的情景剧式的节目，节目中的人物主要是男女主持人化身的"妈妈""爸爸"两个角色，这就是固定角色。

还有一种情况：在大家熟悉的少儿节目中，被叫作"月亮姐姐""小鹿姐姐""强子哥哥"的节目主持人等，她们虽然在外形上没有特殊造型，但他们的身份也化为了一个特定角色，具有角色的心理、角色的人物关系，表现角色需要的行为，我们说这也是一种"角色型"主持手段，可称为"内化妆"。

二是"临时角色"，即主持人（包括嘉宾主持）虽然外形上没有特定造型，但她（他）此时根据节目需要，在说他人的话，表现他人的心理与行为，这时主持人的身份已经变为他人了。这种主持经常是"临时性"变身，即主持人临时以角色面目出现，进行特定人物的思想行为演绎，所以，主持人身份与角色身份经常是时进时出，相互转换，目的是生动表现节目主题及内容，加强节目的可感性和吸引力。

如北京电视台的一个情感类节目，由两位女主持人与一位男性心理学专家一起做一期"婆媳之战"内容的节目，两位女主持人每人手拿一把画着人物脸谱的牌子（一位拿的是婆婆脸的牌子，另一位拿的是媳妇脸的牌子，心理学专家拿的是一把大钥匙的牌子）。在节目进程中，讲到婆婆、媳妇的对话时，两位女主持人就将各自的脸谱牌子举到脸前变身为那个特定角色说话。需要恢复主持人身份时，再将牌子放下。手拿大钥匙牌的心理学专家，毫无疑问发挥讲解与引导的作用。主持人和嘉宾就这样时进时出，更生动地诠释了节目主题。这种表现方式，也可看作是一种人物演绎。

又如某些心理情感节目中，由于当事人或是水平有限，或是缺乏表述能力，难以说清自己内心的想法，于是，节目主持人和嘉宾分别替男女当事人"代言"，变身为他人，然后又回到主持人或专家身份进行分析、引导。这种"演绎""代言"形式也是一种角色型主持手段。

"角色"概念其实分为"社会角色"与"艺术角色"，前者是人的社会分工，如"主持人"是人的"社会角色"；根据剧本内容或节目需要，运用表演元素和技巧化为的他人是"艺术角色"。

与此同时，还应了解"表演"与"表演元素"不是同一概念。表演是整体性的，表演元素分为各种，是表演的要件。在电视社会生活类节目中，主持人借用表演元素与手段化为他人，更充分、生动地展现节目主题与内容，也是一种行之有效的创作手段。

进行角色型主持时，无论是"内化妆"还是"全化身"，是"固定角色"还是"临时角色"，都应身份定位准确，进入规定情境，真实交流，真正感受，行为符合"角色"需要。

(十一) 体验型

体验型主持方式,是当前运用越来越多的一种主持方式。这种主持方式生动活泼,可感性强。通常是主持人置身于某一环境中进行实地主持,边走、边看、边体验、边说,将自己具体、真实的感受传递给受众。这种方式可以将现场的自然条件、社会环境、各种事物、主持人的主持一并呈现在受众眼前,加大节目的信息量,增强主持的氛围感、现场感、真实感与生动性,可更好地传达信息,表现节目立意。

如北京电视台原版《京郊大地》节目主持人的主持就是体验型的,除节目的开头与中间他与另一位主持人坐在桌子旁有些串联性的交流外,在节目的主体中,他都活跃在北京郊区的山水之间:来到菜地旁介绍新品种蔬菜,坐在农家乐桌边品尝农家饭,到滑雪场享受冬趣,到古村落品味民俗,他用亲自体验的方式把北京郊区好吃的、好玩的、好看的一一介绍给受众,给节目带来了不少活力,吸引人们的关注。

主持这类节目时,主持人应注意真正用心、用各种感官去感觉、体验,以语言或形体表现出来,表现得生动、可感及个性化。

(十二) 辅助手段

电视社会生活类节目的创作除了运用画面、语言,还应发挥道具、布景、化妆、音乐等多种元素的作用,形成合力,方能收到更好的传播效果。优秀的电视节目,一定是运用电视手段丰富、内容与形式和谐统一的作品。

道具的运用,是电视社会生活类节目一个不容忽视的创作要素,因为这类节目涉及多种知识的讲解、多种操作的演示,有时,道具的运用还上升为节目的主要表现元素。这里应注意两点:一是节目中道具的对应设置;二是节目中主持人对道具的使用,使其发挥应有的作用。

比如,北京电视台曾经的《天下收藏》节目是一个很有影响力的文物鉴赏节目(关于对节目手段的争议问题在此不涉及)。节目的亮点是设置了一个用护宝槌"砸假"的环节,由主持人王刚亲自执行。每当现场专家集体鉴定完某个文物的真伪,现场嘉宾与观众也有了某种倾向后,这时,服务小姐手捧放有鉴定书及护宝槌的托盘缓缓走来,主持人王刚再一次对持宝人规劝让其收回呈现的物品:按规定,如果对方立场不坚定收回了文物,那么,即便此文物是真的也得不到应得的金牌了。如果对方不收回自己的宝物,又分两种情况:一种是经鉴定带来的文物是假的,是明清伪造的,可以不砸,但也不给金牌(尚有一些价值);另一种是如果带来的物品是当代伪造的,则当场砸毁。每当此时,我们看到的是经验老到的王刚手拿"护宝槌"念着鉴定书,现场与电视机前的观众都提着心、睁大眼睛,经常见到王刚似只顾说话不经意间手中的锤子落下来砸到宝物,顿时,现场尖叫声四起,有的女性还用手捂着眼睛不敢看。每当这时我们看到,持宝人刚才还充满自信的脸马上拉了下来,有的面露惊色,有的眼中噙满泪水,与之前判若两人。主持人王刚每次"砸伪"的方式都尽可能不一样,有时横着砸,有时竖着捅,有时似不经意砸到,有时又将赝品主动碰向"护宝槌",有时欲砸又止……

其实,每一种砸法都是主持人对道具运用的精心设计。运用道具"护宝槌"砸毁仿造文物的手段吸引了屏幕内外的观众,也成为此节目的一个亮点。在这里,"护宝槌"这一道具的使用与砸伪环节的设置,就很好地运用了电视的辅助手段。若没有"护宝槌"这一道具的设置,就不能给受众这么大的心理刺激,也达不到很好的传播效果。

在节目主持中需要道具辅助时,主持人应当熟练地使用它们,表现得像行家里手,让人信服。

(十三)娱乐手段

娱乐是制造轻松、愉快的手段,它往往给人带来兴奋,形成一定的刺激,是当今电视社会生活类节目中的一味重要调料。娱乐手段能使受众在轻松、愉快中观看节目,使节目传播效益最大化,因此,电视社会生活类节目里有相当一部分内容离不开娱乐元素与手段的运用。

比如,中央电视台国际中文频道举办的"外国人说汉语大赛"中,为了考察外国参赛者的中文水平,有一个让参赛者从对话中找错误的环节。在一期节目中,主持人鲁健边做着烤羊肉串的动作边与参赛者对话:"——你知道中国的八大菜系吗?八大菜系做的菜可细了……""你知道淮扬菜吗?你可以到福建去,他们会请你吃'红烧狮子头',这是那儿很有名的菜。""我们很喜欢吃——菜,真是味同嚼蜡,跟腊肠一样好吃。"总之,在我们看来鲁健就是在"胡搅和",让外国参赛者难以辨别正确答案并加以纠正,以此考察他们的汉语水平。主持人"使坏"式的提问和选手或自信或局促的答题状态带来不少喜剧效果,这样的测评环节为比赛增加了娱乐元素,让观众在轻松愉悦中观看比赛。

体现娱乐风格主持时,主持人应放得开,启动娱乐思维,将娱乐元素与知识点有机融合,表现出娱乐语言、娱乐形体,让受众在轻松、愉快中接受知识和操作技能。

总之,节目表现方式与主持手段是电视节目实现传播目的和传播效果的途径。电视社会生活类节目的创作和主持最需要让受众"易懂乐受",只有受众清楚节目所传达的各种知识、服务内容、节目主旨,并乐于接受其表现方式与手段,该节目才能更好地实现传播目的,优化传播效果。

第三节　电视社会生活类节目主持要求

一、电视社会生活类节目主持人应具备的能力

(一)具有较高政策水平

电视社会生活类节目主持人必须具有较高的政策水平,原因不言而喻,此类节目所涉及的不仅是家长里短、鸡毛蒜皮的生活小事,它具有宏观、中观、微观的广阔视野,涉及社会生

活精神与物质的方方面面。如果主持人偏离了时代特点、国家政策,便不能正确、有效地完成主持任务,有时甚至伤及创作整体。

因此,电视社会生活类节目主持人要了解国家各方面政策,清楚知晓自己所主持的节目是什么性质?主旨是什么?特点在哪里?主持任务是什么?应当如何把握节目导向及主持言语等。尤其是主持法制、科学、心理类节目时,更应关注这些问题。例如"法律"与"家暴"的关系问题,之前在我国法律中是如何?(以前不涉及法律)现在对此问题是怎样规定的?法律、政策方面有何变化?(现在有法律规定了)除此之外,还要了解在当前社会中,女性犯罪与家暴有多大关系?怎样认识法律修订的意义等。因为对这些内容、信息的掌握,往往会不经意间表露于节目主持人的言语及态度中。主持人处理不好,还会带来场上、场下受众的种种议论,受众会以此判断主持人的素质和水平。

所以,电视社会生活类节目主持人,一定要正确认识自己的工作性质及素质构成,努力提升自己的政策水平,以更加胜任自己的工作。

(二)具备节目创作能力

电视社会生活类节目主持人是以主持为主,但主持人不懂得其他环节的创作,就不能很好地完成自己的主持任务。实践证明,好的主持人不但能胜任本栏目的专业主持,同时还具备策划选题,编导、制作节目的能力。由于电视社会生活类节目的主持人相对固定,主持人是节目创作团队的一分子,因而在电视社会生活类节目中自创节目的机会远远多于其他类节目。主持人往往既是节目的创编者,也是主持者,即使主持人不是节目的编导,也会参与节目编创。从节目策划到后期制作,主持人都应积极参与,并具备相关的能力,才能更好地驾驭节目,在主持节目时才会有更出色的表现。

(三)了解受众心理与需求

电视社会生活类节目最具综合性与针对性,尤其在今天人民生活需求多元化的情况下,这类节目的主持人更要了解节目的定位、目标受众的心理与需求,做到对症下药、有的放矢。例如,有的人关心法治问题与科学进步,有的人喜欢旅游与摄影,有的人倾心健康与烹调,有的人关注心理与情感问题,还有的人对致富与理财情有独钟,老年人是《夕阳红》节目的常客,孩子们与家长是《饭没了秀》(少儿节目名)的忠实观众。在这个充满不同人群的社会,把握时代脉搏,切准不同人群的喜好与问题,是我们制作、主持好节目的基础。可以说,在电视社会生活类节目中,没有针对性的节目是效率低下的鱼腩、鸡肋节目。

所以,若想主持好这类节目,首先就要了解社会、体察民情、知晓目标受众,每期节目都应有针对性,找准其对象,调整自己的心理频道,接近目标受众,选择最有效的方式与手段去主持与应对。

(四)有较强的语言表达功力

如前所述,电视社会生活类节目具有综合性、交叉性、娱乐性,与其他类节目有融合。当前,电视社会生活类节目内容丰富、体裁多样、手段创新,因此语言表达样态也呈现多样化,语言表达的多样性也是电视社会生活类节目的特点之一,这要求主持人的语言随节目的创作方式有所变化。在电视社会生活类节目中,我们看到除访谈的会话语态外,还有自然平易的介绍、生动幽默的讲解、评书式的叙述、角色性的对白及电视片的解说、内容评述、节目串联等各种样态。语言表达的多样性可使节目生动活泼,耐听耐看,不落俗套。

电视社会生活类节目主持人应当具有较强的语言表达能力,许多知识的讲解、内容的叙述都要转换为生动、易懂的语言形式表现出来,这些都离不开全面、高水平的语言表达功力。

(五)具有表演素质与能力

当前,电视社会生活类节目经常出现"情节性""角色性""动态化"的主持方式,对主持人各方面素能提出了更高的要求:

首先,电视社会生活类节目主持人要有出色的专业素能,运用不同的主持方式或手段准确表达节目内容。其次,面对新的节目主持要求,电视社会生活类节目主持人应当学习、运用一些表演元素来丰富自己的创作手段,例如表演中的"假定性""适应性""规定情境""化为人物"等。主持人还要挖掘自身表演潜能,勇于尝试,根据节目需要,在"社会角色"与"艺术角色"的双重身份中适当转换。当然,表演元素的应用要符合节目创作的需要,不应超越界限。尤其在电视社会生活类节目的策划中,应注意娱乐元素与知识点(操作技能)传授的比例分配,不能混同于电视综艺娱乐节目。

在此,我们甚至可以大胆地说:今天的电视社会生活类节目主持人必须具备表演能力,否则不能适应这一工作岗位。

(六)适应栏目、节目风格

电视社会生活类节目主持有多种要求与风格。如主持服务节目多为亲切热情的风格;主持法治节目多为稳重大气的风格;主持科学节目多为平易自然的风格;主持对象类节目,要区分不同栏目与对象:主持少儿节目可清新、活泼,主持老年节目可亲切温和,主持女性节目可优雅自如,主持农业节目可朴实大方,主持旅游节目可热情明快……主持人应根据节目的风格,主动调适自身风格与之相适应。风格的形成不是一朝一夕的,需要长期实践的积累与摸索。

当前,在媒体激烈竞争中,存在节目内容同质、节目形式雷同、主持方式克隆的现象。主持人更应勤奋探索,勇于形成自己的特色与风格,才能在激烈的竞争中脱颖而出。

(七)具有专项知识水平

电视社会生活类节目内容繁多,需要主持人的知识、素质、能力更全面,因此,电视社会生活类节目主持人不但具备专业素能,更要精通某一领域。具体讲,电视社会生活类节目主持人应当具备策划、写稿、编导、主持、制作各个环节的能力,有较深厚的专项知识积累。主持人与嘉宾、专家能就相关知识进行有一定深度的平等交流。主持人针对自己所主持的特定领域,如科学、法律、医学、心理、农业、健康或饮食等进行对口学习,才能有资格、有条件创作并主持好某一特定领域的节目。如今,电视窄众化、节目细分化,更强调主持人的专项知识与素能,光有主持技能是不够的,更要有某一专业领域的知识,取得对话资格。因而,不断地、有针对性地学习就是必需的。

二、电视社会生活类节目主持应避免出现的问题

（1）不会策划:初学者学习此类节目初始,不会策划选题,不懂策划的意义与实施要领。

（2）没有针对性:初学者学习此类节目初始,抓不住节目类别、内容与对象的特点。

（3）电视手段欠:初学者学习此类节目初始,不会运用电视思维与电视手段处理节目与主持,跟广播主持区别不大。

（4）缺乏创新:初学者学习此类节目初始,多套用已有的表现方式,不善于通过自己的思考,结合具体内容进行创新。

（5）语态不当:初学者学习此类节目初始,语言表达不能随节目不同形态与表现方式变换语态。语言表达不够口语,尤其在学习过新闻评论播音后,往往有种新闻语体表达定势。

针对以上问题,可以给初学者观摩、分析不同类型的电视社会生活类节目,了解每个节目创编、主持的优点与不足,再让学生自己设定栏目,自己寻找选题,制作节目。从一开始就训练初学者从节目整体入手创编并主持节目,培养初学者对节目的整体意识。

第四节 电视社会生活类节目的策划与创新

电视社会生活类节目主持人应当具备自己创作节目的能力。这类节目很多时候需要主持人自己策划中小型节目,创作余地较大。因而,主持人不但要掌握电视社会生活类节目的创作规律、创作方式与手段,更要具有创新理念与实施能力。

下面,就电视社会生活类节目策划中的几个主要问题略做分析。

一、节目策划的选题

创新策划一个节目,首先必须依据栏目的宗旨与任务,找到适合的选题。这个选题不仅适合节目,更要符合受众的需求,还要适应时代、社会氛围,具有传播和经济回报双重效益,这也是当今媒体的双重属性所决定的。

今天的媒体发展迅速,竞争激烈,除了报纸、广播、电视等传统媒体,更涌现出不少新媒体。全媒体、自媒体等概念人们早已不陌生。某位业内专家指出,以前的电视节目是"宣传品""作品",而今的节目是"产品"。也就是说:过去电视传媒承担着"宣传教化"功能,扮

着党和政府的"喉舌"角色,尚未真正显现本体功能;"文革"结束后,电视媒体积极探索与借鉴,研究本体传播特性,借鉴各种艺术元素,产生新理念、新节目;现在,随着市场经济、产业化的发展,收视率、市场回报等经济色彩加重,使电视创作带上了产品的枷锁。在这种境况下,做出导向正确、水平较高、易懂好看的节目,满足受众的各种诉求,同时获取一定的经济效益,就成为必然。电视社会生活类节目离受众的生活最为接近,因此,了解时代、了解社会、了解受众,从服务角度出发,是节目选题的关键与要点。

例如,电视社会生活类节目《最强大脑》,被称为国内首档大型科学励志类真人秀电视节目,以科学方式分析高手能力。在这里,各具特点的天才们轮番上阵,晒出看家本领,展现超越人们想象的神奇技能。这是国内首档以真人秀方式来走近科学的节目,节目组和国内三大权威心理学脑科学实验室合作,制定出"最强大脑脑力标准体系"。这个节目虽然有所借鉴,但选题较好,将看似小众的科学内容变得很有意思,开辟了节目创作的新领域。

当电脑普及,越来越多的人已习惯使用键盘书写,手写字时却提笔忘字,央视科教频道便选择了《中国汉字听写大会》这一贴近时代、针对性强而又务实的优秀选题,这一选题在促进我国汉字文化传承方面起到重要作用。节目中,某些知名专家读音不准、成人组比不过小选手等种种现实问题,又折射出此问题的严重性及社会性。这个选题是在大量社会调查的基础上产生的,节目以"拯救汉字危机"为己任,历时两年才呈现。《新闻联播》节目具有标准语音的主播们参与其中,给予正确的读音示范并有语言专家的点评,它的教育和服务意义不言而喻。应当说,这是今天的电视传媒人节目策划与创新的方向。《中国成语大会》和《中国诗词大会》是继《中国汉字听写大会》之后问世的原创大型文化类电视节目。它们的出现,同样获得社会各界的极大好评。

又如,我国"老龄化"社会到来,老年人对养生内容较为关注,北京电视台《养生堂》节目的选题,就比较符合社会及受众的需要。再如,为了解决人们在激烈的竞争环境中出现的心理问题,《心理访谈》《金牌调解》《第三调解室》等节目在各领域嘉宾(律师、社会学者、心理专家等)的参与下,解决了单靠法律、道德或心理某一方面都无法解决的一个个难题。

实践证明,好的节目选题,必然会引起社会的广泛关注,带来传播与效益的双赢。节目不断进取,持续创新,才会更有生命力。

对于播音与主持艺术专业的学生而言,可能暂时没有机会担负大型节目的策划工作,但可以从策划小节目开始,打开眼界,提升专业素质。如努力完成好每次作业,经过老师的点评、同学间的探讨,积累一定的策划经验。以下是学生策划的选题,具有可圈可点之处。

(1)叠衣小妙招:将出门要装箱带走的衣服卷成一个个卷,码放于手提箱中,既可以节省空间,也不会使衣服打折。(同学在课堂上介绍这个小妙招之后,在座的师生日后果真使用了这种叠衣方法,效果不错。)

选题特点:从小事着眼,服务于受众。

(2)手袋变围裙:将平时发的或买的各种长方形手提袋(不能是纸做的)顺两边剪开,不加任何材料,巧做成厨房做饭时用的围裙。(电视画面中,主持人边制作,边介绍,短短几分钟之后,便看到了穿在主持人身上的漂亮、合体的围裙。在座师生很快效仿这个方法,效果也不错。)

选题特点:符合时代主流精神,表现出节约就在我们身边。

(3)巧解经济术语:GTP 是一个经济术语,但肯定有不少人并不完全懂得其真正含义。某位男生先是在校园湖畔向同学提出这个问题,继而,又去学校宿舍向同学们提问。采访是真实的,同学们的回答并不乐观。于是两名男生在校园里做 GTP 内涵的感性演绎,似在不经意的互动中悟到了 GTP 的内涵。最后,由开始提问的男生就此进行了解读,让我们进一步懂得了这个经济术语。

选题特点:有针对性,与时俱进。

以上几个选题存在的可取之处:一是受众需要,二是可以实施,三是视觉化展示与生动解析。由此可见,电视社会生活类节目的策划一定要善于使用"视觉化"手段,讲解通俗易懂,呈现生动、具体的实施过程。声画同步、扩大信息量是电视传媒的最大特点,电视社会生活类节目的策划和实施必须注意这一点。

二、节目策划的实施

当前的电视社会生活类节目的策划中有一个值得注意的问题:即策划思路是好的,但在具体实施中却存在瑕疵,有时也会不同程度地削弱其传播效果。

以北京电视台首创的深受大家喜爱的健康类节目《我是大医生》为例,这个节目的创意很好。

首先,这个节目一改以往健康养生节目的主持方式(一位女主持人与医疗界各科专家相对而坐,在台上或提问、或讲解、或交流,主持人与专家或现场观众互动、体验),建立了"医生主持团"(或"嘉宾主持团"),而且成员都是真正的医生。这几位医生是从众多医生中选拔出来的。节目开播时的医生主持团核心是一位哈佛的博士后、内科权威,他的儒雅气质获得认可;另一位中年男子是一位整形外科医生,他的从业领域能吸引中青年女性,其亲切形象和幽默表达也被观众认可;还有一位年轻、帅气的青年男医生。由他们共同组成了这个节目的医生主持团(医生主持团的成员会根据选题需要进行调换)。从主持专业角度看,这个节目的策划也很有新意,几位一线医生,不但具有权威性,本人形象、声音和语言表达都有一定基础,他们很好地担当起主持任务。加上女主持人相助,节目实现了之前的策划预期。

其次,该节目"充分利用了高科技呈现方式,建造了人体各器官的精确模型,并利用虚拟植入的最新电视技法",使受众直观地看到人体的生理构造及病灶。除此之外,该节目还持有严谨的科学态度,对所涉及的选题内容进行多种科学实验及现场演示,让事实说话,以科学示人,让嘉宾主持人的观点与讲解更有说服力。节目除有最直观的实证、最权威的讲解,还热心回答受众最关注的热点健康问题。健康咨询,展现最前沿的医学科技,使节目真正成为"一道充满健康正能量的视觉盛宴"。

该节目的策划与实施试图改变以往只有老年人才关心健康养生的状况,以时尚的内容、风趣的互动、富有活力的节目形式来吸引年轻人等更多观众群的关注。为此,节目的选题突破老年病的框框,贴近不同人群的生活,如美与健康可以兼得吗?如何应对猝死的"黄金三分钟"?如何拆除身体中的"定时炸弹"等。

主持团队的着装也别具匠心,两位中年医学权威,一位经常身着手术服,另一位穿着西装(服装有时会有变化),青年男医生始终穿着白大褂并挂着一个听诊器,给人一种刚从一线走来的感觉。女主持人活泼地提问与交流,配合道具进行深入浅出、妙趣横生的讲解与互动,使得这个节目具有较强的科学性、实用性、服务性。

然而,有人将这个节目定位为"综艺健康节目"。这个定位不见得准确,原因是"健康"节目与"综艺"节目的属性不同。也许节目定位存异导致节目的某些细节也出现一些问题。例如,一期节目的选题是"厕所里的致癌病菌",这个选题贴近人们的生活却少人问津。节目以一位女性离奇患病的案例为引子,进行医学破案,寻找原因,先后涉及如何正确使用公共卫生间的马桶垫纸,家中如何清洗马桶,使用马桶垫圈好不好,哪种卫生纸最不易感染病菌,厕所使用什么清洁剂最有效及如何安全使用等相关问题,甚至还涉及什么料子的床单最不易滋生病菌等问题。节目中有一个细节,几位医生主持在被女主持人问及此问题时,分别说出了自己家使用的床单面料为:蚕丝、亚麻、纯棉、丝光棉。最后,医学实验给出了什么面料最有益于健康,不易染上病菌,什么面料次之,什么面料不好。可是一个医生就正好使用一种面料做床单?这面料他们家真的用吗?一听就知道这是"设计"出来的(类似的细节"设计"痕迹并不少见),这就不免让人有些跳出节目的"真实场"。真实性可以带来更强的可信度与更好的传播效果。在节目的策划与实施中,其他手段可以借鉴、融合,但要用得合理、巧妙,才能更好地适应本节目的性质、内容、目的与风格。

《我是大医生》这个节目的创意很好,既有知识性、服务性,也有科学技术的展示,更有主持方式的创新,可以说是全面创新之佳作。如果其策划落实于每个细节,如主持人不硬掺进些所谓娱乐、调侃的内容就更加完美了。否则女主持人容易给人轻飘的感觉。所以,在节目的策划与实施中,千万不应忽视细节,有时"细节决定成败"。所以我们应当尽量使节目有策划,却看不出策划的痕迹。在科学、法制等严肃内容的节目中应慎用娱乐手段,以生活的真实来诠释节目的内容与立意,才会使节目更有吸引力。

值得提及,某档以老年人为服务对象的健康节目,为了表现中医对人体健康的认知,揭示人体的正气与邪气之比,竟让一些身着红黄两色衣服的老年妇女上台来,几经调整两边人数,反复做拔河力量对比。这一所谓的创新形式让人不敢苟同,这不有些小儿科吗?如将这些时间让给现场专家,让其多讲一些医学知识、护体方法不更切题,更有传播效益吗?再者,此节目与同为健康节目的《我是大医生》创意不尽相同,手段也不相同,没必要做这种不伦不类的展示。不同的节目有不同创意、不同受众及不同表现方式。

三、节目创新的方式

电视社会生活类节目的策划,要打破常规,逆向思维,多向思维,甚至"另类思维",这样,在选题策划中才有可能有创新。

一是节目内容与形式的双重创新。这种创新有一定难度,它要打破以往的惯性思维,有时还要冒一定风险,甚至不被认可并受到质疑。

例如,《电影传奇》系列节目以多种思维与各种视听手段进行内容与形式的双重创新。这个节目也可以看成是崔永元"口述历史"的演进。这一系列节目的主旨是回顾与经典老电影有关的各种内容,着力挖掘电影背后的故事,引发人们对影片意义和社会的深入思考。

《电影传奇》的创作是将与经典影片相关的情节线、背景、轶事以及创作者的片外生活和人生命运两条线相互交织、渗透,拓展观众的视野,增强其可感性,引发观众的思考。节目不囿于单一形式的纪录片式或访谈式表现,甚至打破被称为"电视专题"的报道限制,运用了情景再现的情节搬演、人物演绎等文艺形式;主持人崔永元是串联起各种表现手段的核心要素:他时而正经采访电影人,时而化身于片中人物出现在搬演现场,时而隐身在真实资料影像背后进行解说讲解,时而对片中要点进行思考与点指,使得受众在接受这个节目时,不但对影片本身增强了了解,更能得到电影之外的蕴意及感受。《电影传奇》将创作的触角延伸到历史、社会、意识领域,又以新闻性、文艺性相结合的全方位手段予以表现,加之一些独家珍贵史料、逸事等,以具体生动的形象引起观众更强的观看兴趣。

比如《寂静的山林》是一部反特影片,也是一个真实的案件。《电影传奇》播出的《寂静的山林之十一号案件》介绍了此片诞生的真实背景及片中人物、演员境况,我们从中了解到由老艺术家王心刚扮演的片中男主人公真的经历了片中情节的一系列考验(诱惑、派去敌营经受严酷审查等),最后特务们被逮捕入狱。但让人难忘的是,多年以后,片中男主人公在家乡的公园里竟然碰上了当年被自己诱捕、已经结束监禁改造的女特务。这一切怎么会不引起我们对祖国卫士的敬重,对和平环境的思考。

电视是意义与快乐的承载体,也是一种文化。《电影传奇》节目的创新在于打破了以往直述主流理念的刻板做法,通过创作者对节目内容、形式的多元化创新,不仅揭示了电影文化所带来的时代进程、思考力量,更重要的是吸引人们自觉主动地内化、认同、接纳核心价值观的引领,有效地传播了先进的社会文化及价值理念。(据悉《电影传奇》的创新理念当时也有不同声音,这些不在我们今天的探讨之中)。

二是节目内容的创新。节目内容的创新可以增加节目的新思路和新角度。例如,《超级演说家》是安徽卫视的一档"原创语言竞技真人秀"节目。它的内容独特、另辟蹊径,节目形式虽然简单,但其选手和演讲内容都颇具看点及话题性,表现了社会问题、个体困惑及励志精神等。该节目的导师也很有亮点、较有内涵、各具特色。这些设置使得之前认为"说的没有唱的好",没有音乐的衬托及舞台其他表现手段的辅助,选手在舞台上的表现会显得干巴巴、没有吸引力、缺少卖点的担心成为多余。该节目中不仅选手全情投入,袒露心声,导师有时也参加演说,敞开心扉,真情流露,使得台上台下理性、感性交融,促成了理解、交流的真情场。同时,这个节目更注重语言表达的魅力,体现出语言是心灵的外化、是文化的载体这一重要命题。北京电视台的《我是演说家》真人秀节目效果也不错。其中给人印象深刻的是一位心理医生的演讲,他从自己接诊时,一对父女产生尖锐矛盾(女儿早恋,遭到父亲的坚决反对,管教方式武断),导致女儿跳楼而去,女儿身上留给父亲的纸条和严酷的现实,使演讲者深刻感悟到：当今社会，父母也应学习"怎样做父母"。这一命题打开了新的视角，对于进步中的我国社会具有积极意义。随后，各个电视台各种"演说"的真人秀节目纷纷问世。这一选题，打开了我国电视媒体的又一片天地，带来了较大的社会价值，发挥了媒体的引导功能。

三是节目形式的创新。目前，一线的很多节目内容变化不大，但节目形态和主持手段变化较大，这也不失为一种创新。比如，央视最新推出了《典籍里的中国》大型文化节目，展现《尚书》等流传千古的典籍中的中国智慧、中国精神及感人至深的中国故事。节目一改以往那种专家独自讲解的形式，在"历史空间"和"现实空间"中，采用了古今对话、情境搬演、戏剧演绎、专家解读等方式和手段。当第一集《尚书》演绎结束后，场上的几位专家都被感动得落泪，感受到中国文化传承的重大价值和意义。现场专家告诉我们："中国"一词就出自《尚书》，有典籍才有中国。毫无疑问，这种传播形式的创新，会得到受众尤其是青年受众的青睐。这说明，在节目创新中，有时内容变化不大，而节目形态变化也是一种创新。

在电视社会生活类节目的创新中要牢记：形式与内容相合，才是完美的，应当杜绝一个问题，即形式大于内容。尤其是贴近人们生活的电视社会生活类节目的创新，更应关注这个问题，否则，就会使创新变味。

例如，某省电视台推出一档婚恋交友节目《完美邂逅》。该栏目编导创意的初衷可能是想变换一下节目的表现形式，以获取更多关注。于是与外国某节目团队合作，打造出"中国首档户外慢相亲真人秀节目"。节目全部是在国外实景拍摄，四男与六女相处五天四夜，执行节目组给出的一个个任务，如效仿韩剧或欧美电影中的男女主角亲密的经典画面等（可以拒绝完成指定任务）。这种男女不均的安排，必定会有人落单，爱情争夺战在所难免。于是在节目中我们看到有几女与一男约会的，也有一女与几男约会的，除此之外，约会对象还多有变化。其间，嘉宾还有期盼、忌妒、失望、尴尬、欣喜的细微表情与眼神，更有流泪伤心的表现。这简直就是一部没有剧本的真人秀电视剧。有的网民不客气地说："感觉这些男的好恶心，周旋在几个女的中间，特别是××"。"那都是让帅哥、美女演电视剧，都是雇来的。信才怪。"还有更甚者说："里面男女的感情真乱啊，比偶像剧还狗血，比苦情剧还纠结……感觉智商不够用了。"

婚恋交友节目是为处于紧张工作生活状态当中的适龄男女寻找另一半而设置的，它的主旨是服务，虽然这类节目可以引进娱乐性创作手段，但其服务的性质不能改变。在这一原则下，《完美邂逅》这个节目的创新有些错位，混淆了节目属性，形式大于内容。所以让人感觉是一部真人秀偶像剧，变成了娱乐节目。人的真心真情是极为珍贵的，经不起这种"秀"。所以，无论这个节目定位于"婚恋交友真人剧"还是"婚恋交友综艺节目"，都有偏差。

这说明，节目创新首先要明确节目属性，其次找到有意义、有价值的选题，找到新的表现角度，还应摆脱克隆与模仿，才会使人产生健康的新鲜感，节目才有强大的生命力。

四、节目与主持人的相依性

节目策划面临的一个重要问题是挑选合适的主持人。主持人节目中的关键一点就是主持人与节目的适应度、相依性。好的节目策划必定有不可替换的主持人。

深受大家喜爱的电视栏目《档案》诞生于北京电视台的一次创新节目征集活动中。这个栏目定位于"揭秘性讲述节目"。通过解密档案中的历史秘密,探寻和解读各种历史人物和事件,告诉人们其背后的真实故事,满足人们的探秘心理。为此,节目演播室设置了幻灯机、16毫米放映机、档案袋等,主持人随节目进程放映各种影像资料和图片。演播室的道具、历史器物等增强节目的故事性和可感性,烘托现场氛围,强化视觉元素。通过各种舞台元素、音响元素、实物元素(如从档案袋里取出档案资料)等,将节目内容和独特形式有机结合起来,形成有创新亮点的栏目。主持人石凉既是一位拥有资料、道具的故事讲述者,也是节目的主宰者,从他抛出的悬念或疑问,讲述中内蕴丰富、表露恰切的目光,在演播室内各种设备间潇洒走动的步伐,以及戴着白手套小心翼翼地从发黄的档案袋里取出档案的动作中,可以看出这是一位内涵深、有资历、懂表演、会主持的优秀节目主持人。给人感觉这个节目就是为主持人石凉量身定做的。主持人与节目高度融为一体,不可分割。虽然其他电视台效仿,出现过相似的"档案"节目,主持人也多模仿石凉的表达方式,原创的《档案》节目也换了几位主持人,但没有一位可以与之比肩。同样,原《走近科学》《百科探秘》与其主持人张腾岳的关系也是密不可分的。

由此可见,任何节目的创新,离不开对节目的主要元素主持人的挑选,主持人的个性化与节目风格的契合是创新的要点。

主持人还要有一定的策划能力,在允许的范围内积极参与节目策划,可以与制片人、编导就栏目宗旨和节目内容、节目形式等进行有分量的对话,提供有价值的思考,这可对节目的创意有更深入全面的认识与了解,提高主持把控与节目效果。面临当前主持岗位的激烈竞争,主持人只有真正成为"复合型"人才,才有可能在主持舞台上更好地立足。

值得深思的问题还有,现在有些栏目随意改版(有的使创作理念退回到原点,让易懂好看的节目又退回到老路),他们以为节目的创新,就是要常换面孔、常出新人,实际上,这是节目创新的误区。国外某些经典节目多年不改版、不换主持人,却聚集着喜欢本节目的一批受众。

综上所述,我们在策划和创新节目时,一定要理念正确、思路清晰、与时俱进、独辟蹊径。

第五节 电视社会生活类节目主持实例分析

范例一 中央电视台《走近科学》之《爱美记》节选

地　点:演播室
主持人:张腾岳(以下简称"主持张")
原始人:张腾岳(以下简称"原始张")

……

解　说：(片)细的绳索我们称之为线，线的出现呼唤着另外一种工具，这就是针。所以在商周的青铜器上还铸有一些世代制作绳索和针的家族的族徽。1933年，在北京市西南周口店的龙骨山上发现了距今大约两万年前的山顶洞人的遗迹。在山顶洞人居住的洞穴中发现了一枚古针。这根古针长82毫米，针体光滑，是非常实用的缝纫工具。这证明，在洪荒年代，山顶洞人有了针线，他们已经懂得利用树皮、树叶和兽皮来缝制最原始意义上的衣服了。

演播室

（主持人张腾岳戴眼镜，穿暗红色条纹衬衣，外套黑色毛背心，和穿着原始人服饰的张腾岳并排坐在桌子后面，中景）

图 8-1　《爱美记》古今张腾岳

主持张：(近景，主持人左手展示一张素描画，画上有一原始人，右手用毛笔比画)那好，关于裙子呢就没有什么疑问了。我现在呢，再让他手里加上了一根长矛，这是他打猎防身用的。(对原始人张腾岳说)哎，我说，你看现在是不是差不多了？

原始张：(近景)不错、不错，画得挺像，嗯，但你不觉得他少点什么吗？我觉得你总得给我加上一点什么装饰物吧？

主持张：(近景，面对原始人)饰物？嗯，嗯，有道理，有道理，应该给你加上个项链什么的啊。(对镜头)嗯，那个时候呢，我们的祖先已经有了爱美之心，所以贾兰坡老先生说呢，山顶洞人就是一群爱打扮的人。

解　说：(片)美的意识在山顶洞人那里萌生了，他们开始用石头、骨头、蚌壳一类的东西来制作装饰品。其中，用兽骨制作的管和珠非常多见。那个时候，山顶洞人掌握了一种首饰加工技术。在给首饰打孔的过程中，他们学会了从首饰的两面进行对钻。懂得对钻，钻得又十分准确，算得上是人类加工技术的一次大的飞跃。山顶洞人用白色小石珠做的项饰十分精美，戴着它一定是一件心旷神怡的事情。而那些兽牙、蚌壳制成的饰品碰撞摩擦会发出一种诱人的声音。

演播室

中　景：(原始人张腾岳捋头发，主持人张腾岳继续拿画板和毛笔)

主持张：在陕西省临潼仰韶文化遗址的一个墓葬里呢，人们发现了一个少女的遗骸。(近景)这个少女只有10岁，在她的墓里呢，出土了一套美丽的项饰。所谓项饰嘛，可能就是项链儿的意思。(画面)它由8721颗骨头珠子穿成，(主持人)还点缀了兽牙呀、蚌壳之类的东西。可以想象，当时啊，人们做这条项饰得花费多少精力。也可说是寄托了女孩子的家人给她的多少爱。所以呢，我决定给我们老祖宗的画像加上一些首饰。(主持人张腾岳开始作画)

原始张：(对主持人)我觉得你一定要画上玉的首饰。

图8-2 《爱美记》原始人张腾岳

主持张:(对原始人)画上玉的？为什么一定要玉的？

原始张:玉是一种非常好的东西啊。在一开始的时候呢,我们并不了解它,我们只是在打制石器的时候,偶然地发现了这个东西。结果我们后来发现这个东西实在是太好了,就把它做成了一些装饰物,做成一些饰品,项链儿什么的。嗯,后来呢,因为它的美丽,所以逐渐变成了祭神的东西了。在我们那个时代并不是所有的人都能得到玉的。玉代表着权力、财富还有美德。

主持张:(对原始人)没错。(对镜头)玉在古代中国是非常重要的。在字典上能够找到很多跟玉字有关的成语,比如,化干戈为玉帛、宁为玉碎不为瓦全、玉不琢不成器等。据不完全统计呢,中国有两百多个字、词、成语和玉字有关。这种玉石的文化现象在全世界范围来说都是独一无二的。

解 说:(片)中国最古老的玉器出土在内蒙古自治区敖汉旗的兴隆洼遗址。在兴隆洼遗址的居住区和墓地里,人们找到100多件玉器,其中,玉珏的数量最多,它成对地出现在墓主人的耳部周围,应该是史前人生前佩戴的耳饰,也就是玉耳环。这些玉珏已经有七八千年的历史,是世界上最古老的玉耳环。

眼睛嵌玉的习俗到2000多年以后还流传着。人们在辽宁省科左县有一个叫牛河梁的山冈上发现了一座女神庙,出土的女神双眼中嵌着玉石,只是在这个时代,玉不单是人们美化生活的装饰品,它已经和神权紧密地联系在一起。那些精美的玉器大都出土自祭祀和氏族首领的墓葬。在这座古墓里,墓主的两只手里分别握着一雌一雄两只玉龟。她的右腕戴着一只玉镯,一只月钩形玉佩安放在她的胸前,腰间系着精美的玉箍,耳朵上戴着玉璧。据统计,这座大墓共出土了近7000件精美玉器。由此推断,这里下葬的是一位比氏族首长还要显赫的大人物。

5000多年前的许多精美玉器令人目不暇接。引人注目的是造型奇特的玉鸟和兽形玉,它们是当时玉器制作工艺的杰出代表。令考古学家兴奋的是,这里还发掘出了龙形玉,它们雕刻十分精美,是目前考古学上发现的最早的以龙为题材的玉器。

……

主持张:好,现在我就给你画上玉的装饰品啊。(用毛笔在画中的原始人耳部画耳饰)哎,你看这样是不是就可以了？

原始张:(左手托着下巴)嗯,还不错。不过呢,你能不能给我画一件长衣服呢？

主持张:长衣服？

原始张:对啊,要不然冬天我们肯定会被冻死的。哎,跟你开玩笑啊,其实不是像你想象当中的在那个时候我们还穿着短裙。那个时候我们衣服的样式已经比较接近你们现代人了。

解　说：（片）在青海大通县，出土过一件有舞蹈纹饰的彩陶盆。画面上跳舞的人穿的衣服无袖、无领，衣长过膝，身后隐隐可以看到一条尾巴一样的装饰，这可以理解为人类最早的服装式样。这种长衣实际上就是在衣料上开一个跟人头差不多大小的口，把头从这口中套进去，这样，就是一件不错的衣服了。后来，衣服还装上了衣袖和衣领，衣袖可以保护手臂，衣领可以保护头颈。而在生活中，人们体会到领子和袖子的重要。在社会生活中，领导作用的人物也被称之为领袖。

主持张：我在想这样一个问题啊，你看刚才彩陶上画的那些跳舞的人啊，他们的衣服真的都是很长，绝对是衣长过膝了，就像现在的女性穿的半长的旗袍一样。

原始张：嗯，我可以给你三个答案让你选择一下。第一个答案，那个时候我们没有像你们现在的咔嚓咔嚓的这种叫作剪刀的工具；第二呢，就是我们认为这样的样式在那样的环境之下它是最最保暖的；第三个答案就是我们那个时候的服装不分上下身儿。挑一下吧。

主持张：嗯……

原始张：还没猜出来？

主持张：那咱们还是一起看看吧。

解　说：（片）让我们来一段时装表演轻松一下。服装用老百姓的话说，就是衣裳，不过，在古代，衣、裳可不是一个东西，穿在上身的叫衣，穿在下半身的叫裳，而衣比裳要出现得早。在史前很长一段时间人们有衣无裳，衣太短了，下肢就没有保护，因此史前的裁缝们就故意把上身的衣裁得长一些，让它兼顾后来裳的功能，这种衣、裳连为一体的服装慢慢地就发展成了女孩子的连衣裙。好了，现在清楚了，为什么史前人的衣服那么长，那是因为在史前，他们的衣服是不分上下身的。

原始张：你看我现在穿的这件用兽皮还有树叶做的衣服呢，其实在距今7000多年的时候就很少见了，那个时候呢，我们已经有了新的服装面料了，不用这些东西了。

主持张：什么服装面料啊？

原始张：布。啊，当然跟你们现在的布不是特别一样，那个时候我们的布是用葛啊、竹啊、麻啊，这些野生植物的纤维制出来的。

主持张：那有了这些材料的话，要织布，肯定要有织布的工具啊。

原始张：当然有啦。

解　说：（片）最早出现的纺线工具叫纺轮。纺轮用碎陶片加工而成，陶片打磨成圆形，中间钻一个孔就可以使用了。织机大约出现在7000年前，这种织机究竟是什么样子已经不得而知，但人们从出土的一些织机的木构件推想，那时的织机可能跟一些现在少数民族仍在使用的织机差不多。它通常是把一端用脚踩住，另一端系在卷布轴上放在腰间，就是用这种织机，7000年前，浙江良渚的先民们织出了最早的布。

主持张：我们知道，中国是一个以丝绸闻名的国度。七八千年前，祖先你们都穿上了用麻布做的衣服，哎，那你们那个时候有没有用丝绸做的衣服啊？

原始张：你自己看啊。

解　说：（片）在河姆渡遗址，人们发现过刻有四条蚕纹的牙雕小盅。而在邻近地区，又发现史前时期有大片的桑林存在。在甲骨文里，丝字是把四个茧子抽出的丝合成一股线，这似乎暗示着，人类在更早的时候可能已经学会了缫丝，而学会了缫丝就可能织出美丽的丝绸。然而，这只是猜想，猜想需要考古的实证。这种猜想在1958年得到证实，这一年在浙江，发现了史前人类的丝织品。

(同期声)采访浙江省考古研究所王海鸣研究员。

……

主持张：……衣服的画像？

原始张：你别着急，别着急，我觉得你还欠一样东西呢，你可以先考虑一下我们的发型啊，我们那时候可不是像我那样都梳这种头，有很多发型。

主持张：发型？你们还理发呢？

原始张：当然理啦。

主持张：其实在史前人类那里呢，还是会使用一些简单的方法把他们不太整齐的头发整理成自认为比较美观的样式。大家可以看这张照片，这张照片呢，是一张出土的文物，这就是一个先民使用的梳子。那么当时呢，先民们为了梳理自己的头发制作出各式各样的、不同的梳子和篦子。有的人说啊，梳子之所以会有这种形状呢，那是因为它是从手指演化过来的。那么史前的人类呢可能先是用手指梳头，然后再制造出来了像手指这样的梳子。

解　　说：(片)除了梳子，史前人还有剃刀，那就是他们锋利的石刀。史前人类开始用他们简单的工具打理头发，在理发的过程中，人们还创造出各种各样的发型。这种发式叫披发，它有点像现代少女的披肩发，这种发型头发较长，自然披于脑后，有时候也散披在脸上，在距今5000年前的马家窑文化陶器上，就有这种发型的头像造型；这种发型叫编发，是把头发编为独辫、双辫和多辫盘在头上，在甘肃理县就出土过这种编发人头像；这种发型叫断发，是把前额的头发削成齐眉的短发，甘肃秦安大地湾出土的人像彩陶瓶反映的就是这种发型；这种发型叫椎髻，是把头发挽起来或盘在脑后或簪于头顶，许多史前遗址中，都出土过簪发的簪子。由此可以判断，史前有着古老的椎髻传统。

细细想来，这些发式在现代社会仍然还有生命力，在我们的生活里经常还能见到史前人发明的那几种发型的影子。比如，披肩发、辫子、髻发和盘头。

主持张：(作画)哎，你看看，现在是不是画得差不多了？

原始张：你是不是应该给我加一双鞋啊？

主持张：穿鞋？你们还穿鞋哪？

原始张：当然穿鞋了，我们为什么不穿鞋啊？我给你看个图片啊。(指图片)这个就是我们那个时候的鞋。看到了？(鞋特写)

主持张：好，我看一下。哎呀，这还真是一只鞋啊。嗯，按这个照片上说呢，这是甘肃玉树地区出土的穿长靴的人形陶器，而且还有一个靴子形的单独的陶器，距今大约是4000年左右，我估计这个靴子应该是生皮子做的。那行，我就按照这个，在你的画像上呢，给你再添上一双靴子。

点评：央视原版的《走近科学》是一个深受人们喜爱的精品栏目，它被人称道之处有三点：一是节目编导理念先进，敢于借鉴与创新；二是节目表现有特点，手法独特，形式多样；三是主持风格独树一帜，创造出"张腾岳解读法"，为节目增色不少。

该栏目创意新颖独特，它遵循在娱乐中给人知识的传播理念，将艰涩、枯燥的各种科学原理、科学知识，尽量给予生动解析，为此，编导们充分调动各种电视手段的同时，还在主持人身上大做文章，于是我们不仅看到常规的清楚、生动、自然、传神的"讲解性"主持，也看到用大量实物操作的"演示性"主持，还看到身穿古装讲解科学故事的"角色性"主持等。《爱美记》是其中的一期节目。

（1）节目创意新颖。在本期节目中，为了避免纯粹介绍考古发现的枯燥，特意设置了古今人物对话的方式来进行科学知识的讲解。张腾岳在这个节目中表现了古今两个人的对话：一个是原始人张腾岳，一个是主持人张腾岳，古今两个张腾岳坐在桌旁，利用毛笔、画纸等道具相互交流，节目表现方式与主持新颖，有一定吸引力。

节目以"爱美"为主线，涉及饰物、服装、发型等考古发现中与人类美化自身有关的事物，从爱美这个角度把古代与现代联系在一起，节目角度新颖。同时，降低了介绍科学知识的难度，也避开了"同质"现象的围墙。

这期节目运用了多种电视手段，围绕新颖的节目构思，涉及服装、化妆、道具、背景、摄影、特技、资料片、对话、解说等各种创作元素。

（2）张腾岳解读法。其一，指他把介绍讲解与曲艺相声两种语言样态有机融合，变为清楚、生动地讲解枯燥、难懂的科学知识的有力手段。它的优点：一是清楚，二是易受，三是生动，四是有个性。张腾岳为什么能做到这一点呢？他曾说他每次拿到别人写的稿件，都要看看自己能说这样的话吗？再加以修改，变为自己说话的方式说出。

其二，他不生硬地背词，而是在自己理解的基础上，把稿件内容变为自己的话，似现场思维、现场说出，这种方式有赖于说话主体脑中有充足的知识储备。因为在科学节目中所表现的内容大都是离人们知识范围较远的术语概念及内容，主持人若没有充分的广义备稿与知识文化底蕴是说不清、讲不明的，更不用说表达生动、有个性了。

其三，张腾岳是一个爱看书的人，他知识储备比较丰富，较有内涵。我们经常看到他与嘉宾就某一科学知识进行较深入的探讨。他曾给节目稿件中的错误医学概念纠过错；他曾在与动物专家的对话中顺口说出"中华对角羚"即"普氏原羚"这一世界上最濒危的有蹄类动物名称的由来：是因其首次由俄国人"普热瓦尔斯基"发现而命名的……总之，主持人的语言是文化知识储备的外化，他的有效传播是其热心服务受众的理念的表现。

（3）主持人能力全面。这个节目带给受众穿越时空之感，主持人张腾岳一个人表现了两个时空的人。他对"原始人"角色演绎得真实、入神；那有些脏黑的脸庞、蓬乱的长发、眯起的眼睛与另一个面容白净、戴着眼镜、文质彬彬的张腾岳相区别，再加上兽皮、树叶裹身，有点弯的脊背，活脱脱一副原始人的样子。他不但语态丰富、表现得体，可以完成不同人物的对话、串联语、解说的表达，而且在节目需要时化身为"原始人"，其内心、语言、体态"三位一体"全方位化身，这是难能可贵的，这说明他具有一定的表演素能。所以，当前的电视生活类节目中,如果主持人不具备表演能力,很多节目将难以胜任。这种新颖独到的表现形式,拓展了主持的外延,赋予了主持人一种新的表现方式与手段,同时,也体现出主持人的综合能力。

提示:可用此节目训练学生如何将难懂、枯燥的内容讲解清楚,表达生动、内行,语体适当。

范例二 《京郊大地》之《白菜、萝卜》节选

主持人:肖一龙(简称"主持肖")
　　　　杨巍巍(简称"主持杨")
　　　　付强(简称"主持付")

(演播室,三位主持人围坐在一个小圆桌旁)

……

主持付:哪能每个人都天天泡温泉去吗?

主持肖:谁有那闲钱天天去啊?

主持付:最普遍的还得是吃!

主持杨:又是吃。

主持付:你没听人说那句话吗?鱼生火,肉生痰,萝卜白菜保平安,尤其是白菜。哎呀,想当年北京家家户户大白菜啊一家一堆,一家一片,那简直是北京一景!(边说边兴奋地用手比画着,忽然打住——)我跟你们俩说这,都多余。

主持肖、杨:怎么多余?

主持付:你们俩没赶上啊!

主持杨:谁说我们没赶上!

主持肖:有证据!(手势引领大家看小片)

(情景再现)

片中画面是20世纪六七十年代的军人、鲜花、红旗,大喇叭里响起"革命风雷激荡,战士迎着朝阳……"的歌声,还有锣鼓声、欢呼声。

字幕:"在那风一样的日子里。"(片中男主持人肖一龙穿着六七十年代的绿军大衣,骑着平板三轮车,车上女主持人杨巍巍也身穿一件肥大的军大衣,只是头上裹着一条格子围巾、揣着手坐在平板三轮车的一侧)

字幕:"我们奔忙在冬日的阳光下。"(在手风琴声中,画面上出现了成堆的大白菜及价格牌,小两口高兴地往自家的平板三轮车上码着大白菜)

字幕:"寒冬腊月……白菜是我们餐桌的主角。"(滚动的车轮、平板三轮车上女主人憧憬的脸庞)

字幕:"我们把爱寄托在一棵棵白菜中。"(画面中二人在北京的胡同里推着车)

字幕:"也把温暖藏在白菜中。"(画面中二人往自家屋墙边码着白菜、二人互相拍打着

身上的灰尘,幸福得靠着屋墙坐在白菜堆旁)

字幕:"享受着富足与舒心,美好的日子从此打开。"

(演播室:三位主持人)

主持付:哎呀!你别说啊,看完这片子,真勾起我这白菜情结。当初啊,我们家也储存白菜,家家都存。我就记着我跟我老妈,好不容易一棵一棵把报纸裹上(做裹白菜的动作),拿塑料布盖上。刚干完,累得顺脖子流汗,二楼张奶奶下来了,(学张奶奶的表情神态)"强子,谢谢你帮我把白菜码上"。

主持杨:你帮助别人来着?

主持肖:做好事啊?

主持付:哪啊?我码错了!

(三人一起大笑)

主持付:但是通过这件事,我觉得邻里之间的关系是最重要的。

主持肖:要说这个我现在也挺想囤点大白菜的,小时候帮家里码,我也有情结。

主持付:你也存啊?

主持肖:没地搁啊!现在啊,你说搁到楼道里吧……

主持付:那不行啊!

主持肖:居委会说我影响防火通道。

主持杨:对,没错。

主持肖:我扔到院里边吧,都归物业划成停车场了!

主持付:人家得停车啊。

主持杨:那不是地方。

……

主持付:要这么说,这白菜现在咱们没法儿储存了?

主持杨:其实我觉得现在并不是说咱们非得要储存白菜,因为咱们没必要储存了。

主持付:为什么呀?

主持杨:一是咱们没地儿,再一个呢,批发商都帮咱储存好了,咱只要零买就行了。

主持肖:过去也是没得选择。

主持杨:没错,现在菜的种类那么多,到冬天好几十种蔬菜,您想吃什么都行,就说您吧,就想吃这白菜?

主持付:对!

主持杨:现在咱市场上的白菜,也有好多种呢!

(杨在菜市场白菜摊前出镜)

主持杨:您看我眼皮底下这么多种白菜,今儿我干吗啊?今儿我就给您卖白菜!介绍这白菜,今儿我就给您吆喝这白菜。您啊,在家天天吃白菜,没准是炒白菜、炖白菜、熬白菜,甭管是包饺子还是做馅饼,可您不知道,您到底吃的是哪种白菜?(屏幕上:各种白菜图片)您心里没数,今儿我就要让您心里明白明白!

您看看啊，首先看(手摸着两棵大白菜)这最大的两棵，这叫什么白菜啊？这叫"鲁花80"(字幕：鲁花80适合涮着吃)，就是白菜里边个儿比较大的。您看看啊，这个脑袋比较大(抱起一棵白菜)，帮儿比较少。这怎么吃啊？这一般都是咱们涮火锅吃，就是您平时在家，搁火锅里涮着吃的那种，在饭馆您可能也常吃这种白菜。"鲁花80"，您记住了，个儿比较大。

您看我旁边这种(又拿起一棵白菜)，跟"鲁花80"非常非常得相似，这叫什么呀？这叫"小50"，也是咱们平时在家里吃火锅的，因为它叶多，帮儿少。

再看这种，这种(手指另外一棵白菜)，这种叫"青白"，特别是与这两种又不太一样。(又拿起"小50")这个比这个稍微大一点，比这个大的("鲁花80")又小一点，这也是吃叶的。

(绕走到前边)这个是咱们最熟悉的那种了，这叫"北京新3号"(拿一棵白菜，转了转)。虽然叫"北京新3号"，但是它不是产自北京，为什么叫"北京新3号"呢？因为它这个种是咱北京研发出来的，您看看这个特熟悉吧？

(又拿起一种新的白菜)这种，看头儿尖尖的，底下帮儿长长的，这叫什么白菜呢？叫"玉田"，就是咱北京人到夏天的时候，不都去那个南戴河、北戴河吗？路过的那"玉田服务区"，哎，就是那，那个玉田。看看，就是这种白菜(字幕：适合炒着吃或炖着吃)，这种白菜比较适合吃帮儿，咱们炒着吃、炖着吃，跟肉一块吃比较好。

(放下"玉田"白菜，又拿起另一种)再看这种，要说白菜里心儿最甜的是哪种？就得说"天津5号"。看，看这心儿(将白菜头冲向镜头)，里边是黄的，咱们这么看跟个花似的(字幕："天津5号"，适合生吃或凉拌)。这里边的心儿特别特别地甜！生着吃、凉拌吃都可以。这个白菜是刚才我给您介绍的这几种白菜里最贵的。这批(发)还得5毛钱一斤呢！(字幕：白菜贵族)

旁　　白：(字幕)"杨"白菜讲道道之白菜贵族。

主持杨：(拿起一种小棵白菜)这叫什么菜啊？这叫"娃娃菜"，跟白菜一模一样啊，特别是跟咱们这个"北京新3号"特别特别地像。您要问了：这是不是白菜里边把这个心儿刨出来，把帮不要了，就要那心？

主持杨：(菜市场出镜，手拿白菜)观众朋友，看看这种白菜，反正我是头一回见着，估计您也是没见过，这叫什么白菜呢？叫"箭杆白菜"。为什么叫"箭杆白菜"呢？您看(手拿长相似芹菜的白菜)，就是因为它这个形状长得非常像古代的那个箭。这个名字是谁给起的呢？据说是朱元璋给起的。一提起朱元璋您就知道，这个"箭杆白菜"有多么悠久的历史了。这不是一个新品种，为什么咱们北京人看着都新鲜呢？因为它不是产自北京，它是产自湖北。

(杨又拿起一种新白菜，镜头先对准白菜，再转到杨)

观众朋友，再来看这种菜，这叫什么菜呢？您一定也吃过，"奶白菜"。但它呀其实不算白菜这个种类的，它应该是跟那个小油菜、小白菜差不多，虽然它叫"奶白菜"，但它不属于白菜。

(同期声)国家蔬菜工程技术研究中心研究员张凤兰:奶白菜是小白菜,就是我们北京叫"油菜"的那一种,它不是大白菜,这种都是广东的地方品种,广东种植比较多的蔬菜,都属于白菜种,但是不属于大白菜。

旁　　白:(字幕)"杨"白菜讲道道之挑白菜的小窍门。

主持杨:(菜市场白菜摊前出镜)有的观众朋友说这白菜太不好挑了,为什么?就是有的它是从心儿里坏,外表上看不出来,(拿起一棵白菜)但是心儿里边其实已经坏了,有人管它叫烧心儿的白菜。我告诉您一窍门,其实这白菜心儿好不好,在外边就能看出来。(手拿白菜,把根对向镜头)看哪儿呢?就是看根儿。您看这根儿如果白白的,就说明这里边、这心儿特别好。它要是坏了,表现成什么颜色呢?那就是淡淡的粉色和黄色。如果这根儿有点发粉了、发黄了,说明里边这心儿已经不能吃了。哎呀,跟您说了这么多白菜,就是想让观众朋友您了解白菜的各种味道、各种品种,当然了,还要知道白菜的门道。

……

(演播室:三位主持人)

主持付:可以可以,研究白菜够到位的。

主持杨:那当然了。

主持付:不过,您挂万漏一啦!

主持杨:漏了?

主持付:漏了。

主持杨:漏什么啦?

主持付:大家都爱吃那炒饼,那多香,圆白菜啊!

主持杨:那个圆白菜?

主持付:圆白菜没有啊!

主持杨:露怯了您,那圆白菜跟那白菜两码事,不是一科的。

主持付:哟,我还露怯了?那要这么说,您对白菜忒有研究(方言味)了,所以我代表广大的朋友们,送你一雅号,你研究什么?

主持杨:研究白菜啊。

主持付:你本人姓什么?

主持杨:姓杨。

付、肖:杨白菜!

主持肖:贴切。

主持杨:杨白菜,杨乃武与小白菜呀。

主持付:不许糟践古人名啊,你叫杨白菜了啊。

主持杨:杨白菜,那我叫杨白菜也不能饶了他,他也得起一个(指着肖一龙)……

主持付:找个垫背的?这还用说嘛,半斤八两,你再看他这形象,刚才我说了白菜跟什么保平安?

主持杨:萝卜。

主持付:肖萝卜!

(配音、字幕)杨:白菜萝卜人人爱。肖:煎炒烹炸胃口开。杨:要想吃出小道道。肖:还得我们支个招。杨白菜,画面上"杨"手中竖起一棵白菜;肖萝卜,画面上"肖"表情夸张,手中举起一个画出眉眼的白萝卜。合:华山论道。

主持肖:说萝卜,你还别不服萝卜。

主持付:怎么啦?

主持肖:老话说了,冬吃萝卜夏吃姜,不用大夫开药方啊!萝卜就热茶,气得大夫满街爬啊……

主持付:你等会儿,等会儿,你这过了啊!萝卜好归好,那大夫招你惹你了?

主持肖:为了对得起我这雅号!

主持付:怎么样?

主持肖:两位,上眼瞧!

(菜市场萝卜摊前出镜)

主持肖:为什么这么脆,怎么就这么脆?她那卖白菜,我这萝卜开会。京城市面上能见着的萝卜(镜头推向各种萝卜)基本上在我这都全了,我挨样儿给您念叨念叨。

这个胡萝卜,大家伙都认识,(一手一个,拿起两个胡萝卜)为什么这个红,这个不红呢?这个洗过了,这个没洗。洗过的卖6毛,没洗的卖5毛。

旁　白:(字幕)肖萝卜讲道道之贮存萝卜的常识。

主持肖:告诉您一个小常识啊,洗过的它不经放,您当时拿回去吃着方便,您要想搁段日子,还是这没洗过的。所以萝卜都一样,有一个小窍门储存,您弄一个盆,里边装点儿沙子或土,把萝卜埋进去就不爱坏,当然这一招家里养猫的不适用。

旁　白:(字幕)肖萝卜讲道道之挑萝卜的小窍门。

(拿起一个画出笑脸、顶绿叶的白萝卜)哎,"白萝卜",这大家伙都知道。瞧它高兴的,涮锅子少不了它,这发型,老鼻子帅了(画面上,"肖"与"白萝卜"似比美,面向镜头,龇牙咧嘴很滑稽)。

(拿起两个小萝卜)下一个,"樱桃小萝卜",吃过的朋友都知道,这东西跟水萝卜它是一个味儿。(画面推向小萝卜,字幕:樱桃小萝卜适合蘸酱吃)根据本人多年吃萝卜的经验,这东西适合怎么吃呢?蘸酱吃!夏天的时候,您啊把这洗干净了,一大捧,一口一个,一口一个。当然,告诉您,这缨子其实也是好东西,去火的,能吃的都把它吃了,毕竟钱买的。

下一个,下一位,(拿起两个绿萝卜)"青萝卜",这东西素有水果萝卜之美誉,适合生着吃,汁又多,肉又脆,而且味道很甜美。(字幕:青萝卜适合生吃)再教您一个怎么挑,怎么买。这青的地方越多,白的地方越少,这个"青萝卜"越好。哎,当然这个小的(拿起两个小青萝卜)也是青萝卜的一个变种,叫"半头小青萝卜",比这大的还要细嫩一些。

(又拿起另外一个红色的萝卜)咱再说说这个,"便萝卜",这是咱多少年的老朋友了,大家伙儿都知道,这东西含水分比较少,适合擦馅(字幕:便萝卜,适合做馅、炖着吃)或者跟东西一块炖着吃。您怎么挑?什么是好的呢?瞧这个!(镜头拉近萝卜)根越细,这个萝卜越圆、越红,就跟个小红灯笼似的那种越好;根粗的,萝卜里边那个筋它也就越粗,挡口。

旁　白:(字幕)肖萝卜讲道道之心儿里美的典故。

(说书式语言介绍)咱再请出一位享誉大江南北赫赫有名的"心儿里美"大萝卜,咱北京吃这个啊,有年头、有历史,外带有典故。想当年,慈禧太后老佛爷,要到南苑(慈禧照片)去赏雪、打猎,到半道上渴了,要吃从宫里带出来的京白梨,那是好东西。但是小太监没保管好,冻成一个大冰疙瘩了,现化也来不及了。这时候西红门有一个管事,从怀里头掏掏掏(肖把萝卜放入怀里,做一点一点往外掏的动作),走——,掏出一个"心儿里美"来,给随行的厨子。他细细地切成片,装上盘盛给慈禧老佛爷。老佛爷一看,哎呀!这一盘东西,皮儿是翠绿如玉啊,而且里边是紫红紫红的鲜嫩欲滴,咬一口满嘴生香,吃的是心情大爽,当时就发下话来了,以后西红门的"心儿里美"进宫上供。因为老佛爷太爱吃这个东西了,所以每当西红门有运萝卜的车到了城门口,不管什么时辰,马上开门放行。所以老百姓传下一句话,叫"西红门的萝卜它叫城门"(城门照片)。

旁　白:现代医学证明:萝卜能防癌,好处多了去了,江湖人称小人参啊,要想生着吃,哪种最好?首选是"樱桃小萝卜"。

(蔬菜大棚内现场采访北京园丁园有机农业生态园技术指导苏益民)

苏益民:这个品种是荷兰的。

主持肖:哎哟,还是外国的。瞧一眼。

苏益民:外国品种,你看看(拿起刚从大棚地里拔出的"樱桃小萝卜")。

主持肖:这好在哪儿啊?

苏益民:这个呢,它早熟。

主持肖:真红啊!

苏益民:一年四季都可以种,你看颜色特别鲜艳。

主持肖:真鲜艳!

苏益民:你看要是一擦的话,都可以在这纸上(用白纸擦小萝卜,有红色)表现出来,你看都可以褪红色。

主持肖:还掉色啊,直接掉色。

苏益民:所以它颜色特别鲜艳,特别好!

主持肖:挑它的时候都注意什么啊?

苏益民:要看新鲜要看叶,湛青碧绿,

主持肖:都支棱着。

苏益民:支棱着它就好。(指另一个不好的小萝卜)那个呢,肯定它叶子有黄的,有烂的,都蔫拉了。

主持肖:(手拿一个小萝卜)这跟个标本似的,多漂亮啊!

苏益民:是是是。

(画面加字幕)有机标准:1.无化工厂,空气无污染;2.没有尾气污染;3.土壤没有污染;4.没有化肥。

主持肖：怎么能看出来有机呢？

苏益民：我给你随便拔一个看看，从表面上你看不出来什么，就看它的叶子。

主持肖：叶子？

苏益民：有机的产品呢，它不施化肥，知道吧？不施合成的化肥，所以它那个组织就比较柔韧，一般撅它不容易断。

主持肖：哦！

苏益民：你看我这刚拔出来的，我怎么撅它都不会断的(示范)。

(演播室：三位主持人)

主持付：你是白菜(指杨)，你是萝卜(指肖)，不相上下。

主持杨：您说早了，还没比吃法呢！我白菜吃法多，我先给您来一个"凉拌白菜心儿"。

主持付：哎哟，我就爱吃。

主持肖：我给您"凉拌萝卜皮儿"。

主持杨：那我给您来一个"醋熘白菜"。

主持付：我就爱吃(美滋滋)。

主持肖：我给您来一个"酱烧小萝卜"。

主持付：好吃(美滋滋)。

主持杨：我这边还有那个"白菜砂锅豆腐丸子"。

主持付：暖和。

主持肖：我给您"萝卜炖羊肉"。

主持付：等等，等等，行了！我听出来了，又是白菜又是萝卜，又是白菜又是萝卜，我吃着吃着我变"兔爷"了我。

主持杨：那我给您来个新鲜的，是白菜当皮，肉当馅，而且还是小碗的。

(字幕：小碗白菜，昌平小赴任庄)

旁　白：吃这小碗白菜啊，您得上昌平的小赴任庄，因为这小碗白菜呢，就是咱们这个村的特色菜，也是主打菜，您看人家这白菜用的就是刚才我说的那种"小50"，您看这叶子就是那种大叶，"小50"的叶子最适合做小碗白菜了。

(农民家做饭现场，杨跟着主人一起学做菜)

主持杨：……接下来该是馅了——哦，把肉馅包在白菜里边，咱这白菜就像饺子皮一样？——这会儿白菜还是烫的呢——是不是就像包饺子一样，给它包进去？您包，我跟着学。

(字幕：1.用热水焯白菜；2.肉馅加入味精、盐、香油；3.放上适量的淀粉；4.将调好的肉馅包在白菜叶里；5.蒸15分钟)

(演播室：三位主持人)

主持肖：说了归齐，归了包堆，你这不过就是一个菜。

付、杨：可不就是菜嘛？

主持肖：我们中华民族几千年的饮食文化，讲究的是"药食同源"，我这萝卜既是饭食又是药,既能管饱又去病。

主持付:你这有点过分了,萝卜能当药?

主持肖:没错!

主持付:咱走大街上,一进那个药店,师傅,给我来一个"糖拌萝卜丝"。

主持杨:给我二两"红烧小萝卜"。

主持肖:你们这叫抬杠,知道吗?今儿个我就给你们扫扫盲。

(字幕加画面:萝卜偏方——专治咳嗽)

(小片:主持人演绎)

主持肖:(坐在床上直咳嗽)不行了,咳嗽,咳嗽死我了,妈,我受不了,难受!

肖妈妈:先别着急,把这喝了(手捧一个碗走进来)。

主持肖:不吃药,不吃药(躺下耍赖)。

肖妈妈:不是药,不是药!你尝尝这个,不是药!快起来,快起来!

主持肖:不是药啊?

肖妈妈:不是药,不是药,尝尝,尝尝是什么。

主持肖:是亲妈不能害我啊?

肖妈妈:没有,妈准不会害你的!(肖喝一口咂咂嘴,又喝下去)好喝吧?傻儿子,怎么样,妈再给你来一碗!

主持肖:(都喝完后,眨眨眼睛,咽口唾沫,睁大眼睛,感觉不错)好了!

肖妈妈:舒服多了吧?

主持肖:好了!(下床)

肖妈妈:就是。

主持肖:这是什么啊?我自个看看去(上厨房)。

肖妈妈:看看,看看怎么给你做的。

主持肖:哎,是这个吧?(拿起煮萝卜的锅,里面是一片片白萝卜)

肖妈妈:对啊。

(字幕:1.萝卜半个、大葱半根,一起煮;2.开锅后加十几颗冰糖;3.大火煮5分钟)

(画面:案板上切葱段、白萝卜片,锅里加水,放在煤气上)

肖妈妈:文火煮,煮5分钟,开锅后,加十几颗冰糖就够了,大火煮5分钟。大葱是消炎的,萝卜加冰糖是止咳化痰的,这样对冬季预防感冒很有好处。冬季感冒的多,得多喝点这个。

主持肖:你瞧瞧,今天看电视的又捞着了!我们家老太太,把这压箱底的方子都拿出来了!

……

点评:这是北京电视台原版的《京郊大地》栏目中的一期节目。这个栏目名称很容易使人想到这是一个表现农村生活与变化的节目。今天的农村与城市联系得更紧密了。于是本栏目制作出一期期介绍京郊大地的新型农作物、农家乐餐饮、旅游、生态、文化、历史、风俗等内容的节目，既反映了今日农村的新景象，也给城里人提供了好吃、好看、好玩的去处。本期节目导向正确，贴近人民群众的生活，非常接地气，具有很强的服务性。创作手段丰富多样，主持人适合节目，主持生动到位。本期节目有以下特点：

（1）节目构思精巧。本期节目的内容很贴近老百姓的生活，制作精良，选题务实，主线清晰，构思精巧：一是，有"现在进行时"的主持人串联板块（三位主持人），将所要介绍的内容有目的、有情趣地引出，如白菜、萝卜的种类、吃法及萝卜的药用功能等；二是，有"现在进行时"的现场介绍及展现，如主持人的趣味性主持，这也是节目的主体与"亮点"，它引出许多"知识点与信息点"；三是，节目中充分运用"电视化手段"，既有清晰有趣的文字小标题，也有伴随节目内容配上的音乐、歌曲，还有在节目中二位主持人合作演绎的过去年代北京市民冬储大白菜的情景再现小片等，拓展了节目拍摄角度，也充分调动起视听各种元素，很好地渲染了气氛，让观众在轻松、愉悦的心境中接受节目信息与意义。

（2）趣味性主持。这个节目以动态、趣味性主持为主。主持人的主持很有特色，他们的讲解自然生动，不造作，生活化，给人感觉具体、清楚，很有吸引力。当然，这与主持人的天性活泼、幽默有关，更与主持人适应力强、具有一定表演素质有关。本节目的主持适人切境、活泼有趣，给观众带来有益的知识及服务。主持人在主持中做到了真听、真看、真想、真做、真交流，不是背台词、虚假表演，表现出相当真实、自然的一面，让我们觉得这真是一个邻家的"阳光大男孩"和带有"农村气息的姑娘"，亲近感油然而生。主持人动用自己的视觉、听觉、味觉、触觉、运动觉等各种感官以及讲故事、情景再现、小品演绎、现场采访等各种表现手段给我们传递着多重信息与知识，让人对节目内容生发出极大兴趣。

（3）个性化表达。本节目的语言表现很有个性特点：

一是，主持人的语言十分自然、生活、风趣、有个性，他们将文稿内容处理成带有自己个性特点的语言，表现为：口语化、个性化、服务性、易受性，看得出来主持人对稿件内容做了不少适应性加工。

二是，在这个节目中，主持人运用了多种语体，例如，除现场串联、体验式主持、片子旁白外，还有准确、生动的人物角色化语言，很见主持人的语言功力。

三是，主持人语言表达具有地域特点，语言稍带点"北京乡土味"，使人一听就知道其地域所属。值得注意的是，有相似栏目的主持人不管主持、解说，什么内容都故意带着一种所谓的"北京腔"（调子很重）。本节目主持人的语言就较好，不同语体用不同的处理方式，不是总一个调，适境处理，生动有味。

四是，节目中的旁白大多是主持人自己配音，播得生动活泼，这就可以使主持人现场的语言情绪延伸到旁白中，二者和谐统一，富有整体性。如果改成旁白由别人录，恐怕就不会有这种效果了。

（4）整体主持。在这个节目中，主持人体现出了整体主持素能：静态的演播室交流，动态的外景主持，诙谐的串联、旁白，甚至出神入化的角色扮演等，使整个节目浑然一体，自然、生动、清新，非常好看。

这里,有必要再强调一下:优秀的、有特色的主持人,必须既能在演播室主持、去现场报道,也能对片子进行解说。这样,既可保证节目整体和谐,也可以体现主持人的功力全面。千万不可认为,只有演播室、现场报道才是主持人应该做的,配音解说是播音员的工作,这是一种偏见。应当认识到:需要他人配音,有时是主持人自己不具备配音能力(或时间太紧),请一位语言表达功力强于自己的同行来配音,才能提升节目质量。因此,本节目的整体性播音主持是应当肯定的,也是优秀主持人应当做到的。

可以运用本节目进行教学:一是,可以训练主持语言口语化;二是,可以训练主持表达自然生动、有特色;三是,可以训练整体性播音主持;四是本节目比较简单、有趣,容易引起初学者的兴趣,较适合作为电视社会生活类节目初始训练材料;五是,可以此为范本,让学生自己选择题材,做策划,写出策划方案,自己主持并制作出一档电视社会生活类节目。

本章训练提示:电视社会生活类节目主持的训练,主要是让学生了解电视社会生活类节目的种类、表现方式、创作手段,让学生掌握电视社会生活类节目的策划、主持特点等,特别强调对节目特性与主持个性的把握。

本章训练要求:(1)节目创作主旨清晰,结构合理,有针对性与一定深度;(2)节目有类型特征,表现手段有新意;(3)节目的电视化手段丰富、合理;(4)节目主持语态适体,语言口语化,有个性特点;(5)节目主持中能合理使用娱乐元素。

思考题

1. 什么是电视社会生活类节目?它的种类有哪些?
2. 电视社会生活类节目的基本形态有哪些?
3. 电视社会生活类节目主持的基本样态有哪些?
4. 电视社会生活节目的创作方式与手段有哪些?
5. 电视社会生活类节目的主持要求有哪些?
6. 电视社会生活类节目的主持素能有哪些?
7. 当前的电视生活类节目创作与主持有何新特点?
8. 如何策划与创新电视社会生活类节目?

第九章
电视综艺娱乐类节目主持

内容提要：当前，我国电视综艺娱乐类节目有不少已从以往的"克隆""低俗"走出，很多电视综艺娱乐节目越来越精致、好看、有意义，它们种类繁多、样态丰富，已成为人们生活中不可或缺的精神产品。电视综艺娱乐类节目的内涵、类型、功能、元素、手段、思维、主持素能等是本章探讨的内容。

第一节 电视综艺娱乐类节目概说

电视综艺娱乐类节目是由综艺、娱乐两个概念构成，加之电视手段。"综艺娱乐"指对音乐、歌舞、戏剧、曲艺、小品等各种艺术形式节目的展演、介绍，加之游戏节目。"娱乐"是这类节目的主要品性，能带给人多种心理满足。娱乐是人的精神需求，是这类节目的特点。

当前，对"电视综艺娱乐类节目"中的娱乐概念认识有别，恐怕是对其内涵、外延不统一造成的，在使用时有的用其"广义概念"，有的用其"狭义概念"。对"娱乐"的认识值得探究。

娱乐，《现代汉语词典》给出这样的解释：一是使人快乐或消遣；二是快乐有趣的活动。娱乐，在我们的认知中，应当主要具有轻松、愉快的功能。虽然，娱乐以快乐为核心，其实，娱乐不仅带来快乐，还给人带来人性本能的猎奇、刺激、宣泄、替代等心理满足。当前追求娱乐被看成一种时尚，可彰显时代气息，体现社会进步。娱乐与文艺分不开，与欣赏分不开，与生动、活力、舒畅、美感分不开，它能够给人各种心理与情感上的满足。人们都希望丰富自己的生活，扫除枯燥乏味，缓解各种压力。因而，娱乐已成为当今人们生活中的一剂必备补药。

据悉，一些欧美国家将电视节目分为两大类：一是新闻类，二是娱乐类。他们将新闻节目以外的科学、服务等节目都划归为娱乐节目，并将娱乐元素渗透在创作理念和创作实践中。

在中国，综艺娱乐类节目的兴起离不开时代的变迁、电视事业的发展与受众的需求。社会财富的增加，人民生活环境的改善以及当今人们眼界的打开，都促使广大受众对精神生活的需求、娱乐个性化的追求愈加强烈；同时，我国社会的政治、经济、文化的发展，受本位传播理念的认知,使电视媒体工作者更加了解娱乐对人的巨大作用,认识到娱乐是电视传播的功能之一。

娱乐是一种精神品性,它不与高雅艺术绝缘,也不是肤浅、搞笑的代名词,更不与庸俗、低俗为伍,有些人之所以将娱乐与搞笑、恶搞视为近邻,恐怕是没有弄清娱乐的真正内涵。对此,电视媒体一方面要创作丰富多彩的娱乐节目满足受众的不同要求,另一方面可借鉴国外经验,依据我国现实,细致、深入地探究综艺娱乐节目的本质属性、社会功能及创作元素、创作手段等,使这类节目健康、富有活力地向前发展。

在我国,目前电视节目大致分为三类:新闻类节目、社会生活类节目、综艺娱乐类节目,当前在社会生活类节目中甚至新闻节目里也存在不少娱乐元素和娱乐手段。

电视综艺娱乐类节目是指在娱乐理念的统领下,从内容到形式、从元素到手段,都可以使受众产生轻松、愉快、刺激、宣泄等心理,并蕴含特定意味、有益启示的电视节目。它包括音乐、舞蹈、戏曲等各种文艺形式的表演;游戏、竞技、真人秀等不同内容、形态的电视节目及电视文艺专题节目等。

需要说明,"益智节目""婚恋交友节目"严格意义上讲,按照我国三分法:新闻类、社会生活类、综艺娱乐类划分,可看作是带有"娱乐元素"和"娱乐手段"的社会生活类节目。

一、电视综艺娱乐类节目基本形态

电视综艺娱乐类节目从形态角度,除访谈外(电视访谈主持中已涉及),可将其大致分为四类:资讯类、专题类、竞技类、晚会类。

(一)资讯类电视综艺娱乐节目

资讯类电视综艺娱乐节目,是报道综艺娱乐界中的明星逸闻、影视动态、演出近况、文化交流等各种信息的节目。例如:《中国电影报道》是中央电视台电影频道的一档资讯类节目,是专门报道中国境内中外电影人的活动和介绍中外电影精彩内容的节目;北京电视台的《每日文娱播报》是一档报道各种综艺娱乐信息的节目。

(二)专题类电视综艺娱乐节目

专题类电视综艺娱乐节目包括两部分:一是对不同文艺内容、文艺形式、文艺知识、文艺人物等进行介绍、讲解、访谈的专题文艺节目;二是具有不同艺术形式或内容的专题文艺节目。如中央电视台的《舞蹈世界》《音乐·故事》《影视留声机》等节目,专门介绍讲解各种音乐、舞蹈知识等,带给受众不同地域、不同形式的文艺知识、文艺故事等;中央电视台的《民歌·中国》是介绍我国各地民歌的节目,主持人时而介绍、串联,时而与专家对话,有时还身穿少数民族服装与嘉宾交流。这些文艺专题都具有较高的艺术性、观赏性、知识性、服务性,可以提高受众的欣赏水平。

（三）竞技类电视综艺娱乐节目

竞技类电视综艺娱乐节目内容较多，除专业的舞蹈、声乐、器乐、相声等各种大赛外，还有平民大众与明星参与的各种"真人秀"节目。如中央电视台的《星光大道》、浙江电视台的《中国梦想秀》、上海电视台的《中国达人秀》、北京电视台的《喜剧明星》等各种艺术竞技节目。

电视真人秀节目是一种创新形式。以往广大受众只能接受与观看他人的节目，而今节目的互动性增强，使广大受众成为舞台的主角，有的还能与明星同台表演、相互竞技。这种节目大大提高了受众的参与意识和观赏欲望。许多有兴趣、有特长、有能力、有勇气的观众参与其中，给此类节目带来了生机和活力。

（四）晚会类电视综艺娱乐节目

晚会类电视综艺娱乐节目一般可分为两种：一是指某一专项艺术形式的演出，如音乐、舞蹈、戏曲、小品等演出；二是指将多种文艺形式集合在一起的综合性演出，也被人称作综艺晚会。如春节联欢晚会、中秋晚会、赈灾义演晚会，金鸡、百花、飞天影视颁奖晚会，以及各种纪念日、行业、主题等的综合文艺晚会。

二、电视综艺娱乐类节目主持基本方式

电视综艺娱乐类节目的主持方式比较丰富，具有多样化特点，除访谈主持外，还有资讯播报、串联介绍、竞技互动、舞台主持等，因而，主持人应有较强适应力、主持功力和语言表达能力。

（一）资讯播报

资讯播报指主持人在镜头前播报各种综艺娱乐信息，节目形式较活泼，语言表达较轻快，服装、化妆等造型较时尚亮丽。这类节目经常加入音乐、道具、图片、视频等表现手段来增强娱乐气氛，让受众在轻松欢愉的心境下接受娱乐资讯。

（二）串联介绍

串联介绍指主持人在演播室配合图像对音乐、舞蹈、戏曲、曲艺等各种文艺形式的历史、特点、创作、人物、表演等各方面所进行的串联介绍及专题讲解。它要求主持人内行，语言有艺术性，表达亲切、清楚，具有较强的表现力与感染力。这类节目的主持人一般较沉静、优雅，具有较高的艺术素养。

（三）竞技互动

竞技互动指竞技类游戏、真人秀节目主持人对节目的参与、互动，并对其进行组织、评判、把控、应变，同时主持人沉浸其中，与参加者及现场观众的情绪融为一体。这类节目的主持人

要具有相关的知识与动手能力,因很多时候,需要主持人亲自上马督战,甚至参与竞技。

(四)舞台主持

舞台主持指综艺娱乐主持人在各种主题、形式的舞台演出中串联节目,对嘉宾、观众进行采访,与他们互动,但不是传统意义上的节目报幕员,而要履行更多主持职能。这类节目的主持人或优雅大方、或清新活泼、或诙谐幽默,具有较高的艺术修养,优美洒脱的舞台形体,能很好地与舞台节目融为一体。

三、电视综艺娱乐类节目功能

(一)休闲娱乐

电视综艺娱乐类节目具有适应人们追求轻松愉快天性的功能,休闲娱乐是普通受众最普遍的需求。休闲娱乐是综艺娱乐节目的核心功能。

(二)欣赏提高

电视综艺娱乐类节目具有满足人们对不同文艺节目的观赏需求,提高受众的艺术修养、艺术品位的引导功能。

(三)减压宣泄

电视综艺娱乐类节目具有缓解现实生活所带来的各种心理压力、宣泄内心不良情绪的减压功能。

(四)丰富生活

电视综艺娱乐类节目具有使人从心理上暂时脱离枯燥的工作与平凡的生活,使人们的生活更加丰富多彩的服务功能。

第二节　电视综艺娱乐类节目创作

一、电视综艺娱乐类节目的策划

策划就是要预先决定做什么、如何做、谁来做等一系列问题。节目策划最关键的一点就是创意,因为它往往包含了某种新的尝试,新的追求及探索。节目策划如何,决定节目的认可度与传播力。

策划对电视综艺娱乐类节目非常重要。电视综艺娱乐类节目的功能以休闲娱乐为主。然而,什么样的娱乐却是至关重要的,它与国情、媒体导向紧密相连。

电视综艺娱乐节目策划,是随众、从俗、讨巧、吸引眼球,还是坚持主流方向、高品位的引导,这是媒体人包括主持人在内参与节目创作的所有人都应考虑与面对的。

图9-1 《舞者》节目导师任嘉伦

如今有些电视综艺娱乐类节目中,主持的功能由"导师""嘉宾"来承担或分担,因此,节目策划中如何选择"嘉宾主持"非常重要。如果这些导师、嘉宾主持选择不当,会严重影响节目的质量。相反,如果有良好口碑及专业能力的人来参加节目,必然会给节目添色不少并带来较大反响。最近国庆、春晚等多个节目中频频出现任嘉伦的身影。上海台的《舞者》请他做节目的导师。任嘉伦从乒乓球运动员转型为多才多艺的演员,经历过许多艰辛:受伤退出体育生涯,出国学艺再伤落选,生活窘迫事业无着,做演员刚有起色公司下马,表演刚得到认可因宣布结婚生子而掉粉,被公司冷落。但他经过虚心求教、刻苦钻研、带病拍戏、顶住压力,饰演的电视剧《大唐荣耀》中的"广平王"、《锦衣之下》中的"陆绎"等人物深入人心,甚至得到原著作者、导演和资深演员的认可,他赢得了2000多万粉丝,这些粉丝不都是迷妹,有不少年长的、高学历的各业精英。在人们眼中,任嘉伦形象好、演技高、人品好,有正能量。选这样的人来做节目的"导师""嘉宾主持",会有正面的社会影响。据悉,一本刚出版的外语教科书中有介绍任嘉伦的课文,有孩子说:"在哪儿能买到书,我肯定全背下来。"这就是传媒与教育的关系,也是节目策划与使命的关系。这也是节目策划的重要一环。

电视综艺娱乐节目的策划关注这样几点:理念先进、策划新颖、表达视觉化、选人得当。这都关乎节目的成败与价值。

电视综艺娱乐节目理念的先进主要体现在对节目的策划方面。首先,对节目内容、主题的选择是否适应时代精神,符合受众需求。其次,对节目形式、手段及参与者的选择是否引起受众的兴趣。

电视综艺娱乐类节目主持人参与节目策划,熟悉节目内容,才能保证主持时心中有底,游刃有余,主持人的出色表现是节目获得成功的重要因素。

当前,有不少综艺娱乐节目主持人不参加节目创作的全过程,仅停留在主持一环,极大地阻碍了自身更出色的发挥。综艺娱乐节目主持人应当尽量突破主持环节,延伸到策划与编辑的环节,以便从节目全局出发把握自身所担负的任务,这样既锻炼个人能力,也能更加明确自身任务、位置与作用。在此,我们以一线实践为例探讨此问题。

北京电视台主持人徐春妮是能力较全面的综艺娱乐节目主持人,她的特点正如歌唱家佟铁鑫所说:"看她与郭德纲主持节目反应很快,很聪明";又如歌唱家吕继宏所说:"她一定在私下做了很多工作,读了很多书,有了很厚的文化积淀,才能坐到这个位置上。"事实正是如此,在娱乐访谈节目《五星夜话》对"纵贯线"访谈的策划讨论中,以往随和的她没有服从原有的策划方案,而是提出了自己的想法,她说:"……这是男人的话题,我们来说说酒,来说说钱,来说说女人,最后再说说他们的人生轨迹,我当时一听到这样的策划的时候,我本能地就反对。我说对不起,这不是我要做的,我说我是女的,我又不是男的。如果我是男的,我可以说这个话题。可是我是女孩,我比他们都小,我觉得不合适,我们把这个话题说小了。好不容易请来了4个人,为什么说这个话题?"春妮本来是一个性格很好的人,大家都觉得挺好相处。那天,同事却说,从来没见过春妮那么轴、那么拧。为此,这个节目的策划一直胶着着,后来春妮提出:"要不我们来说一说20、30、40吧。罗大佑当时影响了一代人,那个时候年轻人是20来岁听他的歌,30岁了听李宗盛的歌;周华健已经是奔五的人,40多岁了,有很多的感受;张震岳是30多……就做一个20、30、40这样的话题,也挺好。"可是,当时又有人反对说:我们做80年代、90年代、2000年吧。

图9-2　北京电视台主持人徐春妮主持《五星夜话》之《纵贯线》

图9-3　北京电视台《五星夜话》之《纵贯线》节目现场

80年到90年这10年,90年到2000年这10年,这样一个脉络也挺好。可是问题又来了,他们发现,台湾的80年代和大陆的80年代是不一样的,生活的体验也是不一样的,90年代也不太一样。当时就又开始"吵",熬了两个礼拜,最终他们才将20岁、30岁、40岁和80年代、90年代、2000年这两个脉络融合在一起,形成了节目的策划。

了解了这样的策划会,我们可以想见每一个节目的策划与诞生都多么艰难。主持人参与策划的全过程,并提出建议,形成更适合主持人驾驭的话题。后来这个节目做得很成功,得到受众的认可。节目开场,春妮与现场观众同唱一首歌,引出一位原唱嘉宾,现场气氛欢快、热烈。大家落座后,春妮又给每一位嘉宾倒上红酒,大家把酒清谈,不时还抛出一个小游戏,气氛高涨,节目主线根据策划案推进、展开,整个脉络清晰流畅,达到了不错的访谈效果。

二、电视综艺娱乐类节目主持的准备

电视综艺娱乐类节目的主持,首先要落实到主持准备上,为主持打下坚实的基础。

实践证明，无论是主持何种综艺娱乐类节目，要想获得成功都应做许多深入细致的准备工作。还以春妮为例，她曾主持过为新版《红楼梦》挑选演员的大型真人秀节目《红楼梦中人》。在这档节目中，她既当主持，又当演员，不时配合选手演对手戏：她曾演过贾母、王夫人、薛姨妈；跟宝玉配戏时她演黛玉；跟黛玉配戏时她演宝钗。作为一名主持人，没有受过专业表演训练，能做到这点，实属不易。她之所以能做到这点，除学校的培养、自己的艺术天分外，还跟她的认真准备分不开。她之前曾看过《红楼梦》这部名著，接到这个主持任务后，她买回各种版本的《红楼梦》，再次仔细阅读，将以前忽略的细节都补上。正是她的这种敬业精神，使得她在主持现场能够自信地扮演多个人物。为此，春妮的主持得到专家和受众的好评。

同样，在做对刘墉的访谈前，春妮看了刘墉的很多书，她说："后来我跟他（刘墉）聊，他说的任何一个故事我几乎都能指出来在哪本书里，他很奇怪。我说'我看你的书了'，他说'我难不倒你'。"在那次节目中，刘墉告诉春妮，在某电视台的节目里，那个主持人没看过他的书，因为他说书里的内容，主持人只能听着，他说到一半戛然而止，那主持人就看着他，四目相对。当春妮问他"您是故意的吧？"刘墉哈哈一笑，不置可否。人就是这样相互的，你认真对待别人，别人也会认真对待你。后来刘墉在春妮的节目中讲了很多故事。我们可以看到，刘墉对准备不足、没看过自己书的主持人持否定态度，甚至捉弄对方，这是因为对方没有取得与之谈话的资格。可见，主持人准备不足直接影响节目的质量。

来自一线的主持人还告诉我们：大家千万不要迷信拿到的节目稿，因为有可能你手中的稿子出自一位新编导之手，他也不清楚你要的是什么。因此，对主持人来说，节目稿就是一个壳、一个节目主持的基础与提纲，到真正做节目的时候，你就会发现这远远不够。有时节目稿上列了好几条，但真正落实到节目现场的时候，肯定不够用。例如前后的逻辑线在哪儿？情感线在哪儿？思路在哪儿？有时，稿子上全是"缝"，你自己要往里填东西，要补充加工许多东西。记得某位演员看到综艺娱乐节目主持人的工作后，开玩笑地说：原来你们就是"泥瓦匠"，专门管抹墙缝的。意思是说，主持人是为节目服务的。另外，在节目中场上、场下会发生什么情况，你的衔接是否能不让人看出来，你自己要特别明白，心里有底上场才不乱，这些都要有设想、有对策，这就是功夫。对此，优秀的主持人做节目之前，往往习惯于自己先将稿子看一遍，想一想，然后按自己的方式捋一遍。把自己想说的话全都写下来，加进去。这种提前做好的准备会让你的主持事半功倍。例如，春妮拿到节目稿后，会亲自用笔把整个节目稿重新整理书写一遍，把自己要说的话加进去，不用电脑打字，她说这样记得清楚、记得牢。

从一线主持的实践中我们可以看到，主持前的准备何等重要。因此，主持人在节目录制之前，一定要进行认真、深入、细致的准备，这是获得节目成功的保障。

三、电视娱乐元素与手段的运用

电视综艺娱乐类节目的创作大致分为：娱乐策划、娱乐主持、娱乐编辑三大部分，涉及综艺娱乐节目创作的全过程及各个方面,这之中有各种娱乐元素及娱乐手段的参与,形成娱乐策略。

(一)娱乐策划

娱乐策划,指在坚持正确舆论导向的基础上,立足娱乐精神,运用娱乐思维,借助娱乐手段,创编出引人兴趣、具有新意、渗透娱乐元素的节目思路。

如前所述,策划是制作一期节目的基础。在综艺娱乐类节目的策划中,除了要有一定的主题、目的、内容的设想,还要特别注意对节目嘉宾的选择、对节目表现方式及创作手段的运用以及对后期节目编辑的整体思路,这一切都需具有鲜明的娱乐意识并将其渗透于整个节目的策划当中。

例如,在1987年央视的春晚上,曾有过一个令人捧腹的节目:一群动物正在各尽其职地表演,其中出现了点状况:一只猫在表演钢丝滚球时掉了下来,这时,一只身穿人的衣服的猩猩幸灾乐祸地起哄道:"哦,演砸喽!演砸喽!"接下来,当熊猫大嫂请动物们喝饮料时,这只猩猩鼓鼓的嘴巴蠕动着叨咕:"拿什么喝呀,没杯子,净玩虚的。"听了这话,我们好似看出了猩猩眼中透出的不屑。同时,由于猩猩的嘴下唇比上唇多出一点,配音者抓住这一特征,从语言中体现出猩猩的心理、嘴部的生理特点及说话的口形,视听感觉非常吻合,令人捧腹不止。

这个节目之所以令人过目难忘,原因有二:一是,配音者抓住了猩猩的表情动作、生理特点,为其做的"拟人化"配音极为贴合;二是,这个节目的编导运用了娱乐策略,将当时的流行语搬至主流媒体的屏幕,引起人们的广泛兴趣与亲近感。可以说,是这个节目的策划运用的娱乐思维,成为节目大受欢迎的关键。它不但给当时的春节增添了喜庆气氛,更创编出一个具有时代感、娱乐精神、符合节日气氛的新颖节目,这在当时还是极为罕见的。

值得一提的是浙江电视台《我不是明星》一期节目中的策划。这个节目的特点不是表现明星本人,而是他们的子女。在一期节目里,第二个出场的明星之女是郝洛钒,她先从容地骑在她的助演嘉宾白马上,演唱了一首深情的歌曲《身骑白马》,男主持人上来,借机抒一番情:"一首动情的歌曲,一曲风花雪月……"这时,一名年轻导演走上台来:"对不起,对不起,鸥哥,不好意思,打扰一下,刚才那个确实看着特别特别难看,我们可能还要重新录一次。"主持人:"这是节目没错,我知道导演你们的意思考虑到播出,可是这是比赛呀,如果你让她重录,那你对其他明星子女也不公平呀。"对方回答道:"关键是确实真的太难看了,鸥哥,这个……而且我刚才跟她说了马可以紧张,但是她不能紧张,可是她在上面……"主持人:"她骑着马,你骑骑能不紧张吗?一定紧张。如果说你非要补不可,你可以在整个(节目)结束之后再补录。"导演对郝洛钒说:"洛钒,无论如何你得调整好自己的状态,一定拿出你最好的状态,全国观众都在看,对不对?刚才你那个状态完全是不对的。"场边其他选手窃窃私语:"我觉得挺好的。""那她现在肯定特别难受啊。"主持人:"我认为这个方式真的可以商榷,我可以再考虑,但是不能耽误大家时间。要不你们再考虑,我保留个人的意见,好吧,你们商量完结果之后,再来通知我好了。"主持人带着情绪向台下走去,他边走边说:你们商量定了,再告诉我吧。导演对其他工作人员说:"要不这样,你先把马带下去。"又对郝洛钒说:"你先调整一下状态好不好。"

旁白:鸥哥愤然离场,让现场气氛降到冰点。在导演商议是否再给郝洛钒一次补录机会之前,工作人员只能先把她带到化妆间(郝:"我都要疯了,那咋办,下面还录不录了?")接下来的录影是否还是顺利进行,而郝洛钒上场又是如何化解尴尬?不要走开,马上回来。……

主持人:掌声再次欢迎郝洛钒!……不能因为前面的表现不是很好而有压力好吗?(郝洛钒:好,我知道了)好吧,加油!来,掌声为郝洛钒加油!啊,问一下导演,这次马是从大屏幕后面出来对吧?(后台:对!)主持人对郝洛钒说:"这次马会从大屏幕后面出来。"主持人又面向台下:"表演开始,我们掌声有请她今天的助演嘉宾白马上场!"音乐声中,从屏幕后面走出来的竟是一身西服的男友。现场选手和台下观众都瞪大了眼睛、张大了嘴,极为震惊。台上回身一看的郝洛钒立刻惊得捂住嘴:"妈呀!"男友上前拥抱郝洛钒。……主持人:"我得跟洛钒说,前面都是瞎扯,我跟导演的争吵也是瞎扯,我们都是受他的委托,是他要我们栏目组、要导演一定配合,因为他今天要在这个舞台上做一件很重要的事情。"

接着,男友向郝洛钒单腿跪地求婚,又带来了漂亮的婚纱。结尾就是换了婚纱上场的郝洛钒流着泪谈到自己很幸福,男友也希望所有能看到节目的人为他们作一个见证,他们会越来越好,越来越幸福。这时台下有些观众起哄"亲一个""亲一个"。主持人故意对男友说:"他们提的要求,但也会有一点……我知道你不太能做出来,我也能理解,这个就算了,对吧。"没想到男友却笑着说:"可以!"一下子就冲上前去热吻了郝洛钒。这时,台下观众又热烈鼓掌。主持人也提高声音逗趣地说:"刚才那个镜头没拍好,再来一个!"(实际上,是在扣前面的题)于是在热烈的气氛中,结束了这个选手的展现。

这个节目段落的策划比较有新意。首先,节目中将白马牵上舞台,既是演出的一部分,也迎合了"马年"谈马的喜庆氛围,比较应景,同时,又暗合了男友白马王子的寓意。其次,这个节目对"补录"这个环节的策划与表现都比较成功,有节奏感,有悬念,俗中见新。最后,主持人的表演以假乱真,很接地气,很见功力。这说明:好的策划,还应关注其是否能有效实施,策划与实施不能脱节。

北京电视台的一档深受大家欢迎的娱乐谈话节目《春妮的周末时光》的策划也比较成功,节目的概况如下:

(1)节目特点:形态新颖,家庭聊天式(有聊天、有做饭吃饭、有献艺)。
(2)交流方式:自然、随意、真实、生动(敞开心扉、暴露隐私、气氛温馨)。
(3)场景设置:在主持人的"家里"(客厅、书房、厨房都有,有时会变化)。
(4)客人嘉宾:有以家庭为单位的嘉宾,有朋友相聚的嘉宾。
(5)节目结构:发散式、单元式,纵向深入、横向展开。
(6)谈话内容:艺术、工作、生活、友情、爱情、家庭、爱好、感悟等。

这个节目有贴近性、新鲜感和正能量。这种家庭聊天式谈话,让参加谈话的嘉宾轻松、自然,使受众感觉主持人和嘉宾与自己的生活很贴近,并且听到很多以往那种台上对坐、一问一答式较为拘谨的谈话中听不到的嘉宾下意识流露出的信息,受众接收起来也很愉快。

有一个《挑战20度》的娱乐节目,内容是一个个情节简单的小品,由几个演员或主持人参加,其策划的最大卖点是将地面搞成20度斜坡,使人踩上去站不住,往下滑,从而引起观众的笑声。这种节目可能不同的人会有不同的评价。也许有人会想:明星也能出洋相啊,真开心!但也许有人会想:这有什么意思,完全是在生理浅层刺激上的搞笑。节目策划的目的难道只是惹人发笑吗?这种认知值得肯定。

电视综艺娱乐节目也可在开头、结尾和局部进行创新。因为很多节目的内容及流程大同小异,若要吸引人,只能在节目的开头、结尾和局部做些文章。从心理学角度讲,节目的开头和结尾对人的心理刺激较大。节目的局部创新也有必要。

例如,电视娱乐访谈《超级访问》中一期节目采访演员邓超,为了不落俗套,策划中邓超的出场非同一般:主持人先告诉邓超的同学、好友他因为拍戏来不了了。正当大家趁他不在,对他进行秘密揭发时,只见台边门被打开,邓超用衣服包住头,手提摄像机冲上台,对着同学、好友做拍摄状。他被人认出后,才在欢聚的气氛中开始了真正的访谈。

以上事例说明,娱乐策划就是给人出其不意的效果,增强节目的新颖性,让受众愉快接受节目。不管什么策划,都应当遵循先进思想、先进理念和积极健康的创作原则,具有正确的舆论导向。娱乐节目的创作,虽然形式很重要,但绝不能忽视内容。

(二)娱乐思维

娱乐思维,指以娱乐为基点的思维,通常超出一般性的思维方式,以产生娱乐效果,带给受众轻松愉快。娱乐思维来自两方面:一是先天而来的;二是为取得娱乐效果,定向追求的。

例如,某位文艺界出身的嘉宾主持人与交响乐团合作的演出就充分运用了娱乐思维。这个合作有创意,旨在娱乐中揭开交响乐的神秘面纱。在演出之前,主持人以通俗的方式向观众介绍交响乐的各种乐器、各个声部,讲解欣赏交响乐的知识。主持人的介绍使高雅艺术通俗化。

演出开始,只见主持人油光的分头、身着与指挥相同的黑色燕尾服,来到舞台上乐队前,他以诙谐通俗的方式说:"交响乐因为复杂才高雅,流行乐因为简单才通俗。""懂与不懂,这话本身就不专业,你有感受就说明你懂了。为什么?因为音乐是高于文字的一种表达方式。"

当介绍小提琴时,主持人说:"小提琴像女人,因为它有女人的特质,浪漫、含蓄,但又有点个性,她明明想要却说不要,她明明说你好却说你坏"。接着,他邀请乐队奏一段小提琴曲,在柔美的小提琴叙事中,主持人用表演来演绎他刚才对女性的剖析,表情、动作、身段妩媚而夸张。乐曲结束时,他模仿女性用手指着对方,一扭身子一跺脚的娇嗔动作,惹得全场笑声一片。

在介绍长号时,他看到一位光头乐手也胖胖的,长得很像相声演员郭德纲,便走上去调侃:"哎,这不是郭德纲吗?你什么时候进来的?"对方也不甘示弱,以郭德纲的口吻回应说:"真没想到啊,有一天连您都'北漂儿'了,上海不好混吧?"这又引来观众的开怀大笑。

在介绍弦乐组的低音贝司时,主持人告诉观众:"贝斯被比喻成群众。"他点了贝多芬第五交响乐第三乐章中的一段音乐,介绍说:"这是表现匆匆而过的人群。"

在介绍铜管乐器时,小号吹响冲锋号,主持人高喊:"同志们,冲啊!"同时做手端枪支向前进的动作,从舞台这头跑向另一头。

以娱乐思维进行生动讲解的例子还有,主持人手举一块写着"赫伯特·冯·卡拉扬"的长方形红底白字的牌子向观众展示,然后自己模仿卡拉扬指挥的样子,一会儿又换成一块写着"小泽征尔"的牌子,又模仿小泽征尔的指挥。这时,电视屏幕上出现"是谁动了我的指挥棒",颇为幽默。

音乐会过程中这种幽默、诙谐、搞笑的讲解与演示带给观众轻松愉悦。主持人用独创的娱乐思维、娱乐手段,将交响乐的各种乐器、声部,音乐的序曲、间奏曲等专业知识传授给观众,让观众在笑声中接受音乐知识的普及。

演出中,乐手们也加入这一欢乐的气氛之中,他们有的与主持人轻松对话,共同擦出智慧、快乐的火花;有的抱着乐器蹦跳;大多乐手一扫以往无论奏出怎样欢快的乐曲脸上都带有的淡然的神情,连乐队中最威严的指挥也参与到这制造欢乐的"作秀"中来了。

演出结束之后,我们听到各种议论的声音:"这是非常非常好的方式。""……使我们更加深刻地了解了交响乐。"主持人崔永元在看完音乐会后评价说:"这超越了商业演出的意义,介绍了交响乐常识,还让乐手们体会了常人的生活,他们在台上玩得像孩子,而最大的意义是交响乐也能贴近百姓。"文化学者余秋雨说:"交响乐让各种艺术进行着互相解构和互相对接,最后产生什么结果,其实我们都不知道。但是今天的第一结果,就是大家都很快乐。"这就是娱乐思维的目的:让受众在快乐中接受知识,欣赏艺术。

娱乐思维的产生是难得的,是打破常规的,也是迎合时代特点与观众需求的,更是精心设计的结果。它绝不是单一性、常规化思维所能得到的。这位主持人说:"……这代表的不是语言,而是一种思维模式。""我的表演完全取决于我发散性的思路。主持人与系团联手进行的"诙谐讲解"交响乐非常成功,据说观众在观看演出中共笑了450次。这位主持人还带有文化含量地说:"幽默是自信的表现,这个民族幽默了,这个民族就有希望了。"

让受众在开心与轻松中增长知识、愉快欣赏艺术,这是多好的一件事啊!今天,我们为了更好地服务受众,在电视综艺娱乐类节目中更应注重娱乐思维的运用。

(三)娱乐主持

娱乐主持,指在娱乐精神的引导下,主持人在娱乐节目的主持中以个性方式,运用各种主持技能、才艺表演、娱乐造型等手段,使节目呈现出生动、活泼、新鲜、刺激的效果来。娱乐节目分为欣赏性节目和互动性节目,不同节目的主持要素也不尽相同。

舞台文艺演出的主持及演播室文艺专题的串联、讲解主持,更多地需要对节目的了解、对文艺形式的喜爱以及语言表达的艺术性;而真人秀、游戏、竞技互动的节目中,则更需要主持人身体力行地参与进来:演起来、跳起来、唱起来、动起来、兴奋起来,他们有可能是竞技裁判者、学习技艺者、表演者或娱乐访谈者。

例如,北京电视台的《冠军宝宝妈妈秀》节目,是以儿童情商教育和素质教育为主题,从孩子身上折射出妈妈的教育观念的大型电视活动。其中一期节目中有这样一段内容:有一个小女孩家里条件很好,妈妈也非常疼爱自己的女儿,尽量满足她的一切要求,因此小女孩很骄傲。主持人摸准孩子的特点,也为了更好地完成自己的任务,在主持中尽量适应孩子的心理并逗对方充分展现自身特点。小女孩说自己叫"安安公主",主持人就以王子自居跪地吻安安的小手,小女孩用力甩着小手说:"你以为你是真正的白马王子呀(显然,对主持人的形象不大满意)。"主持人说:"我女儿与你一样大,她就老这样叫我,我以为自己真是白马王子了。"看到小女孩还噘着嘴生气,主持人说:"公主生气了,事情很严重。安安你该给大家表演节目了,你别生我的气了,行吗?"对方这才煞有介事地说:"可以。"当问到小女孩长大以后想干什么时,小女孩认真地说:"要当全国大冠军。"主持人问:"做什么方面的大冠军?是唱歌啊,还是做作业啊,还是跑步啊,还是吃饭啊?"对此,安安连连摆手说:"不是,不是这些,只是那个跳民族舞蹈呀、唱歌呀这些,我都得、全部都得第一。"主持人问:"那如果今天比赛你没有得第一怎么办?"安安回答说:"那,那我就,我就在家里,老,老实待着,一天也不出来玩。"这时,主持人一脸认真地说:"啊,安安坚持的一个原则是:在哪儿跌倒,就在哪儿躺下、睡了。"主持人的娱乐主持带来全场观众的一片笑声。这里主持人抓住了儿童心理、运用自己的娱乐主持技巧与之对话,也带来了娱乐主持的积极效果。

(四)娱乐内容

娱乐内容,指能引发受众愉悦、欣赏、刺激、猎奇、宣泄心理的节目内容。选择能引起人们兴趣的内容,就可使节目成功一半。

例如,央视的"模仿秀"娱乐节目《梦想剧场》中的一期,节目中共有4位模仿者分别模仿苏永康、王力宏(女生模仿)、周杰伦、韩红。其中韩红模仿者的身材与韩红非常像,她的出场也别具一格,她是用一把画着韩红脸部形象的扇子遮住脸出场的,就这样唱了一首韩红的《天亮了》,唱得不错,很专业。当她放下挡住脸部的扇子,她的形象也得到在场嘉宾与观众的认可。在后面的比赛中,她又运用通俗唱法模仿了蔡琴的歌,用民歌唱法模仿了谭晶的歌,用西洋唱法模仿了幺红的歌,每个歌都选取几小节有机串联为一体,她自己称其为"混合唱法",非常精彩。场上的其他模仿者也不甘示弱,有的将抒情进行到底;有的既能唱京剧还能唱通俗歌曲;还有的边唱歌边舞动三节棍,歌舞劲飞。主持人在节目第一回合与第二回合比赛之间,快速为黑人嘉宾郝哥画了一幅漫画,边画边诙谐地说:"我要画好了,大家千万不要见怪。"他在画中更加夸张了郝哥的厚嘴唇,却缩小了人家的大眼睛。在正式亮出此画之前,主持人又幽默一把说:"郝哥,必须强调一下啊,你要心里头有数,画得比你漂亮一些,因为这是漫画像,好吗?"他不说这话还好,这么一说,倒把嘉宾与观众的心向"好"的方向推了一把,所以,当主持人将这张夸张的漫画亮出来的时候,立即引起全场观众的爆笑。嘉宾郝哥更是在期待中被涮了一把,可他边热烈鼓掌、边双脚跺地,现场气氛极为热烈。然后,主持人宣布进行第二回合的比赛,与此同时,他用手拽着铃铛的绳,令其响起,既带来节奏感,也有几分搞笑。

以上是一个成功的娱乐节目,"模仿秀"本身就具有一定的娱乐成分,再加上主持人添加的"画像"小佐料和"摇铃"细节,使内容更加丰满,引来笑声不断,娱乐内容在此起到主要作用。

(五)娱乐形式

娱乐内容通过娱乐形式外化出来,有时娱乐形式甚至超越内容。在娱乐节目中,形式对内容不完全是依附关系,形式有时可以表现出反作用,或具有特殊意味。因此,在娱乐节目中,娱乐形式是很重要的表现要素。

例如,湖南电视台的《天天向上》节目就很有代表性,它是以一个班级的形式来介绍中国的礼仪文化,以游戏娱乐的形式来主持与传播,节目中充满了冷幽默。这个节目由一个主持团队集体主持。几位主持人各具特色,各有分工,有机组合在一起,带给受众多方信息与不同感受,较好地利用娱乐形式每每换来受众会心的笑声。

我们来看几年前的一期很有代表性的节目。这期节目介绍中国传媒大学播音主持艺术学院毕业班的同学。这个节目的内容并非直接涉及笑点,但经过几位主持人娱乐形式的处理就变得笑料不断了。

如节目中介绍现场同学的环节:当现场放映老播音员播音的视频画面后,主持人说:"相当了不起,其中许多人我都是看着他们的节目长大的。"正被介绍的男生马上说:"我是看着您的节目长大的。"引起周围其他几位主持人的笑声。当这名男生自我介绍后,这位主持人又问他:"你觉得你的标杆是谁?"学生说:"如果按我的年龄算的话,以此类推,我的标杆应该是您。"这时其他主持人发出"哇——"的声音,该主持人也歪起脑袋晃着,眼睛中露出骄傲的神情,屏幕上出现了"听到没?!"的字幕,似外化他得意的内心感觉。接着一位主持人说:"不光是你的标杆,也是我们的标杆。"另一位主持人也说:"我们的标杆都是涵哥。"这时有一位主持人却马上打断说:"不,我的标杆不是涵哥。"旁边一位主持人问:"你的标杆是——?"他貌似诚恳地说:"涵哥是我的灯塔,是照亮我生命的一盏灯。"这又引来周围一片笑声。这时几位主持人有的说:"啊,你好会拍马屁。"另一位说:"这是马屁之王,了得。"此时,他又谦恭地说:"对不起,我很不会说话,但我只会说实话。"被拍马屁的主持人说:"好假呀。"接着这位主持人转换口气,请出第二位学生并对其进行介绍。

当这位主持人问出这名男生今年22岁时,一本正经地说:"他22岁,我22岁的时候,还没有当主持人,我在当场工。"这位男生接着他的话说:"正是因为您像我这么大的时候,你在做长工,所以您现在是大哥"。此时,字幕上又出现了大大的"长工"字样。这时几位主持人又找到了笑料,一位说:"放尊重点,长工是员外家里面的。"嬉笑几句,他觉得还不过瘾,竟捏着鼻子学地主说话:"老汪,去把牛给我牵出来。"屏幕上也配合他的话出现了"老汪"的字样。这时另一位主持人见缝插针地说:"涵哥以前抬桌子,现在台柱子。"随着几位主持人"哎——"的起哄,这位主持人说:"总结得非常好。"

下面每介绍一名学生,他们都能找到引发笑点的地方。最让人发笑的地方是当一位已与浙江卫视签约的男生感谢浙江卫视给了自己一个工作机会,并表示自己一定会好好表现时,这位主持人先是正经地祝福对方:"期待看你在浙江卫视精彩的表现!加油!"他还煞有介事地与对方击掌鼓励。而当对方刚离开,他似地下工作者接头一般挨近另一位主持人,眼睛却看着台下的观众小声说:"浙江卫视的。"另一位主持人马上会意地贴近他说:"知道。"这位主持人又说:"不能花太多时间介绍他。"另一位主持人又默契地说:"我们跟你合作那么久,怎么会不知道你想什么,到时候播出时会消音的是吧?"这位主持人继续一本正经发坏地说:"播出的时候直接往脸上打马赛克。"话音刚落,他却又放大声音一本正经地说:"怎么可能呀!我们这么大气的电视台,我恨不得天下所有的电视台大家都是好朋友!千万不要我们台做魔术,其他台就揭秘,对不对啊?"随着这句话说出,旁边的主持人都发出一阵坏笑。

以上几位主持人这种见缝就插针、无缝也插针的搞笑技巧,做得浑然一体、天衣无缝。他们以"冷幽默"在无娱乐性的一般内容中,硬从介绍的交流形式上做足文章,既不歪曲内容,也有娱乐效益,这是一种娱乐精神与娱乐技巧的结合。在此,我们看到了娱乐形式对于娱乐精神的体现,对于传播内容的重要意义。据说,由于几位主持人分散各地很难见到,所以,他们一次要录好几期节目。在现场提字器上给出类似"这一段将学生……介绍出场"的提示,其他就要靠主持人自己在台上见机行事、自由发挥了。娱乐节目现场的即兴主持,对主持人来说,既需要先天的机灵,更需要后天的用功,做好功课,现场才能准确"现挂"(随机应对,即兴发挥)。

可见,娱乐形式可以说是娱乐节目的重要元素,它的合理开发与利用,定会给节目带来许多精彩。

(六)娱乐编辑

娱乐编辑,指遵循娱乐精神、利用娱乐方式和手段,后期对节目内容进行娱乐化处置,除剪辑最能表现娱乐气氛的内容外,在节目中加上娱乐化的辅助手段,如音乐、字幕、动效、动漫、特技等各种视听元素,使整个节目的各个方面都体现出娱乐色彩,增强娱乐效果。

如在娱乐节目中,我们经常可以看到字幕所起的娱乐作用,各种不同颜色、字体的字幕在特技的帮助下起到突出语言重点、揭示人物内心、表现节目进程、活跃画面气氛的娱乐作用;各种画外语言、音乐、音效起到或讽刺、或强调、或丰富表现力的娱乐作用;甚至画面组接形式的快慢变格、动漫景物、特技、颜色等,也都有巧妙的娱乐表现力。

例如,《星夜故事秀》中的一期节目中,当主持人说:这样,这样,我们先请"秃鹰"退下,保持神秘,过后有重要的任务要交给他。这时,"皇后"却制止说:"等等,打住,打住,它不叫'秃鹰',这是我的仆人,我让他退下,他得退下,你叫他退下,他绝对不能退下,'秃鹰'!"但一转头"秃鹰"不见了,这时,画面上出现了几个由红色变成橘黄色的大个美术字"人早没了!!"然后大字晃晃悠悠地隐下去了。"皇后"只得悻悻地说"这太不听话了。"引得演播室内台下观众发出一阵笑声。之后,"王子"上来时带来了两个大毛绒娃娃,主持人见状说:这个大娃娃的名字就叫"抱抱",又说它特别喜欢人这样去抱他时,"王子"用手指着大娃娃脸上的两个小红圈说:"看这高兴的,脸都红了(当成娃娃的腮红了)。"此时画面上又出现了几个黄色的大美术字与两个惊叹号"何老师,我这是眼睛!!"这又引来场下的一片笑声。其实这一切都是在策划之中的,只不过(嘉宾)主持人将其处理得很具偶然性,在后期编辑当中,编导很好地抓住了这点加以发挥,便构成了娱乐编辑。这种编辑加工使得整个节目更加娱乐。

但应注意,对这些娱乐视听手段的加工使用要有真实感、要有度,频繁的掌声及字幕太多,会使人产生厌烦的感觉,干扰受众的收看。

娱乐节目主持人也应该熟悉节目生产流程,了解后期制作经常采用的各种娱乐手段,以便在节目录制过程中有与后期编辑进行配合的意识,作出相应的表情、动作,留出相应的时间和空间,为后期的娱乐编辑工作提供方便,使节目的娱乐性得到较好的展现与发挥。

(七)娱乐道具

娱乐道具,这里指运用新鲜、刺激、有笑点的具体方法来配合表现娱乐内容,如道具的娱乐表现方式,以引起受众的观看欲望,获得良好的传播效果。

图 9-4　北京电视台《影视风云路》访郭富城

例如,北京电视台《影视风云路》的一期节目中,主持人在采访电影《白银帝国》的主演香港演员郭富城时,当郭富城说到"——狼搭在你的脖子上,你千万不要……"突然,他停住不说话了,原来,此时有一只毛绒玩具小狼搭在他坐的沙发背上,他接着说:"千万不要回头,我现在回头就惨了。因为有狼的出现,你一回头,它就会咬你(用手示意狼嘴动作)。"这时,玩具小狼(在工作人员的操作下)凑近郭富城的脖子做咬状。当小狼退后时,郭故意哆嗦一下说:"啊,就是这样子的。"此时,主持人请求道:"你真的可以看一下我们的小狼,很可爱。"只见郭富城用手摸着小狼的嘴故意逗趣地问:"你吃饭了没有啊?"主持人也逗趣地说:"它说我正饿着,所以来找你。"郭富城又打趣地说:"你不要来找我了,好吗?"引来现场的一片欢笑声。笑声中,主持人说:"那我们来看一下这段戏"(放映电影片段:郭富城手舞火把与狼群大战。从解说中我们得知,就这一段 3 分钟的人狼大战竟拍摄了 20 天)。

节目中小狼这一道具的运用,带给受众新鲜、有趣的感觉,使得这个娱乐访谈有了亮点。当然,这之中有编导、主持人的用心策划和有效实施。

娱乐道具是多种多样的,运用道具要注意把握新鲜、适当的原则。克隆、重复的节目是没有生命力和吸引力的。

(八)娱乐造型

娱乐造型,在此指利用服装、化妆等外部造型手段,创造出一个个适合节目内容与风格需要的主持人形象。其实,造型,不仅指外形上的化妆,也包括心理、身份感等的"内在化妆"。

例如,以上提到的北京电视台的《星夜故事秀》节目,主持人春妮穿了一条像白雪公主一样的白纱长裙,何云伟破天荒居然穿上"王子"的服装,李菁穿了一套"皇后"的服装,台上还有一个脸上带了秃鹰面具的人物,几个人各有自己的人物造型。不过这只是表层的,他们的任务还是主持(包括嘉宾主持)。

又如,河北电视台的《家政女皇》虽然是社会生活类节目,却用娱乐形式来包装。主持人经常以各种角色的不同造型出现:女主持人时而是有乡土气息的"大嫂",时而变身成清宫里的"皇妃";男主持人有时造型为"农村小伙",有时又变身为"修理工"或"皇帝"。通过有趣、诙谐的情景对话或短剧,在轻松欢快的气氛中传授给受众生活常识和小窍门等。

再如,北京电视台的《非常课堂》节目中,主持人与学习者身着古代装束,向嘉宾老师学习古代礼仪,很有新鲜感及趣味。

总之,娱乐造型成为娱乐形式的一部分,为突出节目的娱乐性起到很大作用。

(九)娱乐语言

娱乐语言来自娱乐思维。娱乐语言有很大成分来源于主持人的先天性格,也有后天习得。有的人平时说话就带有惹人发笑的特质,毫无疑问这是天生的;也有的人说话中表现出"冷幽默",自己一本正经,却惹得别人发笑,这是后天的智慧,是一种文化修养与知识积累的表现。娱乐节目主持人应当具备以上素质。

在《世界因你而美丽》影响世界华人盛典颁奖典礼上,主持人第一个来到舞台上。他是在开场的魔术节目中巨大的魔术扑克牌后面走出来的,应该说是被"变"出来的。他兴奋地来到舞台中央说了这样一段开场白:"哎呀,我除了穿得像魔术师,其实还有两下子。谢谢大家的光临!感谢!感谢!北大的同学跟我们像亲戚一样。那么刚才这个魔术的奥秘,就是让我这主持人在两块牌子之间呼哧带喘、一溜小跑。彩排的时候,两块牌子曾经撞在一块儿,大家可以想想我当时的遭遇。我愿意付出这个代价,再加上10倍,因为今天可是大事!电视机前头咱们全球华人、观众朋友们,我在这里很荣幸啊,感谢大家参加广州本田第八代雅阁之《世界因你而美丽》影响世界华人盛典。括号鼓掌(现场笑声)……这里是中国北京大学百年纪念讲堂,我要特别跟北大的同学们打个招呼,我们今天这个活动叫作'牛人来到牛学校',你们大家都很牛啊!(掌声热烈)我们这群'牛'已经是第三回到这儿放来了,我说的是我们工作上的老黄牛。我想首先有请影响世界华人盛典的发起人、凤凰卫视董事局兼行政总裁太平绅士致辞。"主持人的语言极具个性特点,在非娱乐性的晚会上也能搞出点娱乐来。

当介绍科学家钱学森时,主持人又以个性化语言讲道:"听(胡)一虎说钱老跟科学有关,听(许)戈辉说钱老跟强国有关,那我就说他跟一个无关……总之,我看来看去呀,除了他的这个姓,他真跟'钱'没什么关系。"这话不仅幽默,还很有内涵。

喜欢娱乐是人的本性,喜欢说笑也是人的共性。因为笑会给人带来轻松、愉悦感,会把气氛营造得欢乐、热烈,同时,也是人们相互沟通的最有效方法。因此,主持人,尤其是娱乐节目主持人说话应当也必须学会发挥娱乐功能,才能使自己的主持受到欢迎。当然,娱乐的语言不等于低俗、耍贫嘴,高水平的娱乐语言应当有品位、有情趣,也有哲理,透出文化、人性、生活的内涵与底蕴。

在此，我们将能引起娱乐效果的语言策略大致归纳如下，主要有：

（1）夸张法：指夸大、言过其实的一种修辞手段，可以凸显某一特点。夸张法在娱乐语言中经常可见。例如，湖南电视台《天天向上》节目中，主持人说："不，涵哥不是我的标。""涵哥是我的灯塔，是照亮我生命的一盏灯。"在这里，主持人先否后夸，而且运用夸张法，达到了先抑后扬的效果。

（2）变形法：指改变某一物质的原有属性及形式。在语言运用中往往表现为"就势"偷换概念，以形成娱乐效应。例如，《天天向上》节目中，当被介绍的一名中国传媒大学毕业班男生说自己来自新疆时，主持人似一本正经地对现场其他主持人说："乌鲁木齐，我告诉你哦，新疆出了很多很多节目主持人：李咏、李霞、李佳明，还有李维嘉。"那位男生刚就势答了一声"对"，他自己及周围的其他主持人忽然意识到被带到"沟"里去了，赶紧发出疑问的语调。这位主持人早有准备地再转回来说："哦，他（李维嘉）长得像新疆人，都姓李呀。"这位主持人运用"就势"惯性将人带入背离原概念的境地。在这里，他运用了变形法，偷换了概念，将"新疆人"变形为"姓李"的主持人，促成笑点。

（3）谐音法：指字词的音相同，意思不同，在具体运用中常被用来制造娱乐笑点。例如，《天天向上》节目中，当介绍了几名中国传媒大学毕业班的同学之后，一位主持人问另一位主持人"有什么感受"，那位主持人却说："我正想瘦身呢。"在这里，主持人将"感受"中的"受"变为"瘦身"中的"瘦"，使二者音同意不同。

（4）转义法：这里指就现有语言内涵加以引申，变为不同内涵寓意的意思。例如，《天天向上》节目中，当中国传媒大学毕业班的一位女生和一位主持人合唱一首歌后，另一位主持人问这名女生："经过刚才梦幻般的那一刻，你此刻的感觉是什么？心情怎么样？"那名女生说："我估计在未来的很长一段时间：十年、二十年甚至五十年，我的心都停留在这一刻。"几位主持人向合唱的主持人起哄道："她都停留在这一刻了，你也应该停留在这一刻"，"人家既然五十年都停留在这一刻，你的心现在就停了吧。"在这里，运用"转义法"将心理的内涵变成了生理的意思，以此生发出笑点。

（5）误解法：指不正确的理解。实际上是故意制造理解上的错位，以引起特殊效果。例如，《天天向上》节目中，当介绍中国传媒大学毕业班的一名男生时，一位主持人说："我22岁时，还没有当主持人，我在当场工。"那名男生接话："正是因为你像我这么大的时候你在做长工，所以你现在是大哥。"这一语言错位，立刻形成了一个娱乐笑点。不得不说，这位即将活跃在另一媒体中的综艺娱乐节目主持新人已经提前上岗了。

（6）自嘲法：指将自己当作嘲笑的对象，以换取娱乐效果。例如，主持人在主持《星光大道》节目时，看到女评委不好意思畅快地说出对选手的评价，就说："你看我长这模样都可以来主持节目，你还怕啥呢。"不但鼓励了女评委，也以自嘲的方式带来了娱乐效果。又如，某位著名主持人在他书中写道："以前我是'嚎叫型主持人'，满场跑，狂呼乱叫，因为观众声音太大了，不嚎叫就压不住阵势。"在这里，这位主持人也运用了"自嘲"的语言方式，同样带来了娱乐效果。

（7）拟人法：指把事物人格化，如将动物当作人来对待或让动物说出人的语言来，以此取得娱乐效果。例如,央视《百科探秘》一期节目,内容是主持人访养蛇人王春海。王讲他喂蛇吃小鱼(不吃老鼠)。主持人问:"蛇是吃,还是喜欢吃?"王说:"蛇喜欢吃。"主持人又调皮地说:"你问过蛇?"在这里,把蛇这种动物拟人化,显示出主持人亦庄亦谐的主持风格,也为节目增添了几许娱乐色彩。

(8)套用法:指稍作变化套用已有的语式、语意,表现出言外之意,产生娱乐效果。小品《昨天、今天和明天》中,就多处运用套用法带来娱乐效果。如,赵本山说宋丹丹:"拉倒吧,你要能写书,我就写一本,取名'月子'。"是套用倪萍的书名《日子》。又如,宋丹丹在这一小品的台词中说,当年她薅集体的羊毛给赵本山织毛衣,被批斗时,被说成是"薅社会主义的羊毛",这是套用"挖社会主义墙角"的语式。再如,这个小品当中,宋丹丹学赵本山当年对她说的一句话:"白云,……今天我这张船票是否还能登上你这条破船",是套用歌曲《涛声依旧》的歌词。

此外,一些网上用语也会被用在主持词中,如一些新闻事件的紧缩语"范跑跑""躲猫猫""楼脆脆";影视剧台词改为的流行语"让子弹飞""让房价飞"等。之所以套用法可以事半功倍引人发笑,是因为人们对它套用的"本体"比较熟悉,否则,无法引起"相似联想",也就达不到娱乐效果。

(9)改词法:指对已有的歌词、诗词中的某个词进行改动,使之生发出别的意味与笑点。例如,有人将庞龙那首人人熟知的《两只蝴蝶》的歌词,进行了这样的改动:

原词是:"我和你缠缠绵绵一起飞。"

改词后:"我和你颤颤巍巍一起飞。"

在这里,只对一个形容词进行了改动,却引人发笑,还提升了其中的意蕴:歌词原意是指年轻男女的"情感缠绵";歌词改动后,却给出老年人"终生相伴"的深刻内涵。结合当前"闪婚""闪离""无钱、无房就不嫁"等现象,从某种角度讲,后者在比喻情感真谛方面更胜一筹。而歌词这么一改,又带出十足的娱乐意味。

(十)娱乐形体

娱乐形体,指在娱乐节目中,为了辅助有声语言或单独营造出欢乐的气氛,把形体动作作为制造笑点的材料,运用夸张、变形等形体语言制造出笑点。

例如,北京电视台的《星夜故事秀》中的一期节目《拉丁皇后驾到》,主持人及两位搭档向香港来的拉丁舞皇后黄蕊学习拉丁舞。节目中,涉及桑巴、伦巴、恰恰等五种舞步,每种舞步都有不同的内涵与基本动作,在黄老师的耐心教导下,小何与小李都学得"用心卖力"。尤其身材不高的小何更是乱蹦傻跳,根本谈不上和谐与美感。在做"虾米"(舞蹈术语)动作时,他一路小跑蹿到小李的胳膊上,犹如趴在双杠上打提溜;

图9-5 《星夜故事秀》节目中主持人学舞

一会儿,他抬脚过高地左蹦右跳;一会儿又原地转起圈来,手臂却放在身后摆动着,活像一只老鹰。其实,凡是搞文艺的人都有艺术细胞,不至于像他这样笨拙、搞笑,他的这些做法实属故意,其实就是在利用形体制造娱乐笑点。

总之,充分认识各种娱乐元素、娱乐手段并善于利用它们,会使娱乐节目更加丰富多彩。

第三节　电视综艺娱乐类节目主持要求

一、适应电视综艺娱乐类节目主持特征

电视综艺娱乐类节目的主持特征有以下几点。

(一)渗透表演

电视综艺娱乐类节目主持人要具备表演的能力。我们所说的表演,一是指化为角色的整体表演;二是指掌握表演的元素,运用于电视综艺娱乐类节目主持中。

很多电视综艺娱乐类节目主持人具备表演能力,如不少主持人表演过小品,"外国人学汉语大赛"中的情景式主持也需要主持人掌握表演元素。这些主持人表演能力的展现或表演元素的运用,能突显主持人的综合素质及专项素质。主持人也能取得与演员嘉宾的对话资格,更好地驾驭节目。

电视综艺娱乐类节目的主持,还应注意区分演播室与舞台主持的不同:首先,要掌握表现分寸,通常,舞台上的表现要比演播室的表现夸张一些;其次,要区分节目形态,如一般串联介绍型主持没有竞技互动型主持表现夸张,因为主持的任务、目的不同。

(二)多才多艺

电视综艺娱乐类节目主持人根据节目的需要,有时要在节目中展示才艺,所以主持人不妨在平时进行某项或多项才艺的训练积累,以便在节目中有更好的表现。表演方面,能有专业的水准当然更好,至少要表现得有模有样、自信大方。

我们曾看到北京电视台主持人春妮在舞台上演唱越剧选段,在主持中表演舞蹈动作;曾看到北京电视台主持人龚宁与几位歌唱演员在节目中共同唱起一首首歌曲……这些都反映出综艺娱乐节目主持人的文艺才能与修养对主持好节目的重要性。

(三)语言有欣赏性

电视综艺娱乐类节目主持对主持人的用声和语言表达功力要求非常高。语言表达可大致分为两部分:应用层面、欣赏层面。新闻性节目的语言表达更接近"应用层面",总体要求是:朴实、自然、稳健;而综艺娱乐节目主持的语言除"应用层面",大多属于"欣赏层面",有

时语言本身就是被欣赏的节目中的一部分。所以综艺娱乐节目主持中的语言除"自如性"以外,还要具有较强的表现力与感染力。语言表达有时需融入"朗诵式"语言;有时要注入"抒情性"意味;有时语言表达似激流涌动,具阳刚之美;有时语言表达又似小溪潺潺,有阴柔之美;有时语言表达似轻漫柔美的乐曲,润滑、有美感;有时语言表达又似连珠炮,弹弹强发……在综艺娱乐节目中,好的语言表达似在画一幅图画,既有素描的轮廓,又有油画的色彩,还有浓淡、疏密、留白——千变万化、千姿百态。这一切都需要用声音的高低、强弱、快慢、长短和音色来体现。语言与声音的配合使用要细腻、多样、有情感。气息、声音完美结合才能达到理想效果。语言的具体表达处理,应注意:在什么类型的综艺娱乐节目中,主持的作用如何,主持词的基调、风格、写法、作用如何,据此做出适当的处理。

通常,在"欣赏性"文艺专题节目中,主持语体多为介绍、串联,主持人在演播室中主持,语言表达要具体、细腻,与节目的画面、内容、音乐相吻合,与音乐旋律有融合感、起伏感,用声音量不大,充满感情。而在舞台上主持,虽然有话筒,但也不能用声太低、太弱,显得没有精气神或缺少现场感;更不能一直高喊,显得没有艺术内涵。应当随稿件写法、节目性质、现场情绪、音乐节奏等情况,不时调整、变化自己的语言。不能只是做"拖腔带调"似的音长的变化,而应顾及音高、音强、音色等多方面因素。否则,语言表达会表现出一种"单一性",缺乏表现力。

(四)形体上佳

电视综艺娱乐类节目主持对主持人形体要求较高。主持人形体应具有控制力、谐调性、美感及适应力。主持人要进行专业的形体训练,掌握在演播室及舞台上站、走、跳、移位的规范,做到语言与形体有机和谐,形体有控制力。例如,主持联欢晚会时,主持人走上舞台,步态应轻快;而主持赈灾义演的晚会时,主持人脚步要沉稳。电视综艺娱乐类节目主持无论站姿还是坐姿,身姿都要挺拔,有表现力和美感;不同形态、内容、基调、风格的节目,主持人形体应与其所主持的节目相适应。

二、把握各类电视综艺娱乐节目主持

(一)资讯类电视综艺娱乐节目主持

(1)综艺娱乐资讯的播报,语言要清新、活泼。
(2)综艺娱乐资讯的播报,不能带港台味,也不应太跳跃,应自然、流畅、清楚、不带调。
(3)综艺娱乐资讯的串联,要自然勾连上下内容,有机承接与送出。播报应把握基调,但不能一个语调、相同语速。

(二)专题类电视综艺娱乐节目主持

(1)区分节目是文艺欣赏性,还是娱乐互动性,给予不同的处理。

(2)在文艺欣赏性节目中,主持人应明确自己的任务,弄清是介绍讲解,还是承接串联,根据主持作用,确定表达基调。

(3)在互动类综艺娱乐节目中,如综艺娱乐访谈等,应把握预设环节的自然推进、临场适应、即兴应变。特别注意在场上要有真听、真看、真交流之感,不能表演交流。应与主持搭档及场上嘉宾、参与者形成有机、真实、和谐的互动场,推进节目的有效进行。

(三)竞技类电视综艺娱乐节目主持

(1)掌控现场、实现预设、自然推进、不留痕迹,具备相关知识、当好裁判,会现场采访,能营造娱乐氛围。

(2)根据主持提纲及预设,在现场随时抓取可以发挥的细节,给予即兴发挥,充分显现节目的纪实性、真实性。

(3)按预定方案与主持搭档密切合作,不凸显自己;多人主持时,也会插话、递话、接话,适时、适当发挥自己的作用。

(四)晚会类电视综艺娱乐节目主持

(1)把握晚会主题、内容、性质、基调、风格。如节庆日晚会,基调应以欢快为主;赈灾义演晚会,基调应凝重、高亢并举;主题、行业晚会,基调应随内容确定。

(2)晚会主持的用声要通畅圆润,声音弹性好,适应各种晚会、各种情绪的主持。晚会的主持词大多是预先写好的(除采访互动内容),常具诗化风格,因此,表达处理应有节律感和美感。文艺晚会主持的语言表达应有多重适应,多声圆语缓、大气潇洒、端庄典雅;节庆日晚会主持,多用声明快、热情活泼、交流感强;赈灾义演晚会多语实声抑、沉稳、朴实、深情,时而充满激情;主题、行业晚会,多声明语扬,互动性强,常有采访。

(3)应学会使用话筒。语言表达应有节奏、音色、音高、音强的变化,不能总用高音、强声、明亮的声音,要随内容有低、轻、柔的变化。在舞台上总用一种状态表达,会使受众感到疲劳;总用轻、低、柔的方式表达,也会让人感到没有精气神。

主持人需要强控制用声时,应离话筒稍远一些,否则,声音会"炸";一般用声时,不能离话筒太近(应有一拳之隔,也要视话筒型号与调音大小而定),否则,声音混沌一团,不清晰,没有层次;需要弱控制用声时,可离话筒稍近一些,应有更强的呼吸肌、咬字肌控制,声音可收一些,否则,会让人感觉声音不内在,没有表现力。

三、具备电视综艺娱乐类节目主持人素能

(一)正确的创作意识

电视综艺娱乐类节目的策划与主持离不开正确的创作意识。有些国家"真人秀"节目的特征就是"隐私公开化"。在节目策划中,不同国家有着不同创作意识的引领。据悉,某国有一个娱乐节目很受欢迎，内容是警察抓捕杀人犯，与杀人犯在最短的时间内短兵相接，最终取胜，简直就像一部纪录片的跟踪拍摄。后来人们产生怀疑：为什么警察能这么快发现罪犯并进行追捕？并且还能展现杀人现场？再后来人们发现，这个节目的制片人以前是一名警察，这些案件都是他事先策划好的，不惜以人的生命抓受众的眼球，满足人们猎奇的心理，其目的就是博取眼球，赚取巨额利润。自然，这名制片人得到了应有的惩罚。

疯狂的英国电视节目主持人杰里米·克拉克逊为了真实体验一把司机的艰辛，竟驾驶时速56公里的卡车撞进墙里，身负重伤。

凡此种种，这些节目的策划的确很新颖、刺激，具有极大诱惑力，但它只满足了人的快感，却丧失了道德、人性底线，这是不能允许的。大众传媒应当坚持正确的导向。然而，猎奇、追求刺激的负面操作，在电视综艺娱乐节目中最易发生，目的是吸引受众眼球，获得影响力。某著名电视综艺娱乐节目主持人就对自己的这一做法进行了反思。值得从业者思考，引以为戒：

最离谱的一次，我玩大了，居然惊动了当时的市领导，把警察都找来了。损招是我出的。我派工作人员去藏宝，一份塞在胜利广场国旗旗杆的围栏基座底下，一份插在市消防通道的大门缝里，其余的分布在市内各大五星级酒店，比如大堂假山旁边，某客房门口的地毯下面，还想在市政府门口哨兵的岗位底下塞一个，没得逞，实在没法靠近。

您听听这些地方，能不出事吗？可我当时就是一门心思追求纯粹，好玩儿。我只管守在演播大厅里兑奖，真没考虑别的。

那天晚上直播结束后，我才知道自己闯祸了。

节目进行到一半，藏宝地点已经公布，人们匆匆奔走在寻宝的途中。

市领导正陪同几位省领导在胜利广场看夜景，周围突然热闹起来。怎么回事？诸位领导茫然四顾。好家伙，起初还是人声鼎沸，转瞬就成了人潮汹涌。几分钟工夫，不知道从哪儿冒出来2000多个男女老少，一起冲向国旗围栏，猛摇旗杆。

我的天啊！当导演向我描述这一"盛况"时，我肠子都悔青了，当即默背《中华人民共和国治安管理条例》，对号入座，琢磨这事该怎么定罪。

市领导以为聚众闹事，又惊又怒，当即通过政府部门报警。武警战士们冲上前去，疏散人群，群众连连喊冤："我们不是闹事儿的，是主持人让我们到这儿来找奖的！"

与此同时，市消防队门口也炸了窝。出动了几乎所有的消防战士，手挽手组成几道人墙，阻挡不断蜂拥而至的群众。而前面一拨人已经把大门给拆下来了，"主持人说了，大奖就藏在门上呢"。

这还了得？广电局局长、书记一行，匆匆忙忙直奔演播大厅，先拿总导演是问："艺术也要讲政治！"

是夜，我和制片人一块儿到了胜利广场，把国旗围栏清理干净，修补好基座的水泥。又连夜赶到市消防大队，向大队长赔礼道歉。

大队长大人大量，没让我赔门，修好就行了，还语重心长地教导我："你们啊，真是太危险了!幸亏今晚没有火情,一旦耽误出警,你们违反的是《消防法》,懂吗?"

——不幸中的万幸是,我没被警察带走,而只是接受了一番严肃的批评教育,端正了工作态度,强化了责任意识,也打消了下回在老虎滩底下埋下一台电冰箱的念头。

电视综艺娱乐类节目的策划与主持也要讲政治、讲国情、讲法律、讲道德。综艺娱乐节目主持人不是"艺人",而是具有"艺人"素能的传媒工作者。创作意识的正确与否会影响主持人的创作道路及职业生涯。

(二)综合的文化素养

电视综艺娱乐类节目主持人同新闻等其他类节目的主持人一样,需要深厚的文化艺术底蕴,语言折射文化,没有文化含量的娱乐,只是低层次的戏耍、搞笑。

娱乐让人轻松、愉快,高层次的娱乐不是停留在感官层面,而是呈现高品位、高审美。例如历届春晚上所表演的小品受到人们的喜爱,这些小品大多提升了原作品的思想性、艺术性,具有一定的文化含量和品位,脱离了某些原生态的低俗娱乐。

在综艺娱乐节目主持中有好多手段离不开主持人的文化素养。如娱乐元素中的语言运用,首先要了解构成语言"幽默"的因素及运用修辞造成娱乐内涵的知识。对中国传统文化、地域文化、民间民俗、语言文字、社会变革、科技创新、自然科学、生活知识、医药卫生、教育心理、法律法规、婚恋家庭等各方面知识都应有所了解,否则,找不到笑点,接不上幽默,还会影响节目效果。

(三)多样的思维能力

节目主持人的工作主要依靠语言,语言是思维的外化,在电视综艺娱乐类节目主持中,笑点与幽默多来自逆向思维等反常规思维及多种联想。

有人说,人之所以能成为地球的主宰,靠的不是肢体的力量,而是大脑神奇的思维功能。也有人说,素质比知识更重要,头脑比素质更重要。人的智力由"内智力"和"外智力"两部分构成。内智力指大脑的思维能力;外智力指人所拥有的各种知识、经验和技能。一个人的智力素质80%是由内智力决定的,只有20%是由外智力决定的。思维方式有:单向与多向、聚向与发散、正向与逆向、同向与异向等。善于运用多种思维,尤其是逆向思维,是电视综艺娱乐类节目主持人创造出超乎人们想象的笑点与幽默的基础。

例如,春晚的小品《昨天、今天和明天》中,宋丹丹与赵本山饰演的老两口对崔永元的"称赞":"大家说你笑比哭还硌碜";当节目结尾,要求每人只说一句最想说的话时,赵本山运了半天气却说出:"把来时的车票给报了"。以上这些笑点就是运用反常规思维而形成的。

"冷幽默"或"热搞笑"都离不开思维,语言只不过在外化这些思维。总之,思维多样化带来的新颖的思路及话语,往往在情理之中却又在意料之外,使人听来既新鲜搞笑,又不失逻辑。

(四)全面的专业技能

电视综艺娱乐类节目主持人需要具备主持人的一般素能与特殊素能。

(1)具有一定的思想文化水平与艺术修养。

(2)形象思维较强,具有多向思维能力。

(3)具有幽默感与快速反应能力,能发现、制造笑点。

(4)具有主持人与演员的双重功力。

电视综艺娱乐类节目主持人需要的专业技能很多:既要有播音主持技能,也要了解各种文艺形式、文艺知识,掌握娱乐技巧、受众心理,具备表演才能。也就是说,电视综艺娱乐类节目主持人应当具有主持人加演员的双重素质与能力。

电视综艺娱乐类节目主持人应既能主持高雅艺术的专题节目和文艺晚会,也能主持活泼、互动的大众娱乐竞技真人秀节目,有较强的即兴主持能力与适应力,应把握两套主持技能,适应不同风格的主持,表现出不同的语言方式、用声表达、形体动作,还具有和不同数量、不同风格的主持人搭档的能力,并能展现主持人的个性魅力。

例如,北京电视台的春妮刚开始做《星夜故事秀》时,有一期节目与相声演员郭德纲、京剧女演员刘桂娟合作。由于所谈内容是京剧与曲艺,郭德纲与刘桂娟都懂对方的行当,于是整个节目几乎变成了他们二人的热聊。一个说:"咱们以后一块儿说段相声。"另一位说:"行,我给您'量活'(捧哏)。"一个说:"咱们一块儿唱段戏。"一个说:"我'去'(演)某某给您'跨刀'(搭戏)……"主持人春妮很难插上话。节目结束前,春妮手指观众席自嘲地说:"下回我得坐那儿了。"据说,当时她想退出这个节目,但没得到批准。后来该节目做了一些调整,她虚心学习,补充自己,郭德纲也鼓励她放开来主持。不久,在另一次节目中,郭德纲想拿春妮开玩笑说:"那天我看见一座山,山下压着一只猴……"春妮马上会意并回击道:"那是你师哥(孙悟空),你师父在那等你呢。"当时,郭德纲一愣,过了一会儿才缓过神来,手指着春妮说:"学坏了,学坏了。"可见,电视综艺娱乐类节目主持人要懂得离自己较远的许多行当的内容,还得放得开,尽量适应节目的需要。

从学习与就业角度讲,无论何种节目的主持,在学校学习的只是基础,是共性的东西。而到了一线工作岗位后,还需再学习,学习你所主持的具体专业的知识,让自己成为"专业化"主持人。电视综艺娱乐类节目主持人也要时时学习,处处积累,将自己的先天特长与后天积累结合起来,更好地用于节目主持中,使自己成为合格的电视综艺娱乐类节目主持人。

(五)电视综艺娱乐类节目主持形体

在电视综艺娱乐类节目主持中,舞台主持人的服装、化妆通常由专业的服装师、化妆师负责,形体需要主持人自己把握。

1.舞台主持人的进出场

进场时,舞台主持人要挺胸、抬头、提臀,对整个身体有所控制。不能全身松懈,对自己身体各部分毫无控制力,如走路不抬脚,蹭着走路。实际上舞台主持人一出场与观众的交流就已经开始,主持人上场时身体应朝观众席微侧,目光平视观众席,一般应面带微笑。在到达舞台预定位置之前,主持人应始终保持这样的姿态。如果是两人或多人主持,主持人的脚步应该保持一致,女主持人在前,男主持人在后,依次行进。

主持人行进到舞台预定位置后,转体面向观众,应用目光从左向右或从右向左扫看全场,与观众交流。主持人给观众留下第一印象之后,再开始运用有声语言进行节目主持。

当一段节目的串联结束后,主持人退场时,男主持人应后退一步,伸出手做"请"的姿势,女主持人同男主持人目光交流之后,走到男主持人前面,男主持人随女主持人退场。对不同主题、内容、基调的晚会主持,出场、退场的感觉、步态、节奏也不同;喜庆性质的晚会,基调热烈明快,主持人脚步轻盈,节奏轻快;救灾义演性质的晚会,基调深沉庄重,主持人脚步沉稳,节奏多凝重。

2.舞台主持人的站立

舞台主持人的站立应有"精、气、神",主持人对形体要有较强的控制力,让形体有和谐感及美感。男主持人的站姿是腿不能并得太拢,但腿要伸直,脚呈小八字步,脚尖开度不超过肩宽。这种站姿可使男性显得大方、潇洒。女主持人采用丁字步,丁字步表现为左脚跟靠在右脚弓处,两脚尖对两斜角,如"丁"字,所以叫丁字步。丁字步能使女性显得挺拔、优雅。

3.舞台主持人的手势与体位

图9-6 央视春晚中的电视综艺娱乐类节目主持人

舞台上,女主持人手臂动作应圆柔、伸展,男主持人手臂动作应舒展、大方。手持话筒的方式也是主持人应注意的。主持人在使用话筒时,应先用拇指和食指捏住话筒从上往下四分之一处,再用其他三指轻握住话筒,食指同中指之间应留出一指的距离,这样握话筒的好处在于能灵活地调整话筒的方向,不论是自己主持还是采访他人,都能够自如地进行调整,手型也比较好看,显得很松弛。话筒握得太紧,用满握的方式拿话筒,显得较为拘谨,容易给观众留下紧张的印象;如果握话筒的部位较靠下,比例不太美观,而且在现场采访的时候,不利于调整话筒的方向。

两人共同主持时,一般当一名主持人说话的时候,另一名主持人的手可以放在身体两侧,也可以一只手下垂,将持话筒的手斜置于身体的"黄金点"(肚脐部位);在需要两人交流的时候,应注意先用目光语同搭档进行交流,给搭档信号。

在舞台主持的互动环节中,一般不要将话筒给对方,否则对方不放手不利于主持人把控。

电视综艺娱乐类节目主持人的手势语不可太多、太杂,应适当、有美感,举手投足都与内在情感相连,似自己的内心感觉一直输送到指尖儿,有控制力与表现力。此外,主持人在用手势语辅助表达的时候,要注意摄像机的位置与搭档的位置,要使身体有效部位正对摄像机,避免遮挡或与搭档互相影响。

4.互动主持的形体

电视综艺娱乐类节目主持人的形体动作是构成节目的娱乐元素之一,特别在互动性娱乐节目中,更需要增添娱乐效果,因此,主持人应具备形体适应力、协调性、模仿力、表现力,以适应此类节目要求,表现出一个多才多艺的主持人形象。

如《星夜故事秀》"拉丁皇后"一期节目中,主持人就在现场女嘉宾、舞蹈教练的鼓励下与她的男舞伴配合,转身、下腰、抬腿,跳了一小段西班牙舞,亮了身手,获得观众的掌声;在《天天向上》节目中,主持团队成员在节目中与十几个学生嘉宾满场绕圈做"鸵鸟跑",边跑边用一只手在各自的头顶一伸一缩似鸵鸟的头颈,加之适当的音乐渲染,营造出热烈欢快的氛围,展现出年轻学生的青春活力。

电视综艺娱乐类节目主持人一定要进行形体的基本动作与各种舞蹈组合的训练,培养自己动作的协调性与美感。这和体育健身不一样,因为体育训练多强调力度,而舞蹈训练更多的是训练和谐与美感。除此之外,还要有表演的形体训练,使自己的身体与四肢更富有情感表现力。总之,电视综艺娱乐类节目主持人的形体应当有控制、协调、潇洒、优美。

总之,电视综艺娱乐类节目主持与其他节目的主持相比具有独特性,需要具有多种相关能力,简言之:

主持:能创编、能采访、能串联、能访谈、能控场、能应变。

才艺:会表演、会唱歌、会跳舞、会唱戏、会曲艺、会乐器。

语体:播报体、谈话体、讲解体、朗诵体、议论体、抒情体。

表达:明亮悦耳、富于弹性、热情生动、亲切自然、适情变化。

形体:整体和谐、自然得体、职业气质、个性魅力、富有美感。

第四节　电视综艺娱乐类节目主持实例分析

范例　《第五届 CCTV 舞蹈大赛颁奖晚会》节选

(开场歌舞,各位评委参与其中)

(人群退场,四位主持人一边说一边走上台)

主持甲: 谢谢！感谢我们的各位评委！我们的老中青三代舞蹈表演艺术家给我们带来这红红火火的开场,美不美啊？（台下观众齐呼:美!）亲爱的朋友们！红绸舞起来,舞出幸福情怀!

主持乙: 腰鼓敲起来！敲出盛世节拍!

主持丙: 我们跳起来！跳出青春风采!

主持丁: 今晚,是舞者的盛会;今晚,是我们共同的节日!

主持甲：此时此刻，我们是在中央电视台的1号演播大厅与您相会。

主持乙：今天在这里我们为您现场直播交通银行杯第五届CCTV舞蹈大赛颁奖晚会的盛况。

主持丙：亲爱的观众朋友们，第五届CCTV舞蹈大赛已经陪伴着我们度过了9个难忘的拼搏之夜。

主持丁：所以，今晚是收获的时刻，今晚更是我们共同的狂欢！

主持甲：从10月30号开始，本届舞蹈大赛连续举行了9场决赛，各个奖项也将在今晚一一揭晓。

主持乙：本届大赛从8个舞种、10个组别当中共评出了66个表演奖、56个优秀表演奖和10个优秀作品奖，应该说这是当代中国舞蹈界和电视文艺界为新中国60华诞献上的一份厚礼！

主持丙：本届舞蹈大赛是舞蹈艺术的一次集中展示，一个又一个那么精彩的舞蹈为电视机前的观众朋友们送去了一场又一场舞蹈的盛宴。

主持丁：是啊，在9天的比赛过程当中，我们一起看大赛、说大赛、赞大赛，接下来亲爱的朋友们，邀请您一起来说唱《舞动神州颂中华》！

（说唱：《舞动神州颂中华》）

主持甲：谢谢各位！（主持乙：谢谢！）嗬！这说得还挺全面！

主持乙：没错，因为我们那个百花盛开的舞蹈大赛啊添了一朵花，哪朵花啊？你看我们各位评委脸上都乐开了花。

主持甲：是的，刚才这段说唱里啊，我听到还说到"主持人挺辛苦"，谢谢各位的关心！其实我们能够主持舞蹈大赛觉得很快乐。

主持乙：因为我们最直接地感受到了舞蹈的魅力和当代舞蹈界的成果。

主持甲：嗯，我们真的是看到了参加本届舞蹈大赛的参赛作品，有许多让人耳目一新啊，可以说为舞蹈百花园送上了新的奇葩，而这些优秀作品的诞生无疑标志着中国舞蹈创作进入了一个新的繁荣期、收获期。

主持乙：我们舞蹈大赛的作品啊贴近实际、贴近生活、贴近群众，而且将思想性、艺术性、观赏性高度统一起来，不仅受到了观众朋友的喜爱，还得到了专家学者的好评。

主持甲：好，那接下来我们首先要颁发的就是本届舞蹈大赛的优秀作品奖。

主持丙：好，亲爱的观众朋友们，接下来要为您非常荣幸地宣布获奖名单，但事先要说明一下：我们的排名不分先后。获得第五届CCTV舞蹈大赛优秀作品奖的是——

（获奖名单略）

主持丙：看得出来比赛的时候大家都特别地紧张，但现在已经绽放了成功的笑容，接下来我请大家欣赏一个有特色的舞蹈：《新洗衣歌》。有请！

（歌舞：《新洗衣歌》）

（舞台上）

……

主持丙：亲爱的朋友们，民族民间舞一直是我们舞蹈大赛中一道亮丽的风景线，接下来我们请大家欣赏的是一组民族民间舞的技巧组合，掌声欢迎他们……

（技术技巧：民族民间舞《五彩缤纷》）

（舞台上）

主持甲：谢谢各位参赛选手为我们带来精彩的技术技巧的展示，这其中有（伸出手指数数）金奖获得者玉米提，有可爱的哈尼族小伙子夏嘎等。其实我们对每一项赛事的记忆啊，都和它推出的人才是密不可分的，舞蹈大赛也不例外。9年来我们的舞蹈大赛可以说是涌现出了一颗颗的舞蹈新星啊，如今已经在舞坛的天空熠熠生辉。

主持乙：推新人、推新作一直是我们的宗旨和追求，本届大赛又有一批新星脱颖而出，而且我们的参赛选手无论是他们的技术条件、表现能力还是敬业精神都显示出了丰厚的潜力和广阔的发展空间。

主持甲：好，那接下来我们要颁发的就是本届舞蹈大赛各个舞种的表演类奖项。

（主持台）

主持丙：好，亲爱的观众朋友们，非常荣幸为大家宣布，第五届CCTV舞蹈大赛各舞种铜奖的获得者是——

（获奖名单略）

主持丙：（面向获奖者，向他们伸手示意）谢谢所有的获奖者，谢谢你们！（稍事停顿，转向镜头）也感谢每一位舞者的付出。好，亲爱的观众朋友们，接下来为您献上的是一个激情四射的舞蹈——踢踏舞《火焰之舞》，有请！

（踢踏舞《火焰之舞》）

（舞台上）

主持甲：谢谢！谢谢各位姑娘小伙！火焰之舞，真的为我们带来了火焰一般的热情，这也让我想到了本届舞蹈大赛的第一场比赛，也就是群文舞蹈的决赛，开场就是一个踢踏舞。

主持乙：无独有偶，我们第三场决赛，就是少儿专场决赛的第一个舞蹈也是踢踏舞。

主持甲：是啊，这些原先啊只能由专业舞蹈演员来表演的舞蹈现在在群众当中流行开来，这也说明中国舞蹈艺术普及和发展的进程有多快。

主持乙：我们要感谢我们的舞者，他们用这样的节奏来演绎着时代的节拍，我们要感谢我们这个时代，这个飞速发展的时代让舞蹈插上了飞翔的翅膀。好，朋友们，接下来要颁发的是本届大赛的银奖。

主持甲：坚持创新，也可以说是我们的舞蹈大赛能够不断发展、走向成熟的生命力之所在。我们大赛自创办一直到今天，可以说，舞种在逐届地增多，赛制也在逐届地完善，规则在逐届地合理，可看性也在逐届地增强，现在它已经成为全国最具影响力的赛事之一。

主持乙：你讲得非常全面（主持甲笑，台下有掌声）。我举一个例子来证明我们大赛的与时俱进：上一届大赛啊我们开设了"大秧歌"专场的决赛，本届大赛我们新增加了"少儿舞蹈"的决赛，我们真的是要感谢我们这些可爱的孩子，他们的到来不仅为我们的大赛增加了很多天真和童趣，更让我们看到了舞蹈艺术的薪火相传和中国舞蹈的未来与前途。（掌声）

主持甲：你说得很正确（停顿，笑）！其实，少儿舞蹈创作水平之所以能够迅速提高，真的和改革开放30年来我们国家的经济稳定、社会发展是密切相关的，正因为老百姓的日子过好了，所以家长才可能越来越关心孩子的德智体全面发展，越来越多的家庭愿意培养孩子的艺术特长、艺术兴趣，越来越多的教师愿意坚守在少儿舞蹈教育这样一个岗位上。接下来我们要欣赏到的这个舞蹈啊，就是由那群可爱的、会走路的宝宝表演，他们今天又来了！他们给我们带来的是这个舞蹈的编导曹而瑞的另外一个作品《我可喜欢你》。

（舞蹈《我可喜欢你》）

（一边走上台一边说）

主持乙：好，谢谢！谢谢孩子们！

主持甲：哎呀，能不喜欢吗？嘴这么甜，还扭着小屁股（自己也扭了两下）。

主持乙：啊呀，我们真的都可喜欢可喜欢了，但是我想问下你啊，一个上海人你能明白这个"我可喜欢你"是什么意思吗？

主持甲：欸？这是来自河南的小朋友啊？

主持乙：这话要是用刚才普通话（主持甲：我可……）报啊，不太够味儿……

主持甲：我可喜欢你就是我……我喜欢你……你喜欢我吗？

主持乙：唉，不足矣！这要用河南话说出来那就是"我可喜欢你！"（河南话，全场哄笑）你想想这个就是"可"，它就有那个"特别""非常"……就"极其"的意思（一边用手比画着）。

主持甲：真的啊？

主持乙：我好欢喜侬（上海话），这个上海话可能跟这个相接近。

主持甲：你怎么今天才跟我说呢？

主持乙：哎哟！你看看！（停顿，做紧张状，现场笑声、掌声）那我再说一遍好不好？我可喜欢你了！

主持甲：（用河南腔）我可喜欢你！

主持乙：唉，我喜欢舞蹈大赛，真的这些作品呀原汁原味，有着非常浓郁的生活气息。

主持甲：我们是从2002年吧？（主持乙：嗯）第二届舞蹈大赛开始设置了"群文舞蹈"的决赛，可以说这也是在国家级的赛事当中横空出世设立了这么一项比赛，群文舞蹈的这个比赛设立之后啊，立刻就受到了广大舞蹈爱好者的欢迎和响应。

主持乙：而且现在这个群文舞蹈成为我们舞蹈大赛必不可少的内容，而且也真的成为我们舞蹈大赛的一个亮点（主持甲：对）。来自全国各地的舞蹈爱好者给我们带来的他们创作的、反映他们生活的舞蹈，真的是让我们专业评委看到也叹为观止。

主持甲：（点头）那入围本届舞蹈大赛群文舞蹈决赛的一共有26个作品，虽然说风格各异，各具特色，但是都表达了生活的美好和幸福。

主持乙：好，现在我们就来颁发群文舞蹈奖。

主持丙：好，亲爱的观众朋友们，非常荣幸地为您宣布，获得第五届CCTV舞蹈大赛群文金奖的是……

（获奖名单略）

主持甲：好，再次祝贺我们的获奖者。张老师请留步，您好！张迎松老师是我们本届舞蹈大赛群文舞蹈决赛的评委之一，是原山东省舞协主席，长期以来从事群众文化舞蹈的创作研究，是我们山东胶州秧歌、鼓子秧歌、海洋秧歌的专家。张老师，我也想问问您，看了本届舞蹈大赛的群文舞蹈之后，您觉得这次群众文化舞蹈有哪些可圈可点的地方？

（张迎松讲话）

……

主持甲：说得好！（掌声）群众文化是一个根基，只有夯实了这个根基，我们才可能在上面建造高楼大厦，才可能真正创造出中国舞蹈艺术的巅峰。谢谢您！谢谢！（握手）

主持丙：好，谢谢！亲爱的观众朋友们，接下来非常荣幸地为您宣布，获得第五届CCTV舞蹈大赛少儿舞蹈金奖的是……

主持丁：由解放军艺术学院选送的《我也想当兵》。

主持丙：接下来让我们有请这些获奖者上台为大家做一段精彩的展示怎么样？有请各位！

主持丁：有请大家来欣赏！

（舞蹈《我也想当兵》片段）

主持丙：谢谢！谢谢！（掌声、喝彩声）也许在大人们的眼中，他们还都是12岁的孩子，但已经是纪律严明、训练有素的军人了，接下来让我们有请颁奖嘉宾上台为获得金奖的这些同学们颁奖！

主持丁：首先我们有请本届大赛为我们带来精彩点评的北京舞蹈学院教授潘志涛老师。

（颁奖嘉宾略）

（颁奖）

主持甲：潘教授留步！来来来来来，（故意放慢语速夸张地说）怎么能这么轻易"放过您"呢？（夸张、笑声）我们本届舞蹈大赛参赛作品真的是异彩纷呈，看点多多，但是很多观众反映啊，您是其中的一个亮点。（掌声，主持甲面向观众点头表示认可）每晚的点评（掌声）……大家伙儿看出来了，不仅说得好，而且演得好！每天能够在主持人的"循循善诱"下翩翩起舞（笑声、掌声），真的是既有知识性，又有趣味性，对您的辛勤付出、精彩点评再次表示感谢，谢谢您！（向潘鞠躬，掌声）但是！这样的一位人才，在我们今天的这个隆重的舞台上，我们要再次隆重地推出，是吧？（掌声、喝彩声）大家伙儿都看了我们舞蹈大赛每天都有什么？即兴表演！（掌声、喝彩声）那个环节对选手也是一个考验，当然我想，这种事对潘老师来说也是小菜一碟（掌声、喝彩声），所以……今天晚上，我们也要现场为潘老师出一段即兴表演的题目，好不好？（掌声、喝彩声）您看，这是群众的呼声啊！（潘教授尴尬地笑）我出题，放心吧！（话里有意）一定会适当地——增加难度的！（笑声、掌声）

潘教授：豁出去了……

主持甲：豁出去了？好！

潘教授：试一试。

主持甲：请听题！一位即将参加舞蹈比赛的、爱美的、对着镜子扭秧歌的——老太太。

（掌声、笑声、喝彩声）

潘教授：有音乐吗？

主持甲：有！

潘教授：放出来听听。

主持甲：好,试听音乐。

潘教授：怎么有点像猫咪出来的感觉。（观众大笑）

主持甲：十秒钟的试听音乐之后,我们的选手将根据题目的提示进行表演,以音乐结束为准,本轮满分是0.5分。请准备。好,准备,请放音乐。

（主持甲礼貌退下）

（潘教授即兴表演"爱美的老太太"舞蹈）

主持甲：哎呀,这老太太真是风韵犹存啊,最后还给大家伙抛个媚眼（主持甲自己也学了一下）。（问台下的专家）冯老师您说给几分啊？哈哈,没事。我找个胆大的,今天必须得点评一下。（掌声）来,我们听一下,听一下我们的专家点评（主持甲专心听点评状）。

赵　松：（声音滑稽,南方口音,模仿平时潘教授的点评）哈哈哈哈,这个选手太棒了。首先听到这个题目时,真为这个选手捏了一把汗哪,这样年轻的帅小伙抽了这样一个题目,要怎样表现呢？哎,我发现这个孩子非常非常聪明,他运用了化妆,用白头发,一下子就把那个老太婆的形象给抓住了。（观众笑、鼓掌）其次,这是一个舞蹈,这个孩子抓住了舞蹈这两个字,他就非常非常好。秧歌也扭得特别特别到位。大家说是不是？（观众回答：是！）就从这两点看,你太有才了。

主持甲：来来来,这是谁呀？来来来,有请我们的点评嘉宾（掌声,赵松上场）这也是我们的参赛选手、获奖选手——来自军艺的……（潘教授：赵松）潘老师,您看今天我们（请求式）……

赵　松：我还没点评完呢。

潘教授：让他点评吧,我不是说今天豁出去了吗？（笑声）

主持甲：哦,你还没有点评完啊？

赵　松：对,我还要说两句。

主持甲：哦,你说。（笑声）

赵　松：虽然潘老师表演得特别好,但是呢还有一点不足之处,那就是,他去参加舞会的那个过程、那个紧迫感还没有表现得特别特别充分,这是我们今天……这几天以来经常说的,就是,哦,差那么（用手比画）……那么一点点！（观众笑声）大家说是不是？（观众大笑）

主持甲：是是是是是……哎呀,好,谢谢（赵松：还是挺棒的）,谢谢赵松的即兴点评,更要感谢潘老师,真的您太棒了！（和潘教授握手）真的,我觉得是很完美了……

潘教授：太棒的还是赵松,这小子将来肯定有出息,（赵松：谢谢潘老师）能、能批评我,有几个啊？（扭头、瞥眼、夸张）

主持甲：就是！（笑声、掌声）连我们冯书记都不敢,你有这个胆儿！不,是我们安排的,不过真的我觉得您真的很棒！其实大家仔细看啊，这老太太年轻时一定挺标致的(笑声，潘教授作老太太状)，真的！除了现在腰围有点粗壮之外，其他没什么缺点。(掌声、喝彩声)再次谢谢潘老师！谢谢赵松！谢谢！(掌声、喝彩声)

主持丙：我一定要替咱家潘师母说一句"你别难为咱家老潘啊！"(笑声)给大家透露点小秘密：每一天我们点评完了之后，回家我们的潘师母都要点评一下潘老师的点评，是吧？(主持丁：真的啊？)今天有没有"嗯"那一下……今天不知道潘师母回家会怎么说您呢？其实，如果说点评席有一份精彩的话，真的是陈维亚老师的这份高度、深度和广度以及潘老师的这份博学和幽默，再次感谢两位，谢谢！

主持丁：两位辛苦了！

主持丙：谢谢！由衷的！(稍停顿)亲爱的朋友们，接下来我们要颁发的是本届舞蹈大赛国际标准舞的金奖！他们是——

(获奖名单略)

(舞蹈《情到深处》片段)

主持丙：好，感谢两位奉献如此精彩的舞蹈，接下来我们要有请颁奖嘉宾上台为获得金奖的选手颁奖！

(颁奖嘉宾名单略)

(街舞类颁奖，略)

主持丙：好，亲爱的朋友们，关注我们舞蹈大赛的朋友们一定注意到了在国际标准舞和街舞的这个比拼过程当中，我们都请来了国际大赛的评委，不仅打分，而且还做了一些精彩的展示，让大家大开眼界！

主持丁：是啊，我们今天的晚会也特别请到了一支国外的街舞团队来到我们的晚会现场，为大家带来精彩表演，我想这也是我们交流街舞、切磋技艺的好机会。接下来我们用热烈的掌声有请他们上场！

(街舞表演)

主持乙：朋友们，这里是交通银行杯第五届CCTV舞蹈大赛颁奖晚会的直播现场。

主持甲：每一届的舞蹈大赛啊我们都能看到不少的军队作品，他们威武雄壮、英姿飒爽，用高超的舞蹈艺术展现了当代军队面貌和军人风采，而最终，他们也都会取得优异的成绩。

主持乙：本届大赛他们再一次显示出非凡的实力和魅力。现在，我们有请这些军旅舞者，在这个舞台上再度集结，沙场点兵，充分展示出他们的神奇和力量。

(技术技巧《沙场点兵》)

主持甲：(边走边说)谢谢各位，真的是高手如云，强手过招，看得人眼花缭乱、激动不已啊。沙场点兵，这也让我们想到了其实我们的赛场也像战场一样，紧张、激烈，需要永不言败的那种精神。在这里我可以跟大家说一个小故事，我们这次啊一共有80多位来自舞蹈界的专家、舞蹈表演艺术家担任我们的评委，可以说也是历届大赛(评委)阵容最强大的一次。在这些评委当中，有那么一位是我们综合场决赛的评委之一——冷老师，他今年已经是69岁了，是我们原四川省舞协主席。连日来的辛勤工作让他在前天病倒了。前天下午被送进了医院,当时医生跟他说一定要卧床休息,不能再工作了,但是他不愿意,他瞒着医生拔掉了吊针,匆匆又赶回到了我们直播的现场,用他自己的话说:"我就是倒,也要倒在我评委的工作席上!"(掌声)所以最后两天他是背着氧气袋,完成了最后的工作。冷老师,(把手伸向远处的观众席)您能站起来接受我们大家对您的谢意和掌声吗?(掌声)谢谢您!非常感谢!真的非常感谢!大赛结束之后,希望您能够好好休息,保重身体。在这里,也要谢谢所有参加我们这一次大赛的评委,他们呕心沥血、兢兢业业。让我们感到特别难能可贵的是,我们老一辈舞蹈工作者身上的这种精神,现在开始在年轻人身上传承,我们发现不论是来自总政歌舞团的、腰部抽去积水依然在坚持比赛的邢江威,还是来自中央民族大学的、膝盖上打着铁钉依然在坚持比赛的《打鼓佬》的那个表演者吴昊。在他们身上,我们也看到这种精神:坚忍不拔、永不放弃、执着追求,这是多么宝贵的艺术精神啊!这种精神其实也是时代精神的缩影,也是爱国主义精神的一种体现,就如同我们英勇的钢铁战士,当祖国需要的时候,他们一定会献出自己的生命和鲜血!(掌声)接下来,就让我们一起来欣赏一首合唱《当那一天来临》。

(合唱《当那一天来临》)

主持丙: 真的是唱出了军人的威武、信心和气质。接下来,为您宣布,获得第五届CCTV舞蹈大赛当代舞金奖的是——

(获奖名单略)

主持丙: 朋友们这个作品反映的是一位战士在大部队到来之前一个人在地震现场的一份坚守,他抓住了生命之光、希望之光。接下来,让我们有请颁奖嘉宾上台为他颁奖!

(颁奖略)

主持丙: 我觉得台上台下、场内场外我们都是一体的,接下来就让我们一起为舞蹈喝彩!

(拉拉舞《为舞蹈喝彩》)

主持丙: 好,谢谢我们这些青春四射的朋友们,谢谢!接下来非常荣幸地为大家宣布,第五届CCTV舞蹈大赛芭蕾舞金奖的得主是——

主持丁: 由辽宁芭蕾舞团选送的作品《海盗》。

主持丙: 有请获奖者上台为大家做精彩展示。

(芭蕾舞《海盗》片段)

主持丙: 真的是足尖上的舞蹈,让我们感觉到无限延伸的美丽。(主持丙伸出手臂示意)接下来赶快请出颁奖嘉宾上台为获奖者颁奖。

主持丁: 首先我们有请中国舞蹈家协会副主席、解放军艺术学院原副院长、教授、研究员左青。

主持丙: 总政歌剧团艺术指导、国家一级作曲张千一,有请两位老师上台为获奖者颁奖。

(颁奖)

主持丁: 谢谢我们的颁奖嘉宾!同时也祝贺我们这位美丽的舞蹈演员。谢谢!

主持丙: 亲爱的朋友们,接下来,我荣幸地宣布,第五届CCTV舞蹈大赛民族民间舞金奖的得主是——

主持丁: 新疆军区政治部文工团选送的《盘子舞》。

主持丙:(高兴地看了一眼主持丁)玉米提。让我们用掌声欢迎玉米提上场!

(舞蹈《盘子舞》)

主持丁:有请!

主持丙:好帅气的小伙子啊!看了这段舞蹈,又让我想起那段话:只要玉米提功夫深,潘老师盘子转满身。好,接下来赶快有请颁奖嘉宾上台为获奖者颁奖。

主持丁:首先我们有请全国文学艺术联合会副主席、中国舞蹈家协会主席白淑湘,

主持丙:总政宣传部副部长、舞蹈评论家、北京舞蹈家协会副主席顾晓英上台为玉米提颁奖!

主持丁:谢谢!谢谢我们的颁奖嘉宾,同时也祝福玉米提能够在舞台上绽放出更加璀璨的光芒!谢谢!

主持丙:好,亲爱的观众朋友,您知道吗?生活在云南的佤族朋友,他们生活当中的很多东西都可以拿来做乐器,比如说竹子、石头、树叶。今天他拿了什么呢?竹子,《吹竹子的男人和女人》。有请——

(竹笛演奏:《吹竹子的男人和女人》)

主持丙:真的是别有一番风情的舞蹈,其实民族民间艺术一直是我们舞蹈创作的重要源泉。

主持丁:而且呢,我们非常高兴地看到啊,本届大赛民族民间舞种涌现出非常多优秀的作品,我想这也离不开我们评委的慧眼识才。今天在我们颁奖晚会的现场,我们的评委也要为大家献上精彩的节目。大家都知道我们大赛的评委王小燕是东北地区的舞蹈艺术家,接下来呢,她将与大家非常熟悉的演员刘亚津共同为我们带来舞蹈《回娘家》。

主持丙:有请!

(跑驴儿舞《回娘家》)

主持丙:好,亲爱的观众朋友们,欢迎回到第五届CCTV舞蹈大赛颁奖晚会的现场,接下来要为您颁发的是群舞金奖。(获奖名单略)

(群舞金奖得主表演)

(颁奖,略)

主持甲:祝贺我们的获奖者,感谢我们的几位颁奖嘉宾,谢谢。哎,我们有请贾老师,还有钱行长留步。(贾老师说了一句"还要留啊?")那当然要留下,这么重要的人物。我们先采访一下钱行长,呃,我们交通银行的副行长——钱行长(笑声)。我不得不再次感叹,银行行长姓钱是再合适不过了。(笑声)

钱行长:不过,主持人姓董,那可是更胜一筹。(笑声)

主持甲:那……咱俩就继续坚持各自的岗位吧!谢谢钱行长对我们大赛的支持!上一届也是我们交通银行冠名,为什么这次又会来参与支持舞蹈大赛?

钱行长:因为舞蹈大赛带给我们艺术享受,正如这次舞蹈大赛带给我们的精彩纷呈是非常巨大的,那么作为中国舞蹈的非常重要的平台,交通银行觉得,也是我们推动中国艺术振兴的这样一个非常重要的平台,所以我们非常愿意投入,我们也希望今后有更多的投入,来

支持中国舞蹈事业的发展。(掌声,喝彩声)

主持甲: 谢谢您! 您的意思就是……下一届,第六届、第七届、第八届……

钱行长: 我们希望,一直能够支持下去。(掌声,喝彩声)中央电视台有一句名言,叫作:心有多大,舞台就有多大(主持人猛点头)。交通银行愿意与社会各界的朋友一起携手在社会的舞台上、在事业的舞台上、在人生的舞台上放飞梦想、舞出精彩!(掌声,喝彩声)

主持甲: 好! 谢谢您! 谢谢!(握手,钱行长下台,主持人走向舞协贾作光主席并握手)贾主席好,贾主席好,辛苦您,这么多天来您始终陪伴着我们,一直作为我们监审组成员,一直在监督、关心着我们的大赛,那今天是不是也跟我们谈谈看了整届比赛之后最大的感受,与我们分享。

(贾主席讲话)

……

主持甲: 说得好,谢谢! 再次谢谢贾老师,谢谢您,非常感谢! 哎呀,您看您都86岁高龄了,依然鹤发童颜、面色红润、精神奕奕,我们也服了您了!(掌声,喝彩声)谢谢您! 谢谢! 接下来就让我们欣赏由王亚彬、柴明明和我们本届的参赛选手、获奖选手一起为我们带来的古典舞的技术技巧的展示。有请各位!

(技术技巧《对弈》)

主持甲: 观众朋友,本届舞蹈大赛从开赛的第一天起就在我们中央电视台的1号演播大厅外竖起一棵吉祥树,一直到今天,那棵树上已经挂满了我们的热心观众对我们的选手、对大赛留下的祝福和问候。那在今晚,在我们本届大赛即将圆满落幕的时候,我也特意选了两条比较特殊的留言和大家分享。这是著名导演张艺谋给我们发来的一条问候,他说:"中央电视台CCTV电视舞蹈大赛组委会:CCTV舞蹈大赛今年已经是第五届了,衷心地祝愿你们越办越好,取得圆满成功!"(掌声)这是担任我们本届舞蹈大赛评委的来自美国的佩蒂(Petty)在走的时候留下的他的祝福,他说:"能够来到这里,看到舞者们尽情舞蹈,我感到很高兴,也很开心有这个机会作为评委为你们评分、加油,这是我第一次在电视机前为中国观众表演,十分荣幸! 舞蹈正像是一种世界语言,无论我们来自哪里,用心舞蹈就能够彼此沟通,希望所有热爱舞蹈的朋友们坚持舞蹈,坚持用心舞蹈。中国的朋友们,谢谢你们!"(掌声)好,亲爱的观众朋友们,那接下来我要为大家请出的是为本届舞蹈大赛做公证的来自北京市公证处的公证员严梅,为本届大赛进行公证。有请!

(公证词略)

(四位主持人登台)

主持乙: 亲爱的朋友们,看到刚才我们颁奖典礼上颁发的一个个奖项,这预示着我们本届舞蹈大赛硕果累累。随着各个奖项颁发的完毕,我们舞蹈大赛也将圆满落幕。

主持丙: 是啊,我们相信通过本届舞蹈大赛一定会让更多的观众朋友们理解到舞蹈的独特魅力,也会让大家更多地知道我们的舞蹈编导、舞蹈演员、舞蹈老师们的那份辛苦。

主持丁: 同时,我们也非常高兴地看到,在大赛的举办过程当中,广大的舞蹈工作者同广大观众、广大舞蹈爱好者进行了很好的沟通与交流。

主持甲：这种沟通、交流、互动，相信也会激发我们的广大舞蹈工作者创作出更多更好的作品。

主持乙：最后，我们要邀请本届舞蹈大赛的获奖者、我们的评委、专家、各位来宾共同上场翩翩起舞，见证这欢乐的时刻！

（舞蹈《和谐家园》）

主持甲：我们从轻盈的足尖开始梦想的起航。

主持乙：我们伸出丰收的双手来迎接下一个季节。

主持丙：让我们用激情点燃和谐中国的舞台。

主持丁：让我们用青春舞动神州崛起的未来。

主持甲：亲爱的观众朋友们，交通银行杯第五届CCTV舞蹈大赛的颁奖晚会到这里就结束了。

主持乙：感谢您收看我们的大赛、支持我们的大赛！朋友们，让我们相约下一个丰收的季节，相约下一届舞蹈大赛！

主持甲：再见！

主持乙：再见！

主持丙：再见！

主持丁：再见！

点评：这是近年来电视荧屏上比较多见的晚会形式，有表演、有颁奖、有采访交流，主持好这样的晚会，需要较全面的主持功力与经验。这台晚会有以下特点：

（1）基调准确。这台晚会是一个大赛后的颁奖晚会，各种奖项经过专家们连日的辛勤工作全都评选出来了，今天是喜获成果的日子，当然应是热情、欢快的总基调。

整台晚会的主持也一直飘荡着这种浓浓的欢快情绪与基调。如与贾作光的对话、与交通银行钱副行长的玩笑等，我们都感到了欢快的基调。

但是，当主持人甲讲道：来自四川舞协的主席、本次大赛的评委冷老师由于连日忙碌，病倒住院，自己却拔了吊针、背着氧气袋完成最后的工作，来自总政歌舞团的年轻选手将腰部抽去积水依然在坚持比赛，来自中央民族大学的年轻选手膝盖上打着铁钉依然在坚持比赛时，她的语言充满了深情与关切。在这段主持的结尾，她又将内在、舒缓的情绪，变为高亢、昂扬，说出："我们也看到了这种精神：坚忍不拔、永不放弃、执着追求，这是多么宝贵的艺术精神啊！这种精神其实也是时代精神的缩影，也是爱国主义精神的一种体现，就如同我们英勇的钢铁战士，当祖国需要的时候，他们一定会献出自己的生命和鲜血！（掌声）接下来，就让我们一起来欣赏一首合唱《当那一天来临》。"

主持人对基调的把握既有主旨，又有变奏，不但把握准确，还能随内容做适当调整，这是晚会主持获得成功的基础。

基调是通过有声语言显现出来的。在这台晚会的主持中，几位主持人都做到了主持内容、有声语言与现场气氛融为一体。根据不同内容和气氛，主持人的引进语有相应变化。如宣布下一个节目、引出颁奖嘉宾等具有喜悦气氛的语言,主持人都用一种声明语快的"引进感"或"挑气氛感"说出,既显喜庆热烈,也有节奏变化。

(2)风格诙谐。这台晚会适应时代风貌,主持比较活泼,并融进不少互动交流的环节,一反以往这类晚会主持的端庄、典雅风格,透出一种轻松、诙谐风格。例如,当本次大赛的评委、北京舞蹈学院的教授潘志涛给获奖者颁完奖刚要下场时,主持人甲马上说:"潘教授留步!来来来来来(故意放慢语速),怎么能这么轻易'放过您'呢?(夸张、笑声)"难能可贵的是,作为大学教授的潘老师也没有架子,一直配合主持人,亲自献艺,将娱乐进行到底,换来全场文艺界人士及观众的热烈情绪,烘托了晚会的欢乐气氛。

在这台晚会的主持中,两位主持人关于"我可喜欢你"(河南小朋友表演的舞蹈名称)的方言意义及方言语调的交流,也体现出诙谐风格。两位主持人从对河南话到上海话之间的探讨中,挖掘出了娱乐元素,给人们带来了欢乐。

在晚会主持中,还有一段主持人甲与交通银行钱副行长的对话,更透出诙谐的风格。

这台晚会不是单纯的文艺演出,是一个集颁奖、交流、表演于一体的综合性晚会,主持人的作用很大。如果只是以往典雅大气的主持串联,不可能获得这样热烈的现场气氛。因此,挖掘娱乐元素,使用娱乐手段,形成诙谐风格,发挥娱乐功能,可使晚会表现出具有时代感的精神面貌。主持人为了达到预想效果,可以用重音强调、语言停顿、语调夸张、音色变化等手段来实现娱乐效果,体现诙谐风格。主持人甲在这方面做得较好。尤其是她与潘教授交流的一段中,就充分运用了"重音强调""语言停顿""语调夸张"等表达技巧,来彰显诙谐意味,制造大众娱乐。

(3)语体适宜。这台晚会中,主持人根据具体内容需要,运用了多种语体与表达方式。

一是,朗诵体。晚会开头、结尾是写好的主持词,句式整齐,具有文采,主持人以"朗诵体"处理。主持词的头尾是诗一般的句子,具有整齐的句式,抒情的内涵。主持人在表达时,有语言的节律感、配合感,没有处理成一般的散文句,也没有处理成专门的朗诵,而是在朗诵中融入较强的交流感。

二是,谈话体。这台晚会存在不少采访、交流的互动环节,主持人用"谈话体"自然、生动地表现出来。例如,主持人甲与搭档的交流、与评委潘教授的交流、与现场观众的交流等,都使用"谈话体"。语言自然、流畅,充满真实感,没有"播音腔"。相比之下,有的年轻主持人的主持会略显稚嫩,容易出现问题:一是缺少"交流感",二是语言有"腔调",三是表达缺乏表现力。

三是,播读体。这台晚会中,主持人要宣布获奖节目、选手名单与颁奖嘉宾姓名,需要用播读体,有一种"宣读感",语言饱满,语势扬起,语言整齐、规范。本节目的主持人都能依据自己的主持任务,正确选择适当的语体合理处置。

四是,讲述体。当前,许多主题性、行业性晚会、各种颁奖晚会、专项文艺节目演出中,讲述在主持中占了相当的比重,有的讲述是对人物事迹的介绍,有的讲述是对主题背景的说明,有的讲述是对文艺知识的讲解等。这些讲述可以增加节目的内容与深度。如本台晚会的主持中,主持人讲述大赛评委冷老师与参赛者的事迹以及美国评委的留言等。

主持人对这些内容的讲述,会使受众了解更多信息,拓展受众的视野,启发受众的思考,为受众更好地观看、参与晚会奠定了基础。

本台晚会的主持人能较好地运用讲述语言,如介绍本次舞蹈大赛的规模、创新、外国同行的心声等,最让人感动的是主持人甲充满深情地为我们介绍带病坚持工作的老一辈舞蹈工作者及新一代青年舞蹈选手的事迹,令人动容。

(4)有稿似无稿。从一线实践看,电视综艺娱乐类节目中,晚会类的主持,即兴成分要少于竞技互动类娱乐节目,因为它的节目环节通常都是既定的,稿件大都是编导已经写好的。主持人要做的就是将别人写的稿件中的文字语言(或提纲)转换为口头语言,不仅如此,还要表现出主持人的个性特征来,给人感觉这是主持人此时此刻根据场上情况即兴说出的语言。这是很难的!有不少"外行"总以为"即兴"语言最难,其实不然,这种"复现性"语言从某种角度讲有时更难,应该说,二者各有难点。转换得好,自然、流畅、有风采;转换不好,似背词、刻板、无生气,更不用说有个性色彩了。

本台晚会的主持人大多较好地做到了"有稿似无稿"的语言转换工作,尤其主持人甲的语言。主持中,无论语言的转换还是形体展现,她都能做到自信、自如、大方、潇洒,这之中必定有表演素能、专业能力做基础。有了表演素能,可以表现松弛,思维活跃,技巧运用自如;缺少这种素能,就会在舞台上呆板紧张,思维僵滞,只知背词,这样就不会有成功的语言转换和表现出语言的魅力。

(5)策划新颖。本台晚会是舞蹈比赛的颁奖盛会,在晚会的开头,评委们手持红绸,与演员们共同起舞,舞姿潇洒、表情甜美,有的还展现了自己的独家绝技。虽然他们已不再年轻,但他们对艺术的感觉和追求依然存在,并且带动他人一同进入这美好的舞蹈盛宴之中。在晚会的结尾,又是一组身着各民族服装的男女评委在舞台上舒展身姿,一招一式将不同民族的舞蹈韵味表现得淋漓尽致。

在中国各种艺术大赛中,舞蹈比赛的评委是最早与年轻的获奖选手们同台表演的,这有赖于晚会的策划。这样的场景给人耳目一新、心潮澎湃之感。同时,也会使人产生这样的想法:这些评委是真正的专家,他们有资格担任这份工作,他们的评判不会错!

另外,本台晚会上由主持人"出题"、评委老师"应考"、参赛选手"评议"的环节也很有创意,不仅活跃了晚会气氛,也展现了评委的功力以及年轻选手的素质。

在文艺性节目创作当中,新颖是活的创作因子,是吸引观众的关键因素。主持人不是他人思维创作的物化者,而是本体思维创作与物化的结合者。主持人积极发挥思维的作用,才能更好地理解、诠释他人的思维成果。

(6)串联到位

串联主要起承上启下的作用。在新闻类和社会生活类节目中,主持人的串联根据前后内容,而在电视综艺娱乐晚会中,还要参考语言内容的色彩、表达方式及氛围等,做出适当的承接与送出。有些初学者不懂得节目串联的作用与要旨,每段串联都处理成一个个意思方块,每段都从零开始,缺乏上下串联的线性感,这在综艺娱乐主持中必须重视。因为串联的感觉会呈现为不同的声音色彩,表现在声音的高低、强弱、刚柔、明暗的不同程度及语言的快慢、转承的不同,呈现出语言的对比、微调与立体感。

在这台晚会中,主持人的串联有机、自然、精彩。例如,在晚会"开场舞"表演后,主持人甲满面笑容地与其他主持人走上台,边走边说:"谢谢!感谢我们的各位评委!我们的老中青三代舞蹈表演艺术家给我们带来这红红火火的开场,(面向观众)美不美啊?"这一串联很好地承接了刚才欢乐、热烈的气氛。在引出颁奖环节的串联中,主持人甲又以亲切、愉快的语调说:"好,那接下来我们要颁发的是本届舞蹈大赛各个舞种的表演类奖项。"这一表现不温不火,恰到好处,体现出节目串联的作用。当儿童舞蹈《我可喜欢你》表演完毕后,主持人甲又带着刚与大家一起欣赏后的情绪,边往台上走边说:"哎呀,能不喜欢吗?嘴这么甜,还扭着小屁股……"(自己也扭了两下),这样就很好地承接了以上节目的童趣。在对合唱《当那一天来临》的承送串联中,主持人甲满含深情地介绍了参赛评委与演员们克服伤病坚持录制的感人事迹,引出了这首合唱。主持人甲的串联有情、有趣、准确、有层次、有变化,较好地完成了各种串联任务。

(7)注重形象

大型晚会的女主持人往往身着亮丽的长裙。如本台晚会上,主持人甲身着绿色长裙,配有金色披坎;主持人丙身着白色暗花时装裙;主持人丁身着浅藕荷色时装裙;唯一的男主持人主持人乙身着领口、袖口都配有亮片的深色礼服,露出白衬衣,配上金色宽腰带。这样的服装配在几位身姿挺拔的主持人身上,加之主持人靓丽的容貌与发型,具有整体美感。

晚会主持人也是被受众欣赏的一部分,对主持人的身高、体型和容貌都有一定要求,一般要求身姿挺拔,气质或典雅、大方,或清纯、活泼。

总之,本台晚会的主持人大都能做到以上各点,使我们看到一个个亮丽的主持形象:或典雅、大方,或活泼、柔美,或刚健、真诚。

训练提示:本节目可以根据不同内容分成几个单元,训练学生的舞台主持。如:开场、结尾、现场采访、交流互动、颁奖仪式、宣读名单等。特别要注意主持人的表情、形体动作、拿话筒的姿势等。

本章训练提示:电视综艺娱乐类节目主持的训练,主要让学生了解电视综艺娱乐类节目的形态、特点、功能、创作元素、创作手段以及主持素能;让学生掌握电视综艺娱乐类节目的策划、主持特点、主持手段等,特别强调对节目特性与主持个性的把握。

本章训练要求:(1)有初步策划设计电视综艺娱乐类节目的能力;(2)能主持各类电视综艺娱乐节目并把握其类型特征;(3)具有全面的电视综艺娱乐类节目主持素能;(4)具有主持个性及幽默感。

本章训练步骤:初始训练,进行元素性训练,要求学生释放天性,讲故事、说笑话、表演节目、模仿小品;之后训练,要求学生每人自编、自导、自己主持小型资讯、专题综艺娱乐类节目,或与他人合作,做出几档各种形态的电视综艺娱乐类节目,每次作业在专业小组内由教师、学生共同点评,找出问题,继续实践;最后训练,可给出规定情景与要求,也可让学生自己写晚会的主持词并主持各种主题、内容的晚会,让学生把握串联、采访、互动、游戏、表演等各个环节的主持,并设置各种意外让其排除,训练初学者全面的电视综艺娱乐类节目主持功力。

思考题：

1. 什么是电视综艺娱乐类节目？
2. 电视综艺娱乐类节目的形态有哪些？
3. 电视综艺娱乐类节目的策划、准备有哪些内容？
4. 电视综艺娱乐类节目的娱乐策略有哪些？
5. 电视综艺娱乐类节目的娱乐元素、手段有哪些？
6. 电视综艺娱乐类节目有导向问题吗？
7. 电视综艺娱乐类节目主持特征有哪些？
8. 电视综艺娱乐类节目主持人的素能有哪些？

参考书目

叶子.电视新闻节目研究[M].北京:北京师范大学出版社,1999.
吴郁.当代广播电视播音主持[M].上海:复旦大学出版社,2008.
涂光晋.广播电视评论学[M].北京:新华出版社,1998.
孙宝国.中国电视节目形态研究[M].北京:新华出版社,2007.
孙宝国.中国电视新闻节目形态研究[M].北京:新华出版社,2008.
应天常.节目主持语用学[M].北京:北京广播学院出版社,2001.
刘超.当代电视节目主持人体态语探究[D].北京:中国传媒大学,2008.

后　记

　　记得,当我进入北京广播学院学习时,当我毕业留校任教后,接触的都只有广播播音。20世纪80年代之后,我国广播电视事业飞速发展,我校播音主持艺术学院成立,我受领导委托,担任了新成立的电视播音主持教研室主任,探索电视播音主持教学。于是,多少次我踏入中央电视台、北京电视台、上海电视台、湖南电视台、云南电视台等各级电视台进行调研、实习与交流。过去的同学与学生,而今的同行们给了我很大帮助。多少个春节、假日,多少个夜深人静,我在赶写或修改书稿中度过。我从电视中录下了几百盘各种电视节目,收集了各类典型节目,不断学习,苦苦思考。在经过无数次思维的驰骋与激战后,我终于完成了这本思考良久、倾尽全力的专业著作。

　　今天,我又一次修订这本专业著作,注入了新的专业思考,仍有一种释怀与期待。

　　我盼望专业前辈与同行对这本书给予真诚的探讨与指教,使我获得更多的思考和教益。

　　我的感谢一直涌动在心头,在此,我十分怀念已经离开我们的播音主持前辈张颂老师,是他将我带入了播音主持这片天地,他的才学和对事业的专注与热爱,深深地影响了我们这一代人。我感谢他对我的信任,将开创"文艺作品演播"和"电视节目播音主持"课程与教学的重任交给了我,使我今天仍在他开创的事业中前行。

　　我非常感谢活跃在一线的著名电视节目主持人(主播)贺红梅、康辉、张腾岳、徐春妮、郭志坚!在本书的创作过程中,他们为我提供了一线丰富的专业资料、自己的创作心得,给予我真诚的帮助。

　　我感谢我那些可爱的研究生刘超、卢彬、杨阳、戴冲、段译、曾芝星、王杏芳!他们帮助我从所选用的视频作品中摘抄节目稿件,协助我完成本书的写作任务。

我特别要感谢本书所引用节目的所有创作者！他们的作品，使这本教材的讲解更加生动、形象，同时成为本书较实用的专业训练材料。在此，请各位接受我深深的谢意！我相信本教材的学习者也会由衷地感谢你们！

我还要感谢本书的责任编辑赵欣，是她激发了我的创作热情。本书的写作，使我更加用心地思考专业理论，关注专业实践，探索专业教学，更加深入地探索专业前沿。

辛劳的写作与又一次修订工作结束了，它使我再次迈上了事业的新台阶，然而，事业的发展、深入的思考，却永无止境！渴望听到同行们的宝贵意见。

我感激那些曾给予我帮助和推动我上进的人们！

作者

2021 年 8 月 15 日

图书在版编目(CIP)数据

当代电视播音主持教程／罗莉著. -- 3 版. -- 北京：中国传媒大学出版社，2021.10(2025.2 重印)
普通高等教育"十四五"规划教材 播音与主持艺术专业核心教材
ISBN 978-7-5657-3049-8

Ⅰ.①当… Ⅱ.①罗… Ⅲ.①电视节目—播音—高等学校—教材 ②电视节目—节目主持人—高等学校—教材Ⅳ.①G222.2

中国版本图书馆 CIP 数据核字(2021)第 193333 号

当代电视播音主持教程(第三版)
DANGDAI DIANSHI BOYIN ZHUCHI JIAOCHENG(DI-SAN BAN)

著　　者	罗　莉
策划编辑	赵　欣
责任编辑	赵　欣
责任印制	李志鹏
封面设计	拓美设计
出版发行	**中国传媒大学出版社**
社　　址	北京市朝阳区定福庄东街 1 号　　邮　编　100024
电　　话	86-10-65450528　65450532　　传　真　65779405
网　　址	http://cucp.cuc.edu.cn
经　　销	全国新华书店
印　　刷	三河市东方印刷有限公司
开　　本	787mm×1092mm　1/16
印　　张	20.25
字　　数	480 千字
版　　次	2021 年 10 月第 3 版
印　　次	2025 年 2 月第 4 次印刷
书　　号	ISBN 978-7-5657-3049-8　　　　　定　价　68.00 元

本社法律顾问：北京嘉润律师事务所　郭建平